Gerhard Haase-Hindenberg

»Ich bin noch nie einem Juden begegnet …«

Gerhard Haase-Hindenberg

»Ich bin noch nie einem Juden begegnet ...«

Lebensgeschichten aus Deutschland

 Edition **Körber**

Bibliografische Information der Deutschen Nationalbibliothek

Die Deutsche Nationalbibliothek verzeichnet diese Publikation
in der Deutschen Nationalbibliografie; detaillierte bibliografische
Daten sind im Internet über http://dnb.d-nb.de abrufbar.

© Edition Körber, Hamburg 2021

Umschlag: Groothuis. www.groothuis.de
Covergestaltung und Illustration: Ralf Nietmann |
www.ralfnietmann.de
Herstellung: Das Herstellungsbüro, Hamburg |
www.buch-herstellungsbuero.de
Druck und Bindung: CPI – Clausen & Bosse, Leck
Printed in Germany

ISBN 978-3-89684-290-9

www.edition-koerber.de

Ich möchte leben.

Schau, das Leben ist so bunt.

Es sind so viele schöne Bälle drin.

Und viele Lippen warten, lachen, glüh'n

und tuen ihre Freude kund.

Sieh nur die Straße, wie sie steigt:

so breit und hell, als warte sie auf mich.

Und ferne, irgendwo, da schluchzt und geigt

die Sehnsucht, die sich zieht durch mich und dich.

Der Wind rauscht rufend durch den Wald,

er sagt mir, dass das Leben singt.

Die Luft ist leise, zart und kalt,

die ferne Pappel winkt und winkt.

Ich möchte leben.

Ich möchte lachen und Lasten heben

und möchte kämpfen und lieben und hassen

und möchte den Himmel mit Händen fassen

und möchte frei sein und atmen und schrei'n.

Ich will nicht sterben. Nein:

Nein.

Das Leben ist rot,

Das Leben ist mein.

Mein und dein.

Mein.

Selma Meerbaum
(5.2.1924 – 16.12.1942 im KZ Michailowka)
geschrieben am 7. Juli 1941

Inhalt

Vorwort

Zugegeben, das Titelzitat dieses Buches mag irritieren. Es ist aber nicht gänzlich aus der Luft gegriffen. Nahezu alle jüdischen Personen, deren Geschichten hier erzählt werden, haben bestätigt, diesen Satz so oder ähnlich schon einmal gehört zu haben. Wie aber kommt eine solche Aussage zustande? Auch wenn NS-Rassenkundler einst etwas anderes verkündeten und damit mancher blonden Jüdin mit Stupsnase oder manchem schmallippigen Juden mit blauen Augen das Überleben ermöglichten: Man sieht es Juden in aller Regel nicht an, dass sie Juden sind. Zumindest nicht, wenn sie ohne Schtreiml und Schläfenlocken unterwegs sind, was hierzulande kaum vorkommt. Selbst die Kippa trägt fast kein deutscher Jude außerhalb der Synagoge. Woher also weiß man, ob man einem Juden begegnet ist oder nicht? Man weiß es nicht! Das mussten selbst die Endlösungs-Fanatiker der Nazis einsehen. Welchen Sinn hätte sonst die diskriminierende Kennzeichnung mit dem gelben Stern ergeben?

Ob jemand ein Jude oder eine Jüdin ist, erfährt der nichtjüdische Deutsche eher zufällig im direkten Gespräch, durch eine Bemerkung vielleicht oder weil es sich für jemanden thematisch anbietet, sein Judentum zu erwähnen. Manchmal ist es ein schlichtes Halskettchen mit dem Davidstern oder die öffentliche Lektüre der Jüdischen Allgemeinen, die jemanden zu der Frage animiert, ob das Gegenüber wohl jüdisch sei. Gern wird dabei das Adjektiv jüdisch, und das entsprechende Substantiv sowieso, zaghaft durch die Formulierung »jüdischen Glaubens« ersetzt. Übrigens: Würde diese Frage verneint, hieße das noch lange nicht, dass es sich nicht um einen Juden handelt. Kein Jude muss nämlich gläubig sein. Wenn er eine jüdische Mutter hat, wird das jedem Rabbiner genügen. Bei Konvertiten sieht das anders aus. Wer sich im Beth Din, dem Rabbinatsgericht, beim Übertrittsverfahren selbst als Atheisten bezeichnet, hat kaum eine Chance, anerkannt zu werden. Für einen gebürtigen Juden aber gibt es in einem solchen Fall keine Institution, die ihm den jüdischen Status absprechen kann.

Wenn nun aber eine jüdische Person bei der zufälligen Begegnung mit dem fremden anderen – sagen wir im Speisewagen des ICE – keinen Davidstern um den Hals trägt, die Süddeutsche Zeitung liest und sich lieber über die Subventionspolitik der EU unterhält? Dann wird an diesem Tag jener titelgebende Satz garantiert nicht fallen. Im Übrigen ist das ein ziemlich heutiger Satz, den es in dieser Form vor der NS-Zeit in Deutschland vermutlich gar nicht gab. Damals lebten Juden nicht nur in den Städten mit den großen Gemeinden von Berlin bis Worms, sondern auch im unterfränkischen Gochsheim, dem schwäbischen Berlichingen oder in unzähligen anderen jüdischen Landgemeinden. Die Menschen handelten mit jüdischen Viehhändlern, besuchten jüdische Ärzte und kauften in den Warenhäusern von Hermann Tietz und anderen jüdischen Kaufleuten. Man kannte die Juden damals vielerorts aus der Nachbarschaft.

Die Frage, woher die Juden ursprünglich ins Gebiet des heutigen Deutschlands kamen und vor allem wann, wird seltener gestellt. Entweder wissen es die Leute oder sie halten das für eine Bildungslücke und unterdrücken diese

Frage deshalb. Auf den nächsten 18 Seiten gibt es einen kleinen historischen Abriss jüdisch-deutscher Geschichte, ehe auf den 351 Seiten danach Juden und Jüdinnen vorgestellt werden, die sich seit dem Ende der Shoah wieder in Deutschland angesiedelt haben. Es sind rund 200 000, wovon nur knapp die Hälfte in den jüdischen Gemeinden organisiert sind. Inzwischen sind die Kinder und Enkel der Shoah-Überlebenden in der Minderzahl, die meisten kamen aus den Gebieten der ehemaligen Sowjetunion oder sind deren Nachfahren. Aber auch aus den USA, Israel, Australien oder Südamerika kommend haben Juden wieder zwischen Hameln und Barnim ihren Wohnsitz genommen. Jeder und jede von ihnen hat eine individuelle jüdische Lebensgeschichte. Einige davon werden hier erzählt und nach der Lektüre wird kein Leser und auch keine Leserin mehr sagen: »Ich bin noch nie einem Juden begegnet ...«

Leben mit den Juden –
seit 1700 Jahren ...

Der Große Tempel von Jerusalem war 581 Jahre lang das
Heiligtum des Volkes Israel, dann begann die Revolte. Lange schon war die Unterdrückung durch die römischen Be-
satzer als demütigend empfunden worden, aber erst die
Forderung des Prokurators Gessius Florus, Teile des Tem-
pelschatzes seinem Kaiser im fernen Rom zu übereignen,
brachte das Fass zum Überlaufen. Vier Jahre lang tobte der
erste jüdische Krieg, dann endete er im Jahre 70 nicht nur
mit der Zerstörung des Tempels, sondern auch mit der
Verwüstung Jerusalems und der Zerschlagung jüdischer
Verwaltungen in Judäa. 66 Jahre später rief der Rebell Si-
mon bar Kochba die letzten Juden erneut zu den Waffen.
Nach anfänglichen Erfolgen wurde er im dritten Jahr des
Aufstandes von römischen Truppen eingeschlossen. Seine
Leute erkannten die ausweglose Lage offenbar eher als er.
Durch die Belagerung ausgehungert, wandten sie sich ge-
gen ihren Anführer. Gedankt wurde es ihnen von römischer
Seite nicht. Dort, wo einst Jerusalem stand, wurde die rö-
mische Kolonie Aelia Capitolina errichtet, die zu betreten
Juden fortan bei Androhung der Todesstrafe verboten war.
Zum zweiten Mal in der Geschichte der israelitischen Stäm-
me – nämlich seit der Vertreibung durch die Assyrer fast
800 Jahre zuvor – begann eine Zeit der Verstreuung und die
Griechen steuerten hierfür das Wort »Diaspora« bei. Rund

um das Mittelmeer wurden jüdische Gemeinden gebildet und auch in Rom entstand am rechten Ufer des Tibers eine Siedlung mit zahlreichen Synagogen. Die Juden waren ihrer Heimat beraubt, nicht aber ihrer Identität.

Im Jahre 212 erklärte Kaiser Caracalla alle Bürger seines Reiches zu Vollbürgern mit völliger Niederlassungsfreiheit und bezog die »römischen« Juden dabei explizit mit ein. Das führte dazu, dass sich viele von ihnen als Legionäre zum römischen Heer meldeten, was der Imperator als positive Folge im Hinterkopf gehabt haben mag. Aber auch jüdische Zivilisten begleiteten die Legionen bis in die neu gegründeten römischen Städte am Rhein. Dort ließen sie sich als Händler und Handwerker nieder. Kaiser Konstantin der Große war es, der im Jahr 321 in einem Brief an den Stadtrat der Colonia Claudia Ara Agrippinensium – jenem Gemeinwesen, aus dem später die Stadt Köln wurde – erklärte, dass es ab sofort »durch allgemeines Gesetz gestattet« sei, Juden in die kommunalen Verwaltungen aufzunehmen. Historiker haben daraus geschlossen, dass es in der Colonia bereits eine größere jüdische Gemeinde gegeben haben muss. Wenn man dieser nachvollziehbaren Annahme folgt, so wäre dies vor 1700 Jahren der urkundlich verbriefte Beginn jüdischen Lebens in jenem Gebiet, das heute Deutschland heißt.

Anderthalb Jahrhunderte später ging das Weströmische Reich unter. Längst hatten sich entlang des Rheins in den großen Verwaltungszentren jüdische Gemeinden gebildet. Deren Mitglieder waren die Nachfahren jener, die ursprünglich aus so unterschiedlichen Gegenden wie Judäa, Idumäa, Galiläa und Peräa jenseits des Mittelmeeres stammten. Was sie in der Ferne einte, war das Bemühen, ein Leben nach den Gesetzen der Tora zu führen, den fünf

Büchern Mose in der jüdischen Bibel. Wie aber sollte ein solch bibeltreues Leben aussehen? Darüber gab es in jener Zeit teils heftige Diskussionen unter den Rabbinern. Seit dem 2. Jahrhundert entstand in Babylon und in den wenigen verbliebenen Gemeinden in Palästina eines der bedeutendsten Schriftwerke des Judentums – der Talmud. Dieser besteht aus zwei Teilen: der Mischna und der Gemara. Als Mischna gilt die erste Niederschrift jenes Teils der Tora, den Gott nach jüdischer Überlieferung Moses gegenüber mündlich am Berg Sinai offenbart haben soll. Die rabbinischen Diskussionen darüber wurden dokumentiert. Diese bestehen aus Analysen und sich teils widersprechenden Kommentaren, die über juristische Fragestellungen hinaus Gebiete wie Medizin, Naturwissenschaften, Geschichte, Pädagogik und Sexualität berühren. Diese bilden den zweiten Teil des Talmuds und der wird eben Gemara genannt. Nach und nach kamen die Niederschriften ins aschkenasische Gebiet, also den »teutschen« Landen, was in der Folge auch hier zu sehr tiefen philosophischen Diskursen unter jüdischen Gelehrten geführt hat. Diese wurden in die Synagogen und die angeschlossenen Schulen getragen, was ein intellektuelles Klima in den jüdischen Gemeinden förderte.

Der erste Jude, der es in die deutschen Geschichtsbücher geschafft hat, hieß Isaak, war ein Aachener Kaufmann, seiner vielseitigen Sprachkenntnisse wegen aber auch von König Karl an dessen Hofe mit Dolmetscheraufgaben beauftragt. Ende des 8. Jahrhunderts war König Karl, sicher schon im Hinblick auf die angestrebte Kaiserkrone, darum bemüht, die politischen Beziehungen nach verschiedenen Seiten hin zu vertiefen. Dazu gehörten die zum Kalifen Hārūn ar-Raschīd in Bagdad. Karl hielt Isaak für den richtigen Mann, um diesen als Gesandter zu besuchen und ihm

Geschenke zu übergeben. In königlichem Auftrag machte sich Isaak auf die Reise und kam nach mehr als zwei Jahren am 20. Juli 802 wieder nach Aachen zurück. Fast die gesamte Schar seiner Begleiter hatte den Trip in den Orient nicht überlebt. Er aber freute sich des Lebens und übergab seinem König, der inzwischen von Papst Leo III. zum Kaiser gekrönt worden war, als Geschenk des Kalifen einen (angeblich) weißen Elefanten namens Abul Abbas. Mehr aber wissen die Geschichtsbücher nicht über den Juden Isaak. Dennoch gilt er als ein früher Repräsentant jener Eigenschaften, die vielen der weit gereisten Juden eigen waren. Dafür stand nicht nur ihre Vielsprachigkeit, was in einem zunehmend globalen Handel allein schon ein erheblicher Vorteil war, sondern auch die traditionellen Verbindungen nach Rom, Byzanz, Marseille oder anderswohin, wo sie vor Ort wiederum in den jüdischen Gemeinden vertraute Glaubensbrüder vorfanden. So verfügten sie über ein internationales Netzwerk, das sich Fürstenhöfe zunutze machten, ebenso wie Grafen, Ritter und zunehmend auch das neu entstehende städtische Bürgertum.

Der zweite Jude, der sich einen Platz in den Geschichtsbüchern sicherte, hieß Kalonymus. Von ihm weiß die Nachwelt etwas mehr als von Isaak. Am 13. Juli 982 rettete er Kaiser Otto II. bei dessen Flucht vor den Sarazenen im kalabrischen Cotrone durch einen körperlich wagemutigen Einsatz das Leben. Der Kaiser revanchierte sich, indem er seinem jüdischen Retter nach der Rückkehr in Mainz ein Haus schenkte und ihm die vollen Bürgerrechte verlieh. Dies war der Beginn des Aufstiegs der Kalonymiden zu einer einflussreichen Familiendynastie, die über eine lange Zeit nicht nur Kaufleute, sondern auch Gelehrte und Männer von politischer Bedeutung hervorbrachte.

Bald zählten die jüdischen Gemeinden in Köln, Mainz,

Speyer und Worms mehr als tausend Mitglieder, die Juden waren geschätzte Bürger der jeweiligen Kommunen oder zumindest als solche akzeptiert. Bis auf die Beschaffung von koscheren Lebensmitteln, was die Existenz von schächtenden Metzgern und rituell produzierenden Brotbäckern voraussetzte, ging man zu denselben Handwerkern und besuchte dieselben Schankwirtschaften wie die christlichen Nachbarn. Man wohnte Wand an Wand, denn noch gab es keine Ghettos. Trotz aller religiösen und ethnischen Unterschiede (Assimilation hatte bis dahin noch nicht stattgefunden) lebte man friedlich miteinander, bis es Ostern 1096 zu einer folgenreichen Katastrophe kam. Fünf Monate zuvor hatte Papst Urban II. ins französische Clairmont (dem heutigen Clermont-Ferrand) zur Synode gerufen. Der französischstämmige Oberhirte war ein machtgieriger Mensch, weshalb er nicht nur den Gegenpapst Clemens III., sondern auch weltliche Konkurrenten mit dem Kirchenbann belegt hatte. Nun holte er zu einem vermeintlich ganz großen Schlag aus, der ihm seine Macht auch im Jenseits sichern sollte. Am zehnten Tag der Synode ließ er seinen Thron vor die Tore der Stadt tragen, wo er einer Menge von 13 Erzbischöfen, 315 Bischöfen, zahlreichen Äbten und einer großen Menge von Adligen und einfachen Leuten zurief, dass er, »der höchste Priester dieser Erde«, dazu berufen sei, das Heilige Land von den Muslimen zu befreien. Das Auditorium wurde aufgerufen, das eigene Hab und Gut zu veräußern, vom Erlös Waffen zu kaufen und gen Jerusalem zu ziehen. An jenen Ort, wo Christen bis dahin ebenso friedlich mit den Muslimen zusammenlebten wie an Rhein und Donau mit den Juden. Dem Papst aber ging es um die Ausweitung seines Machtbereichs, nicht um gegenseitige religiöse Toleranz. Um seine Söldnertruppen bei Laune zu halten, stellte er ihnen in Aussicht: »Ich gelobe euch, wer auf dem Weg dorthin sein Leben lässt, dem werden alle Sünden vergeben sein.« Vor allem die einfachen Leute gerieten in Verzückung und schlossen sich den beiden vom Papst ausgewählten Führern an: einem mittellosen Ritter und einem Mönch von geradezu demagogisch-charismatischer Überzeugungskraft. Bald formierten sich 20 000 Menschen zu einem Kreuzzug, dem sich auf ihrem Weg weitere Kämpfer anschließen sollten. Keinem war die geografische Dimension dieser Reise klar – hinüber nach Deutschland, entlang der Donau über den Balkan und den Bosporus bis nach Palästina. Knapp fünf Monate später hatten sie gerade einmal 400 Kilometer geschafft. Tag für Tag war man durch karge Landschaften mit armer bäuerlicher Bevölkerung gezogen, dann kam das bereits desolate Heer mit durchgelaufenen Schuhen und lahmenden Eseln in die reichen Städte am Rhein. Dort gab es volle Lebensmittellager und wohlgenährte Bewohner. Und die Söldner erfuhren zu ihrem Erstaunen, dass in einigen der schönsten Häuser Juden lebten, jenes Volk also, das einst »den Herrn gekreuzigt« habe. Obgleich auch zu Ostern 1096 in den Kirchen die wundersame Auferstehung des zuvor Gekreuzigten gefeiert wurde, begann ein brutaler Raubzug an den vermeintlichen Heilandsmördern. Nachdem die verängstigten Juden all ihren Besitz herausgegeben hatten, wurden die ersten antijüdischen Pogrome auf deutschem Boden verübt, denn die fanatischen Geistlichen hatten nun die Parole ausgegeben: »Wer einen Juden erschlägt, dem werden die Sünden vergeben!« Einigen Juden gelang die Flucht, nun aber waren sie mittellos und für kaum jemanden von Nutzen. In Mainz konnte der berühmte Gelehrte Kalonymos ben Meschullam, ein Nachfahre jenes Kalonymos, der einst Kaiser Otto II. das Leben gerettet hatte, gemeinsam mit seiner Familie und einigen Freunden dem Massaker entkommen.

Der Mainzer Erzbischof Ruthard hatte ihnen, gegen »angemessene« Bezahlung, ein Schiff überlassen. In Rüdesheim wurde der kleinen Gruppe jüdischer Flüchtlinge eröffnet, dass man von ihnen erwarte, sich aus Dank für die Rettung taufen zu lassen. Enttäuscht und verzweifelt ertränkten sie sich im Rhein. Die Kreuzzügler hingegen bekamen immer mehr Zulauf. Man lief gen Jerusalem und auf dem Weg dorthin zog sich eine Blutspur durch die jüdischen Gemeinden von Köln über Xanten nach Regensburg und Prag …

Kaiser Heinrich IV., der sich zu politischen Verhandlungen in Rom aufhielt, erfuhr davon, was sich zu Hause im Zeichen des Kreuzes abspielte, und war entsetzt. Umgehend erließ er ein Dekret, wonach alle zwangsgetauften Juden zu ihrer Religion zurückkehren konnten. Gegen Erzbischof Ruthard leitete er ein Verfahren ein, dem sich der Mainzer Oberhirte durch Flucht entzog. Schließlich ließ der Kaiser den »Reichslandfrieden« verkünden, womit er alle Juden des Reiches unter seinen persönlichen Schutz stellte, was in letzter Konsequenz zu den ersten antisemitischen Klischees führen sollte. Fortan nämlich durften die Juden keine Waffen mehr tragen, denn schließlich standen sie ja unter dem Schutz der kaiserlichen Truppen. Bis zu den Freiheitskriegen 700 Jahre später wird diese erzwungene Wehruntüchtigkeit andauern und das öffentliche Bild des feigen Juden befeuern. Unter dem kaiserlichen Schutz aber konnten die verbliebenen Juden neu beginnen, sich ein Leben in den Städten aufzubauen. Auch das religiöse Leben erblühte wieder. Mehrfach noch gab es bis in die Mitte des 13. Jahrhunderts Bedrohungen durch weitere Kreuzfahrer, die Juden aber konnten sich nun in die Königspfalzen und die Burgen der Ritter retten. Gefahren gingen allerdings nicht nur von fremden Kreuzrittern aus. Ende des 12. Jahrhunderts schwappte aus England die Ritualmordlegende auf den Kontinent und fand auch in deutschen Landen rasch Verbreitung. Demzufolge wurde in christlichen Gemeinden der Aberglaube verkündet, dass die Juden an den Pessachfeiern für magische Rituale das Blut christlicher Kinder benötigten. Kaiser Friedrich II. ließ einen solchen »Fall« untersuchen. Als er erfuhr, dass der Genuss von Blut im Judentum verboten ist, sprach er die Juden von diesem Vorwurf frei und stellte sie als sogenannte »Kammerknechte« unter seinen persönlichen Schutz. Auf der Straße hingegen waren sie jederzeit zu erkennen, nachdem Papst Innozenz III. schon auf dem Laterankonzil von 1215 verkündet hatte, dass sich Juden in ihrer Kleidung fortan deutlich von Christen abzuheben hätten. Sie trugen nun den sogenannten Judenhut, eine gelbe, konisch zulaufende breitkrempige Kopfbedeckung, dazu bestimmte lokal unterschiedliche Kleidungsstücke. Vielerorts vorgeschrieben war ein gelber Stoffflecken, später ein gelber Ring auf der Kleidung, worauf im 20. Jahrhundert die Nationalsozialisten zurückkamen und ab September 1941 das Tragen des »Judensterns« anordneten.

Der Antijudaismus des Mittelalters erklärte die Juden für schuldig für nahezu alles, was an Schicksalsschlägen auf die Gesellschaft zukam. So ist es nicht verwunderlich, dass sie auch verantwortlich gemacht wurden, als im Sommer 1348 der »Schwarze Tod« an den Rhein kam. Erst mehr als 500 Jahre später werden Mediziner herausfinden, dass die Pest von Flöhen übertragen wurde und nicht von jüdischen »Brunnenvergiftern«, wie das einst von den Kanzeln gepredigt worden war. Nun tranken die Juden angeblich kein Kinderblut mehr, sondern vergifteten das Trinkwasser. Manch einem gebildeten christlichen Theologen mögen

Zweifel beschlichen haben angesichts der Tatsache, dass die jüdischen Familien selbst ja auch vom Pesttod betroffen gewesen sind. Öffentlich geäußert aber wurden diese Zweifel von kirchlicher Seite nur in Ausnahmefällen. So verfing solcher Aberglaube bei den einfachen Schichten der Bevölkerung. Wer den Herrn ans Kreuz genagelt habe, dem seien auch Giftmorde zuzutrauen, lautete die Logik jener Tage. Unterstützung erfuhren die Juden zeitweilig von Ratsherren in Thüringen, Köln oder Worms, die sich den aufgestachelten Massen entgegenstellten. Es war ein lobenswerter, gleichwohl aber erfolgloser Versuch, die öffentliche Ordnung wiederherzustellen. Am Ende mussten die Ratsherren überall die Segel streichen oder wurden gar, wie in Worms, erschlagen. In ihrer Verzweiflung steckten nun vielerorts die Juden selbst ihre Häuser an. In Mainz, der mit 6000 Mitgliedern größten Gemeinde in Deutschland, leistete die jüdische Bevölkerung noch eine ganze Weile bewaffneten Widerstand, ehe auch sie vor der zahlenmäßig überlegenen Meute kapitulieren musste und ebenfalls in den eigenen Häusern Brände legte.

Immer neue Thesen von antijüdischem Aberglauben vergifteten das Zusammenleben. So wurde zunächst in Frankreich der Vorwurf des Hostienfrevels verbreitet, ehe er schon bald auch in Deutschland auftauchte. Diesmal gab es durchaus Priester, die dagegen predigten und sich dabei auf Papst Innozenz III. (der die Judenkleidung verordnet hatte) beriefen, welcher schon hundert Jahre zuvor davor gewarnt hatte, derlei Gerüchte leichtfertig zu verbreiten. Jedoch ließ sich der Aberglaube nicht ausrotten. Am 30. September 1337 führte der vermeintliche Hostienfrevel in Deggendorf an der Donau zu einem mörderischen Pogrom. Danach auch im brandenburgischen Beelitz, im württembergischen Ehingen, im fränkischen Röttingen, in

Würzburg, Nürnberg, Rothenburg ob der Tauber … Nach dem Ende der Pest-Epidemie waren mehr als 200 jüdische Gemeinden ausgelöscht, ihre Mitglieder erschlagen oder verjagt, deren Synagogen und Friedhöfe zerstört.

Im Laufe des 14. Jahrhunderts nahmen deutsche Städte nach und nach wieder Juden auf; zuletzt Köln und Mainz im Jahr 1372. Doch sie mussten nun in geschlossenen Siedlungen leben – die ersten Ghettos entstanden. Auf die Kleiderordnung für die Juden wurde streng geachtet, und da nun die Zünfte der Handwerker keine Juden mehr in ihren Reihen akzeptierten, war ihre Existenz bedroht. Jüdischen Meistern war es fortan verwehrt, Lehrlinge auszubilden, woraufhin in der Folge viele ihrer Betriebe an Nachwuchsmangel eingingen. Die Kaufmanns-Gilden folgten dem Beispiel der Zünfte und schließlich durften Juden auch keinen Grund und Boden mehr erwerben. Dies war das (vorläufige) Ende der jüdischen Bauern und Winzer. Somit blieben den Juden in ihrem Überlebenskampf nur Tätigkeiten außerhalb der streng gegliederten Gesellschaftsordnung: je nach sozialer Stellung als Hausierer oder Geldverleiher.

Schon seit der Jahrtausendwende, mit dem Beginn der mittelhochdeutschen Periode, hat sich im deutschen Sprachgebiet eine eigene Mundart entwickelt, in der sich die Juden untereinander verständigten und die Jiddisch genannt wurde. Man hat für die mittelhochdeutsche Umgangssprache das hebräische Alphabet angepasst und aus der Sprache der Tora eine Reihe von Begriffen eingefügt, in geringerem Maße auch aus dem Aramäischen. Im Laufe der Verfolgungen während der Pestzeit hatte eine große Fluchtbewegung in Richtung Osten eingesetzt, speziell ins Königreich Polen und ins Großfürstentum Litauen. Die Entwicklung dieser Sprache sollte sich unter den Aschkenasim, also den »deutschen« Juden, wie sie sich auch weiterhin nannten, als großer Vorteil erweisen. Im Jiddischen konnten sich die jüdischen Zuwanderer untereinander verständigen, ohne die dort vorherrschenden Landessprachen erlernen zu müssen. Im jungen Polen fanden jene, die seit Jahrhunderten an Rhein und Donau, am Main und an der Elbe sesshaft waren, ein neues Siedlungsgebiet und mit dem polnischen König Kasimir (der zeitweilig selbst mit einer Jüdin verheiratet war) einen Herrscher, der ihnen die gesellschaftliche Gleichstellung verschaffte. Es entstand eine reiche jiddische Kultur – nach und nach auch in den anderen neu entstehenden Ländern in Osteuropa. Ein halbes Jahrtausend später, im späten 19. und frühen 20. Jahrhundert, zogen viele der sogenannten Ostjuden wieder nach Deutschland zurück und vielfach von dort weiter in die USA oder nach Palästina. Die prominentesten unter ihnen sind Chaim Weizmann und Shimon Peres aus Weißrussland, Leo Baeck und Rosa Luxemburg aus Polen, Joseph Roth aus Galizien, Golda Meir und Elisabeth Bergner aus der Ukraine ...

Das Zeitalter der Renaissance mag mit dem Begriff des Humanismus in Verbindung gebracht und als Beginn der Neuzeit apostrophiert werden – für die Juden aber herrschte in ganz Europa noch finsteres Mittelalter. Kaiser Maximilian I. hatte im August 1509 eine Verfügung erlassen, die die Vernichtung jeglichen jüdischen Schrifttums zum Ziel hatte. Mit der Durchführung wurde ein Mann namens Johannes Pfefferkorn aus Köln beauftragt. Der hatte einige Jahre zuvor noch Joseph geheißen und in Prag gewohnt. Damals ist er noch Jude gewesen und war von seinem Onkel Meir in den Lehren des Talmuds unterwiesen worden. Inzwischen aber war er unter den Einfluss der Dominikaner geraten, hatte sich taufen lassen und war nun davon überzeugt, dass die jüdische Religion die Verwirklichung eines messianischen Gottesreiches verhindere. Dem gelte es entgegenzutreten. Bald schon fanden an den ersten Universitäten öffentliche Talmud-Verbrennungen statt. Unter Anleitung der Dominikaner verfasste Pfefferkorn Schriften wie den »Judenfeind«, in dem er die Ansicht vertrat, jüdische Kinder müssten getauft und deren Eltern zur Zwangsarbeit herangezogen werden. Solcherlei Propaganda blieb jedoch nicht unwidersprochen. Kein Geringerer als der Kurfürst zu Mainz erwirkte beim Kaiser, dass Gutachten von theologischen und philosophischen Autoritäten eingeholt wurden. Einer dieser Gutachter war Johannes Reuchlin und er war beides, Theologe und Philosoph. Er war des Hebräischen mächtig, hatte dies einst bei Jacob ben Jechiel Loans gelernt, dem Leibarzt von Kaiser Friedrich III. Reuchlin las also das jüdische Schrifttum im Original und setzte sich vehement für dessen Erhaltung ein und für Toleranz gegenüber den Juden. Das brachte ihm drei Prozesse wegen Ketzerei ein, zuletzt vor Papst Leo X. und dem V. Laterankonzil in Rom. Dort konnte der charismatische Reuchlin mit theologischen Argumenten überzeugen, wobei es sich als vorteilhaft erwies, dass auch der päpstliche Leibarzt jüdischen Glaubens war. Am Ende sah sich der Pontifex maximus gar dazu veranlasst, Werken in hebräischen Lettern eine Druckgenehmigung zu erteilen (und absurderweise kurz darauf die des Reuchlin zu verbieten). So kam die kurz zuvor von Johannes Gutenberg erfundene Buchdruckkunst erstmalig auch jüdischem Schrifttum zugute. Dieses erschien etwa zeitgleich wie die religiösen Schriften des Martin Luther. Viereinhalb Jahre nach dessen vermeintlichem Thesenanschlag an der Schlosskirche zu Wittenberg starb in Stuttgart Johannes Reuchlin. Nun ruhte die Hoffnung der Juden auf Luther, war er doch ein gebildeter Mann, der neben Latein auch Griechisch und Hebräisch sprach. Es konnte ihn ja wohl nicht gleichgültig lassen, dass die Mehrheit der jüdischen Gemeinschaft unter menschenunwürdigen Bedingungen leben musste. Zunächst schien solch eine Hoffnung berechtigt. In seinen frühen Schriften erkannte Luther die Juden als »vom Geblüte Christi« an, nannte sie »Vettern und Brüder unseres Herrn«. Darin aber lag die Erwartung, dass »viele von ihnen rechte Christen werden« mögen. Als sich solcherart Erwartungen nicht erfüllten, mutierte Martin Luther vom Freund der Juden zu deren erbittertem Feind. Er forderte gar, dass man »ihre Synagoga oder Schule mit Feuer anstecke, und was nicht brennen will, mit Erde überhäufe und beschütte, dass kein Mensch einen Stein oder Schlacke sehe davon ewiglich ...« Dieser Aufforderung kamen in dieser Radikalität landesweit erst 400 Jahre später SA-Verbände in der Reichspogromnacht nach – es war die Nacht zu Luthers 455. Geburtstag.

Die Regensburger Hebammenordnung von 1452 untersagte es christlichen Hebammen bei Androhung von Strafe, jüdischen Gebärenden beizustehen. Das war vielerorts allerdings gar nicht nötig, da es unter den Juden bereits eine hoch entwickelte Medizinwissenschaft gab, die teils auf uralten Traditionen beruhte. In vielen Städten des Reiches praktizierten jüdische Ärzte und – wie nicht nur im Fall von Sara in Würzburg – auch Ärztinnen. Die jüdischen Mediziner hingegen gingen ihrer Profession auch außerhalb der Ghettos in christlichen Haushalten nach. Jener Jacob ben Jechiel Loans, der Johannes Reuchlin einst das Hebräische lehrte und Leibarzt von Kaiser Friedrich III. war, wurde sogar zum Ritter geschlagen – als erster Jude in der Geschichte. Auch einer seiner Nachfahren, der Rabbiner

Yoselmann Ben Gerschon Loans, schrieb sich, wenngleich unter anderem Namen, in die jüdische Historie ein. Man weiß so gut wie nichts über dessen Kindheit und Jugend, umso mehr aber über sein spätes Leben. Da war er zum einflussreichen Schtadlan avisiert, wie Fürsprecher jüdischer Gemeinden nicht nur in juristischen Fragen gegenüber der Außenwelt genannt wurden. Zunächst lebte Yoselmann Ben Gerschon Loans in Personalunion als Rabbiner, Händler und Geldverleiher im elsässischen Mittelbergheim. Im Jahr 1514 wurde er gemeinsam mit sieben anderen Juden angeklagt, Hostien geschändet zu haben. Es gelang ihm, diese Anschuldigung zu entkräften. Danach siedelte er ins schöne Rosheim an der Weinstraße um. Als Rechtsvertreter jüdischer Gemeinden machte er sich bald weit über das Elsass hinaus einen Namen, und der lautete fortan so, wie er heute in den Geschichtsbüchern steht: Josel von Rosheim. Im Oktober 1520 erwirkte er in Aachen anlässlich der Krönung Karls V. einen Schutzbrief für alle Juden des Reiches. Fünf Jahre später, als sich während des Bauernkrieges elsässische Rebellen anschickten, die Stadt Rosheim zu stürmen, verwickelte Josel den Bauernführer Erasmus Gerber in einen längeren Disput. Dabei überzeugte er ihn, die Stadt und die Juden zu verschonen. Bald galt Josel von Rosheim in weiten Teilen Europas als Anwalt der Judenschaft. Er war bereits ein prominenter jüdischer Advokat, als er auf dem Reichstag von 1530 in Augsburg seinen Takkanot verlas, wie innerhalb jüdischer Gemeinden eine rechtsverbindliche Bestimmung genannt wird. Nun tat er dies mit dem Ziel, die Geldgeschäfte der Juden mit Christen verbindlich zu regeln. Damit sollten auch eine ganze Reihe von antijüdischen Verordnungen verhindert werden, die immer wieder als Vorwand herhalten mussten, um den Juden Wucherzinsen und Geldbetrug vorzuwerfen.

Im Jahr 1548 klagte er im Auftrag der jüdischen Gemeinde von Colmar vor dem Reichskammergericht. Dabei ging es um das Marktverbot, das die Stadt den Juden auferlegte und das nach Ansicht von Josel von Rosheim unzulässig war. Er führte dabei eine bemerkenswerte Argumentation ins Feld. Demnach seien die Juden »civibus romanis«, also römische Bürger, und insofern stehe ihnen, gleich den Christen, der freie Zugang zu allen Märkten im Reich zu. Als Josel von Rosheim im Alter von 74 Jahren starb, war ein ebenbürtiger Nachfolger nicht in Sicht. Einen solchen aber hätte es gebraucht, als die Frankfurter Zünfte sich anlässlich der Wahl von Kaiser Matthias in ihrer Stadt an diesen wandten. Die Handwerker der Mainmetropole wollten sich in jenem Mai 1612 der jüdischen Konkurrenten entledigen und bedrängten den frisch ernannten Monarchen, nur eine limitierte Zahl an Juden in ihrer Stadt zuzulassen. Den Großhandel solle er ihnen generell verbieten und bei der Kreditvergabe deren Gewinnspanne drücken. Der Kaiser aber war keineswegs davon zu überzeugen, dass sich eine weitere Benachteiligung der Juden zum Vorteil der Zünfte auswirken würde und der Frankfurter Stadtrat schloss sich seiner Meinung an. Zwei Jahre gingen ins Land, dann beschlossen die Frankfurter Zünfte, ihr Schicksal selbst in die Hand zu nehmen. Unter Führung des Lebkuchenbäckers mit dem bildhaften Namen Fettmilch kam es am 22. August 1614 zu einem blutigen Pogrom im Frankfurter Ghetto. Anderthalb Jahre dauerten die Plünderungen und die Morde an jenen Juden, die sich schützend vor ihre Familien stellten. Dann gelang es den kaiserlichen Truppen, wieder Ruhe und Ordnung herzustellen. Der Lebkuchenbäcker wurde auf Befehl des Kaisers vor Gericht gestellt und schließlich hingerichtet. Die vertriebenen Juden zogen im Schutz der kaiserlichen Truppen nach Frankfurt zurück und die Stadt musste ihnen den Schaden ersetzen. Ferner garantierte der Kaiser den Frankfurter Juden auf ewige Zeiten freies Wohnrecht. Allerdings war dieses »freie Wohnrecht« auf das Ghetto beschränkt.

Ab 1600 siedelten sich in Hamburg sephardische Juden an, die aus Spanien und Portugal gekommen waren. Die meisten Sephardim, wie sich die spanischen Juden nannten, waren seit der Inquisition gemeinsam mit den Muslimen vor Ferdinand dem Katholischen, König von Aragon, und seiner Gemahlin Isabella von der Iberischen Halbinsel nach Nordafrika geflohen. Dort lebten sie über Jahrhunderte in einigen Ländern, hauptsächlich in Marokko, Tunesien und Ägypten. Bis heute findet man im nordafrikanischen Raum Sephardim, inzwischen vorwiegend in Israel. Jene sephardische Minderheit, die damals in Richtung Norden, also in die Niederlande und nach Deutschland gezogen sind, waren zunächst gar nicht als Juden zu erkennen. Um der Inquisition zu entgehen, hatten sie sich als Katholiken ausgegeben, hielten im Innern aber treu zu ihrem jüdischen Glauben. Diesen hatten und haben sie mit den Aschkenasim, den »deutschen« Juden, zwar gemeinsam, aber schon der synagogale Ritus war gänzlich anders. Außerdem sprachen sie nicht Jiddisch, sondern Ladino – das sogenannte Judenspanisch.

Im Herbst 1743 verabschiedete der arme Tora-Schreiber Mendel in Dessau seinen 14-jährigen Sohn Moses. Der wollte seinem Lehrer David Fränkel hinterherreisen, der in der preußischen Hauptstadt zum Oberrabbiner berufen worden war. 24 Jahre später nennt sich Moses ben Mendel, übersetzt also Moses Sohn des Mendel, nun eingedeutscht Moses Mendelsohn. Unter diesem Namen brachte er mit

»Phaedon oder über die Unsterblichkeit der Seele« einen philosophischen Bestseller auf den deutschen Buchmarkt. Der frühe Aufklärer verstand es, die jüdische Religion mit dem Instrumentarium des Philosophen zu interpretieren. Und er tat dies nicht auf Jiddisch, sondern passend zum neuen Namen in der deutschen Sprache. Moses Mendelsohn verstand sich nicht als Jude in Deutschland, sondern als Deutscher jüdischen Glaubens. Mehr als 300 Jahre später, im Jahre 1950, wird wieder eine Dachorganisation der jüdischen Gemeinden gegründet. Nach den schmerzvollen Erfahrungen der Shoah entscheiden sich deren Gründungsmitglieder, entgegen der Mendelsohn'schen Praxis, für die Bezeichnung »Zentralrat der Juden in Deutschland«.

Moses Mendelsohn blieb über seinen Tod 1786 hinaus Europas meistgedruckter jüdischer Autor. Er galt fortan als nachahmenswertes Beispiel dafür, dass es möglich war, als Jude trotz einer Atmosphäre von staatlichem und gesellschaftlich akzeptiertem Antisemitismus die intellektuelle Anerkennung der christlichen Aufklärer zu bekommen. Allerdings war es ihm zu seinen Lebzeiten nicht vergönnt, der jüdischen Gemeinschaft in Preußen die vollen Bürgerrechte zu verschaffen. Das war unter dem judenfeindlichen Monarchen Friedrich II. auch nicht zu erwarten. Das gelang erst 1812 dem Königsberger Seidenfabrikanten und aufgeklärten Autor David Friedländer. Natürlich war dies mit einem Bekenntnis der Juden zum preußischen Vaterland, zur deutschen Sprache und vor allem zum Militärdienst verbunden. Das preußische »Judenedikt« machte sie am 11. März zu preußischen Staatsbürgern, nachdem sie durch die Ständeordnung des Freiherrn vom Stein bereits 1808 zu gleichberechtigten Stadtbürgern geworden waren. In der französischen Nationalversammlung war bereits am 28. September 1791 beschlossen worden, den Juden die uneingeschränkten Staatsbürgerrechte zu gewähren. Die Revolutionstruppen setzten das nach und nach auch in allen besetzten Gebieten in Deutschland um. Die lang ersehnte Freiheit wurde den jüdischen Deutschen ausgerechnet von den Feinden ihrer Heimat gebracht. Ein Vorgang, der sich 1945 wiederholen wird.

Dem Antisemitismus hat die Gleichstellung der Juden keinen Abbruch getan. Zu tief waren die antijüdischen Ressentiments im Denken der Menschen verankert, und das seit vielen Jahrhunderten. Die Sorge um eine angebliche »Übermacht des Judentums« machte im 19. Jahrhundert die Runde. Im Jahr 1879 entstand in Deutschland die »Antisemiten-Liga«, in Kassel wurde 1886 die »Deutsche antisemitische Vereinigung« gegründet. Viele Juden, um gesellschaftliche Anerkennung bemüht, ließen sich taufen. Heinrich Heine etwa, auch Ludwig Börne und die Familie von Karl Marx, dessen Großvater noch Rabbiner war. Von Heine ist allerdings der Satz überliefert: »Ich bin jetzt bei Christ und Jude verhasst. Ich bereue sehr, dass ich mich getauft hab.« Manch christlich sozialisierter Deutsche, der sich in den 1930er Jahren um Aufnahme in Hitlers SS bemühte und dafür einen »Ariernachweis« retrospektiv ab 1750 vorlegen musste, erlebte bei seiner Familienforschung ein blaues Wunder.

Zu Beginn des 20. Jahrhunderts gab es einerseits eine Ausreisewelle deutscher Juden in die Vereinigten Staaten und nach Südamerika, andererseits eine Hinwendung der in Deutschland Verbliebenen zu kaisertreuen, nationalistischen Haltungen. Ein Teil von ihnen spielt auch in der Arbeiterbewegung eine Rolle, wie zuvor der SPD-Mitbegründer Ferdinand Lassalle oder die aus Polen stammende Rosa Luxemburg. Den Juden erschlossen sich neue Berufe: Apotheker, Juristen, Naturwissenschaftler – wie etwa Albert Einstein, der erste deutsch-jüdische Nobelpreisträger. Sie spielten eine Rolle im aufstrebenden Kulturbetrieb, in der Literatur, im Theater und auch im neuen Medium Film. Mit Hitlers Machtübernahme wurde das Verhältnis zwischen Juden und Nichtjuden in Deutschland in kürzester Zeit um Jahrhunderte zurückgeworfen. Am Ende erwartete die ungeheuerliche Zahl von sechs Millionen ermordeter jüdischer Frauen, Männer und Kinder den bitteren Eintrag in die Geschichtsbücher. Auch jene seltener erwähnten Zehntausende, die gezwungen waren, ihre Heimat zu verlassen. In nur zwölf Jahren und drei Monaten wurden in der Shoah mehr europäische Juden umgebracht als zuvor in den Pogromen von 1000 Jahren zusammen.

Am 27. Januar 1945 befreite die Rote Armee die Überlebenden des KZ Auschwitz, am 15. April britische Truppen die des KZ Bergen-Belsen. Am 7. Mai unterzeichneten Generaloberst Jodl in Reims und am Tag danach General Keitel in Berlin für das Deutsche Reich die bedingungslose Kapitulation. Die NS-Herrschaft existierte nicht mehr. Etwa 15 000 überlebende Juden waren zunächst mit anderen ehemaligen KZ-Häftlingen in sogenannten DP-Camps, Lager für »displaced persons«, untergebracht. Wer in Deutschland bleiben wollte, wurde den früheren Wohnorten zugewiesen. Für Palästina gab es zunächst noch eine Kontingentierung der britischen Behörden, die mit der Staatsgründung Israels im Mai 1948 aufgehoben wurde. Viele europäische Juden wanderten dorthin aus. Gleichzeitig kehrten in den nächsten Jahren einstmals emigrierte deutsche Juden in ihre Heimat zurück. Vielerorts wurden die jüdischen Gemeinden wiedergegründet, spielten in den ersten Jahren aber nur in den großen Städten – allen voran Frankfurt,

Berlin und München – eine nennenswerte gesellschaftliche Rolle. Das vor der Shoah aktive jüdische Gemeindeleben in kleinen Städten und – vor allem im Süden Deutschlands – auch auf den Dörfern schien für immer verloren. Anfang der 1950er Jahre waren in der gesamten Bundesrepublik und in beiden Teilen Berlins gerade noch knapp 30 000 Mitglieder organisiert. Inzwischen haben die Gemeinden des wiedervereinigten Deutschlands, nicht zuletzt durch die jüdische Zuwanderung aus Gebieten der ehemaligen Sowjetunion, wieder mehr als dreimal so viele Mitglieder. Der aus Argentinien stammende Kantor Isidoro Abramowicz, der im April 2019 in der Berliner Synagoge Pestalozzistraße sein Amt antrat, beschreibt die Situation, die er hier 74 Jahre nach der Shoah vorgefunden hat, so: »Heute sind wir Zeugen, wie neues jüdisches Leben entsteht, auch wenn es sicher noch Generationen dauern wird, bis es wieder die alte Blüte erreicht. Daran möchte ich mitwirken.« Das tun freilich auch jene Juden, die nicht in einer jüdischen Gemeinde registriert sind, gleichwohl aber die Feiertage begehen (oder auch nicht), sich aber eine jüdische Neshume, eine jüdische Seele, bewahrt haben. Eine verlässliche Zahl dieser unorganisierten Juden ist nicht bekannt. Nach allgemeiner Schätzung aber dürfte deren Zahl die der Gemeindemitglieder übersteigen.

Die zweite Generation

Wer in den Jahren nach dem Ersten Weltkrieg in Deutschland eine jüdische Kindheit erlebte, konnte, wenn es um die Kriegserinnerungen der Väter ging, mit den nichtjüdischen Kindern in der Regel mithalten. Auf den Schlachtfeldern hatten deutsche Soldaten unabhängig von ihrer Religionszugehörigkeit gemeinsam gekämpft, auch die Juden. Nicht im Generalstab, aber in den Schützengräben. Ein grotesker Anlass für eine gesellschaftliche Gleichstellung, wovon deren Kinder ohnehin nur für kurze Zeit profitierten. Nicht dass es in den 1920er Jahren keine antisemitischen Ausfälle und gelegentlich gar Übergriffe gegeben hätte, aber zumindest wenn das deutsche Soldatentum thematisiert wurde, konnte man über die Väter-Generation ähnliche Geschichten erzählen. Wurde aber auf den Gymnasien oder anderswo über die Schuld an der deutschen Niederlage debattiert, kam »der Jude« schnell wieder ins Gerede. Antisemitisch motivierte Attentate auf jüdischstämmige Politiker wie Walter Rathenau und Hugo Haase wurden von nationalistisch eingestellten Jugendlichen heimlich beklatscht. Noch aber stellten sie für ihre Generation in Deutschland eine Minderheit dar. Nach dem Zweiten Weltkrieg werden viele Shoah-Überlebende von ihrer Kindheit in der Weimarer Republik berichten, dass es in dieser Zeit mit den Altersgenossen mehr Gemeinsames als Trennendes gab. Man schwärmte für dieselben Leinwandstars, tanzte in den gleichen Lokalen miteinander und feuerte in den Stadien die Spieler derselben Fußballvereine an. Das änderte sich mit dem Erstarken der Hitler-Bewegung und ab 1933 durch massive antisemitische

Propaganda des NS-Staates. Die gleichgeschalteten Jugendorga-
nisationen blieben den jüdischen Jungen und Mädchen verschlos-
sen. Bald mussten sie die Schulen verlassen ...

Auch nach dem Untergang des NS-Regimes blieb diese da-
mals vollzogene Trennung, die schließlich zur Shoah geführt hat-
te, naturgemäß nicht folgenlos für die nächste Generation, die
ihre jüdische Kindheit in einem der beiden deutschen Nachkriegs-
staaten verlebte. Unterschied sie sich von ihren nichtjüdischen
Altersgenossen doch grundlegend durch die dadurch bedingten
ungleichen Familienbiografien. Nicht dass man das ständig und
überall zum Thema gemacht hätte, aber es war präsent im Be-
wusstsein bei jenen, die nun wieder miteinander die Schulbank
drückten, gemeinsam Sport trieben oder sich ineinander verlieb-
ten, selbst wenn man nicht darüber sprach. Die Integration jüdi-
scher Kinder in einer nichtjüdischen Mehrheitsgesellschaft hing
nach dem Krieg vielfach auch davon ab, wo diese aufwuchsen.
Gab es eine kinderreiche jüdische Gemeinde, in der man unter
sich bleiben konnte? Oder lebte man wie Manfred Levy als ein-
ziges jüdisches Kind in der saarländischen Kreisstadt Homburg?
Anschaulich wird dieser Unterschied, wenn man hört, wie sich
der ehemalige Vorsitzende des Zentralrats der Juden in Deutsch-
land, Dieter Graumann, und dessen Nachfolger Joseph Schuster
an ihre jeweilige Kindheit erinnern. Beide sind nach ihrer Geburt
in Israel als kleine Kinder mit den Eltern nach Deutschland ge-
kommen. Dieter Graumann wuchs in Frankfurt am Main auf, in
einer Stadt mit einer großen jüdischen Gemeinde, Joseph Schus-
ter im fränkischen Würzburg, wo es nur wenige jüdische Kinder
gab. Als Dieter Graumann eingeschult wurde, nahmen ihn die
Eltern beiseite und teilten ihm flüsternd mit: »David, ab heute
heißt du Dieter.« Die Shoah-Überlebenden wollten nicht, dass ihr
Sohn schon an seinem Namen als Jude zu erkennen war. Joseph
Schuster hingegen erinnert sich, dass er als Gast bei Kinderge-
burtstagen »beim Wurstschnappen anstatt Würstchen oft Tüten

mit Erdnüssen bekommen« habe. *Seine Jüdischkeit ist also nicht nur bekannt gewesen, sondern wurde in Bezug auf die koschere Ernährung sogar beachtet und respektiert. Die Geschichten der »zweiten Generation«, wie sich die Jahrgänge der 1950er bis frühen 1970er Jahre selbst nennen, sind bei vielen Gemeinsamkeiten eben auch sehr vielfältig.*

Treffen an Rosh Hashana

Niemand, der an diesem Abend die Synagoge in der Berliner Pestalozzistraße besucht, glaubt ernsthaft, dass Gott die Erde vor 5780 Jahren erschaffen hat. Zu überzeugend haben die Radiokarbonforscher nachweisen können, dass unser Planet definitiv älter ist. Selbst wenn man, was religiös geprägte Naturwissenschaftler gelegentlich tun, den Urknall als göttlichen Schöpfungstag definieren würde, so läge dieser fast 14 Milliarden Jahre zurück. Trotzdem kommen an Rosh Hashana in der Regel mehr Gläubige in die Synagogen als an einem gewöhnlichen Schabbat. Das ist der Tradition geschuldet. Ähnlich den christlichen Kirchen, die zu Weihnachten in der Regel ja auch voller sind als im Rest des Jahres, obgleich auch hier so mancher Besucher nachvollziehbare Zweifel an der Jungfräulichkeit Marias hegen mag.

Rosh Hashana ist der erste der drei hohen Feiertage im Herbst, vor allem aber ist es das jüdische Neujahrsfest. Seit jeher begrüßen sich Juden an diesem Tag mit dem hebräischen Satz »Leshana tova tikatew wetichatem«, wenngleich daraus längst ein verschliffenes »Shana tova« geworden ist. In den alten jüdischen Familien in Preußen grüßte man gelegentlich noch auf Jiddisch mit »A git rosh!«, was ein

»Gutes Jahr« bedeutet. In der nichtjüdischen Mehrheitsgesellschaft ist daraus zu Silvester der Wunsch nach einem »Guten Rutsch!« geworden. Das ist in jener Zeit gewesen, als jüdische Nachbarn in deutschen Kommunen keine Seltenheit waren und die meisten Gojim, wie die Nichtjuden wertfrei auf Jiddisch genannt werden, sich noch richtig gut mit deren Feiertagen auskannten.

»Leshana tova tikatew wetichatem« heißt wörtlich übersetzt »Mögest du für ein gutes Jahr eingeschrieben und besiegelt werden«. Hinter diesem Wunsch steht die traditionelle Ansicht, dass Gott an diesem Tag die Sünden der Menschen, aber auch deren Wohltaten, etwas genauer unter die Lupe nimmt und in ein Buch einträgt. Zehn Tage haben gläubige Juden nun Zeit, in sich zu gehen und diese Zeitspanne zu einer Periode des aufrichtigen Bekenntnisses und der Reue werden zu lassen. Am letzten dieser Tage steht Jom Kippur, der höchste jüdische Feiertag, an dem die Synagogen der Welt dann richtig voll sind. 25 Stunden lang soll nun gefastet und mit knurrendem Magen und vor Durst schmerzender Kehle ein kollektives Bekenntnis über die begangenen Sünden abgelegt werden. Das wird von den meisten Juden genauso ernsthaft betrieben oder auch nicht, wie es deren christliche Nachbarn mit dem Fasten zwischen Aschermittwoch und Ostern halten.

An den Feiertagen ist es ratsam, die Sitzordnung in der Synagoge peinlich genau einzuhalten. Während der üblichen Schabbat-Gottesdienste im Verlauf des Jahres setzen sich Freunde und Bekannte (vielerorts nach Geschlechtern getrennt) gern auch mal zusammen. Während andere beten, werden die aktuellen Neuigkeiten aus dem persönlichen Umfeld besprochen. Hingegen setzt man sich an den Feiertagen üblicherweise auf jenen Platz, der auf der Synagogenkarte ausgewiesen ist. Diese muss alljährlich gegen eine Gebühr bei der Gemeinde erneuert werden, wobei der Sitzplatz immer derselbe ist. Meist hat man da schon als Kind gesessen, weshalb man seine Sitznachbarn oft seit Jahrzehnten kennt, auch wenn viele von ihnen sich immer nur an den Feiertagen hier begegnen.

Marion Schubert, Sigrid Wolff und *Dagmar Otschik-Alpern* sind »Kinder« der Berliner Gemeinde und durchaus auch außerhalb der Feiertage mal in der Synagoge anzutreffen. Die drei jüdischen Damen liegen altersmäßig jeweils etwa sieben Jahre auseinander, ihre Plätze in der Synagoge hingegen ziemlich nah beieinander. Bedingt durch den Altersunterschied haben sie nur wenig Erinnerungen an gemeinsam Erlebtes außerhalb der Synagoge. Sie verkehrten zwar alle im jüdischen Jugendzentrum um die Ecke vom Kurfürstendamm, aber eben nicht zur selben Zeit. Der Religionsunterricht im Jüdischen Gemeindehaus fand ebenfalls um sieben Jahren zeitversetzt statt und sie waren in unterschiedlichen Gruppen auf Machane, den jüdischen Feriencamps. Auch beruflich gingen sie sehr unterschiedliche Wege. Zu Rosh Hashana aber winken sie einander vertraut zu und grüßen wie in den letzten 50 Jahren mit einem freundlichen »Shana tova!«. Was die drei Damen gemeinsam haben, ist der Umstand, dass Teile ihrer Familien einst das geliebte Berlin verließen, um der Verfolgung durch die Nationalsozialisten zu entgehen, danach aber wieder zurückkehrten. Solche Lebensläufe sind in jüdischen Kreisen in Deutschland nicht außergewöhnlich. Ebenso wenig wie Großeltern und Eltern, welche die Vernichtungslager überlebten oder sich im Untergrund versteckt halten konnten. Das eben unterscheidet sie von ihren nichtjüdischen Arbeitskollegen und Freunden. Deren Familien hätten, wie manche gelegentlich betonen, »während des Krieges auch

einiges durchgemacht«. Eine solche Geschichtsrelativie-
rung aber kommt auf jüdischer Seite angesichts von De-
portationszügen und industriellem Massenmord nicht gut
an. Auf Betriebsfeiern und privaten Treffen zieht man es
daher vor, über jene dunkle Zeit besser zu schweigen. Das
war auch schon so, als Marion, Sigrid und Dagmar noch
Kinder waren.

Marions Großmutter ist eine selbstbewusste Frau gewesen,
mit Sinn für Mode und einer guten Nase fürs Geschäft. Sie
hatte am Kurfürstendamm einen ziemlich exklusiven Hut-
laden, in welchem sie mit ihrer Tochter – Marions Mutter –
auch dann noch Hüte verkaufte, als andere jüdische Läden
längst boykottiert oder gar »arisiert« worden waren. Der
Grund hierfür war, dass es den SA-Schlägertrupps schlichtweg nicht als jüdisches Geschäft aufgefallen war. Einerseits nämlich sah Marions Oma nicht so aus, wie sich Nazis
vorstellten, dass Juden auszusehen haben. Zudem trug die
Familie den Namen Leschnik, welcher nicht zwingend Angehörigen des mosaischen Glaubens zuzuordnen war. Das
ist bei den Salomons, deren Sohn einmal der Gatte von
Marions Mutter werden sollte, ganz anders gewesen. Deren Textilgeschäft in Spandau, einem westlichen Berliner
Vorort, wurde hin und wieder zur Zielscheibe der SA und
in der Reichspogromnacht geplündert.

Marions Großvater Leschnik ist ein gelernter Kondi-
tor gewesen. Während seine Frau am Ku'damm Hüte verkaufte, lieferte er selbst hergestellte Kuchen und Torten
in exquisiter Qualität für alle möglichen Festivitäten an
private Haushalte. Irgendwann aber erlaubten die neuen
deutschen Machthaber ihnen beides nicht mehr, nicht das
Liefern von Torten und nicht das Handeln mit Hüten. In
der Silvesternacht 1938/39 verließ die kleine Familie ihre

deutsche Heimat. Eine Odyssee begann, deren erste Station für die nächsten zehn Jahre Shanghai sein sollte. Dorthin konnte man damals ohne Visum gelangen. Manch einer, dem zionistische Visionen fremd waren, suchte eher Zuflucht in jener geschäftigen chinesischen Hafenstadt als in der Wüste Palästinas. Marions Mutter hatte ihren Freund, den jungen Salomon, in Berlin zurückgelassen, doch er folgte schon bald dem Ruf des Herzens. Er hatte seine Pläne, in die USA zu emigrieren, aufgegeben und traf schon im April 1939 auch in Shanghai ein. Salomon junior und die Tochter der einstigen Hutmacherin gaben sich das Jawort, kurz nach Kriegsende wird hier ihre Tochter Marion geboren.

Das Kaufhaus, das *Dagmars* Großeltern am Charlottenburger Nettelbeckplatz betrieben, war offenbar als jüdische Firma bekannt, denn es gehörte zu jenen Einzelhandelsunternehmen, die schon im April 1933 vom sogenannten Judenboykott betroffen waren. Auch hier war mit weißer Farbe auf die Schaufenster der Davidstern und die Parole »Kauft nicht bei Juden!« gepinselt worden. Kurz darauf schon wurde Dagmars Großvater von der Gestapo festgenommen. Fast zwei Jahre war er in Sachsenhausen, dem Konzentrationslager nördlich von Berlin, inhaftiert. Dann kam er überraschend unter der Auflage frei, mit seiner Frau und den beiden vier und sieben Jahre alten Söhnen binnen 48 Stunden das Land zu verlassen. Mitnehmen durften sie nur das, was sie tragen konnten. Das Kaufhaus am Nettelbeckplatz gehörte definitiv nicht dazu. In einer solch offensichtlichen Zwangslage war ein fairer Verkaufserlös natürlich nicht zu erzielen. Die NS-Machthaber sorgten sich im Sommer 1936 kurz vor der Olympiade noch darum, alles legal aussehen zu lassen. Als Dagmars Großeltern

Mitte der 1950er Jahre zurückkehrten, hatte das zur Folge, dass sie vor Gericht keinen Groschen an Entschädigung zugesprochen bekamen.

Ihr Weg führte die Familie nach Palästina, wo die britische Besatzungsmacht nur ein begrenztes Kontingent an Juden einreisen ließ. Nachdem Dagmars Großeltern innerhalb von zwei Tagen die Heimat hatten verlassen müssen, sahen sie für sich kaum eine andere Wahl, als es zu probieren. Am Ende mit Erfolg.

Der Vater von *Sigrid* war noch ein halbwüchsiger Junge, als seine Familie zu Beginn des Krieges von den Nazis nach Polen zurückgeschickt wurde. Dorthin, woher die Eltern einst gekommen waren. Für den jüdischen Jungen war das eine große Enttäuschung. War er doch in Berlin zur Welt gekommen, in der Stadt, die für ihn Heimat war. Hier ist er zur Schule gegangen, kannte alle Fußballer von Hertha BSC, und in der Synagoge am Kreuzberger Fraenkelufer hatte er seine Bar Mitzwa gefeiert, jene Zeremonie, mit der der 13-Jährige als vollwertiges Mitglied ins Judentum aufgenommen worden war.

Vorerst hatte der erzwungene Umzug für seine Eltern zwar den Verlust einer beruflichen Existenz bedeutet, aber noch keine physische Bedrohung dargestellt. Das änderte sich zwei Jahre später, als Deportationszüge in Richtung Polen rollten, mit Menschen, die dort nie zuvor gelebt hatten.

Sigrids Großeltern fassen angesichts dieser bedrohlichen Situation einen Entschluss, der allen Eltern schwerfallen würde – sie schickten den Sohn weg, überließen ihn einem unbestimmten Schicksal. Ohne konkreten Plan verließ der junge Mann Polen in Richtung Osten. Außer der kleinen Schwester hat er später keinen aus seiner Familie jemals wiedergesehen. In Stalins Reich hat es ihn bis nach Usbekistan verschlagen, wo damals viele Juden lebten. Dort hat er eine polnische Frau geheiratet und bald wurde eine Tochter geboren. Nach dem Krieg ging diese kleine Familie nach Palästina und betrieb nach der israelischen Staatsgründung in der Nähe von Haifa einen Makolet, einen landestypischen Tante-Emma-Laden. In dieser Zeit wurde eine zweite Tochter geboren. Hier schien die Welt in Ordnung zu sein, sah man davon ab, dass das kleine Israel von nicht sehr freundlich gesinnten Nachbarn umringt war. Sigrids Vater aber hatte ein ganz anderes Problem. Er fühlte sich noch immer als Berliner, hatte Heimweh und brach schließlich die Zelte in Israel ab. Mit seiner Familie zog er in den Westen der nun geteilten ehemaligen deutschen Hauptstadt. Hier traf er seine Schwester wieder, die als Zwangsarbeiterin bei Siemens überlebt hatte. Seine beiden Töchter gingen dann in Berlin zur Schule und hätten ein perfektes Beispiel für gelungene Integration werden können, wenn deren Mutter nun nicht ihrerseits Heimweh entwickelt hätte – nach Israel. Da ihr Gatte ein solches nicht verspürte, beantragte sie die Scheidung und nahm die beiden Töchter mit. Sigrids Vater pachtete in Berlin eine Eckkneipe und heiratete erneut, diesmal eine Berlinerin, die ursprünglich nicht jüdisch war. Da man aber die Ehe unter der Chuppa, dem jüdischen Traubaldachin, mit rabbinischem Segen eingehen wollte, besuchte Sigrids Mutter einen Konvertierungskurs, den sogenannten Giur. Was als reiner Selbstzweck anmutete, führte offenbar zu einigem Erkenntnisgewinn oder zumindest zu positiven spirituellen Erfahrungen, denn sie besuchte fortan die Synagoge regelmäßig. Sehr viel öfter jedenfalls als ihr Mann. Den jüdischen Gastronomen zog es nur zu den hohen Feiertagen dorthin, weshalb er sich selbst als »Dreitage-Juden«

bezeichnete. Und wenn er in die Synagoge ging, dann in die am Fraenkelufer, in der er Jahrzehnte zuvor im Kreis seiner Familie die Bar Mitzwa gefeiert hatte. Sigrids Mutter aber besuchte die Synagoge in der Charlottenburger Pestalozzistraße, wo Estrongo Nachama mit mächtigem Bariton die liturgischen Gesänge anstimmte. Jener griechische Sänger, der das Vernichtungslager Auschwitz überlebt hatte, war da schon weit über die Grenzen Berlins hinaus bekannt. Die globale Cineasten-Community erlebte ihn gar in dem Hollywoodfilm »Cabaret«, in welchem er in einer Szene eine jüdische Hochzeitszeremonie leitet. Nicht zuletzt seinetwegen erwarb Sigrids Mutter Jahr für Jahr eine Synagogenkarte für jenen Platz, auf dem mittlerweile ihre Tochter das jüdische Neujahrsfest erwartet.

Noch immer hat *Marion* das dumpfe Dröhnen der Schüsse im Ohr, das sie als kleines Kind in Musrara hören musste. Heute ist dieser Stadtteil von Jerusalem ein hippes Künstlerquartier, damals war es ein Armenviertel an der jordanischen Grenze, in dem vor allem sephardische Juden aus den arabischen Ländern untergebracht waren. Es war gewiss nicht das gelobte Land, in denen sich Marions Eltern und Großeltern eine Zukunft erträumten. Aber als in China die Kommunisten an die Macht gekommen waren, musste die Familie abermals fliehen. Auf abenteuerlichen Pfaden waren sie mit einem Truppentransportschiff in die USA gelangt. Das nämlich war das erhoffte Ziel ihres Vaters gewesen. Hier lebten bereits dessen Eltern und seine zwei Brüder. Da er aber von den US-Behörden kein Visum bekam, wurden sie mit der Eisenbahn im verplombten Pullman-Wagen von San Francisco zur Ostküste transportiert. Vor dem Abteilfenster zog unerreichbar das Land ihrer Träume vorbei. In New York wurden sie tagelang auf Ellis Island in Abschiebehaft festgehalten, dann erfolgte offiziell die Ausweisung aus den Vereinigten Staaten. Von da an ging's nach Israel, wo sie zunächst mit anderen Neuankömmlingen auf der Ladefläche eines Lkw zu einem Zeltlager gebracht wurden. Hier verbrachten sie die ersten Wochen, ehe ihnen in Musrara ein Zimmer in jenem letzten Haus vor dem Niemandsland zugeteilt wurde. Früher hatte hier mal eine arabische Familie gewohnt, nun waren auf dem Dach israelische Soldaten hinter Sandsäcken postiert. Das aber hielt Scharfschützen jenseits der Grenze nicht davon ab, gelegentlich jüdische Zivilisten unter Beschuss zu nehmen, was mit jenem dumpfen Dröhnen verbunden war, das Marion ein Leben lang im Ohr haben wird. Als Kind war sie in gebückter Haltung an den Hauswänden entlanggeschlichen oder hatte in Hauseingängen Deckung gesucht. Oftmals an der Hand ihrer Großmutter, die es sich nicht nehmen ließ, solche Gefahren in eleganter Garderobe mit Handschuhen und einem ihrer Modellhüte zu überstehen.

Mit sechs Jahren wurde Marion in Jerusalem eingeschult. In der Schule ist aus dem deutschen Namen Marion das hebräische Mirjam geworden. Noch heute kann sie die Texte der Gebete im Siddur, dem jüdischen Gebetbuch, in der Originalschrift lesen. Anderthalb Jahre später musste sich das schüchterne Mädchen Marion Salomon in eine Westberliner Grundschule einleben. Ihre Eltern waren im jüdischen Staat auf keinen grünen Zweig gekommen. Das junge Israel brauchte keine angelernte Hutmacherin und Konditoren gab es mehr als genug. Nachdem Marions Vater wegen eines Herzfehlers und sehr empfindlicher Haut die Arbeit beim Straßenbau in der prallen Sonne hatte aufgeben müssen, landeten beide Elternteile in einer Dampfwäscherei. Schließlich wurde der Vater Hausmeister an einer

Schule und die Mutter trug als Putzhilfe zum Familienein-kommen bei. Sie fühlten sich in der orientalischen Umge-bung mit dieser gänzlich anderen Sprache als Fremdkör-per. Jerusalem war eben nicht Berlin und Musrara nicht der Kurfürstendamm. Nachdem auch der Großvater erklärt hatte, dass er nicht in Israel begraben sein wolle, versuchte Marions Vater abermals ein Einreisevisum für die Familie in die USA zu bekommen. Abermals ohne Erfolg. Wieder wurden sie von den US-Behörden irgendeinem Kontingent zugeordnet, das gerade ausgeschöpft war. Mit gemischten Gefühlen beschloss die Familie nun, nach Berlin zurück-zukehren. Für Marion war es der Umzug in eine schaurige Ruinenstadt mit grauem Himmel und herbstlichem Nie-selregen. Sie war die Einzige in der Familie, die sich nach Palmen, Olivenhainen und Sand zurücksehnte.

Dagmars Vater, der im Unabhängigkeitskrieg gemeinsam mit seinem Bruder in der neuen israelischen Armee gegen die arabischen Angreifer gekämpft hatte, war Schauspieler geworden. Er war am Nationaltheater Habima in Tel Aviv engagiert, wo er gemeinsam mit Shmuel Rodensky auf der Bühne stand. Viele Jahre später begegneten sich die beiden in der Berliner Synagoge Pestalozzistraße wieder. Zu dieser Zeit war Dagmars Vater nach jahrelanger Odyssee über die USA, England und Dänemark wieder in seiner Geburtsstadt gelandet, wohin auch der Rest der Familie zurückgekehrt war. Shmul Rodensky hatte es in diesen Jahren in der Rolle des Milchmanns Tevje im Musical »Anatevka« auch außer-halb Israels zu einigem Ruhm gebracht. Nun stand er in der Rolle eines Rabbiners für die deutsche Vorabendserie »Le-vin und Gutmann« in Berlin vor der Kamera. Die Synagoge Pestalozzistraße war einer der Drehorte. Überraschend traf er seinen alten Kollegen wieder, der hier als Schammes, als

Synagogendiener, die Schlüsselgewalt innehatte. Gleichermaßen staunend wie gerührt beobachteten die junge Dagmar und ihre ältere Schwester, wie sich ihr Vater und der israelische Schauspielstar weinend in den Armen lagen.

Die Väter von Marion, Sigrid und Dagmar waren Juden, aber sie waren vor allem auch preußisch. Über die sprichwörtliche Disziplin, Pünktlichkeit und allerlei Prinzipien der Jeckes, wie die deutschen Juden in Israel genannt wurden, hat man sich zwischen Haifa und den Kibbuzim in der Wüste Negev oft lustig gemacht. Solche Eigenschaften waren nicht leicht mit der mediterranen Leichtigkeit zu vereinbaren, die südeuropäische Juden auszeichnete. Auch den sephardischen Juden, die Jahrhunderte zuvor nach der Flucht aus Spanien über die arabischen Gegenden nach Palästina zurückgekommen waren, ist ein gewisses Laisserfaire nie fremd gewesen. Im Berliner Alltagsleben hingegen fielen die preußischen Juden nicht auf. So wie *Dagmars* Vater, der mit ihrer Mutter zunächst einige Restaurants betrieb. Nachdem die Ehe auseinandergegangen war, ist er alleinerziehender Vater gewesen, der den Lebensunterhalt für sich und zwei Töchter als Kellner verdiente. Der Vater von *Sigrid* war einerseits leutseliger Kneipier, andererseits strenger Vater, der – wie damals weit verbreitet – den Söhnen mehr Freiheiten ließ als der Tochter. *Marion* wiederum war behütetes Einzelkind und ein eher schüchternes Mädchen, die sich schon im jüdischen Jugendzentrum als Außenseiterin vorkam. Es hat ihr auch nie Spaß gemacht, mit Klassenkameradinnen die Berliner Diskotheken aufzusuchen. Andererseits ging sie manchmal mit, denn schließlich hatte sie das nachvollziehbare Bedürfnis, so zu sein wie alle anderen.

Alle diese jüdischen Väter erwarteten, dass ihre Töchter eines Tages jüdische Bräutigame nach Hause bringen würden. Für die schüchterne Marion war zu diesem Zweck speziell ein Abendkleid geschneidert worden. Damit saß dann der Teenager todunglücklich neben den Eltern auf den jüdischen Bällen, die an Feiertagen wie Purim und Chanukka in Berlin veranstaltet wurden. Sie fürchtete den Moment, in dem sie jemand zum Tanz auffordern würde. Mit 18 Jahren dann wollte Marion, was viele in diesem Alter wollen: dazu beitragen, die Welt zu verbessern. Mit dieser Motivation fuhr sie nach Amsterdam zum Kongress der »World Union for Progressive Judaism«. Diese Organisation existierte zwar schon seit den zwanziger Jahren, nun aber gab es eine »Youth Section«, deren Ziel es war, einem jungen liberalen Judentum in Europa eine organisatorische Form zu geben. Es war die Zeit, in der das Reformjudentum weltweit einen Aufbruch entfaltete, in dem halachische Fragen, also die nach den Religionsgesetzen, liberal und zeitgemäß beantwortet wurden. Eine neue Sicht auf etwas hatte Marion auch im Jahr zuvor erlebt, als sie Verwandte in den USA besucht hatte. Sie erlebte, dass man die Zeit der Emigration auch weniger düster als in ihrem Elternhaus betrachten konnte, als eine Zeit des glücklichen Überlebens nämlich. Auf dem Kongress in Amsterdam wurde sie von einer euphorischen Stimmung erfasst, und in dieser verliebte sie sich in einen jungen Juden marokkanischer Herkunft, der in Paris wohnte. Als sie ihn in der französischen Hauptstadt besuchte, erlebte sie einen Menschen, der malte und literarische Texte verfasste. Vor allem bewegte er sich ganz selbstverständlich in der Welt der künstlerischen Boheme. Es war ein faszinierender Kosmos, für Marion aber, das wohlbehütete bürgerliche Mädchen, kaum mit der eigenen Herkunft kompatibel. Es war nicht leicht, ihm das klarzumachen. Kurz darauf erkrankte der geliebte Vater lebensgefährlich und war mit den widersprüchlichen Gefühlen der Tochter nicht zu belasten. Um ihre mentalen Probleme in den Griff zu bekommen, besuchte Marion einen Kurs für autogenes Training, der die Vermittlung von Techniken der Selbsthypnose zum Ziel hatte. Dort lernte sie einen juristischen Referendar kennen, der einige Jahre zuvor seinen Vater verloren hatte. Diesen jungen Mann brachte Marion eines Tages mit zu sich nach Hause und stellte ihn ihrem Vater als einen guten Freund vor, was er nach ihrem eigenen Selbstverständnis zu diesem Zeitpunkt auch war. Es wäre ihr schwergefallen, dem todkranken Vater zu erklären, dass sie sich an der Seite dieses nichtjüdischen Mannes eine Zukunft vorstellen konnte. Diesen Gedanken aber hatte sie damals auch vor sich selbst noch gar nicht zugelassen.

Marions Vater starb an ihrem 24. Geburtstag. Hatte er die Hoffnung auf einen jüdischen Schwiegersohn aufgegeben? Hätte er letztlich gar einen Goj akzeptiert, wenn er die Menschlichkeit dieses nichtjüdischen Freundes haben würde, die seiner Tochter so guttat? Immer wieder kreisten ihre Gedanken um diese Fragen. Sie bezeichnet heute diese Zeit als eine der »inneren Zerrissenheit«. Nun, mit Mitte zwanzig, war sie in eine Lebensphase geraten, die andere zehn Jahre früher erlebten: die Pubertät. Eine Phase der Auseinandersetzung mit dem Elternhaus und seinen Prinzipien. Mit dem Vater war eine solche nun nicht mehr möglich, was Marion in einen enormen Gewissenskonflikt stürzte, als sie mit jenem jungen Juristen schließlich vor dem Standesbeamten stand. Wie gern hätte sie den Vater um seine Zustimmung gebeten. Der Mutter war es recht. Sie hätte es ohnehin nicht gern gesehen, wenn die Tochter nach Paris gezogen wäre. Dann aber übersiedelte Marion mit ihrem Mann nach Bonn. Er, der eigentlich gern in Berlin Richter geworden wäre, folgte dem Ruf der SPD-Fraktion als juristischer Berater in den Bundestag. Das blieb er einige Jahre, dann wechselte er als Beamter im höheren Dienst ins Bundesjustizministerium. Marion bekam mit ihm drei Kinder. Nebenher verfolgte sie, die einstige Fremdsprachenkorrespondentin, ein Fernstudium der Erziehungswissenschaften. Irgendwann aber gab sie das Studium auf und widmete sich gemeinnützigen Tätigkeiten im Bereich der christlich-jüdischen Zusammenarbeit. An einem Tag arbeitete sie in der Bibliothek einer evangelischen Pfarrgemeinde und am nächsten führte sie Touristen durch die Bonner Synagoge. Auf dem gesellschaftlichen Parkett, wohin ihr Mann sie gelegentlich zu Empfängen und ähnlichen Ereignissen mitgenommen hat, war vielen bekannt, dass sie Jüdin ist. Entsprechend selbstbewusst trat das schüchterne Mädchen von einst inzwischen auf.

Den beiden Töchtern und dem Sohn von Marion war immer bewusst, dass sie jüdische Kinder sind. Obgleich in Marions Haushalt die jüdischen Feiertage begangen und der Schabbat gefeiert wurden, gab es im Dezember neben dem Chanukka-Leuchter auch immer einen Weihnachtsbaum. Ein solcher stand auch in der Eckkneipe von Sigrids Vater, wenngleich das Nadelgewächs eher für die Gäste geschmückt worden war als für die eigene Familie. Der Gastronom bekam den erwünschten jüdischen Schwiegersohn. Garry, auch er in Shanghai geboren, gehörte einer jüdischen Clique von jungen Leuten an, auf die Sigrid durch eine Freundin aufmerksam gemacht wurde. Der südländisch aussehende Typ gefiel ihr auf Anhieb, und da die Sympathie beidseitig war, zertrat Garry irgendwann unter der Chuppa das Glas, womit die Eheschließung besiegelt war.

Sigrid hatte eine Fachschule für Sozialpädagogik besucht, wo sie zur Erzieherin ausgebildet wurde. Nach zwei Jahren hätte sie zur Pädagogischen Fachhochschule gehen können, um Vorschullehrerin zu werden. Das war auch eigentlich ihr Plan. Doch Vorschullehrer gab es damals in Berlin zu viele und Erzieher zu wenig, weshalb man den Zugang erschwert hatte. So beschloss sie, erst mal das Staatsexamen als Erzieherin zu machen. Danach absolvierte sie zunächst ein Anerkennungsjahr in der jüdischen Kita, wo sie dann als Erzieherin übernommen wurde. Dies war der Beginn ihrer beruflichen Tätigkeit für die Jüdische Gemeinde zu Berlin, die bis zum heutigen Tag ihr Arbeitgeber ist. Inzwischen aber ist sie von den Kids zu den Senioren gewechselt, und das kam so: Anfang der 1990er Jahre war man in der Berliner Gemeinde auf der Suche nach einer neuen Leitung für das Seniorenzentrum. Da wandte sich der damalige Gemeindevorsitzende Heinz Galinski an Sigrid, die er seit deren Kindertagen kannte, mit der kühnen Aussage: »Wer mit kleinen Kindern spielen kann, wird sich auch mit Senioren nicht schwertun.« Sigrid hat lange darüber nachgedacht, denn eigentlich wollte sie ihre Arbeitskraft nicht alten Menschen widmen, sondern weiterhin lieber Kindern. Dennoch hat sie sich gemeinsam mit Garry das Seniorenzentrum mal angesehen. Die Leitung war nämlich eine sogenannte Ehepaar-Stellung. Garry hatte bis dahin mit einem Freund jahrelang einen Jeansladen in Kreuzberg betrieben und konnte sich beruflich durchaus auch mal was anderes vorstellen. Beim Besuch im Seniorenzentrum kamen sie mit den Bewohnern ins Gespräch. Durch diese persönlichen Begegnungen motiviert, haben die beiden schließlich zugesagt, diese Aufgabe zu übernehmen.

Zunächst war die Umstellung von der Kita zum Seniorenzentrum nicht ganz so einfach, wie es sich der Gemeindevorsitzende vorgestellt hatte. Wenn Sigrid den Kindern etwas beibrachte, dann konnten sie das irgendwann. Hier aber hatte sie Menschen vor sich, die alle mal sehr viel konnten, nach und nach aber ihre Kompetenzen verloren. Das machte diese Menschen traurig und Sigrid auch. Trotzdem, so sagt sie, habe sie diesen Schritt nie bereut.

Als Sigrid und Garry vor dreißig Jahren die Leitung des Seniorenzentrums übernahmen, wohnten dort fast ausschließlich Shoah-Überlebende. Die Gespräche mit ihnen hat Sigrid immer als ausgesprochen bereichernd empfunden. Der eigene Vater nämlich hat ihr und ihren Geschwistern sehr wenig erzählt. So hat sie nie erfahren, welche Gedanken ihm durch den Kopf gingen, wenn sich seine männlichen Gäste am Tresen über ihre Kriegserlebnisse in der Nazi-Armee austauschten. Auch Dagmars Vater sprach nie darüber, ob es ihn bedrückte, mit Kollegen in einer Schicht zu kellnern, die womöglich damals, als seine Eltern überhastet die Koffer packen mussten, auf einem Kameradschaftsabend der Hitlerjugend grölten: »... wenn's Judenblut vom Messer spritzt.«

Vor dreißig Jahren, als Sigrid und Garry die Leitung des Altenheims übernommen hatten, lebten hier noch viele alte jüdische Menschen, die den Verfolgungen entkommen waren. Es gab aber auch eine kleine Zahl an nichtjüdischen Menschen in der Einrichtung. Schließlich bekam man staatliche Zuschüsse und wollte zur angespannten Altenpflegesituation in jenen Jahren einen Beitrag leisten. Gespräche mit den betagten Bewerbern und deren Angehörigen waren im Vorfeld geführt worden. Man wollte herausfinden, mit wem man es zu tun hat. Vor allem aber wollte man auch erklären, was es für die Bewerber fortan bedeutet, in einem jüdischen Umfeld zu leben, bezüglich des Speiseplans und der Feiertage, die hier gänzlich andere sein würden. Bei der Heimleitung war eine gute Nase gefragt, um die richtige Entscheidung zu treffen, und es ging fast immer gut. Eines Tages aber setzte bei einem dieser nichtjüdischen Bewohner eine geriatrische Erkrankung ein. In zunehmender Demenz geriet der alte Herr in die Realität seiner Jugend und diese war die eines Chorknaben der Hitlerjugend. Mit gewaltigem Bariton schickte er Texte über die Flure des Altenheims, die hier gänzlich deplatziert waren: »Unsere Fahne flattert uns voran / unsere Fahne ist die neue Zeit! / Wir marschieren für Hitler ...« Das erschrockene Personal versuchte den Mann in die Gegenwart zurückzuholen, die eilig herbeigerufenen Angehörigen auch. Der singende Alt-Nazi ließ sich jedoch immer nur kurzfristig von seiner fragwürdigen Sangeskunst abbringen, dann fing er wieder an, das braune Liedgut zu intonieren. Bei den traumatisierten jüdischen Bewohnern in den Nachbarzimmern hatte dies nächtliche Albträume, Zittern und Weinkrämpfe zur Folge. Nach wenigen Tagen hörte der Mann auf zu singen und das gottlob für immer. Für einen kurzen dramatischen Moment war die vergangen geglaubte dunkle Zeit wie ein Gespenst noch einmal über die Flure des jüdischen Seniorenzentrums gehuscht. Auf eine schonungslose Weise wurde so die in Deutschland herrschende Parallelwelt zwischen Tätern und Opfern versinnbildlicht.

Was mag *Marions* Mutter innerlich bewegt haben, wenn sie in den fünfziger Jahren elegante Damen auf der Flaniermeile Kurfürstendamm beobachtete, wo sie einst Modellhüte verkauft hatte? Hat die Rückkehrerin sich die Frage gestellt, wo diese Damen wohl waren, als 15 Jahre zuvor die Juden Berlins im nahegelegenen Grunewald in die Deportationszüge gepfercht wurden? Nur wenige von ihnen waren zurückgekehrt. Für die überlebenden Juden Berlins (und auch anderswo) bedeutete das, sich in die deutsche Nachkriegsgesellschaft einzugliedern. Das war auch der Grund, weshalb nur wenige der Bewohner des jüdischen Seniorenheims mit ihren Kindern über die Zeit der Shoah sprachen. Sigrid und Garry gegenüber waren sie jedoch sehr viel offener, denn die beiden Heimleiter waren neutrale Personen. Offenbar war es für die alten Leute unheimlich wichtig, am Ende ihres Lebens irgendjemandem ihre Leidensgeschichte erzählen zu können. Zumindest glaubte Sigrid das zu spüren. Im Laufe der Jahre hatten sie im Haus oft Jugendliche, die durch die »Aktion Sühnezeichen« dorthin kamen, und Sigrid organisierte Erzählnachmittage. Im Vorfeld hatte sie einige Bewohner angesprochen, von denen sie wusste, dass sie darüber reden konnten und auch wollten. Den alten Leuten hat das sehr gut getan, denn das Interesse dieser nichtjüdischen jungen Deutschen hat ihnen wieder Hoffnung gegeben. Später kamen dann die Eltern von Sigrids Jugendfreunden als Bewohner ins Seniorenzentrum. Leute, die sie schon als Kind kannten und die manchmal sagten: »Früher haben wir auf dich aufgepasst, jetzt ist es umgekehrt.«

Mitte der 1990er Jahre sind Juden aus der ehemaligen Sowjetunion als sogenannte »Kontingentflüchtlinge« nach Deutschland gekommen. Das brachte einige Veränderungen im Seniorenzentrum mit sich. Die erste Generation hat noch gekocht und gebacken: Piroschki, Süßes und Salziges. Nicht alle waren glücklich, manche auch unzufrieden. Aber Sigrid sagte sich, das ist nun mal so, wenn man emigrieren muss. Die eigenen Eltern waren sicher auch nicht immer happy, wenn sie in fremde Länder kamen. Ihr Vater nach Usbekistan oder die Schwiegereltern nach Shanghai. Deshalb hatte sie Verständnis, wenn jemand sich mit dem Einleben ein wenig schwertat. Zunächst war jene Generation gekommen, die noch jüdisches Leben kannte und Jiddisch sprechen konnte. Als später die dritte und vierte Welle an jüdischen Kontingentflüchtlingen, weniger aufgrund einer ihnen ohnehin nicht vertrauten Jüdischkeit, sondern aus Sehnsucht nach wirtschaftlichem Wohlstand, ins Land kam, brachten jene ein oftmals überzogenes Anspruchsdenken mit. Dem musste man erst mal entgegentreten. Dieses Problem aber, erzählt Sigrid, habe sich inzwischen wieder gelegt.

Als *Dagmar* noch ein kleines Mädchen war, stand sie unter Polizeischutz. Die Präsenz schwer bewaffneter Polizisten vor dem Haus, in dem sie und ihre drei Jahre ältere Schwester Michaela mit dem Vater nach dessen Scheidung wohnten, galt jedoch nicht ihr persönlich, sondern der Synagoge, die im Hof stand. Dort aber war der Vater der beiden Mädchen am Schabbat und an den Feiertagen der Synagogendiener. Irgendwie also gehörten sie und ihr Papa zu dem Objekt dazu und deshalb mussten auch sie bewacht werden. So sah es die kleine Dagmar und im Laufe der Jahre wurde ihre Sympathie für die Polizisten immer größer. Gegen Ende der Schulzeit kam ihr dann zum ersten Mal der Gedanke, selbst Polizistin zu werden. Allerdings fehlten ihr dafür jegliche Voraussetzungen. Selbstkritisch musste sie sich eingestehen, dass sie in letzter Zeit ziemlich faul gewesen war. In der Realschule hatte sie irgendwann den Unterricht durch Verweigerung boykottiert, durch Zuspätkommen und schließlich durch Abwesenheit. An den Nachmittagen war es irgendwie schöner, im jüdischen Jugendzentrum abzuhängen, als für die Schule zu lernen. Ein echt pubertäres Trotzverhalten, so sieht sie es heute. Mit 16 Jahren ging sie mit einem miserablen Zeugnis von der Schule ab. Aber auch mit besseren Noten hätte sie bei der Polizei keine Chance gehabt, denn damals nahm man weibliche Bewerber erst mit 19 Jahren.

Dagmar wusste, wie ihr Vater auf ihren Berufswunsch reagieren würde. »Eine Jüdin trägt keine deutsche Uniform!«, würde er sagen und dann davon erzählen, wie uniformierte Deutsche seinen Vater abgeholt haben. Damals, nachdem die SA die Schaufenster des Kaufhauses am Nettelbeckplatz beschmiert hatte. Dagmar würde ihm entgegnen, dass das heutige Deutschland ein anderes sei, sonst wäre er ja wohl kaum hierher zurückgekehrt. Vorerst aber hatte sie ohnehin keine Chance, in den Polizeidienst einzutreten, warum also sollte sie den Vater damit behelligen? Natürlich war ihm nicht verborgen geblieben, dass seine Tochter die Tage untätig zu Hause verbrachte. Es war eine schwere Zeit für Dagmar, da ihre Schwester Michaela, an der sie sehr gehangen hatte, mit nur 21 Jahren überraschend gestorben war. Natürlich hatte der Vater Verständnis für Dagmars Trauer. Dennoch fragte er sie eines Tages besorgt, wie sie ihr weiteres Dasein gestalten wolle. Das Leben müsse ja schließlich weitergehen. Aus der Verlegenheit heraus sagte sie, sie könne sich vorstellen Floristin zu werden. Es war eine völlig unüberlegte Antwort, sie hätte auch Zweiradmechanikerin sagen können oder Konditorin. Zu dieser Zeit kellnerte der Vater auf den großen Berliner Bällen. Dort sprach er mit dem Chef jener Firma, die das Blumendekor arrangierte, und schon hatte Dagmar eine Lehrstelle. Als sie dann endlich in dem Alter war, um sich bei der Polizei bewerben zu können, wurde mittlerweile der Realschulabschluss verlangt. Daher meldete sie sich an einer Abendschule an, in der man diesen in einem Jahr nachholen konnte. Da der Vater zeitgleich kellnerte, ist ihm dieser neuerliche Schulbesuch seiner Tochter überhaupt nicht aufgefallen. Nachdem Dagmar den Eignungstest bei der Polizei bestanden hatte, stellte sie ihn vor vollendete Tatsachen und präsentierte ihm den positiven Bescheid. Dem Vater entgleisten die Gesichtszüge, und als er gerade all das sagen wollte, was Dagmar schon wusste, dass er es sagen würde, kam sie ihm zuvor. Am Vormittag war sie mit dem Bescheid bereits bei der Großmutter gewesen, die im jüdischen Seniorenzentrum ebenfalls von Polizisten bewacht wurde. Und Dagmars Oma hatte ganz anders reagiert. Sie freute sich für die Enkelin und zeigte sich sogar ein bisschen stolz über deren Entscheidung. Das sagte Dagmar nun dem Vater, und da das Wort einer jiddischen Mamme etwas gilt, verdrehte er nur die Augen und stöhnte: »Du musst wissen, was du tust!« Bei Dagmars feierlicher Vereidigung in der Berliner Philharmonie saß dann die Großmutter mit ihrem Sohn im Parkett.

Vor dem ersten Dienstantritt ging der jüdischen Polizistin eine nachvollziehbare Frage durch den Kopf: Wie werden die Kollegen auf sie reagieren? Sie hätte ihre Jüdischkeit verschweigen können, aber dann hätte sie an den Feiertagen keinen Sonderurlaub bekommen, wofür es eine entsprechende Bestimmung gab. Genau dieses Privileg führte dann einmal zu einer Auseinandersetzung. Auf der Wache hat sich ein Kollege in abfälligem Ton darüber geäußert, dass die »jüdische Kollegin« für »diese blöden jüdischen Feiertage« Sonderurlaub kriege, während er für die Taufe seines Kindes einen regulären Urlaubstag habe nehmen müssen. Dagmar gab ihm durchaus recht, sagte ihm aber auch: »Wenn ich mein Recht nicht in Anspruch nehmen würde, so hättest du trotzdem nichts davon.« Dies aber ist in all den Jahren die einzige Situation gewesen, in der ihr Jüdischsein thematisiert wurde. Vielleicht kam ihr aber auch zugute, dass es zwei Jahre vor ihrem Dienstantritt einen antisemitischen Vorfall gegeben hatte. Jemand hatte im Seminarraum eine entsprechende Bemerkung an die Tafel geschrieben. Umgehend waren die Kriminalpolizei und Leute vom Staatsschutz da und griffen durch. Wahrscheinlich würde sich inzwischen mancher Kollege lieber auf die Zunge beißen, dachte Dagmar, als etwas Falsches zu sagen. Grundsätzlich aber war sie, der Kumpeltyp mit dem Berliner Zungenschlag, bei den meisten ihrer Kollegen beliebt. Leider wurde Dagmar nach einigen Jahren bei einer Kneipenschlägerei im Dienst so schwer verletzt, dass sie in den vorzeitigen Ruhestand versetzt werden musste.

Schon seit einiger Zeit verfolgt die Ex-Polizistin gemeinsam mit ihrem nichtjüdischen Mann, den sie vor einem Vierteljahrhundert durch einen Kollegen kennengelernt hatte, die Diskussion über Rassismus in der Polizei. »Wie so oft werden da ganz schnell Pauschalurteile über einen ganzen Berufsstand ausgesprochen«, sagt sie, wenn man sie fragt. Noch heute würde sie für viele Kollegen von damals ihre Hand ins Feuer legen. Andererseits kann sie die Fernsehbilder nicht ignorieren. Beispielsweise die aus Chemnitz, wo Rechtsradikale von Polizisten geschützt die Arbeit der Presse behinderten. Dabei fallen ihr jene schwarzen Schafe ein, die zu ihrer Zeit mit den »Republikanern« sympathisiert hatten, der rechtspopulistischen Vorläuferpartei der AfD. Da wurde bei Demonstrationen auch schon mal aus politischer Überzeugung geprügelt. »So was darf natürlich nicht sein, denn es ist mit dem Eid auf die freiheitlich-demokratische Grundordnung nicht vereinbar!«, sagt Dagmar. Es gelte, mögliche Anfänge abzuwehren. Schließlich soll ihr Vater mit seiner Skepsis am Ende nicht doch noch recht bekommen.

Zum Abschluss des Gottesdienstes zu Rosh Hashana des jüdischen Jahres 5780 tritt ein schmächtiger Mann mittleren

Alters an den Altar der Synagoge, setzt das Shofar an, ein gewaltiges Widderhorn, und entlockt ihm die traditionell vorgeschriebene Tonfolge. Die Menschen rufen einander »Shana towa!« zu. Dann gehen sie nach Hause, wo Marion und Sigrid ihre Kinder und Enkel, Dagmar und deren Mann ein paar Freunde erwarten. Man wird dünne Apfelschnitze in Honig tauchen, auf dass es ein süßes Jahr werden möge. A git rosh!

Unter dem Schutz des Feindes ...

Das Wort Synagoge kommt aus dem Griechischen, heißt auf Hebräisch Beth Knesseth, was wiederum ins Deutsche übersetzt »Haus der Versammlung« bedeutet. Viele Synagogengänger (nicht zuletzt auch Synagogengängerinnen) nehmen das während der Gottesdienste ziemlich wörtlich. Nichtjüdischen Besuchern fällt oft auf, dass selbst wenn vorn ein Vorbeter die Gebete intoniert, sich keineswegs alle daran beteiligen. Nicht wenige haben stattdessen einander Privates mitzuteilen und stellen die Gespräche nur für einen kurzen Moment ein, wenn die Tora an ihnen vorbeigetragen wird und sie dieser die Ehrerbietung erweisen. Für die ganz großen Geschichten aber bietet sich dann der Kiddusch an. Diese rituelle Zusammenkunft mit dem traditionellen Weinsegen und dem Teilen des Brotes in Form eines Hefezopfes namens Challa findet zu Beginn des Schabbat in der Regel innerhalb der Familie statt. Zu besonderen Anlässen aber spendieren Gemeindemitglieder einen solchen mit anschließendem warmen Essen auch nach dem Freitagabend-Gottesdienst. Man versammelt sich hierfür in einem speziellen Kiddusch-Raum neben der Synagoge. Am

Samstagmorgen, nach dem Hauptgottesdienst, finden solche Kidduschim in nahezu allen Synagogen weltweit statt. Damit verbunden ist dann in der Regel ein kleiner Imbiss. Kiddusch bedeutet zu Deutsch »Heiligung«, was sich auf jenen Segen über Wein und Brot zu Beginn der Veranstaltung bezieht. Hat man mit dem Ausruf »L'chaim!« (»Auf das Leben!«) den ersten Schluck Wein getrunken, löst sich bei manchem die Zunge. Und spätestens wenn dann die Wodka-Flasche kreist, beginnt die Zeit der Geschichtenerzähler.

Garry Wolff mag den Begriff des Geschichtenerzählers nicht. Das klingt ihm zu sehr nach Märchen, nach erfundenen Storys. Der kräftig gebaute Herr aus dem Synagogenvorstand in der Berliner Pestalozzistraße aber besteht darauf, dass seinen Schilderungen reale Ereignisse zugrunde liegen. Alles hätte genauso stattgefunden, wie er es erzählt. Daran zweifelt auch niemand, wenngleich manche seiner Erzählungen schon ziemlich unglaublich erscheinen. Wie etwa jene Story von den jungen Neonazis, die sein Kreuzberger Geschäft gegen linksautonome Randalierer geschützt hatten. Das Ganze liegt mehr als dreißig Jahre zurück, als er noch nicht mit seiner Frau Sigrid die Leitung des jüdischen Seniorenheims übernommen hatte. Es war die Zeit, als die Teilnehmer des letzten Weltkriegs noch fit waren und sich die Mitglieder der einstigen Sondereinheiten der SS straflos in Traditionsverbänden versammelten.

Garry, der gelernte Raumausstatter, hatte mit einem Kumpel eine Weile auf verschiedenen Wochenmärkten Klamotten verkauft und mit dem erwirtschafteten Gewinn in Kreuzberg einen Jeansladen eröffnet. In diesem Geschäft stand nun kurz nach Eröffnung ein hünenhafter Alt-Nazi vor ihm und gab sich gar nicht erst die Mühe, seine Gesinnung zu verbergen. »Wie heißt du?«, begann er das Gespräch. »Wolff!«, antwortete Garry und sein Gegenüber nickte anerkennend: »Ein guter deutscher Name!« Damit nicht genug, nahm er offenbar den dunkleren Teint des neuen Ladenbetreibers zum Anlass, sich nach der Herkunft seiner Eltern zu erkundigen. Natürlich verspürte Garry Wolff keine Lust, jenem SS-Veteranen den aschkenasischen Stammbaum seiner Familie zu erläutern. Seine Mutter käme »von jenseits der Alpen«, sagte er knapp. Das bewirkte bei dem Mann eine Art von freudiger Erregung, sah er doch in der Frau eine Angehörige jenes Volkes, »das zu Zeiten Mussolinis treu an der Seite des Führers gestanden« hat. »Und der Vater?«, wollte er nun wissen. »Den hat Hitler nach Shanghai geschickt!«, antwortete Garry. Hinter seiner Antwort steckte in metaphorischer Form ja durchaus eine gewisse Wahrheit. Allerdings verzichtete er auf die Feststellung, dass er selbst dort noch geboren war – im gleichen von den Japanern angelegten Ghetto, in dem auch Marion Schubert als sehr kleines Mädchen mit ihren Eltern gelebt hat. In den Augen des einstigen SS-Mannes stieg der vermeintlich italienischstämmige Ladenbesitzer und Sohn eines Parteigenossen noch mehr in der Achtung. »Oh, ich weiß, dass der Führer in Shanghai eine NSDAP-Auslandsorganisation hatte. Da muss dein Vater ja ein ganz hohes Tier gewesen sein!«, tönte er. Dabei habe er ihn erwartungsvoll angesehen, erzählt Garry. Nach kurzem Überlegen habe er ihm geantwortet: »Das kann ich dir nicht sagen, mein Vater will nicht darüber reden!« Verständnisvoll nickend habe der Mann ihm zugeflüstert: »Wir dürfen ja auch nicht darüber reden. Was meinst du, was ich dir von der Ostfront erzählen könnte, was wir mit den Juden …!« Stumm habe er den Zeigefinger an die geschlossenen Lippen gelegt und Garry hatte einiges zu tun, seine Gefühle zu unterdrücken.

Der ehemalige SS-Mann gab ihm einen kameradschaftlichen Knuff gegen die Schulter und verkündete, künftig in seinem Laden ein zuverlässiger Kunde zu sein. Tatsächlich habe er fortan jeden Monat für 200 bis 300 DM bei ihm eingekauft.

Kopfschütteln und Lachen an Garrys Tisch im Kiddusch-Raum. Nach einem weiteren »L'chaim!« kündigt er an, dass die Geschichte (die er nicht so nennen will) noch nicht zu Ende sei. Die Bekanntschaft mit dem hünenhaften Alt-Nazi hatte nämlich Folgen. Bald schon erschien die nächste Generation von Rechtsradikalen, die es in Kreuzberg neben den linken Gruppierungen auch immer schon gab. Wegen des alliierten Kontrollrechts in Berlin war es den Neonazis aber vor 1990 nicht möglich, offen aufzutreten, weshalb am extremen politischen Rand eben nur linksradikale Kräfte sichtbar wurden.

Offenbar sprach sich in rechtsextremen Kreisen herum, dass der Besitzer jenes Jeansladens der Sohn einer Italienerin und eines hohen Parteigenossen wäre. Eines Tages stand dann ein ziemlich junger Mann in seinem Geschäft und lud ihn ein, Mitglied der illegalen NSDAP zu werden. Nun hat Garry auch den letzten seiner Tischnachbarn im Kiddusch-Raum zum staunenden Verstummen gebracht.

Man würde sich bereits in Uniform in einem Hinterzimmer treffen, habe der junge Mann erzählt und zum Beweis ein Foto hervorgeholt, dass ihn in SA-Montur zeigte. Dafür sei er extra nach Spanien gereist, wo man die braunen Originalhemden, die Mütze, die Breeches und die Stiefel sowie das Koppel käuflich erwerben könne. Dann habe er eine unverfänglich aussehende Einkaufstüte geöffnet, um Garry einen Blick auf einen SA-Ehrendolch werfen zu lassen. Aus nachvollziehbaren Gründen aber hatte Garry nicht vor, einen Aufnahmeantrag für die illegale NSDAP zu stellen. Wie aber sagt man das einem solchen völlig verblendeten jungen Mann? »Hör mal Junge, ich bin ein unpolitischer Mensch. Ich trete überhaupt keiner Partei bei«, erklärte er kategorisch. Der Jung-Nazi zeigte sich davon völlig unbeeindruckt und glaubte, ein Ass ausspielen zu müssen. Wenn die Partei irgendwann wieder an die Macht komme, argumentierte er mit einem scheinbar unerschütterlichen Optimismus für eine nationalsozialistische Zukunft, würde sie sich in ganz besonderem Maße um die alten Parteigenossen kümmern. Um jene also, die schon vor der neuerlichen Machtergreifung der Partei wieder beigetreten waren. Das sei beim letzten Mal auch so gewesen.

»Ich bin ganz sicher, dass deine Partei nach der nächsten Machtergreifung sich um mich ›in ganz besonderem Maße‹ kümmern würde, auch wenn ich ihr jetzt nicht beitrete!«, sagte Garry und amüsierte sich im Stillen über das ratlose Gesicht des Jungen.

Immer mal wieder kauften nun Neonazis bei Garry ein und staunten über dessen Detailkenntnisse, wenn etwa über Hitlers Zweifrontenkrieg oder die »Endlösung der Judenfrage« gesprochen wurde. Sie konnten nicht wissen, dass Garry einige Jahre zuvor sehr viel an Hintergründen in den Diskussionszirkeln der Zionistischen Jugend erfahren hatte. Außerdem hatte er »Mein Kampf« gelesen, und das sogar in einer von Hitler eigenhändig signierten Ausgabe. Ein ehemaliger Schulkamerad von ihm, der wusste, dass sein Freund jüdisch ist, war der Sohn eines Nazis. Der Vater hing noch immer der NS-Gesinnung an, während sich sein Sohn heimlich und mit zunehmendem Interesse dem Judentum annäherte. Von ihm hatte sich Garry »Mein Kampf« ausgeliehen und von der ersten bis zur letzten Seite gelesen. Es war für einen jüdischen jungen Mann keine angenehme Lektüre, aber sie hatte den Vorteil, dass er über den Inhalt des Buches mehr wusste als seine neonazistischen Kunden. Kurz vor dem 1. Mai standen wieder welche von denen im Laden. Mit zwei Dobermännern an der kurzen Leine wirkte ihr Auftritt ziemlich martialisch. Garry wusste, dass sie sich nur in der Gruppe stark fühlen, und nun waren sie zu viert. Sie wirkten fast schon sympathisch, als sie ihrem vermeintlichen italienischen Freund versicherten, dass er sich am »Tag der deutschen Arbeit« um seinen Laden keine Sorgen zu machen brauche. In den Jahren davor, so war Garry zu Ohren gekommen, hätten linksradikale Demonstranten ihren Frust über den Kapitalismus dadurch zum Ausdruck gebracht, dass sie kleinen Ladenbesitzern in Kreuzberg die Scheiben einwarfen. Einige Tage später zogen dann die Demonstranten wie in jedem Jahr fahnenschwenkend und pflastersteinewerfend durch Kreuzbergs Straßen. Vor dem Geschäft des jüdischen Ladenbesitzers hielten junge Männer mit Springerstiefeln und verdächtigem Haarschnitt ihre kläffenden Kampfhunde an der kurzen Leine und riefen den Demonstranten zu: »Wenn ihr näher kommt, lassen wir die Bestien von der Leine!« Am nächsten Tag hatten in Garrys Straße nur zwei Geschäfte unbeschadet die 1.-Mai-Randale überstanden. Eines davon war sein Jeansladen. Dies also war die unglaubliche Pointe seiner Geschichte, die er beim Kiddusch erzählte. Doch sie war noch nicht zu Ende.

Eines Tages sei die Frau des hünenhaften SS-Mannes in vielsagender schwarzer Kleidung in sein Geschäft gekommen, fährt Garry in der Erzählung fort. Ihr Mann war verstorben und nun wollte sie ihn, der ja wohl ein guter Freund des Verblichenen gewesen sei, zur Trauerfeier des SS-Traditionsverbandes einladen. Mit gespieltem Bedauern hob Garry die Arme und sagte: »Ich bedauere sehr den Verlust Ihres Mannes, aber bitte haben Sie Verständnis, ich bin ein völlig unpolitischer Mensch. Ich wäre dort falsch am Platz.«

Nachdem Garry diese Episode erzählt hat, sorgt er bei seinen jüdischen Freunden im Kiddusch-Raum für ein fröhliches Lachen, als er trocken bemerkt: »Ich hab den Verlust tatsächlich bedauert. Schließlich war ihr Mann ein sicherer Kunde, und das jeden Monat!« Und dann erzählt er noch von jenem Freund, dem Sohn des Nazis, der ihm das Buch mit Hitlers Signatur gegeben hatte. Eines Tages sei er mit Garry in die Synagoge gekommen, danach sei das immer öfter geschehen und schließlich sei er zum Judentum konvertiert. Das habe natürlich zum Bruch mit dem Vater geführt, der für ihn eigentlich eine soldatische Karriere in der damals noch jungen westdeutschen Bundeswehr vorgesehen hatte. Die Karriere als Soldat, erzählt Garry gut gelaunt, habe dann tatsächlich noch geklappt, wenngleich nicht im Sinne des Nazi-Vaters. Der Freund habe nämlich nach seiner Konvertierung Alija gemacht, womit die Auswanderung nach Israel gemeint ist, und bei der dortigen Armee habe er es bis in eine Spezialeinheit der Fallschirmspringer gebracht. Manch einer an Garrys Tisch im Kiddusch-Raum weiß, dass dies insofern eine ganz besondere Auszeichnung ist, da der Einsatz in diesen israelischen Eliteeinheiten bis auf ganz wenige Ausnahmen den Kibbuzniks vorbehalten ist, also jenen, die in Israel geboren und in einem Kibbuz aufgewachsen sind.

Es gibt viele Kiddusch-Geschichten, und nicht jeder ist froh, wenn die Schilderungen seiner Erlebnisse durch die Bezeichnung als »Geschichte« womöglich als unwahr empfunden werden. Ungewöhnlich sind in der Tat viele davon, aber als geradezu außergewöhnlich wird die von dem jüdischen Ladenbesitzer empfunden, dessen Geschäft von rechtsradikalen Antisemiten beschützt worden war.

Jüdische Kindheit in der Kreisstadt

Wäre es nach dem Vater von *Manfred Levy* gegangen, so hätte der Sohn das elterliche Fachgeschäft für Zoo- und Gartenbedarf übernommen. Das kleine Familienunternehmen lag in der saarländischen Kleinstadt Homburg, die auch damals bereits knapp 42 000 Einwohner hatte. Damit war man im Saarland zwar schon die drittgrößte Stadt, für Manfred Levy aber ist deren Provinzialität dennoch Grund genug gewesen, dem Ort nach dem Abitur den Rücken zu kehren. In seiner Kindheit sei es eine schwierige Sache mit der Identität gewesen, erinnert sich Manfred Levy heute. Sie waren die einzige jüdische Familie in Homburg, und das hatte eine ganze Reihe an Eigentümlichkeiten mit sich gebracht, mit denen sich Kinder in der Regel nicht herumzuschlagen haben. Das begann schon mit dem morgendlichen Gebet im Klassenraum. Alle standen und sprachen im Chor den immer gleichen Text, nur der kleine Manfred blieb sitzen. Nicht dass ihm das Spaß gemacht hätte. Im Gegenteil, er fühlte sich stigmatisiert. Er wusste, dass er jüdisch ist, ohne genau zu wissen, was das bedeutet. Ihm war bekannt, dass es auf gar keinen Fall etwas mit diesem Herrn Jesus zu tun hatte, der von seinen Klassenkameraden angebetet wurde. Also blieb er sitzen und fühlte sich unwohl. Ein anderes Verhalten aber hätte er als Verrat empfunden. So begannen seine Schultage an jedem Morgen.

Während die anderen Religionsunterricht hatten, durfte er nicht unbeaufsichtigt sein. So waren die Vorschriften, und deshalb hatte er nur die Wahl, entweder bei den Katholiken oder bei den Protestanten stumm in der letzten Reihe zu sitzen. Doch beim stummen Herumsitzen blieb es nicht, denn der protestantische Religionslehrer kam irgendwann auf das Jüdischsein seines Herrn zu sprechen.

Da war ihm der Junge in der letzten Bank gerade recht. Das Lukas-Evangelium stand auf dem Lehrplan und Manfred wurde zu Pessach befragt, das Fest, das in der christlichen Bibel Passah hieß, oder zur Feier des Schabbat, den sie Sabbat nannten. Zu dumm nur, dass in seiner Familie der Schabbat gar nicht nach jüdischem Ritus begangen wurde. Und dem Rabbiner, der einmal in der Woche aus Saarbrücken angereist kam, um ihn in der jüdischen Religion zu unterrichten, war es bisher auch noch nicht gelungen, aus ihm einen Tora-Experten zu machen. So wechselte Manfred zu den Katholiken, bis er auch dort gefragt wurde. Problematisch waren die Pausen. Der Schulhof war aufgeteilt in einen katholischen und einen protestantischen Teil. Der Schüler Manfred Levy fühlte sich in beiden Hälften fremd. Im 35 Kilometer entfernten Saarbrücken gab es zwar eine jüdische Gemeinde mit entsprechenden Einrichtungen für Kinder und Jugendliche. Die Besonderheit aber bestand darin, dass die Saarbrücker Juden fast ausnahmslos Töchter hatten. Das mochte für seine beiden älteren Schwestern eine reizvolle Abwechslung gewesen sein, für Manfred aber bis zum Eintritt in die Pubertät wenig von Belang. Als Grundschüler jedenfalls fühlte er sich auch dort nicht so richtig wohl. Anders war das schon bei den Machanot, den jüdischen Sommercamps in Bad Sobernheim. Da kamen jüdische Kinder beiderlei Geschlechts bis zum Alter von zwölf Jahren aus ganz Deutschland zusammen. Manfreds Eltern staunten nicht schlecht, als er nach der Rückkehr erklärte, er wolle ab sofort vor dem Essen die Bracha, den Tischsegen, sprechen. Manfred war in eine religiöse Phase geraten, die nicht von Dauer, aber aufs Leben gesehen auch nicht gänzlich folgenlos blieb.

Und dann war da noch die Sache mit Israel. Schon als das Land noch Palästina hieß, war es für viele verfolgte Juden aus Deutschland und Europa in den 1930/40er Jahren ein Zufluchtsort. Auch Manfreds Großvater, ein Getreidehändler, dem die Nazis in Homburg das Leben schwer gemacht hatten, war 1935 mit seiner Familie dorthin übersiedelt. In einem Café in Tel Aviv hatte dessen Sohn, Manfreds Vater, einige Jahre später eine junge Frau aus Wien kennengelernt. Sie wurde seine Ehefrau, brachte ihm in Israel zwei Töchter zur Welt und nach dem Umzug ins Saarland den Sohn Manfred. Homburg war für Manfreds Vater ein vertrautes Terrain. Hier hatte er seine Kindheit und frühe Jugend verbracht. Für Manfreds Mutter blieb der Ort immer fremd. Wo aber war ihr kein Ort fremd? Bereits in Wien hatte ihre nahezu mittellose Mutter das Kind nicht mehr ernähren können und gab es ins jüdische Waisenhaus. »Eine familiäre Einbettung, Bindung, Vertrautheit, Verlässlichkeit, die hat ihr in jenen entscheidenden Jahren gefehlt, und das hat sie ihr Leben lang begleitet«, sagt Manfred Levy. Nach dem Einmarsch der Nazis kam die 17-Jährige durch die Vermittlung einer zionistischen Organisation nach Palästina. Das hatte ihr das Leben gerettet, aber sie fühlte sich einsam. Sie kannte in diesem fremden orientalischen Land kaum einen Menschen – bis sie Manfreds Vater kennenlernte. Dessen Eltern und Geschwister waren bald zu ihrer Familie geworden. Dann aber beschloss ihr Mann, nach Homburg zurückzukehren. Ein Widerspruch wäre bei dessen dominantem Charakter ohne Wirkung geblieben. Manfred erinnert sich, wenn er an seine Mutter zurückdenkt, an eine unzufriedene Frau, die mit jenem Leben haderte, das es ihr nie leicht gemacht hatte. Damit war die Shoah-Überlebende keineswegs allein, aber das wusste sie wahrscheinlich nicht. Damals gab es in Deutschland noch kaum eine für diese Zielgruppe entwickelte Psychotherapie, nicht mal in Israel und schon gar nicht in einer saarländischen Kreisstadt. Ganz abgesehen davon, dass sicher kaum ein Überlebender mit nichtjüdischen deutschen Therapeuten über seine durch die Nazis verursachten Traumata gesprochen hätte.

Der Zoo- und Gartenhändler Levy identifizierte sich weniger mit der jüdischen Religion als vielmehr mit den Idealen des Zionismus. Israel war für ihn so etwas wie ein Gelobtes Land, auch wenn er es kurz nach dessen Staatsgründung in Richtung Saarland verließ, das damals noch nicht zur Bundesrepublik Deutschland gehörte. Seine Bücherregale waren voll mit Literatur über Israel, und wenn beim Sportverein FC Homburg, für den sich der ortsansässige Einzelhändler engagierte, jemand eine abfällige Aussage über das jüdische Land machte, ist er ausgerastet. Fast jedes Jahr war er dort, hat mit Frau und Kindern die Verwandtschaft besucht. Für Manfred war es angenehm, endlich mal eine Zeit mit Cousins und Cousinen in einer jüdischen Mehrheitsgesellschaft zu verbringen. Heute aber weiß er, dass ihm das die Sache mit der Identität nicht leichter gemacht hat, nämlich neben einer jüdischen eine zionistische, eine saarländische und eine deutsche zu entwickeln. Was er aber schon damals wusste, war, dass er sein Leben nicht tagsüber in einem Homburger Fachgeschäft für Zoo- und Gartenbedarf verbringen würde, und nicht die Feierabende in der Wohnung obendrüber.

Der Job als Leiter der Bildungsarbeit am Jüdischen Museum in Frankfurt ist für Manfred Levy so etwas wie die Krönung seines beruflichen Lebens. Es ist auch das Ergebnis eines jahrzehntelangen Engagements als Lehrer und den daraus resultierenden vielfältigen Erfahrungen. Diese hatten nicht immer nur mit Pädagogik, sehr wohl aber mit seinem Jüdischsein zu tun. Und er machte diese Erfahrungen nicht nur in den Klassenräumen, sondern auch in den Kollegien, der Elternschaft und im ganz normalen Alltagsleben.

Die erste Großstadt, die er nach dem Abitur in Homburg angesteuert hatte, war Mainz, an deren Uni er den Studien der Politikwissenschaften und der Anglistik nachging. Er wollte Lehrer werden, aber das nicht unbedingt in Deutschland. Schon nach dem ersten Semester erkundigte er sich bei einer Studienberatung in Jerusalem, wie er einen Wechsel nach Israel bewerkstelligen könne. Seine dortige Gesprächspartnerin ließ sich offenbar eher von Pragmatismus als von zionistischem Eifer leiten. Jedenfalls erklärte sie sachlich: »Studieren Sie erst in Deutschland fertig. Sie können ja nicht mal genug Hebräisch. Wenn Sie einen Abschluss haben, ist es viel einfacher, nach Israel zu kommen.« Doch nach dem Studium hatte er andere Pläne. Inzwischen hatte er seine spätere Frau kennengelernt, eine ehemalige Katholikin, die bereits im zarten Alter von 14 Jahren diese Glaubensgemeinschaft verlassen und sich dem Judentum gegenüber aufgeschlossen gezeigt hatte. Als sie plante, mit Manfred eine Familie zu gründen, stellte sie sich den Schwierigkeiten einer Konvertierung. Diese waren in ihrem Fall besonders groß, weil es zu dieser Zeit in Frankfurt keinen Rabbiner gab, der sie hätte unterrichten können. Schließlich war ein Religionslehrer dazu bereit, der im jüdischen Altersheim wohnte. Dann endlich durfte sie sich in Hannover den Fragen eines liberalen Beth Din stellen. Das ist ein mit drei Rabbinern besetztes religiöses Gericht. Da war dann ihre kleine Tochter schon dabei, die durch ihre nun jüdische Mutter gleichfalls jüdisch wurde.

Direkt nach dem Studium hatte Manfred Levy noch immer die Vision gehabt, dem Unterrichten von Kindern außerhalb Deutschlands nachzugehen. Diesmal waren die USA das Ziel der Träume. Sein Englisch war nun mal definitiv besser als sein Hebräisch. Gemeinsam mit seiner jungen Frau, bei der das auch so war, verlebte er dort sechs Monate. Der Plan aber, daraus einen dauerhaften Aufenthalt zu machen, scheiterte an den amerikanischen Behörden, die die Einreisebestimmungen sehr strikt auslegten. Als ihnen auch bei der Greencard-Verlosung kein Glück beschieden war, nahm Manfred schließlich das Angebot der Lichtigfeld-Schule an. So heißt die traditionsreiche jüdische Bildungsanstalt in Frankfurt am Main, in der er fortan als Grundschullehrer fast alle Fächer unterrichtete, auch solche, die er nicht studiert hatte.

Klassenausflüge zu den Gedenkstätten ehemaliger Konzentrationslager, wie sie in jenen Jahren aufkamen, als die 68er-Generation in den Schuldienst trat, waren in der deutschen Elternschaft üblicherweise umstritten. Noch lebten die Großväter, die man nach einer solchen Exkursion womöglich fragen würde, ob sie neben den Landser-Storys von der Ostfront auch etwas zur Verfolgung der Juden sagen wollten. Vor diesem Hintergrund war auch die Generation der einstigen Hitlerjungen und BDM-Mädchen nicht scharf darauf, Auskunft zu erteilen. Nun war aber die Lichtigfeld-Schule eine jüdische Schule und diese Klientel in der Elternschaft gar nicht vertreten. Warum also stießen Manfreds Pläne für eine solche Klassenreise auch hier auf Widerstand? Man sagte, die Kinder im Alter von zwölf Jahren seien mit diesem Thema überfordert. Deshalb habe es auch schon Proteste wegen einer Gedenkfeier anlässlich der Pogromnacht des 9. November 1938 gegeben. Der Pädagoge Manfred Levy, das Kind von Emigranten, in dessen Elternhaus ständig über die Zeit in Israel gesprochen wurde, konnte sich offenbar gar nicht vorstellen, dass es in jenen Häusern anders war. Dort aber lebten vielfach noch die Großeltern und die schwiegen gegenüber ihren

Familien ebenfalls beharrlich – über ihre Zeit in den Lagern. Das Schweigen also war aufseiten der Opfer ebenso
vorhanden wie auf der des Tätervolkes. Das hatte ja auch
Sigrid Wolff, die Leiterin des jüdischen Seniorenheims in
Berlin, so erlebt. Nun also sollten die Enkel nach Buchenwald fahren und womöglich mit einer ganzen Reihe von
Fragen zurückkehren? Es dauerte noch vier Jahre, ehe die
erste Klassenfahrt von der Lichtigfeld-Schule in Richtung
Weimar starten konnte, und diese Fahrten gibt es seither
bis heute.

Die Eltern von Manfred Levy gingen zurück nach Israel, zumindest war es zeitweise so vorgesehen. Eigentlich
war ein Lebensmodell für das Alter geplant, in dem man
während des kalten deutschen Winters am Mittelmeer leben und sich, wenn es dort heiß wird, nach Homburg zu-
rückziehen wollte. Dieser Plan konnte nur noch im Ansatz
gemeinsam realisiert werden, weil Manfreds Vater, einen
Tag nachdem sie ein Haus in Israel bezogen hatten, überraschend starb. Nach einer Weile ging die Mutter nun endgültig zurück nach Homburg. Manfred half ihr, so gut es ging,
bei vielen Alltagserledigungen, um die sich bisher der Vater gekümmert hatte. Aber Homburg lag nun nicht gerade
bei Frankfurt um die Ecke. Oft war er von Schuldgefühlen
geplagt, sich nicht genug um die Mutter zu kümmern. Heute ist der Vater in Tel Aviv begraben und die Mutter hat die
letzte Ruhestätte in Homburg gefunden. »Das sagt ja viel
aus!«, meint Manfred Levy nachdenklich.

Nach einigen Jahren an der gutbürgerlichen jüdischen
Lichtigfeld-Schule suchte der engagierte Pädagoge noch
einmal eine neue berufliche Herausforderung. Eine solche
fand er an einem Gesamtschulzentrum in Preungesheim,
eine Brennpunktschule in einem Problembezirk von Frankfurt. Er wusste, dass er es dort mit einem hohen Anteil an

muslimischen Schülern zu tun haben würde. Also beschäftigte er sich, mehr als es schon zuvor sein Interesse war, mit dem Islam. Dabei stellte er eine Menge Übereinstimmungen mit dem Judentum fest; von der Beschneidung der Jungen über ähnliche Speisegesetze bis zum Bilderverbot Gottes. Wie gut aber würden die muslimischen Familien in Preungesheim über ihre eigene Religion informiert sein?

An seinem ersten Tag hatte er die Schülerschaft gebeten, Namensschilder auf den Tisch zu stellen. In der ersten Reihe saß einer, der Adolf Hitler auf das Schild geschrieben hatte. Es gab eine Menge Kinder mit dem viel zitierten Migrationshintergrund in der Klasse. Das aber war ein sogenannter Biodeutscher. Manfred Levy stellte den Schüler nach der Stunde unter vier Augen zur Rede. Er versuchte herauszufinden, ob der Junge den jüdischen Hintergrund seines Klassenlehrers kannte oder nicht. Auf die Frage, warum er dies getan habe, bekam Manfred Levy von seinem Schüler, der ganz offenbar mit einer solchen Konsequenz nicht gerechnet hatte, keine nachvollziehbare Antwort. Der Pädagoge machte ihm unmissverständlich klar, dass er künftig derartiges Verhalten nicht dulden und entsprechend ahnden werde.

In Preungesheim entstanden bei Manfred Levy das Bedürfnis eines engeren Austauschs mit den Muslimen wie auch die Neugier auf den praktischen, alltäglichen Islam. In seiner jüdischen Kindheit in Homburg hatte sich außer den christlichen Religionslehrern niemand für seine Religion interessiert, die er freilich selbst auch nur von dem Rabbiner aus Saarbrücken kannte. Als Preungesheimer Lehrer wollte er daher mehr von seinen muslimischen Schülern und Schülerinnen wissen: Wie fasteten sie eigentlich im Ramadan? Wie feierten sie das Opferfest? Er ließ es sich erklären. Natürlich war ihm klar, dass auf Klassenfahr-

ten darauf geachtet werden musste, dass sie kein Schweinefleisch bekamen, weshalb sie auch keine Gummibärchen
essen durften, wegen der darin enthaltenen Gelatine. Das
traf für ihn selbst ja auch zu. Manfred Levy konnte bei einigen die Religiosität verstehen, was den meisten anderen
Lehrern nicht möglich war. Sie sagten zum Beispiel zu
muslimischen Schülern während des Ramadans: »Wieso
fastest du, du bist doch gar nicht religiös?« Diese Lehrer
hatten also für sich definiert, was Religiosität ist.

Mit Blick auf die beiden so gegensätzlichen Schulen, an
denen er unterrichtete und zeitweise Leitungsaufgaben innehatte, sagt Manfred Levy heute: »Ich wechselte quasi von
einem Ghetto zum anderen Ghetto – um es mal etwas über-
trieben auszudrücken. Das eine war das selbst gewählte im
Schoß der Jüdischen Gemeinde und in Preungesheim war
es eben ein soziales Ghetto. Aber bei den Schülern, die ich
nun hier antraf, dachte ich: Dafür bist du Lehrer geworden!
Der Gedanke war verbunden mit dem Gefühl, wenn man
das durchsteht, kann einem im Lehrerdasein nichts mehr
passieren.« Es hätte mehr passieren können, wie ein Ereignis zeigt, das sich kurz nach seinem Weggang ereignete
und ihn in die überregionalen Medien bis hin zur Talkshow
von Markus Lanz brachte. An den Gartenzaun der Schule
hatte jemand »Levy du Jude!« geschmiert und daneben ein
großes Hakenkreuz. Was hätte das womöglich für den jüdischen Pädagogen in der Folge bedeutet, wenn er noch an
dieser Schule gewesen wäre?!

Als Manfred Levy ein Jobangebot vom Jüdischen Museum bekam, wurde er im Bewerbungsgespräch nach seinen Vorstellungen gefragt, was man dort machen könne.
Da schlug er vor, das Thema Islam mit einzubringen, was
dann ja auch geschehen ist, ehe die Corona-Pandemie das
neue Museum zwang, nur neun Tage nach der Eröffnung

der Dauerausstellung wieder zu schließen. Ein engagiertes Team hatte fünf Jahre auf diese Eröffnung hingearbeitet, und Manfred Levy war einer davon.

Trauer und Erinnerung

Es gibt einen Brauch, den kaum noch einer kennt. Ursprünglich ein sephardischer, fand er auf wundersame Weise den Weg ins aschkenasische Judentum, ehe er dort wieder weitgehend verloren gegangen ist. Manche jüdische Familie aber kennt es auch heute noch, dass die Schiv'a mit dem Essen eines Hühnereis beginnt, das zuvor mit Asche bestreut wurde. Die Asche steht dabei als symbolisches Zeichen der Trauer.

Unmittelbar nach der Bestattung eines nahen Angehörigen versammelt sich die Mischpoche, also die nächsten Angehörigen, gemeinsam mit Freunden und Bekannten im Haus des oder der Verstorbenen, und das sieben Tage lang mit wechselnden Kondolenzgästen. Deshalb heißt dieses Trauerritual nach der hebräischen Zahl für die Sieben eben Shiv'a. Nun gibt es bei den hebräischen Zahlen immer eine männliche und eine weibliche Form und die feminine Version für die Sieben ist Shewa. So ist zu erwarten, dass die Fans einer vermeintlich gendergerechten Sprache nach dem Ableben einer Frau die Shiv'a in absehbarer Zeit Shewa nennen werden. In manchen Gegenden, und in Berlin sowieso, wird das aber nie ein Problem sein. Dort nämlich verwendet man für die sieben Trauertage den jiddischen Begriff Shive, und das praktischerweise für beide und eventuelle weitere Geschlechter. Wer die Shive traditionell abhält, empfängt an diesen sieben Tagen morgens und abends eben Gäste und einen Vorbeter. Das Gebet wird je nach Tageszeit das Morgengebet Schacharit sein, am Nachmittag das Mincha oder am Abend das Maariv. Und jedes Mal sprechen die Angehörigen der verstorbenen Person am Ende das Kaddisch. In manchen Familien machen das nur die Männer, in anderen sind auch die Stimmen der Frauen zu hören. Dieses überwiegend nicht in Hebräisch, sondern fast ausschließlich in Aramäisch verfasste Gebet ist keineswegs, wie oft angenommen wird, ein Totengebet. Vielmehr dient es, obgleich es anlässlich von Trauerfällen gesprochen wird, der Verherrlichung Gottes – jener Kraft also, die einen Menschen soeben aus dem Leben abberufen und in sein ewiges Reich aufgenommen hat. So die theologische Sicht.

Die ursprüngliche Praxis, die hinter dem Begriff des Shivesitzens steht, beinhaltet ein paar Regeln, wie sie in Gänze heute fast nur noch in sehr traditionellen jüdischen Haushalten praktiziert werden. Demnach dürfte an den sieben Tagen nicht gearbeitet werden, es ist untersagt, Lederschuhe zu tragen, und man darf sich nicht umziehen. Da ist das Verbot der Lederschuhe noch am einfachsten zu befolgen. Außerdem soll man nicht auf den üblichen Sitzgelegenheiten Platz nehmen, vielmehr kauert man auf der Erde oder sitzt auf niedrigen Hockern. Davon aber sollte nach Ansicht von liberalen oder säkularen Juden die Trauerbereitschaft nicht abhängen und auch nicht die, sich trösten zu lassen. Deshalb findet in den meisten jüdischen Haushalten eine modifizierte Shive auf den üblichen Sitzmöbeln statt. Manche halten diese Zeremonie auch keine sieben Tage durch, manche sogar nur einen Tag, nennen es aber dennoch Shive. Darauf aber gänzlich verzichten wollen die wenigsten jener Trauernden, denen Jüdischkeit nicht ganz unwichtig ist.

Veränderungen unterworfen ist auch die Sache mit dem Essen. Früher brachten die Trauergäste zur Shive Speisen mit. Das ist vielfach auch heute noch so, in anderen Haushalten wenden sich die trauernden Gastgeber mit dieser Frage vertrauensvoll an einen kosheren Catering-Service. Nur ist ein solcher in kleineren Städten oder gar im ländlichen Raum nicht immer vorhanden. Die Gäste kommen also mit oder ohne Nahrungsmittel ins Haus der trauernden Familie, versammeln sich dort zum Gebet, lernen etwas zusammen und bleiben dann noch eine Weile, um sich auszutauschen. Wobei das Lernen möglichst von einem Rabbiner, wahlweise einer Rabbinerin oder einer anderen religiös gebildeten Person angeleitet wird. Oft hat es thematisch etwas mit der aktuellen Parasha, also dem jeweiligen Wochenabschnitt der Tora, zu tun. Für diesen Anlass ist freilich nicht jede Bibelstelle geeignet. Wenn zum Beispiel die über die Intrige des Leviten Korach gegen Moses aus dem Buch Numeri auf dem Programm steht, so würden sich Rabbiner sicher schwertun, hierzu einen sinnhaften Bezug herzustellen. Eine empathische Lehrperson wird sich dann eher auf den jüdischen Namen des oder der Verstorbenen beziehen und damit auf eine biblische Figur.

»Ich bin eine Verfechterin von jüdischen Trauerritualen«, bekennt die Berliner Kinderärztin Marguerite Marcus während der Shive ihrer Mutter. Dabei will sie das Trost spendende Ritual keineswegs auf den eigenen religiösen Kulturkreis begrenzt wissen. »Ich bringe diese auch in nichtjüdische Trauer-Häuser. Das fängt damit an, dass, wenn jemand gestorben ist, ich die Hinterbliebenen besuche und einen Kuchen mitbringe. Und dann erkläre ich diesen Brauch.«

Marguerites Mutter *Inge Marcus* ist 95 Jahre alt geworden. Zwei Drittel ihres Lebens war sie in leitender Funktion in der West- und später Gesamtberliner Jüdischen Gemeinde aktiv. Allein 35 Jahre dieses langen Lebens saß sie als gewählte Repräsentantin im Gemeindeparlament und war auch danach noch für manches Gemeindemitglied eine vertrauenswürdige Ansprechpartnerin.

Im Alter von 16 Jahren hatte Inge Baumann, wie sie damals hieß, als Jüdin in Berlin-Steglitz das Gymnasium verlassen müssen. Es war der Morgen nach der Pogromnacht, der die Nationalsozialisten den zynischen Namen »Reichskristallnacht« gaben. An diesem Tag hatte sie auch ihren sehnlichen Wunsch begraben müssen, Kinderärztin zu werden. Ihr Vater war Textilkaufmann und in jener Nacht wie fast alle jüdischen Männer verhaftet worden. Seiner mutigen Frau war es sechs Wochen später durch eine Intervention gelungen, ihn freizubekommen. Zur selben Zeit gelang es ihr, die Tochter als Au-pair zu einem ihrer Stofflieferanten nach Großbritannien zu schicken. Das rettete sie vor der Verfolgung in der Shoah, was ihren Eltern leider nicht vergönnt war. Erst nach Inges Rückkehr nach Berlin zu Beginn der 1950er Jahre wird sie erfahren, dass sie in Auschwitz ermordet wurden, und sich jahrelang weigern, dies als Gewissheit zu akzeptieren. Erst als sie 1958 mit Mann und drei Kindern, ein Jahr vor Marguerites Geburt, jenes Haus mit Garten bezieht, in dem sich nun Familie, Freunde und Weggefährtinnen versammelt haben, war sie in der Lage, diesen Verlust zu realisieren. Akzeptiert hat sie es nie. Das wäre anders, wenn sie für die Eltern hätte Shive sitzen können. Das aber war ihr wie vielen anderen Überlebenden aus ihrer Generation nicht vergönnt.

Im Vereinigten Königreich hat sich Inge der ersehnten Lebensperspektive der einstigen Gymnasiastin insofern ein wenig angenähert, als sie den Beruf der Säuglingsschwester erlernte. Ihre Berliner Jugendliebe Gerhard hatte Exil in

Frankreich gefunden, wo er die Hotelfachschule besuchte und ein Praktikum im mondänen Hotel Negresco an der Côte d'Azur absolvieren durfte. Während des Krieges war er zeitweilig in der Schweiz interniert, danach ging er nach Frankreich zurück. In Paris, der viel zitierten »Stadt der Liebe«, hielt er schließlich Inge wieder in den Armen. Neun Jahre hatten sie sich nicht gesehen, nun gaben sie einander vor einem französischen Standesbeamten das Jawort. Dreizehn Monate später wurde hier Sohn Marcel geboren: Es war der 14. Mai 1948. An diesem Tag hatte nicht nur Marcel Marcus in Paris das Licht der Welt erblickt, sondern jenseits des Mittelmeeres auch der Staat Israel. Inzwischen lebt Marcel in Jerusalem, und alljährlich, am 5. Iyyar nach dem jüdischen Kalender, schenkt ihm seine Regierung zum Geburtstag ein Feuerwerk.

Als die Familie vor einigen Jahren die Shive für den Vater saß, war es November. Zu kalt, um im Garten Platz zu nehmen. Das ist diesmal, im Juni 2017, anders. Es herrschen sommerliche Temperaturen, als Marguerite nachdenklich zwischen den Bäumen umhergeht, dort, wo einst ihr »Kindergarten« war. Anfang der 1960er Jahre gab es noch keine jüdische Schule in Berlin, einen jüdischen Kindergarten aber gab es schon. Marguerites Mutter war indes der Meinung, wer drei ältere Geschwister und einen Garten zur Verfügung habe, müsse keine Kindertagesstätte aufsuchen. Auch nicht die der jüdischen Gemeinde – und Marguerite ist ihr bis heute dafür dankbar. Das hat sehr zum emotionalen Zusammenhalt der Geschwister beigetragen, was an einem Tag wie diesem sehr tröstlich ist.

Marguerite blickt hinüber zur Terrasse, wo sich in diesem Moment ein Autor der Jüdischen Allgemeinen angeregt mit Rabbinerin Ederberg, deren Mann, auch er ein

Rabbiner, und der einstigen Gemeindevorsitzenden Lala Süßkind unterhält. An diesem Tisch dort hat ihre Mutter früher häufig mit dem Vorstand der jüdischen Frauengruppe getagt, die sie seit den frühen 1950er Jahren mit aufgebaut hatte. Als kleines Mädchen schon hat Marguerite geholfen, Kaffee und Kuchen zu servieren. Parallel zum Kaffeekränzchen der gesamten Frauengruppe an jedem Dienstag im oberen Stock des Gemeindehauses besuchte Marguerite gemeinsam mit anderen Kindern im Erdgeschoss den Religionsunterricht. Die Frauen ein Stockwerk höher freuten sich immer, wenn das fröhliche Mädchen anschließend zu ihnen kam.

Als traditionelles Familienessen am Schabbatabend zu Hause gab es in Marguerites Kindheit regelmäßig Würstchen mit Kartoffelsalat. Was christliche Familien am Weihnachtsabend aßen, sollte für den wöchentlich wiederkehrenden hohen Feiertag im Hause Marcus gerade recht sein. Sieht man davon ab, dass die Würstchen keineswegs koscher waren. Das änderte sich erst nach Marcels Bar Mitzwa, als er nämlich beschlossen hatte, Rabbiner zu werden. Fortan war Schweinefleisch ebenso tabu wie das obligatorische Glas Milch zum fleischigen Mittagessen. Glücklicherweise waren mittlerweile auf dem nahegelegenen Wochenmarkt auch Geflügel-Wiener im Angebot, was die familiäre Shabbes-Tradition zumindest optisch fortleben ließ.

Die Pessachfeste waren immer personenreiche Events. Weil es im April für den Garten meist zu kalt war, fanden diese in dem großen Raum drinnen im Haus statt, den die Mutter »living room« nannte. Am Schabbat reichte hierfür der runde Esstisch, und wenn Leute aus der Synagoge mitkamen, konnte er ausgezogen werden. Zum 1. Sederabend an Pessach aber erschienen bis zu 35 Personen, und das war meist alles Mischpoche. Die Familie ihrer Eltern überschnitten sich, da Gerhard und Inge Cousins zweiten Grades waren. Von denen haben erfreulicherweise viele die Shoah überlebt. Daher hatten Marguerite und ihre Geschwister, was für deutsche Juden ihrer Generation selten ist, viele Onkel, Tanten, Cousins und Cousinen, und so kam zu Pessach ein weiterer Tisch zum Einsatz. Der Seder ist ein sich über Stunden hinziehendes Essen mit symbolhaften Speisen, die in Bezug zu der Geschichte vom Auszug aus Ägypten stehen, die bei dieser Gelegenheit verlesen wird. Das jüngste Kind, und das war lange Marguerite, stellt in diesem Ritual üblicherweise vier standardisierte Fragen nach der Bedeutung dessen, was da vor seinen Augen geschieht, und es bekommt die entsprechenden Antworten.

Im Keller unter dem »living room« stand eine Hektografiermaschine. Es war die Zeit, bevor es Fotokopierer gab. Wer damals ein Schriftstück vervielfältigen wollte, schrieb es zunächst auf eine Matrize, diese wurde dann in jene Maschine gespannt, mit der Hand an einer Kurbel wurden die leeren Seiten eingezogen und bedruckt. Als Grundschülerin war Marguerite mächtig davon beeindruckt und sie half kräftig mit, die Spendenaufrufe für Keren Hayesod zu vervielfältigen. Dabei handelt es sich um eine Organisation, die bereits 1920 auf dem Zionistischen Weltkongress in London gegründet worden war. Damals sammelte man Geld für den Aufbau jüdischer Gemeinwesen in Palästina. Als Gerhard Marcus nach dem Krieg in Westberlin eine Hausverwaltung aufgebaut hatte und Geld als Immobilienmakler verdiente, gab es den Staat Israel bereits. Er überzeugte nun als Vorbild und eben mit jenen hektografierten Spendenaufrufen die Mitglieder der Gemeinde davon, eine

Art Selbstbesteuerung für das zionistische Projekt vorzunehmen. Quasi dafür, dass sie selbst nicht in Israel lebten und arbeiteten. Da Keren Hayesod eine gemeinnützige Organisation ist, kann diese Selbstbesteuerung für Israel hierzulande natürlich wiederum von der Steuer abgesetzt werden. Marguerite erinnert sich gern, wie sie als Teenager ihre Eltern und Geschwister zu Spendengalas begleitet hat, zu der zahlreich auch potenzielle nichtjüdische Sponsoren erschienen. Auf diesen Events gab es immer ein abwechslungsreiches Kulturprogramm mit Künstlern aus Israel und den Vereinigten Staaten. Diese Veranstaltungen gibt es auch heute noch, aber es ist die nächste Generation, die das organisiert.

Inge Marcus hatte die letzten Jahre ihres Lebens gemeinsam mit zwei langjährigen Freundinnen im jüdischen Seniorenheim verbracht. Dessen Leiterin Sigrid Wolff ist nicht verwandt mit Jeanette Wolff, deren Namen die Seniorenwohnanlage trägt. Jeanette Wolff war eine jüdische Sozialdemokratin, die in zahlreichen Lagern inhaftiert war, ihren Mann und zwei ihrer drei Kinder in der Shoah verloren hat. Unmittelbar nach dem Krieg war Jeanette Wolff sofort wieder in der SPD aktiv, war die erste weibliche Vertreterin im 1950 gegründeten Zentralrat der Juden und zog als Berliner Abgeordnete in den Deutschen Bundestag ein. Marguerite hat diese kämpferische Frau in diesem Garten hier erlebt, wenn sie die Mutter zu politischen Frauenfragen beraten hat. Vor allem bevor Inge Marcus unterwegs gewesen ist, um als Delegierte des Jüdischen Frauenbundes weltweit an den Konferenzen des »International Council of Jewish Women« teilzunehmen. Jeanette Wolff und Inge Marcus waren Vertreterinnen jener beiden Generationen, welche die Westberliner Jüdische Gemeinde nach der Shoah aufbauten. Deren Erben, die Enkel und Kinder, sind jene, die sich heute die »zweite Generation« nennen. Sie haben die Traumatisierungen ihrer Eltern als prägend erfahren und leben bis heute damit. So bekam eine dieser jüdischen Mütter jedes Mal Panik, wenn sie bei Schnee das Haus verlassen sollte. Bestand doch in ihrer Jugend die Gefahr, dass jemand den Spuren im Schnee zu ihrem Versteck folgen könnte. Viele Shoah-Überlebende hatten kein Vertrauen zu deutschen Ärzten. Zu sehr war im Bewusstsein geblieben, dass viele aus diesem Berufsstand in die Verbrechen der Nazis involviert waren – von der Euthanasie bis zu den Lagerärzten, die Häftlinge für medizinische Experimente missbrauchten. Auch Marguerites Mutter war 1951 noch einmal nach Paris zurückgefahren, um auch ihren Sohn Mario dort zur Welt zu bringen, und sie blieb bis zur Brit Mila, der Beschneidung, am 8. Tag nach dessen Geburt. Danach hatte sie in Berlin erfolgreich nach einem jüdischen Kinderarzt gesucht. Andere Juden gingen in Berlin zu einem persischen Orthopäden oder hatten einen sozialdemokratischen Hausarzt, der die Lagerhaft in Buchenwald überlebt hat. Also Ärzte, die unverdächtig waren, die Uniform der SS getragen zu haben. Lag hierin ein Grund, weshalb sowohl Marguerite als auch ihr Bruder Mario sich entschlossen hatten, Medizin zu studieren? Marguerite, die Kinderärztin, hält es zumindest für möglich, dass das ein Aspekt für diese Entscheidung gewesen sein mag.

Als Inge Marcus im Alter das Haus mit Garten gegen ein Appartement im Jeanette-Wolff-Seniorenzentrum getauscht hatte, um dort in direkter Nachbarschaft mit zwei langjährigen Freundinnen den Lebensabend zu verbringen, hatte sie eine weitere Freundin animieren wollen, auch dorthin zu ziehen. Diese Freundin ist auch gekommen, um sich das anzusehen. Dann aber hatte sie es abgelehnt, ihren Wohnsitz an einen Ort zu verlegen, dessen

Gelände eingezäunt ist und von uniformierten Polizisten bewacht wird. Obgleich der alten Dame rational völlig klar gewesen ist, dass es diesmal zu ihrem Schutz geschah, war es ihr nach den traumatischen Erlebnissen der Shoah nicht möglich, über ihren Schatten zu springen. Hinter all dem standen meist irrationale Ängste, die aber reale Ursachen hatten, und auch die nachfolgende Generation blieb davon nicht unberührt.

Im weltbewegenden Jahr 1989 besuchte Marguerite Marcus in Hannover einen Kongress, der auch ihrem eigenen Leben eine neue Richtung gab. Noch waren ihre beiden Söhne nicht geboren und sie konnte den Fokus ausschließlich auf sich selbst richten. Der Kongress in Hannover trug den Titel »Psychische Spätfolgen des Holocaust« und war der erste seiner Art in Deutschland. Hier nun lernte die jüdische Ärztin aus Berlin die Organisation Amcha kennen: eine NGO aus Israel, die sich um die Folgen der Shoah bei den Überlebenden und deren Familien kümmert. Ein Freund aus den USA fragte verwundert, weshalb es bisher keine Treffen der zweiten Generation in Deutschland gab. Eine Frage, die fortan auch Marguerite beschäftigte. Lag es daran, dass die Situation in Deutschland anders war als in den USA? Wann immer sich hierzulande jüdische Leute ihrer Altersgruppe trafen, war dies automatisch ein Treffen der zweiten Generation. Zumindest ist das bis 1989 so gewesen, also vor der bald danach einsetzenden postsowjetischen Einwanderung. Man hatte das nur nicht zweite Generation genannt. Aber schon als Marguerite und ihre Geschwister noch in der jüdischen Jugendgruppe waren, hatte das Thema der Identität immer an erster Stelle gestanden. »Möglicherweise ist das nicht in allen Jugendgruppen so gewesen«, räumt Marguerite ein, »aber als Jüdin in Deutschland blicke ich auf der Suche nach meiner Identität immer auf das Schicksal meiner Familie in der Nazizeit.« Die Bezeichnung »zweite Generation« gab es in Amerika und auch in Israel zur Abgrenzung zu jüdischen Gruppen, die keine Nachkommen von Holocaust-Überlebenden waren. Es gab Juden, die schon vor der Zeit der Shoah dort lebten, und eine gewaltige Einwanderung aus den arabischen Ländern. Diese Menschen hatten keinen Bezug zum europäischen Holocaust, was in Israel das Zusammenleben in den ersten Jahren nicht einfach machte. Erst der Eichmann-Prozess zu Beginn der 1960er Jahre in Jerusalem, der in Radio und Fernsehen live übertragen wurde, führte in Israel zu einem größeren Verständnis. Hier in Deutschland aber war selbst das alltägliche jüdische Leben davon geprägt, dass die Eltern als Holocaust-Überlebende alle auf sehr unterschiedliche Weise traumatisiert waren.

Vereinzelte Selbsthilfegruppen hatte es schon vor 1989 hier und da gegeben. Nun aber, vier Jahrzehnte nach dem Ende der Shoah, wandte sich eine Gruppe von jüdischen Ärzten und Psychologen dem Thema zu und Marguerite Marcus war eine von ihnen. Mit Unterstützung von Amcha, anderen israelischen Selbsthilfeorganisationen und der jüdischen Sozialarbeit in den Niederlanden wurden Fortbildungen und auch Krankenhausaufenthalte für Shoah-Überlebende organisiert. Auf diese Weise sollte das Risiko einer Retraumatisierung in einer deutschen Psychiatrie vermieden werden. Für Angehörige der zweiten Generation wurden Selbsthilfegruppen angeboten, in denen man sich an Orten wie der Heimvolkshochschule Glienicke in Berlin mit Themen wie »Wir und unsere Eltern« und »Wir und unsere Kinder«, auch »Wir und unser Leben in Deutschland« auseinandersetzen konnte. Oftmals bemerkten die Teilnehmer hier zum ersten Mal, dass so manche

»Verrücktheit« nicht nur bei den eigenen Eltern, sondern auch bei anderen existierte. Plötzlich waren sie mit diesen Erfahrungen nicht mehr allein.

Marcel sitzt auf dem Shive-Hocker im »living room« seines Elternhauses. Gleich wird er die Gäste zum Abendgebet hereinbitten, denn er ist nicht nur der Sohn der verstorbenen Inge Marcus, geborene Baumann, sondern auch Rabbiner. Als solcher hatte er viele Jahre in der Berner Gemeinde amtiert. Dann erfüllte er sich einen Wunsch und verlegte seinen Wohnsitz nach Jerusalem, wo er die Buchhandlung Ludwig Mayer erwarb, die unweit des Damaskus-Tores bereits seit 1908 existierte. Für die Shive seiner Mutter ist er nun für sieben Tage zurückgekehrt an den Ort seiner Jugend. Gemeinsam mit seinem Bruder Mario, einem Gefäßchirurgen, der Schwester Madeleine, einer promovierten Chemikerin, und mit Marguerite, der Kinderärztin, wird er nach dem Abendgebet das Kaddisch sprechen. Die Eltern, denen die Nazis die Möglichkeit verweigert hatten, das Abitur zu machen, wären sicher stolz auf sie.

Jüdisch sein im Sozialismus

War die DDR antisemitisch? Angesichts der propagandistischen Zielsetzung der SED-Führung, »den Faschismus mit Stumpf und Stiel ausrotten« zu wollen, sollte diese Frage eigentlich obsolet sein. Was den Diskurs darüber in beiden deutschen Staaten gleichermaßen schwierig machte, war der Umstand, dass der Antisemitismus der Nazis lange Zeit begriffsprägend gewesen ist. So hat es genügt, Deportationszüge scheußlich und Gaskammern schrecklich zu finden, um den Verdacht, ein Antisemit zu sein, blitzartig loszuwerden. Abgesehen von verwirrten Holocaust-Leugnerinnen à la Ursula Haverbeck hätte es nach dieser Definition in beiden Nachkriegs-Deutschlands nur vereinzelt Antisemiten gegeben. Bekanntermaßen aber kennt der Antisemitismus auch deutlich subtilere Formen, wofür der Realsozialismus im Osten viele Beispiele geliefert hat.

Warum etwa hat die DDR-Führung angesichts eines solchen Vorwurfs nicht darauf verwiesen, dass im Politbüro der Staatspartei zwei Juden saßen: Albert Norden und Hermann Axen? Man hat nicht nur nicht darauf verwiesen, man hat es bewusst verschwiegen, und dafür gibt es mehr als einen Beweis. In den offiziellen Biografien aller Politbüro-Mitglieder stand beispielsweise immer der Beruf des Vaters, im Fall von Hermann Axen etwa der des Handelsvertreters. Warum stand bei Albert Norden der Beruf des Vaters nicht? Hatte er keinen Vater? Das würde diesen Umstand erklären. Albert Norden hatte aber sehr wohl einen Vater, der war ein liberaler Rabbiner und ist im Februar 1943 in Theresienstadt ermordet worden. Dieser Hinweis aber hätte auf die jüdische Herkunft des Genossen Norden verwiesen, dem Chefideologen der Partei, und das galt es zu verhindern. Man brachte die Juden nicht um, man verschwieg einfach, dass es sie gab – zumindest in der Führungsriege der SED.

Am 30. November 1952 wurde in Ostberlin das vormalige Politbüro-Mitglied Paul Merker als »zionistischer Agent« verhaftet. Merker, der selbst kein Jude war, hatte sich für eine Entschädigung für die von den Nazis enteigneten jüdischen Vermögen eingesetzt und sich schon in der Emigration, also noch vor der israelischen Staatsgründung, in Parteigremien der KPD für die Bildung eines jüdischen Nationalstaats ausgesprochen. Die SED aber sah ihre antifaschistische Legitimationsdoktrin im Erbe der kommunistischen Widerstandsbewegung und das schloss eine Verantwortung für die Ermordung der europäischen Juden aus. Merker wurde das Opfer einer Antisemitismuswelle, wie sie in dieser Zeit fast überall im Ostblock im Gange war. Viele ostdeutsche Juden, selbst wenn sie der Religion längst den Rücken gekehrt hatten, sind meist still und heimlich aus ihren Positionen in Staat und Partei entfernt und vielfach erneut in die Emigration getrieben worden. Vom Präsidenten des Verbandes der Jüdischen Gemeinden in der DDR Julius Meyer – Auschwitz-Überlebender, SED-Mitglied mit Sitz in der Volkskammer –, wurde verlangt, er solle angebliche Verbindungen von Gemeindemitgliedern zu amerikanisch-jüdischen Verbänden offenlegen. Ferner ist er gedrängt worden, Israel als »faschistischen Staat« zu bezeichnen und die Verfolgung von Juden in den Staaten des Ostblocks zu leugnen. Im Januar 1953 setzte sich Meyer zusammen mit fünf der acht Gemeindevorsitzenden in den Westen ab. Für die jüdischen Gemeinden im Osten Deutschlands hatte das einen enormen Exodus zur Folge. Allerdings gibt es mit Blick auf die 41 Jahre, die der DDR in den Geschichtsbüchern vergönnt waren, einen durchaus wechselhaften Umgang mit den Juden im Lande. Nach dem Tod Stalins im März 1953 änderte sich in der DDR die regressive Politik gegenüber den Juden schlagartig. Man stellte die Verfolgungen ein und rehabilitierte die meisten der jüdischen Parteimitglieder, die noch nicht zum »Klassenfeind« abgewandert waren. Die finanziell ausgedörrten jüdischen Gemeinden erhielten fortan staatliche Hilfen zur Unterhaltung ihrer Synagogen, Friedhöfe und Altenheime. Der Historiker Michael Wolffsohn sieht in diesen Gefälligkeiten der SED-Führung gegenüber der jüdischen Minderheit ein rein politisches Kalkül, auf keinen Fall aber das Eingeständnis einer moralischen Verpflichtung gegenüber den Holocaust-Opfern. Tatsächlich lehnte die Partei- und Staatsführung weiterhin jegliche Form von Entschädigungszahlungen ab.

Ein weiteres Entgegenkommen gegenüber den Juden in der DDR war dann in den 1980er Jahren zu beobachten. Grund dafür ist ein Wunsch von Erich Honecker gewesen, dessen Funktionsbezeichnung »Generalsekretär des ZK der SED und Vorsitzender des Staatsrates der Deutschen Demokratischen Republik« in den Nachrichtensendungen immer wertvolle Sendezeit in Anspruch nahm. Nachdem er in diesen Funktionen bereits zwischen Tokio und Paris und 1987 sogar von Bundeskanzler Helmut Kohl in Bonn empfangen worden war, wollte er gern im Weißen Haus mit dem US-Präsidenten konferieren. Der hieß damals Ronald Reagan, und es hatte nicht den Anschein, als ob er Lust verspürte, Zeit mit dem aus seiner Sicht ostdeutschen Provinzfürsten zu verbringen. Da kehrte Irene Runge, promovierte Soziologin, jüdisches SED-Mitglied und – da sie während der Emigration der Eltern in New York geboren wurde – auch US-Bürgerin, mit einer Idee aus den Vereinigten Staaten zurück. Sie schlug den politisch Verantwortlichen vor, den »Einfluss der jüdischen Lobby Amerikas« zu nutzen, um in Washington die Interessen der DDR voranzubringen. Wie dies zu bewerkstelligen sei, dafür hatte sie einen ganz konkreten Vorschlag. Man solle als »Zeichen des Entgegenkommens« den Wiederaufbau der ehemaligen Berliner Hauptsynagoge an der Oranienburger Straße in die Wege leiten. Dies würde ganz sicher von der amerikanischen Presse gewürdigt werden. Quasi eine Win-win-Situation. Tatsächlich wurde das Gebäude der Synagoge mit staatlichen Mitteln wiedererrichtet und als Centrum Judaicum zu einer jüdischen Begegnungsstätte. Erich Honecker aber hat den amerikanischen Kontinent erst am 14. Januar 1993 betreten – als Exilant in Santiago de Chile.

Die Gedanken der Geburtstagsgratulanten kann *Heinz Rothholz* an deren starr zur Zimmerdecke gerichtetem Blick erkennen. Seit Jahrzehnten kennt er das. Es ist fast immer so, wenn jemand erfährt, dass er als Berliner Jude am 25. Februar 1946 geboren wurde. Man fängt an zu rechnen: neun Monate vor seiner Geburt ...? »Das ist im Mai '45 gewesen«, löst dann der kleine agile Mann mit den gütigen blauen Augen für seine Gesprächspartner die Subtraktion. Offenbar hatten seine Eltern die Befreiung aus dem Versteck am Stadtrand von Berlin angemessen gefeiert und Heinz ist das Produkt dieser Feier – ein Kind der Freiheit.

Im Büro hinter dem Verkaufsraum seines Juweliergeschäfts in der Schönhauser Allee hängt ein Foto an der Wand, das den Knirps im Kreis von Geschwistern und Freunden bei einer Chanukkafeier zeigt. »Das muss Mitte der 50er Jahre gewesen sein«, erinnert er sich. Damals war die Synagoge in der Ostberliner Rykestraße noch gut besucht, und das nicht nur zu den Feiertagen. Als Heinz dann im Februar 1959 dort seine Bar Mitzwa hatte, waren die meisten Beter, wie die Mitglieder einer Synagogengemeinschaft genannt werden, schon in den Westteil Berlins umgezogen. Sein Vater Max Rothholz aber sah keine Veranlassung, das auch zu tun. Bevor er nämlich in der NS-Zeit untergetaucht war, hatte er als Zwangsarbeiter gelernt, große Fahrzeugbatterien zu bauen. Nun ließ sich in der DDR damit Geld verdienen, und wenn man zudem auch noch Autos reparieren konnte, erst recht.

Die Mutter von Heinz Rothholz hat nie über die Zeit im Versteck gesprochen, und der Bruder war damals einfach noch zu klein, um sich an die Laube bei den Rieselfeldern zu erinnern. Der Vater ging mit dem Thema Shoah anders um. Er setzte Heinz und seine Geschwister vor den Fernseher, wenn dort ein Film oder eine Dokumentation gezeigt wurde, in dem das NS-Regime eine Rolle spielte oder Szenen in einem Konzentrationslager gezeigt wurden. Seine Familie gehörte zu einer der ersten in der ganzen Nachbarschaft, die schon sehr früh einen Fernseher hatte. Nun wurde der kleine Kasten dazu genutzt, die Kinder über die Verbrechen der Nazis zu informieren. So erlebten sie vom Sofa aus, was über den Eichmann-Prozess in Jerusalem gezeigt wurde und kurze Zeit später die Berichterstattung über die Auschwitz-Prozesse in Frankfurt am Main. Die hätte es wahrscheinlich gar nicht gegeben, wenn nicht der jüdische Generalstaatsanwalt von Hessen, Fritz Bauer, die Anklage vorbereitet hätte. Erst später wird die Welt erfahren, dass er den Israelis den entscheidenden Tipp über den Aufenthaltsort Adolf Eichmanns in Argentinien gegeben hatte.

Die eigene Shoah-Biografie hat ihm der Vater erzählt, als Heinz seine Eltern zur Kur nach Karlovy Vary begleitete. In jenem Kurbad mit dem morbiden Charme der K.-u.-k.-Zeit erfuhr der Teenager, dass sein Vater damals mit ansehen musste, wie seine eigenen Eltern auf einen Lkw verladen wurden. Das sei das letzte Mal gewesen, dass er sie gesehen habe. In diesem Moment hatte Heinz' Vater beschlossen, mit seiner jungen Frau und dem Kind in den Untergrund zu gehen. Heinz Rothholz macht eine kurze nachdenkliche Zäsur, dann erklärt er mit einer lässigen Geste: »Das ist keine besonders spektakuläre Geschichte. Das ging Hunderttausenden von Juden so.«

Das jüdische Leben blieb bei der Familie Rothholz auf Haushalt und Familie beschränkt, zumindest solange

Heinz ein Kind war und ein pubertierender Jugendlicher. Später organisierte er in der Gemeinde die Jugendarbeit, lud zu Kidduschim und von ihm moderierte Talkshows ein, was natürlich auch mit Gottesdienstbesuchen verbunden war. Während seiner Kindheit aber ging man nur an drei oder vier der wichtigsten Feiertage in die Synagoge. Man war keine orthodoxe jüdische Familie, aber traditionell waren die Rothholz' schon. Zumindest zu Hause. An Schabbat wurden von der Mutter die Kerzen angezündet und der entsprechende Segen gesprochen. Sie hatte auch die Challa gebacken, den klassischen Hefezopf. Den Weinsegen zu sprechen war althergebracht die Aufgabe des Vaters. Die Söhne waren alle beschnitten worden und an Pessach gab es einen Seder. Zu diesem rituellen Essen trug der Vater einen Tallit, den jüdischen Gebetsmantel. An den acht Chanukka-Tagen bekamen die Rothholz-Kinder sieben Tage lang zum abendlichen Kerzenanzünden jeweils ein kleines Präsent. Am letzten Tag aber, nachdem alle acht Kerzen durch die Stammkerze angezündet waren, gab es für jedes Kind ein großes Geschenk. Man ernährte sich in diesem Haushalt weitgehend koscher, was aber weniger einen religiösen als vielmehr einen ziemlich pragmatischen Grund hatte. In der Eberswalder Straße gab es nämlich eine koschere Fleischerei, in der nur die Mitglieder der Jüdischen Gemeinde und Diplomaten einkaufen durften. Das Fleisch kam aus einem Schlachtbetrieb in Cottbus, wohin regelmäßig ein Schochet – so heißen die Metzger, die nach jüdischem Ritual die Schlachttiere schächten – aus Ungarn kam. Es gab auch einen Kühl-Lkw, der den jüdischen Gemeinden gehörte. So also kam das frische Fleisch von Cottbus nach Berlin in den Prenzlauer Berg, wo von Kalbshaxe über Rinderzunge bis zur koscheren Jagdwurst ein reichhaltigeres Angebot auf seine jüdische Kundschaft wartete, als es in den staatlichen Fleischereien der HO zur Verfügung stand.

Von diesem jüdischen Leben ihres Klassenkameraden hatten die Mitschüler von Heinz Rothholz keine Ahnung. Sicher war einigen bekannt, dass er Jude war. Vielleicht wussten es auch alle, aber gesprochen wurde darüber nicht. Überhaupt war Religion in der DDR kein Thema, und das nicht nur in Bezug auf das Judentum. So war zu seiner Bar Mitzwa in der Synagoge Rykestraße, am Schabbat nach seinem 13. Geburtstag, auch niemand aus seiner Klasse eingeladen. Von denen kam auch nie jemand mal bei ihm zu Hause vorbei. Das lag aber nicht an jenen, sondern an Heinz' Vater. Der hatte ein tiefes Misstrauen gegenüber nichtjüdischen Deutschen. Nicht wenn sie ihm das Auto zur Reparatur brachten, aber bei sich zu Hause wollte er sie nicht haben. Er machte jedoch Ausnahmen. Bei Alfons zum Beispiel, der mit Heinz in eine Klasse ging. Alfons war katholisch, wie seine Eltern sehr gläubig und als Sohn eines Dachpappenfabrikanten ein Unternehmerkind. Für Max Rothholz Grund genug, ihn in seiner Wohnung zu dulden. Und dann gab es noch die zwei anderen Unternehmerkinder. Die Familie des einen hatte eine Reinigung, die des anderen eine Bäckerei. Mit all denen ist Heinz auch heute noch befreundet. Keiner von ihnen trug damals das blaue Hemd der FDJ, auch Heinz nicht. Selbst seine Lieblingslehrerin konnte ihn nicht zur Jugendweihe überreden. Aber ein Dissident sei er nie gewesen, sagt Heinz Rothholz. Das sah das Regime anders. Er stehe dem Sozialismus feindselig gegenüber, steht in seiner Stasi-Akte, und dass er die DDR als »Gefängnisstaat« bezeichne. Außerdem habe er vermutlich »Kontakt zu ausländischen Diensten«. Damit war wohl die Mischpoche aus Israel gemeint, die beim Besuch der Verwandtschaft in Westberlin auch mal einen Abstecher zu den Rothholz' im Osten machte. In der ideologischen Vorstellungswelt eines Stasi-Mannes konnten das nur »zionistische Agenten« sein.

Lange war Israel in der DDR-Öffentlichkeit kein Thema oder eines, über das man nur hinter vorgehaltener Hand sprach. Das änderte sich nach dem Sechstagekrieg im Jahr 1967, als der Ägypter Jassir Arafat das »palästinensische Volk« entdeckte und die SED-Führung ihre Liebe zu ihm. Da war Heinz schon 21 Jahre alt. Bald saß er im Vorstand der Jüdischen Gemeinde und ärgerte sich regelmäßig, dass auch im Gemeindeblatt der als »Antizionismus« maskierte Antisemitismus der politischen Eliten kritiklos übernommen wurde. Da ahnte er schon, dass in den Vorstandssitzungen der Jüdischen Gemeinde die Staatssicherheit mit am Tisch saß, und das nicht nur in Person des Vorsitzenden Peter Kirchner. »Als gelernter DDR-Bürger konnte man so was riechen!«, erinnert sich Heinz Rothholz und nach der Wende fand er seinen guten Riecher in den Stasi-Akten bestätigt.

Nach der Schulzeit hat Heinz Rothholz zunächst das Handwerk des Heizungsinstallateurs erlernt, danach wurde er im väterlichen Betrieb auch noch zum Autoelektriker ausgebildet. Als absehbar war, dass wohl der ältere Bruder den kleinen Betrieb übernehmen würde, entwickelte Heinz einen Instinkt fürs Unternehmerische. Nachdem er sich in einem Elektroladen der HO die Logistik eines Einzelhandelsgeschäfts angeeignet hatte, wurde er selbst ein privater Geschäftsinhaber. Im benachbarten Pankow gab es einen alteingesessenen Spielzeugladen, dessen Besitzer sich aus Altersgründen zur Ruhe setzen wollte. Im Alter von 32 Jahren war Heinz Rothholz in der sozialistischen DDR nun ein privater Einzelhändler und Mitglied des Vorstandes der Jü-

dischen Gemeinde von Berlin-Ost. Beides war nicht ganz
einfach. Auf die staatlichen Lieferungen allein wollte sich
der Jungunternehmer nicht verlassen. Mit Waren des täglichen Bedarfs, mit denen Berlin besser bestückt war als
die DDR-Provinz, reiste er ins Erzgebirge und sonst wohin,
wo Puppen und anderes Spielzeug hergestellt wurden, und
kaufte ein. Und in der Jüdischen Gemeinde freundete er
sich nur mit jenen an, die für ihn nicht nach Stasi rochen.
Hermann Simon war ein solcher. Der Sohn eines Judaisten
und einer Philosophiehistorikerin und selbst promovierter
Historiker an der Humboldt-Universität war gegen Ende
der DDR der Gründungsdirektor der Stiftung »Neue Synagoge Berlin – Centrum Judaicum«. Mit Hermann Simon ist
Heinz Rothholz auch heute noch befreundet. Mit anderen
früheren Vorstandsmitgliedern war er es aus gutem Grunde auch damals nicht.

Im Herbst 1989 gab es überall im Lande Demonstrationen.
In der Berliner Zionskirche unweit des Prenzlauer Bergs
trafen sich oppositionelle Gruppen. Heinz Rothholz war da
nicht dabei. Nicht etwa, weil nicht auch er mehr Demokratie schön gefunden hätte, aber offenbar war sein Zutrauen
nicht so groß, dass das ausgerechnet jene jungen Leute in
der Zionskirche zuwege bringen würden. Die Ausschrei-
tungen am Rande der Feierlichkeiten aus Anlass des 40.,
und wie wir heute wissen, auch des letzten Geburtstages
der Deutschen Demokratischen Republik verfolgte er im
Fernsehen – in Tel Aviv. Die Behörden seines Landes hatten
ihm für einen Verwandtenbesuch ein vier Wochen gülti-
ges Ausreisevisum erteilt und Heinz Rothholz war Ende
September nach Israel gereist. Die ersten Tage habe er nur
vor Glück geweint, beschreibt er seinen Gefühlszustand,
als er sich zum ersten Mal in einer jüdischen Mehrheits-

gesellschaft bewegte. Von den Verkehrspolizisten bis zu den Kellnerinnen, vom Gemüsehändler bis zum Staatspräsidenten waren hier alle jüdische Menschen. Bei diesem Gefühl, von dem auch andere Juden und Jüdinnen während der ersten Israelreise berichten, übersieht man schon mal, dass jeder fünfte israelische Staatsbürger gar nicht jüdisch ist. In diesem Umfeld also sah Heinz Rothholz bei einem entfernten Verwandten im israelischen Fernsehen, was sich da zu Hause abspielte. Besorgt rief er seine Frau an und bat sie, mit der Tochter in die Datsche zu fahren, wie in der DDR das Wochenendhäuschen genannt wurde. Natürlich sei ihm auch mal durch den Kopf gegangen, ob Israel eine neue Heimat sein könne, sagt Heinz Rothholz. Nun war das Israel des Jahres 1989 nicht dasselbe Land wie dreißig Jahre später. Bei aller Liebe zur jüdischen Gesellschaft sei ihm Israel ein wenig zu orientalisch gewesen. Er war eben doch ziemlich deutsch sozialisiert und für die deutschen Juden, die so drauf sind, gibt's in Israel dieses spezielle Wort: Jeckes.

Nach der staatlichen Wiedervereinigung am 3. Oktober 1990 hörte die Jüdische Gemeinde in Ostberlin auf zu existieren und die in der Westberliner Fasanenstraße bekam Zuwachs. Das brachte Heinz Galinski, der die Westberliner Gemeinde seit mehr als 40 Jahren mit straffer Hand führte, in die Situation, jemanden aus dem Vorstand der Neumitglieder in die Repräsentanten-Versammlung kooptieren zu müssen. Nun hatte sich in den Jahren zuvor auch bis in die Fasanenstraße herumgesprochen, dass der Staatssicherheitsdienst der DDR in der Oranienburger Straße seine Leute sitzen hatte. Um zu verhindern, sich eine ehemalige Stasi-Laus in den Pelz zu setzen, bat er die neu entstandene Stasi-Unterlagenbehörde um Hilfe und dort machte man sich umgehend ans Werk. Als Heinz Rothholz der Einladung von Galinski folgend dessen Büro betrat, lagen die Kopien seiner Stasi-Akte auf dem Tisch. Seither weiß er, dass ihn die »Genossen« der Staatssicherheit für jemanden hielten, der dem Sozialismus feindselig gegenüberstand, und Galinski konnte sicher sein, dass der Mann vor ihm sauber war.

Ausgesprochen gern erinnert sich Heinz Rothholz an seinen ersten Besuch in der Synagoge in der Charlottenburger Pestalozzistraße und noch immer ist er sichtlich gerührt, wenn er davon erzählt. Fortan nämlich besuchte er keine Gottesdienste mehr in der Rykestraße, wo am Schabbat diejenigen in der Synagoge herumsaßen, deren Akten die Stasi-Aufarbeitungsbehörde als belastet aussortiert hatte. In der Pestalozzistraße aber wurde Heinz Rothholz von dem berühmten Kantor Estrongo Nachama mit samtener Baritonstimme vor der gesamten Beterschaft mit den Worten begrüßt: »Rothholz, endlich bist du hier!« Und als Heinz bescheiden fragte, wo er sitzen dürfe, wurde ihm in der ersten Reihe der Platz zugewiesen, wo dereinst Alexander Rothholz gesessen hatte, ein Cousin seines Vaters. Der Platz blieb also in der Familie.

Heute gehört Heinz Rothholz dem Vorstand der Synagoge Pestalozzistraße an. Doch auf dem Sitz rechts von der Bima, dem Altar, wo immer einer der Gabbaim, der Synagogenvorsteher, während des Gottesdienstes sitzt, sucht man ihn vergebens. Wenn aber einmal wieder Geld gebraucht wird, für den Chor oder die Restkosten der aufwendigen Renovierung des Gebetsraums, kennt Heinz die richtigen Leute. Er spricht nicht gern über all das, mag es aber, wenn andere das tun. So viel Eitelkeit leistet er sich dann schon.

Hammer, Sichel, Davidstern

Bereits einen Monat nachdem die Generalität der deutschen Wehrmacht bedingungslos kapituliert hatte, wurde im sowjetisch besetzten Berlin (und zeitversetzt auch in den Westzonen) am 11. Juni 1945 die Kommunistische Partei Deutschlands wieder zugelassen. Dieser formelle Schritt machte zwei Männer nun auch legal zu Genossen, was sie zuvor im Illegalen schon seit einiger Zeit waren. *Eberhard Zamory* und *Siegfried Bibo* erlebten den Untergang des Nazireiches als Kommunisten – der eine als Befreier und der andere als Befreiter. Sie sind sich in ihrem ganzen Leben nie bewusst begegnet, haben vermutlich nicht einmal voneinander gehört. Sie lebten in Hamburg und in Westberlin und doch hatten beide eine weitere Gemeinsamkeit: Sie waren von ihrer Herkunft her Juden. Für Eberhard Zamory hatte das im weiteren Verlauf seines Lebens bestenfalls noch eine kulturelle Bedeutung, für Siegfried Bibo überhaupt keine mehr. Niemals hätten sie damit gerechnet, dass ihre Söhne einmal bei den Jüdischen Gemeinden in Hamburg und Berlin um Aufnahme ersuchen würden. Das war in deren politisch links orientierter Erziehung nicht vorgesehen.

Als Teenager waren Peter Zamory und André Bibo im Jahr 1968 bei den Studenten auf der Straße mit dabei. Im Gegensatz zu den meisten Demonstranten hatten sie zwei Probleme nicht. Zum einen mussten sie keine Auseinandersetzung mit ihren Eltern fürchten, wenn sie demonstrieren gingen, und zum anderen hatten sie selbst keine kritischen Fragen an die Eltern bezüglich der NS-Zeit.

Peters Zamorys Vater war zusammen mit seinen beiden Brüdern im Frühjahr 1939 mit einem Kindertransport nach England gebracht worden. Die Jungen waren damals zwischen 12 und 16 Jahre alt. Peters Mutter und ihre Schwester sollten nach dem frühen Tod der Eltern und wegen des jüdischen Vaters als »Halbjüdinnen« in ein jüdisches Kinderheim auf der Hamburger Rothenbaumchaussee verbracht werden. Glücklicherweise hatte deren anderer Großvater rechtzeitig davon erfahren. Der pensionierte Finanzbeamte wurde bei der Gestapo vorstellig und verlangte sehr energisch, dass seine beiden Enkelinnen bei ihm zu wohnen hätten. Überraschenderweise wurde dies gestattet und hat so beiden Mädchen das Leben gerettet. Denn heute weiß man, dass alle Mädchen und Jungen aus diesem Kinderheim später nach Auschwitz und in andere Vernichtungslager deportiert worden sind. Über all das ist im Hause Zamory immer wieder gesprochen worden. Auch wenn man politisch links und folglich areligiös eingestellt war, so spielte jüdische Musik und die Literatur jüdischer Autoren in Peters kulturell interessiertem Elternhaus dennoch eine Rolle.

Die Eltern von *André Bibo* sprachen eher selten über die Zeit in jenem Waldhaus bei Alt-Hüttendorf unweit von Joachimsthal in Brandenburg, wo sie versteckt und im Mai 1945 von Soldaten der Roten Armee befreit worden waren. Dennoch wusste André immer, dass sie jüdischer Herkunft waren. Schließlich besuchte man das Grab der Großmutter in Berlin-Weißensee auf dem dortigen jüdischen Friedhof. Sie war in der NS-Zeit in ihre ursprüngliche Heimat nach Jugoslawien geflohen, wo einst auch Andrés Mutter ihre Kindheit verlebt hatte. Dort war die Großmutter nach dem Einmarsch der Wehrmacht in einem KZ inhaftiert. Nach Berlin zurückgekehrt, hatte sie nach Andrés Geburt im Jüdischen Krankenhaus dafür gesorgt, dass der Enkel beschnitten wurde. Bei dieser Oma hatte André als Kind gespürt, dass es da noch etwas anderes gab als das kommunistische Weltbild seiner Eltern. Sie benutzte zum Beispiel jiddische Worte. Allerdings hörte er diese nicht sehr lange, denn die Großmutter verstarb, bevor er eingeschult wurde. So war am Ende das kommunistische Weltbild der prägendste Eindruck in Andrés Kindheit. Gelegentlich aber erzählte ihm seine Mutter, wenn sie mit dem Sohn allein war, wie sie, eine gelernte Schneiderin, in jenem einsamen Haus im Wald für die kleine Konfektionsfirma einer nichtjüdischen Freundin Mäntel genäht habe. An den Wochenenden auch Hemden, Röcke, Blusen und Hosen für die Bauern der umliegenden Dörfer. Sie hätten dafür in Naturalien bezahlt, was in einer Zeit lebenswichtig gewesen sei, in der man in den Läden ohne Lebensmittelkarten nichts kaufen konnte. Außer einer Großbäuerin und ihrer Freundin habe niemand gewusst, dass sie eine Jüdin war. Andrés Vater habe nach außen eine Arbeitsstelle in Guben vorgetäuscht. An jedem Montag habe sie ihn früh zum Bahnhof gebracht und ihn dort freitags nach Einbruch der Dunkelheit wieder abgeholt. Tatsächlich aber habe er sich nachts zu dem Haus im Wald zurückgeschlichen. Er sei von ihr im Bügeln von Kragen und Revers angelernt worden, womit er den Rest der Woche zubrachte. Wenn Leute kamen, musste er sich blitzschnell in einen Verschlag verstecken, der von einem Wandteppich verhängt war. Andrés Vater schien all das später verdrängen zu wollen. Jedenfalls sprach er fast nie über diesen Teil seines Lebens. Der kommunistische Widerstand gegen die Nazis war bei ihm viel häufiger das Thema als die Shoah, die er mit seiner Frau überlebt hatte. Andrés Mutter aber musste gelegentlich darüber reden, da sie zutiefst traumatisiert war. Immer wieder hatte sie nachts Albträume und bis ins hohe Lebensalter kam es vor, dass sie von Depressionen geplagt tagelang im verdunkelten Zimmer gelegen hat. Auch Peter Zamorys Mutter, so schätzt es der erfahrene Mediziner heute ein, muss zeit ihres Lebens von massiven Ängsten geprägt gewesen sein. Er ist davon überzeugt, dass deren Angst, wieder Außenseiter zu sein, sich auch auf ihn übertragen hat. Als er nach dem Abitur begann, Medizin zu studieren, habe er sich selbst in Prüfungen torpediert und war nur mithilfe einer analytischen Psychotherapie aus diesem Teufelskreis der Familiendynamik herausgekommen.

Andrés Vater war schon Kommunist, bevor Hitler an die Macht gekommen ist. Auch Andrés Mutter hatte Sympathien für die Kommunisten, war aber erst nach dem Krieg der KPD beigetreten. Sie hatte Siegfried Bibo 1935 geheiratet und als die Deportation der Berliner Juden begann, gingen sie gemeinsam in den Untergrund. *Peters* Vater war mit Beginn des Krieges in Großbritannien als »feindlicher Ausländer« auf der Isle of Man interniert worden, wo er kommunistische Emigranten kennenlernte, die sein Denken beeinflussten. Einer von ihnen nannte sich damals Felix Albin, aber in Wirklichkeit hieß er Kurt Hager und saß später in der DDR im mächtigen SED-Politbüro. Er ist offenbar sehr überzeugend gewesen, jedenfalls ist der junge Eberhard Zamory damals in diesem Internierungslager Kommunist geworden. Auf Anregung seiner neuen Genossen trat er als Freiwilliger in die britische Armee ein und kämpfte in Norwegen gegen die Deutschen. Natürlich hätte Peters Vater nach dem Krieg in England bleiben und die britische Staatsbürgerschaft annehmen können. Aber er war auf der Isle of Man nun mal Kommunist geworden und als solcher hörte man auf seine Partei. Sie stellte ihn vor die Wahl, entweder nach Hamburg oder nach München zu übersiedeln. Er entschied sich für Hamburg, wo er schließlich in der von ihm mitgegründeten kommunistischen Studentengruppe jene Studentin kennenlernte, die Peters Mutter werden sollte.

Im Jahr 1956 erlebte der kleine Peter die Polizeirazzia, die nach dem Verbot der KPD in der elterlichen Wohnung in Hamburg durchgeführt wurde. Seine Mutter war der Situation ganz allein ausgesetzt. Wahrheitsgemäß beantwortete sie die Frage des vernehmenden Beamten nach dem Verbleib ihres Mannes damit, dass dieser sich in Moskau aufhalte. Da saß der Geschichtsstudent Eberhard Zamory tatsächlich zeitgleich zur heimischen Hausdurchsuchung in einem sowjetischen Archiv und recherchierte für einen Essay über Lenins Zeit in Deutschland.

Die ostdeutsche SED, jene durch Zwangsvereinigung aus KPD und SPD entstandene Kaderpartei, hatte auch in den Westbezirken Berlins eine Parteiorganisation aufgebaut. Sie hieß dort zunächst SED-W und schließlich Sozialistische Einheitspartei Westberlins (SEW). Solange sich André zurückerinnern kann, war sein Vater hauptberuflich Funktionär dieser Partei und als solcher schließlich deren Kreisvorsitzender im bürgerlichen Bezirk Wilmersdorf. Er folgte damit einem sogenannten Parteiauftrag. Und da kommunistische Organisationen ja angeblich meist besser wissen, was für ihre Genossen gut ist, als diese selber, kümmerte man sich auch in Hamburg um Peters Vater, als dieser (genau wie seine Frau) das Studium abgebrochen hatte. In einem sechswöchigen Crashkurs wurde er zum Buchhändler ausgebildet. Hierfür war er zum Düsseldorfer Brücken-Verlag geschickt worden, der ein durch Strohmänner verdecktes Unternehmen des Außenhandelsministeriums der DDR war, und wurde schließlich selbst ein solcher Strohmann. Mitte der 1960er Jahre eröffnete er in Hamburg die »Internationale Buchhandlung«. Finanziert war der linke Buchladen, wie es sie auch in anderen westdeutschen Städten gab, mit Geldern aus der DDR. Hier kauften Hamburger Studenten die blauen Marx-Engels-Bände ein, ehe sie an der Uni den obligatorischen »Kapital-Kurs« besuchten. Antifaschistische Schöngeister erwarben die in der DDR erschienenen Romane von Christa Wolf bis Jurek Becker. Eberhard Zamory machte die »Internationale Buchhandlung« schnell zu einem Zentrum linker Intellektueller. In diesem geistigen Klima wurde dessen Sohn Peter sozialisiert, der heute für die Grünen Sitz und Stimme in der Hamburger Bürgerschaft hat. Er war zunächst in der antiautoritären Schülerbewegung aktiv und für mehr als ein Jahrzehnt in einer trotzkistischen Gruppierung. Zu diesem Zeitpunkt hatten seine Eltern den sowjettreuen Kommunisten bereits den Rücken gekehrt.

Als Kind war *André* bei den Jungen Pionieren, die es auch in Westberlin gab, und später in der FDJ. Als auf einer Anti-Schah-Demonstration am 2. Juni 1967 der Student Benno Ohnesorg erschossen worden war, ist er in jene Partei eingetreten, deren Funktionär sein Vater war. Trotzdem legt André Wert auf die Feststellung, dass dies sein freier Entschluss in der Folge jenes tragischen Ereignisses gewesen sei. Seine Eltern jedenfalls hätten ihn nicht dazu gedrängt.

Nach dem Abschluss der Realschule absolvierte André eine Lehre als Fernmeldemechaniker bei der Deutschen Reichsbahn, die damals auch in Westberlin zur DDR gehörte. Danach absolvierte er in Abendkursen eine Art technisches Fachabitur. Eigentlich wollte er studieren, kam dann aber Mitte der 1970er Jahre durch seinen heutigen Schwager zur Bahnpolizei, die kurioserweise ebenfalls der

DDR unterstand. Um als Bahnpolizist die Betriebsabläufe zu verstehen, hat er noch einen Facharbeiterabschluss im Bereich »Betrieb und Verkehr« gemacht und war dann viele Jahre als Diensthundeführer tätig. Durch seine Tätigkeit bei der Bahnpolizei hatte André Einblicke ins ganz normale Arbeitsleben eines DDR-Betriebs. Wenn seine Eltern auf Einladung des Ostberliner ZK in einem der Gästehäuser einen ziemlich privilegierten Urlaub verbracht hatten und zu Hause in höchsten Tönen von der DDR schwärmten, sagte er oft zu seinem Vater: »Wir reden von zwei verschiedenen Ländern.« In den Jahren vor dem Mauerfall hatten der Parteifunktionär und sein Sohn dann viele, teils heftige politische Auseinandersetzungen, bis sich André in der Wendezeit aus der kommunistischen Bewegung verabschiedet hat. Das aber hatte sein Vater, wie auch den Mauerfall, nicht mehr erlebt.

»Mein Beruf ist ein klassischer Mitzwa-Beruf!«, sagt *Peter Zamory*. Er spielt damit auf die religiöse Pflicht zur Nächstenliebe an, wofür das Judentum den vieldeutigen Begriff der Mitzwa verwendet. Seit vielen Jahren praktiziert er in Hamburg als Arzt für Allgemeinmedizin, Facharzt für Altersheilkunde und außerdem für Suchtmedizin, deren Arbeitskreis er in Hamburg über Jahre geleitet hat. Interessanterweise hat Peter mittlerweile in Berlin einige jüdische Ärzte kennengelernt, die sich auch mit der Suchtmedizin beschäftigen. Auf diese Art suchtgefährdeten oder auch drogenabhängigen Menschen Hilfe zuteilwerden zu lassen, scheint offenbar ein klassisches jüdisches Anliegen zu sein. Mitzwa eben. So vermutet zumindest Peter Zamory, der sich selbst als »Arzt mit Leib und Seele« bezeichnet. Und er sagt auch, dass ihm in zunehmendem Alter seine jüdischen Wurzeln immer wichtiger geworden seien. Hinzu komme, dass seine spätere Frau väterlicherseits ebenfalls jüdische Wurzeln hat. Durch sie ist Peter in die Synagoge gekommen. Dort hat der links sozialisierte Mann, der inzwischen bei den Grünen eine politische Heimat gefunden hatte, eine Erfahrung gemacht, die ihn total überraschte: Die jüdischen Gebete und die Liturgie des Gottesdienstes haben ihn sehr berührt, ja, sie seien ihm »tief in die Seele gedrungen«. Auch das Zusammensein mit jüdischen Menschen fing an, ihm etwas zu bedeuten. Nach und nach ist er von einem Atheisten zu einem jüdischen Agnostiker geworden. Bald aber wollte er richtig dazugehören. Peter und seine Frau haben sich schließlich an einen Rabbiner gewandt, der damals in Hamburg für eine Gruppe von liberalen Juden zuständig war. Da sie beide keine jüdische Mutter hatten, war der Konversionskurs erforderlich, der sogenannte Giur.

Nach der deutschen Wiedervereinigung hatte *André Bibos* Mutter mit zittriger Hand einen Brief an ihre Partei verfasst und den Austritt erklärt. Nun erzählte sie ihrem Sohn zum ersten Mal, dass sie als junge Frau nur auf Wunsch seines Vaters aus der Jüdischen Gemeinde ausgetreten sei. Da sie in der Nähe des Seniorenclubs dieser Gemeinde wohnte, kam sie bei ihren Spaziergängen oft dort vorbei. Eines Tages hat sie den Wachpolizisten angesprochen, der sie hineinließ. Fortan besuchte Andrés Mutter diesen Seniorenclub regelmäßig, hörte sich die Vorträge an und lernte andere jüdische Menschen kennen. Trotz fortgeschrittenen Alters begann sie sogar noch an der Volkshochschule Russisch zu lernen. Sie wollte sich auch mit jenen Gemeindemitgliedern unterhalten können, die ohne deutsche Sprachkenntnisse aus der ehemaligen Sowjetunion an die Spree gekommen waren. Nach einiger Zeit wurde auch sie wieder Mitglied der Jüdischen Gemeinde zu Berlin und ihr Sohn kurz danach auch. Da seine Mutter nun in der Gemeinde war, erfolgte Andrés Aufnahme problemlos. Inzwischen war sein Arbeitgeber, die einstige DDR-Bahnpolizei, in dieser Form aufgelöst worden. André nutzte die Möglichkeit, sich beim Bundesgrenzschutz zu bewerben. Die Bewerber wurden von der Stasi-Unterlagen-Behörde durchleuchtet. André Bibo wurde angenommen und nach einiger Zeit sogar in den Personalrat gewählt. Er war nun also ein jüdischer Grenzschützer und als solcher reiste André mit der Gewerkschaft der Polizei erstmalig nach Israel. Hier war ihm zwar alles neu, aber eigenartigerweise überhaupt nicht fremd. Er habe sich vom ersten Moment an heimisch gefühlt, erinnert er sich. Heute, nach seiner Pensionierung, sitzt er, der Sohn eines kommunistischen Funktionärs, im Aufsichtsrat der Polizeistiftung des Bundes, was ein reines Ehrenamt ist. Und in der Deutsch-Israelischen Gesellschaft ist er der Kassenprüfer. »Meine Aktivitäten sind eben inzwischen etwas altersgerechter«, sagt André Bibo und blickt nachdenklich auf ein mehr als siebzigjähriges, an Wendungen reiches Leben zurück.

Ein weiteres Mal seit seiner Abgeordnetenzeit in den Jahren 1992 bis 2001 wurde *Peter Zamory*, diesmal als Nachrücker, im Jahr 2020 Mitglied der Hamburgischen Bürgerschaft. Seither ist er vormittags in seiner Praxis als Arzt tätig und an den Nachmittagen leitet er den Gesundheitsausschuss, sitzt im Plenum oder geht anderen parlamentarischen Verpflichtungen nach. Ein ganz wesentliches Motiv, sich noch einmal zur Wahl zu stellen, war für ihn, den Sohn von Shoah-Überlebenden, das Entwickeln einer Erinnerungskultur in Hamburg. Das neue Amt dafür wurde inzwischen geschaffen und Peter Zamory ist dessen Sprecher. Ein aktuelles Thema ist der Wiederaufbau der in der Pogromnacht vom 9. November 1938 zerstörten Bornplatz-Synagoge. Das Ob war nie die Frage, wohl aber das Wie. Denn den Wiederaufbau als solchen hat die Bürgerschaft mit den Stimmen aller Fraktionen einstimmig beschlossen. Inzwischen aber klaffen die Vorstellungen weit auseinander, wie dieser Wiederaufbau aussehen soll. Soll ein historischer Bau neu entstehen oder soll etwas Modernes gebaut werden? Der Grünen-Politiker Peter Zamory hat dazu eine eindeutige und sehr pragmatische Meinung. Die Jüdische Gemeinde zu Hamburg war die Eigentümerin der Synagoge, als diese von den Nazis zerstört wurde. Folglich komme auch heute der Jüdischen Gemeinde die Deutungshoheit zu. Schon gar nicht könne sein, dass nichtjüdische Lokalpolitiker der Jüdischen Gemeinde vorschreiben, wie deren Synagoge am Ende auszusehen habe. Und wenn Peter Zamory die Vorstellungen der Gemeinde erklärt, so tut er dies mit der Rhetorik eines Politikers, der die Bodenhaftung nicht verloren hat: »Die jüdische Gemeinde möchte die alte Bornplatz-Synagoge äußerlich wiederherstellen. Natürlich nicht total eins zu eins, sondern so, dass der Bruch durch die Zerstörung deutlich wird. Und innen völlig anders. Die alte Synagoge hatte zwölfhundert Plätze und die Gemeinde heute hat zweieinhalbtausend Mitglieder. Da ist natürlich völlig klar, dass sie kleiner gebaut werden muss. Gemeinsam mit der benachbarten Talmud-Tora-Schule aber soll hier ein jüdisches Epizentrum entstehen.«

Das Geheimnis

Die ersten sechs Jahre ihres Lebens hat *Eva Ehrlich* nicht als Jüdin gelebt. Sie hatte auch gar nicht gewusst, dass es überhaupt Juden gibt. Und selbst wenn sie es gewusst hätte, würde sie die eigene Familie damit nicht in Verbindung gebracht haben – nicht den Hefezopf, der an jedem Freitag gebacken wurde und den der Vater abends vor dem Essen feierlich anschnitt, und auch nicht die blassblaue Nummer, die die Mutter als Tätowierung auf dem linken Arm trug. In diesen Jahren verbrachte Eva eine beschauliche Kindheit in einer tschechischen Durchschnittsfamilie in Prag, dann aber hatte sie mit den Eltern ein Geheimnis.

Schon im Dezember 1952 war der ehemalige tschechoslowakische KP-Generalsekretär Rudolf Slánský propagandawirksam in einem Schauprozess zum Tode verurteilt und hingerichtet worden. Und weil er und einige andere der 13 mitangeklagten »Hochverräter« jüdischer Herkunft waren, hatte im Lande eine starke Welle des Antisemitismus eingesetzt. Das wurde staatlicherseits nicht nur nicht verhindert, sondern bewusst gefördert. Aber auch das wusste das kleine tschechische Mädchen Eva nicht, als diese furchtbare Sache in der Straßenbahn passierte.

Es war ein heißer Sommertag. Evas Mutter trug ein kurzärmeliges Kleid. Die Nummer, die ihr zehn Jahre zuvor in Auschwitz auf den Arm tätowiert worden ist, war sichtbar. Ein wildfremder Mann brüllte plötzlich mit hassverzerrter Miene: »Dich hat man wohl vergessen zu vergasen, du Judensau!« Erschrocken tastete die Mutter nach der Hand ihrer kleinen Tochter. An der nächsten Haltestelle zog sie das Kind aus dem Waggon. Die attackierte Frau zitterte am ganzen Körper. Eva konnte nicht verstehen, was da gerade vor sich ging, aber weil die Mutter weinte, liefen auch ihr dicke Tränen übers Gesicht. Die Mutter drückte das Mädchen an sich und streichelte ihr zärtlich über den Kopf. Wortlos liefen sie Hand in Hand nach Hause. Den Eltern war klar, dass sie der Tochter nach diesem Vorfall eine Erklärung schuldig waren. Wie aber machte man das, ohne die kleine Eva in entsetzliche Ängste zu stürzen? Schließlich wollten sie auch selbst nicht mehr an die schreckliche Vergangenheit denken, sprachen untereinander nur selten davon. Der Vater hatte für die Deutschen Zwangsarbeit leisten müssen und die Mutter war nacheinander in den Lagern von Theresienstadt, Neuengamme und Auschwitz, ehe man sie beim Anrücken der Roten Armee nach Bergen-Belsen verbracht hatte. Dort war sie von den Briten befreit worden. Beide hatten sie in der Shoah ihre ersten Ehepartner verloren. All diese Details erfuhr Eva erst Jahrzehnte später, und auch das nur auf einem Umweg. Langsam hatte die Mutter dem behutsamen wie beharrlichen Nachfragen ihres Schwiegersohns David nachgegeben. Aber auch nur ihm gegenüber, denn eigentlich wollte sie nichts davon erzählen, weil sie davon Albträume bekam und nicht schlafen konnte. Evas Mutter war die Einzige aus ihrer Familie, die die Shoah überlebt hat. Damals aber, als Eva sechs Jahre alt und Augenzeugin dieser antisemitischen Attacke geworden war, begnügten sich ihre Eltern mit der Erklärung, dass sie Juden seien. Eindringlich baten sie das Kind: »Bitte sage das niemandem! Niemand darf wissen, dass wir Juden sind! Wir haben eine schlimme Zeit hinter uns, aber wir wollen nicht darüber sprechen.«

Einerseits stellte es eine große Belastung dar, erinnert sich Eva, etwas verschweigen zu müssen, ohne genau zu wissen, was das ist. Andererseits sei sie als Kind aber auch stolz gewesen, mit den Eltern ein Geheimnis zu teilen. Auf jeden Fall habe sich deren Ratschlag später als sehr vorteilhaft erwiesen, da man sie in der damaligen ČSSR kaum zum Studium zugelassen hätte, wäre ihre jüdische Herkunft bekannt gewesen. In der kurzen Zeit des Prager Frühlings war dann alles anders. Nicht etwa dass Eva plötzlich die Synagoge für sich entdeckt hätte, aber in dieser ungewohnt offenen pluralistischen Atmosphäre lud sie das kulturell Jüdische zur Identifizierung ein. So auch, als der Literaturhistoriker Eduard Goldstücker im Schicksalsjahr 1968 an der Prager Uni über die Einbindung Kafkas ins deutsch-jüdische Prag referierte. Der Kafka-Experte, selbst jüdisch, war 20 Jahre zuvor der erste tschechoslowakische Botschafter in Israel, ehe auch er 1951 in Prag wegen Hochverrats und Spionage angeklagt und zu lebenslanger Haft verurteilt worden war. Schon vier Jahre später wurde Eduard Goldstücker rehabilitiert und nahm eine Lehrtätigkeit an der Karls-Universität auf. Eva Ehrlich erinnert sich noch heute an jene beeindruckende Vorlesung im Frühjahr 68. Im Auditorium Maximum waren alle Plätze besetzt, die Studentinnen und deren Kommilitonen standen an den Wänden und in den Gängen. Die Türen wurden geöffnet, weil auch draußen noch Leute den Vortrag hören wollten. Goldstücker sprach über die in Kafkas Werken beschriebenen albtraumhaften hierarchisch-bürokratischen Machtsysteme und jeder und jede im Auditorium stellte eine parabelhafte Verbindung zum realsozialistischen Staat her. Plötzlich bekam das Geheimnis, das sie so lange mit ihren Eltern und deren wenigen jüdischen Freunden teilte, eine gleichermaßen emotionale wie kulturelle Bedeutung.

Die Zeit des demokratischen Aufbruchs, in der solche Vorlesungen möglich waren, wurde bekanntlich am 21. August desselben Jahres durch die Invasion benachbarter Ostblock-Armeen beendet. Eva war zu dieser Zeit nicht nur Studentin, sondern auch eine ambitionierte Wettkampfschwimmerin. Bei einem Turnier hatte sie sich in einen bayerischen Sportskollegen verliebt. An jenem Tag im August hielt sie sich bei ihrem Freund in München auf. Die beiden heirateten, Eva verließ legal die ČSSR und seit 1969 lebt sie nun in der bayerischen Hauptstadt, wenngleich nicht mehr mit jenem Mann, den sie damals geheiratet hat. Nach der Scheidung ihrer Ehe war Eva so weit, sich um das zu kümmern, was in ihrer Jugend aus besagten Gründen liegen geblieben war. Sie ging zur Israelitischen Kultusgemeinde, um von einem Rabbiner in der jüdischen Religion unterrichtet zu werden. Zur gleichen Zeit tauchte dort David Gall auf, ein klinischer Pharmakologe, der an der Hebräischen Universität in Jerusalem studiert hatte. David fühlte sich dem jüdischen Land nach wie vor emotional verbunden und suchte nach Gelegenheiten, Ivrit – das moderne Hebräisch – zu sprechen. David und Eva wurden ein Paar und diesmal heiratete Eva unter der Chuppa, dem jüdischen Traubaldachin. An den Schabbatot besuchten sie nicht die beeindruckende Synagoge am Sankt-Jakobs-Platz, sondern die kleine Beth-Shalom-Gemeinde, die ihre Synagoge in der ersten Etage eines modernen Zweckbaus neben den Geschäftsräumen des Tölzer Knabenchors eingerichtet hatte. Der liberale Ritus, der dort praktiziert wurde, hatte ihnen von Anfang an mehr zugesagt. Nicht zuletzt deshalb, weil es dem frisch verliebten Paar hier möglich war, während der Gottesdienste nebeneinanderzusitzen.

Es war die Zeit, als sich Israels Ministerpräsident Yitzak Rabin und PLO-Chef Jassir Arafat endlich an einen Tisch setzten, um den Konflikt zwischen ihnen diplomatisch zu lösen. Eva und David verfolgten mit großem Interesse und mit zunehmender Hoffnung diesen Friedensprozess. Die beiden waren begeistert von der Aussicht, dass es bald zwei Staaten und endlich Frieden geben würde. Auch am

4. November 1995 saßen sie zu Hause vor dem Fernseher. Fassungslos mussten sie die Nachricht zur Kenntnis nehmen, dass Yitzhak Rabin ermordet worden war. »Es war ein entsetzlicher Schock«, erinnert sich Eva Ehrlich. »Das Schlimmste, was geschehen konnte, war passiert – ein Jude war von einem Juden ermordet worden.«

In den Münchner Alltagsgesprächen war ein gewaltiges Informationsdefizit nicht nur in Bezug auf Israel, sondern auch gegenüber allem Jüdischen erkennbar. Andererseits war bei vielen Gesprächspartnern durchaus die Bereitschaft zu erkennen, mehr darüber zu erfahren. Das war für David der Anlass, sich im Internet umzusehen, was es dort an verwertbaren Links gibt. Kurz zuvor waren die ersten Suchmaschinen online gegangen. Im Netz aber geschahen seltsame Dinge. Insbesondere dass man bei der Suche nach religiösen Fragen immer wieder auf Seiten landete, hinter denen oft neonazistische Aktivisten standen. Eva und David beschlossen, dem etwas entgegenzusetzen. Sie stellten eine kleine Website ins Netz und füllten sie mit Inhalt. Die ersten Themen waren einerseits Informationen über den von Rabin begonnenen Friedensprozess mit den arabisch-palästinensischen Nachbarn und andererseits Gebete mit den entsprechenden Erläuterungen für nichtjüdische User. Als Namen für die Domain wählten sie haGalil. Das stand sowohl für Galiläa, also jenen israelischen Landstrich, der Europa am nächsten liegt, als auch für sie selbst, denn David hieß ja mit Familiennamen Gall – ein kleines Wortspiel also. Schon bald bekamen sie viele E-Mails von Menschen, die um gezielte Informationen baten, darunter Lehrer, Schüler, aber auch zahlreiche Journalisten. Regelmäßig stellten sie nun weitere Beiträge über das jüdische Leben online. Die Domain haGalil entwickelte sich zu einem Erfolgsprojekt. Daneben erledigte Eva einen Arbeitsalltag, der von der Tätigkeit als Teamassistentin in einem großen Industrieunternehmen bestimmt war, und David den eines Pharmakologen bei einem medizinischen Online-Dienst. Im zehnten Jahr von haGalil geschah dann der Super-GAU. Im Streit um die dänischen Mohammed-Karikaturen hatte man Position bezogen und zur Ansicht einen dieser Cartoons veröffentlicht. Die User sollten sich schließlich ein Bild machen können, um was es überhaupt ging. Es dauerte nur wenige Tage, dann war es einem unbekannten Hacker gelungen, die Seite aus dem Netz zu nehmen – haGalil gab es nicht mehr. Glücklicherweise hatten sie Sicherungskopien angefertigt, aber sehr aufwendig war es dennoch, alles wiederherzustellen. Ein befreundeter Professor für IT-Technik erwies sich da als große Hilfe. Er hat auch herausgefunden, dass der Hackerangriff aus Katar erfolgt war.

Im Juli 2014 erlitt Eva Ehrlich einen weitaus größeren Verlust, als nämlich David einem Krebsleiden erlegen ist. Eva beschloss das gemeinsame Projekt haGalil auf jeden Fall fortzuführen. Zusammen mit ihrer Tochter Andrea, einer promovierten Historikerin, die mit Mann und Kindern in Tel Aviv lebt, leistet sie redaktionelle Arbeit und versierte Helfer technischen Support. So informiert haGalil.com weiter viele Menschen über das Judentum und für Eva lebt ein Projekt fort, das sie mit David verbindet. Seit ihrem Ruhestand engagiert sie sich in zahlreichen gemeinnützigen Organisationen und im März 2021 hat die Beth-Shalom-Gemeinde in München Eva Ehrlich zu ihrer Vorsitzenden gewählt. Damit setzt sie stolz in aller Öffentlichkeit fort, was im Alter von sechs Jahren mit einem Geheimnis begonnen hatte.

Kippa und Uniform

Von Freunden wird der Oberfeldarzt schlicht *Benny* genannt und von einigen seiner Kameraden auch. Er legt Wert darauf, auch in diesem Porträt so genannt zu werden und sein Standort soll geheim bleiben. Nur so viel: Benny versieht, wenn er nicht gerade mit der European Naval Forces gegen Waffenschmuggler und zeitgleich als Seenotretter afrikanischer Flüchtlinge im südlichen Mittelmeer oder anderswo im Einsatz ist, seinen Dienst in einem der fünf Bundeswehr-Krankenhäuser. Dort ist er als Anästhesist tätig und als Facharzt für Notfall- und Intensivmedizin. Dazu gehört in seinem Fall auch eine spezielle Qualifikation für die körperliche Traumata-Versorgung. Eine solche, sagt Benny, habe es an den Kliniken, in denen er vorher tätig war, aufgrund der Infrastruktur nicht gegeben. Das war einer der Gründe, weshalb er sich bei der Bundeswehr beworben hatte.

Benny lebte als junger Mann eine Weile in Israel. Das war in jener Zeit, als arabische Kommandos nicht mehr mit Steinen warfen, sondern Busse und Restaurants in die Luft sprengten. Die ständige Gefahr von Terroranschlägen war ihm also durchaus bekannt und als diese auch nach Europa gelangte, stellte das völlig neue Herausforderungen an die Verwundetenversorgung dar. Nicht zuletzt wegen der Auslandseinsätze gehört das zur Kernkompetenz bei den Ärzten der Bundeswehr und Benny ist einer von ihnen.

Als er wehrpflichtig wurde, hatte er den Dienst mit der Waffe noch verweigert. Das war 1995. Damals war es für Benny undenkbar, als Jude die Uniform deutscher Streitkräfte anzuziehen. Sein orthodoxes Elternhaus konnte sich das auch nicht vorstellen und selbst in der Jüdischen Gemeinde wäre er damals, wie Benny das heute einschätzt, noch »ziemlich schief angeguckt« worden. Hätte er mit Gemeindemitgliedern darüber gesprochen, wäre er sicher informiert worden, dass Juden zwar nicht generell vom Wehrdienst befreit waren, in der Praxis aber auf Antrag dauerhaft zurückgestellt wurden.

Mit dem Abitur in der Tasche zog Benny erst einmal für ein Jahr nach Jerusalem, um seine Kenntnisse über das Judentum zu vertiefen. Natürlich hatte er, wie andere jüdische Kinder auch, in einem beschränkten Umfang Religionsunterricht. Auch auf seine Bar Mitzwa war er vorbereitet worden. Dennoch stellte er nun an einem Institut für jüdische Studien einige Wissenslücken fest und machte sich daran, diese zu schließen. Dabei haben ihn die sephardischen Traditionen ebenso interessiert wie die aschkenasischen, und das hatte in Bennys Fall einen privaten Grund. Sein Vater ist marokkanischer Jude, also Sepharde, und seine deutsche Mutter hat aschkenasische Wurzeln. Kennengelernt hatten sie sich als junge Leute in Israel, ehe sie gemeinsam nach Deutschland kamen und sich in der badischen Provinz niederließen. Dort führten sie ein orthodoxes jüdisches Leben und für Benny ist das prägend bis zum heutigen Tag.

Während seines Zivildienstes wurde er zum Rettungssanitäter ausgebildet. 13 Monate lang fuhr er auf einem Rettungswagen mit. Ein harter Job, der Zivildienstleistende üblicherweise entweder schwören lässt, damit im späteren Leben nie wieder etwas zu tun haben zu wollen, oder aber es wird zur Berufung. Letzteres war bei Benny der Fall. Er studierte Medizin und nach seinem Abschluss überlegte er, nach Israel auszuwandern. Abermals widmete er sich in Jerusalem einerseits religiösen Fragen an jenem Institut, an dem er schon einmal ein ganzes Jahr verbracht hatte. Andererseits bemühte er sich, seine deutsche Approbation anerkennen zu lassen, und damit fingen die Schwierigkeiten an. Für die französischen und auch die angloamerikanischen Einwanderer galten klare Regeln, wie man die ärztliche Zulassung aus dem Ursprungsland um eine israelische Approbation erweitert. Das war für die Ärzte aus Deutschland keineswegs klar geregelt, weshalb er ein Staatsexamen für Ausländer als Multiple-Choice-Test absolvieren sollte. Als das zum dritten Mal schiefgegangen war, verlangte Benny die Einsicht in die Prüfungsunterlagen und fand darin zahlreiche Fehler. Das erklärte, warum jedes Mal, wenn er zur Prüfung antrat, um ihn herum wieder dieselben Prüflinge saßen wie beim letzten Mal. Benny reichte eine Beschwerde ein, in der er auf jeden einzelnen Fehler detailliert hinwies. Auf dem Weg zum Flughafen fuhr sein Taxi an einem Plakat vorbei, auf dem zu lesen war, dass in Israel 569 Anästhesisten fehlen würden. Benny musste das als bittere Realsatire wahrnehmen. Als er längst in diesem Beruf an einer großen deutschen Klinik verantwortlich arbeitete, erreichte ihn der positive Bescheid seines Widerspruchs. Nun wurde ihm auch die israelische Approbation angeboten. Doch nun war es zu spät!

Im Alter von 40 Jahren vollzog Benny dann einen Schritt, den er sich als junger Mensch niemals hätte vorstellen können – den Wechsel von einer öffentlichen Klinik an ein Bundeswehr-Krankenhaus. Das hatte verschiedene Gründe. Er wollte nicht mehr in einer Klinik arbeiten, die permanent unter dem Druck stand, Gewinne zu erwirtschaften. Natürlich besteht auch bei der Bundeswehr die Verpflichtung, wirtschaftlich zu arbeiten, allerdings keine Gewinnabsicht, denn das Budget wird von vornherein im Verteidigungshaushalt festgelegt. Außerdem wird bei der Bundeswehr aus nachvollziehbaren Gründen auf seine spezielle Qualifikation für die Versorgung von körperlich traumatisierten Patienten ein größerer Wert gelegt. Was aber hatte sich für ihn geändert seit jener Zeit, als er den Wehrdienst verweigert hatte? Wenn Benny diese Frage beantwortet, spürt man an der eloquenten und druckreif vorgetragenen Antwort, dass er dies nicht zum ersten Mal tut: »Es hat sich vor allem meine eigene Ansicht und Wahrnehmung geändert, was insbesondere der beruflichen Tätigkeit geschuldet ist, in der ich als Berufstätiger unter anderen Berufstätigen meinen Job erfüllte. Natürlich gibt es Unterschiede zu anderen in Bezug auf Religion, Kulturtradition, gewisse historische Erfahrungen und den damit verbundenen Ansichten auf dieses Land. Meine Einstellung aber, was es bedeutet, ein Deutscher unter Deutschen zu sein, hat sich eben dahingehend verändert, dass, will ich als Jude in diesem Land ein vollwertiges Mitglied der Gesellschaft sein, ich dann auch in allen Bereichen Leistung und Präsenz zeigen muss.« Dahinter steckt ein Sinneswandel, zu dem sich auch Zentralratspräsident Josef Schuster in einem Beitrag in der FAZ im Februar 2019 bekannte: »Nach den Verbrechen der Wehrmacht und ihrer Beteiligung an der Schoa konnte es sich kaum ein Jude vorstellen, in einer deutschen Armee Dienst zu tun. Die Unterschiede zwischen Wehrmacht und Bundeswehr wurden zwar anerkannt, doch das Trauma war auch für nachfolgende Generationen zu groß. Militärrabbiner wären genauso undenkbar gewesen. Heute stellt sich die Lage anders dar. Junge Juden betrachten Deutschland selbstverständlich als ihr Zuhause. Die Bundeswehr ist als Armee der Demokratie akzeptiert. Auch jüdische Soldaten leisten dort ihren Dienst. Auslandseinsätze oder die Hilfe bei Katastrophen tragen zu einem positiven Image der Bundeswehr bei.« Und dann machte der Präsident des Zentralrats der Juden in Deutschland der Bundesregierung das Angebot, an die Tradition von Militärrabbinern in der Zeit vor dem NS-Regime anzuknüpfen. Vier Monate später erklärte die Bundesregierung im Parlament auf eine Kleine Anfrage der Grünen: »Die Bundesregierung strebt bis Ende des Jahres den Abschluss eines Staatsvertrages zwischen der Bundesrepublik und dem Zentralrat der Juden über den Einsatz von Militärrabbinern in der Bundeswehr an.« So ist es dann auch gekommen. Mittlerweile wurde Zsolt Balla als erster Militärbundesrabbiner in sein Amt eingeführt, weitere zehn Rabbiner bereiten sich auf den Einsatz in der Bundeswehr vor. Deren Aufgabe wird es sein, als Teil der Militär-Geistlichkeit gemeinsam mit den Kollegen aus den beiden christlichen Kirchen seelsorgerische Ansprechpartner für alle Soldatinnen und Soldaten zu sein. Denn wären sie nur für die vom Verteidigungsministerium geschätzten 300 jüdischen Soldaten zuständig, wäre die Zahl von elf Militärrabbinern ein wenig überproportioniert.

Was es heißt, ein »Bürger in Uniform« und gleichzeitig Jude zu sein, wird bei Benny schon dadurch sichtbar, dass er auch im Dienst die Kippa trägt. Bei den Gesprächen, die er als Anästhesist üblicherweise vor den Operationen mit den Patienten führt, bekommt er oft gesagt: »Sie sind der erste Jude, den ich in meinem Leben treffe!« Das ist fast immer irgendwie positiv gemeint. Eine eigenartige Reaktion hatte er hingegen als Medizinstudent erlebt, als er auch da schon die Kippa trug. Ihm war aufgetragen worden, etwas für einen Untersuchungskurs vorzubereiten. Dabei war es zu einem Gespräch mit einem Patienten gekommen, der seine Einwilligung gegeben hatte, in diesem Untersuchungskurs quasi als Demonstrationsobjekt zur Verfügung zu stehen. Benny hatte es mit einem älteren Herrn zu tun, einer Altersgruppe also, die in der Jugend noch in Hitlers

Wehrmacht diente. Dieser Patient erzählte nun, dass er als Chirurg an der Ostfront eingesetzt war. Dann fing er mit einem Fingerzeig auf Bennys Kippa an, einen Unterschied zu konstruieren zwischen einem kultivierten jüdischen Medizinstudenten hierzulande und den Ostjuden, wie er sie in Polen oder der Ukraine erlebt habe. Natürlich hatte Benny weder Zeit noch Lust, sich Kriegerlebnisse und schon gar nicht rassistische Vorurteile anzuhören. Höflich, aber bestimmt machte er dem Patienten klar, dass er nicht bereit sei, zwischen Juden und Juden zu unterscheiden. Schon gar nicht gäbe es irgendeine Rechtfertigung für das, was im deutschen Namen während des Krieges geschehen ist. Bei den Deportationen habe man schließlich auch keinen Unterschied gemacht, ob die Juden im vornehmen Berliner Grunewald oder einem galizischen Schtetl ansässig waren. Danach hat der Patient ausrichten lassen, dass er für den Untersuchungskurs nicht mehr zur Verfügung stehe.

Natürlich gilt auch in der Bundeswehr ein Neutralitätsgebot, was bedeutet, dass religiöse Symbole nicht öffentlich gezeigt werden dürfen. Sieht man mal davon ab, dass das Eiserne Kreuz, was nach wie vor als Hoheitszeichen in allen Teilstreitkräften Verwendung findet, natürlich ein christliches Symbol ist. Die Kippa aber sieht Benny keineswegs als religiöses Symbol, sondern lediglich »als Kopfbedeckung, die auf das religiöse Mindestmaß beschränkt ist«. So ist er mit der Kippa zum Vorstellungsgespräch beim Personalamt in Köln erschienen, auch zur Einberufung hat er sie getragen und da wurde es dann angesprochen. Eine Broschüre des Zentrums Innere Führung tauchte auf, aus der hervorging, dass die Kippa prinzipiell zur Uniform getragen werden dürfe. Letztlich aber entscheide darüber sowohl die konkrete Situation als auch der jeweilige Vorgesetzte. Natürlich war es für Benny durchaus einsichtig, dass es sich verbietet, als Angehöriger der Bundeswehr die Kippa bei einem Auslandseinsatz in einem arabischen Land zu tragen.

Übergriffig ist ausgerechnet ein Unteroffizier aus den eigenen Reihen geworden, als er den Oberfeldarzt fragte, ob die Kippa »dienstlich geliefert« sei. Im Militärjargon bedeutet diese merkwürdige Formulierung, ob es sich um ein nach der Dienstvorschrift korrektes Kleidungsstück handele. Nicht zuletzt wegen des provokanten Tonfalls, in dem der Mann die Frage formulierte, ging Benny nicht darauf ein. Derselbe Mann ist einige Zeit später betrunken in einer Diskothek dadurch aufgefallen, dass er laut »Heil Hitler!« rief und den entsprechenden Gruß mit dem Arm vollführte. Anwesende Soldaten meldeten diesen Vorfall und der Unteroffizier wurde aus der Bundeswehr entlassen. Aber war er nur der oft zitierte »Einzelfall«? Josef Schuster hatte auf das Phänomen des Rechtsradikalismus innerhalb der Streitkräfte in dem besagten FAZ-Beitrag hingewiesen: »Die Bundeswehr zieht aber auch andere Menschen an – Menschen, die hierarchische Strukturen sowie Befehl und Gehorsam mögen. Darunter sind ganz offensichtlich nicht nur Bürger, die die demokratischen Werte schätzen und verwirklichen wollen.«

Zu Hause in seiner jüdischen Familie lebt Benny ein traditionell orthodoxes Leben. Die Kinder bekommen koscheres Frühstück in die Schule mit und auch Benny hat Möglichkeiten gefunden, sich selbst bei Auslandseinsätzen weitgehend nach den Kashrut, den jüdischen Speisegesetzen, zu ernähren. Er nimmt sich die Zeit für die Amida, jenes stumme Gebet mit den 18 Fürbitten, das von frommen Juden dreimal täglich gesprochen wird. Wenn er sich dabei an einem Ort befindet, an dem sich die Kippa verbietet, so erfüllt auch jede andere Kopfbedeckung ihren Zweck. Jude zu sein in einer demokratischen deutschen Armee ist noch immer die Ausnahme, aber es ist wieder ein Stück normaler geworden.

Aus aller Welt

Es ist eine dieser Irrationalismen der Geschichte, dass seit Jahrzehnten viele Juden ausgerechnet jenes Land zum Lebensmittelpunkt wählen, in welchem einst Männer wie Himmler, Heydrich und Eichmann deren »Endlösung« in Angriff nahmen. Einige kehrten in den ersten Nachkriegsjahren aus dem Exil dorthin zurück, wo sie einen Teil ihrer Kindheit und Jugend verlebt hatten. Andere gingen nach Versteck oder Lagerhaft gar nicht erst fort. Oder es sind die Kinder und Enkel der einstigen Emigranten, die ihr Geburtsland verließen, um sich hierzulande auf Spurensuche zu begeben. Seit einigen Jahren entdecken auch viele amerikanische Juden ihre Leidenschaft für das alte Europa und wiederum nicht wenige für »good old Germany«. Seither erscheinen jüdische Amerikaner nicht gerade in riesigen Scharen, aber auch nicht in einer zu vernachlässigenden Zahl. Das hat sehr verschiedene Gründe. In der Kunst beispielsweise ist das hierzulande vorhandene Subventionswesen ein solcher. Andere sind von der langen europäischen Geschichte fasziniert, die sich in der Kaiserpfalz in Goslar, im Dresdner Zwinger und an anderen Orten architektonisch manifestiert. Israelis zieht es überwiegend nach Berlin und sie sind dort nicht zuletzt bei Start-ups und in der Kunstszene längst ein unübersehbares Faktum.

Seit 1991 kamen Zehntausende von Juden aus dem Gebiet der ehemaligen Sowjetunion als sogenannte Kontingentflüchtlinge in alle Teile Deutschlands. Sie stellen mit Abstand die Majorität der jüdischen Zuwanderung. Für die Jüdischen Gemeinden hierzulande war das eine gewaltige Herausforderung und ist mittler-

weile eine riesige Chance für ein aufblühendes Gemeindeleben. Wer aber sind diese Menschen, in deren sowjetischen Pässen als Nationalität »Jude« eingetragen war?

Im Jahr 1959 lebten auf dem Gebiet der Sowjetunion rund 2,2 Million Juden. Die damaligen Behörden hätten deren Zahl sicher noch präziser benennen können, denn wenn in der Union der sozialistischen Sowjetrepubliken auf etwas Verlass gewesen ist, so war es die Bevölkerungsstatistik. Auch die exakte Anzahl der Kasachen, Baschkiren oder der Krimtataren war statistisch erfasst, schließlich war das Land ein Vielvölkerstaat und die jeweilige Nationalität stand im Pass – so eben auch bei den Juden. Nach sowjetischem Verständnis waren sie nämlich eine Nationalität und es wurde seit Lenins Zeiten alles unternommen, sie als religiöse Schicksalsgemeinschaft zu zerschlagen. Genau zu einer Schicksalsgemeinschaft aber waren die Juden in der wechselvollen russischen Geschichte immer mehr geworden.

Niemand weiß genau, woher die Juden einstmals in diese Gegenden gekommen waren. Es gibt Legenden, die in ihnen die Nachfahren der zehn verlorenen Stämme Israels sehen, welche seit der Eroberung des Nordreiches durch die Assyrer im Jahr 722/21 v. d. Z. als verschollen gelten. Kurz danach seien sie angeblich im Gebiet des heutigen Armenien und Georgien aufgetaucht. Das kann natürlich sein, denn irgendwo müssen die zehn Stämme Israels ja schließlich geblieben sein, seriöse wissenschaftliche Belege gibt es dafür aber nicht. Andere Legenden bringen deren Ansiedlung erst 136 Jahre später mit dem babylonischen Exil in Verbindung. Gesicherte Hinweise hingegen gibt es, bezeugt in Form von Ruinen, Aufzeichnungen und Grabinschriften, für die Präsenz jüdischer Gemeinden während der hellenistischen Periode in den griechischen Kolonien am Schwarzen Meer. Später kamen auch verfolgte Juden aus dem Byzantinischen Reich in diese Gegend. Von da an füllt die Geschichte der russischen und der Kiewer Juden und deren gesellschaftliche Probleme ganze Bibliotheken historischer Institute. Da wird vom Siedlungsverbot für Juden im russischen Kerngebiet zur Zeit des Moskauer Großfürstentums berichtet, von Zwangstaufen und Pogromen im Zarenreich von Iwan IV., dem antisemitischen Pamphlet »Das Protokoll der Weisen von Zion« und dem Befehl von Kaiserin Elisabeth Petrowna im Jahr 1742, alle in ihrem Reich lebenden Juden zu verbannen. Nachhaltig scheint dieser Befehl nicht gewesen zu sein, denn 200 Jahre später lebten eben 2,2 Millionen Sowjetbürger mit dem Nationalitätsvermerk Jude im Pass auf dem Gebiet des ehemaligen Zarenreichs.

Als im Oktober/November 1917 die Kommunistische Partei Russlands (Bolschewiki) gegen die postzaristische Regierung von Alexander Kerenski geputscht und dies der Welt propagandistisch als »Große Sozialistische Oktoberrevolution« verkauft hat, gehörten zu Lenins Mitstreitern eine ganze Reihe von jüdischen Intellektuellen. Sie hatten sich der bolschewistischen Bewegung schon früh angeschlossen, auch weil sie in ihr die Chance einer gesellschaftlichen Gleichstellung für die Juden sahen. Dieses Ziel aber war bereits durch die Februarrevolution von 1917 erreicht worden. Nur wenige Tage nach der Abdankung des Zaren wurden alle antijüdischen Restriktionen aufgehoben – mehr als 140 Statuten im Umfang von über 1000 Seiten wurden über Nacht null und nichtig. Der Petrograder Sowjet berief aus diesem Anlass am 24. März 1917, am Vorabend des Pessachfests, eine Feierstunde ein. Ein jüdischer Delegierter hielt eine Ansprache, in der er den eben vollzogenen Akt mit der Befreiung der Juden aus der ägyptischen Sklaverei verglich. Bedeutete der Putsch Lenins nun die endgültige gesellschaftliche Gleichstellung der Juden und das Ende des Antisemitismus im sowjetischen Machtbereich? Formal gesehen war das so, de facto aber sah es anders aus, wie die Einwanderer aus dem einstigen sowjetischen Machtbereich zu berichten wissen. Sie kamen 70 Jahre später als Kontingentflüchtlinge nach Deutschland und ihre Geschichte lautet so: Nach dem Fall der Berliner Mauer sind es ausgerechnet die beiden letzten DDR-Regierungen unter Hans Modrow und Lothar de Maizière gewesen, die plötzlich ihre Verantwortung für die deutsche Geschichte entdeckten. Jüdischen Bürgern, denen »Verfolgung und Diskriminierung« drohe, solle Asyl gewährt werden. Diese Initiative wurde ins wiedervereinigte Deutschland übernommen und ein entsprechender Beschluss Anfang Januar 1991 auf der Ministerpräsidentenkonferenz gefasst. Noch immer gab es offiziell keine eindeutige Rechtsgrundlage für eine speziell jüdische Emigration, vielmehr wurde schließlich das Kontingentflüchtlingsgesetz um diese Personengruppe erweitert. Fortan nämlich wurden Juden aus der dem Untergang entgegentaumelnden Sowjetunion ebenso wie vietnamesische Bootsflüchtlinge oder albanische Botschaftsemigranten in der Bundesrepublik ohne formelles Asylverfahren aufgenommen und nach einem Schlüssel auf die nun 16 Bundesländer verteilt. Den Tatbestand einer konkreten Verfolgung mussten die sowjetischen Juden im Gegensatz zu anderen Kontingentflüchtlingen nicht nachweisen. Allerdings gab es über die Frage, wer ein Jude oder eine Jüdin ist und wer nicht, durchaus unterschiedliche Auffassungen zwischen dem sowjetischen Staat und den jüdischen Gemeinden hierzulande. Für Letztere ist zur Bestätigung der Jüdischkeit nach der Halacha, dem religiösen Gesetz, bekanntlich eine jüdische Mutter vonnöten. In der UdSSR hingegen wurde die nationale Zugehörigkeit grundsätzlich nach der väterlichen Linie definiert, und das nicht nur bei den Juden. Am Ende wurden von den 220 000 Einwanderern, die als jüdische Kontingentflüchtlinge die Sowjetunion verließen, nur knapp 85 000 von den jüdischen Gemeinden in Deutschland als Neumitglieder akzeptiert. Fakt aber ist, dass die postsowjetischen Flüchtlinge den jüdischen Gemeinden in Deutschland nicht nur das Überleben sicherten, sondern dazu beitrugen, dass im letzten Vierteljahrhundert jüdisches Leben in Deutschland eine neue Blüte erlebte.

Treffen in Hameln

Am 20. März 1952, einem Donnerstag, erblickte die kleine *Rachel* in Butler/Pennsylvania das Licht der Welt, da war Polina in Odessa bereits ein Teenager. Nichts sprach dafür, dass die beiden sich jemals in ihrem Leben begegnen würden. Schon gar nicht in jener Kleinstadt im einstigen Feindesland ihrer Eltern, deren Namen sie nie zuvor gehört hatten: Hameln. Was die beiden später zu Schicksalsgenossinnen machen sollte, war neben einer Menge Zufälle die Tatsache, dass sie beide Jüdinnen sind. Damit hörte die Gemeinsamkeit der Mädchen von damals aber auch schon wieder auf.

Rachel ist in einer jüdischen Familie aufgewachsen, von denen es in dem 15 000-Seelen-Ort Butler bis heute etwa einhundert gibt. Mit der ganzen Familie besuchte Rachel am Schabbat eine konservative Synagoge und mit den drei älteren Geschwistern tags darauf die jüdische Sonntagsschule. Die B'nai Brith Youth Organisation war für die junge Rachel damals so was wie ein zweites Zuhause, zeitweilig war sie sogar deren lokale Präsidentin. In Butler/Pennsylvania verlebte sie eine unbeschwerte Kindheit und Jugend im Nachkriegsamerika mit gleichaltrigen Freunden in einem nahezu ausschließlich jüdischen Umfeld.

Polinas Familie tat alles, um die jüdische Herkunft möglichst nicht erkennbar werden zu lassen. Zu gefährlich wäre es angesichts des staatlich verordneten Atheismus in der stalinistischen Sowjetunion gewesen, den Schabbat oder die Feiertage zu begehen. Dennoch hatte Polinas Mutter sich ein kleines Stückchen der Tradition bewahrt. Der Tag ihrer Geburt nämlich war zufällig auf den Tag des Purimfestes gefallen, jenem Fest, an dem die Juden weltweit die Errettung ihres Volkes im antiken Persien feiern. In den Synagogen wird dann das Buch Esther gelesen, dessen Protagonistin den persischen König betören und ihn gegen seinen Beamten Haman in Stellung bringen konnte. Dieser nämlich schickte sich an, alle Juden des Landes ermorden zu lassen. Purim wird wie anderswo Fasching gefeiert und Leckereien gibt es auch: literweise Wodka für die Erwachsenen und Hamantaschen für die Kinder. Das sind mit Mohn und Pflaumenmus gefüllte Hefeteilchen, wie es sie zu diesem Fest auch im fernen Pennsylvania gab. In Polinas Kindheit wurde nicht aus dem Buch Esther gelesen, man hat sich auch nicht verkleidet. Der Genuss von Wodka war in der Sowjetunion unauffällig, Polinas Mutter aber hat an ihrem Geburtstag die Hamantaschen gebacken, unabhängig davon, ob Purim nach dem jüdischen Kalender wieder exakt auf diesen Tag fiel oder wenige Tage zuvor oder danach stattfand.

An ihren Vater konnte sich *Polina* später nur noch durch ein dramatisches Ereignis erinnern. Sie hatte das Bild vor Augen, in welchem sie sich als kleines Mädchen in einem ukrainischen Dorf versehentlich einen Topf mit heißem Wasser über die Beine gegossen hat. Die Mutter stand vom Schock erstarrt in der Küche, als just in diesem Moment der Vater nach Hause kam. Geistesgegenwärtig hob er seine kleine Tochter hoch und brachte sie ins nächste Krankenhaus, wo eine sehr freundliche ältere Ärztin sich um sie kümmerte. Wenige Wochen danach zog der Vater in den Krieg gegen Nazi-Deutschland und ist beim Kampf um Stalingrad gefallen. Da war Polina mit dem Rest ihrer Familie schon nach Usbekistan evakuiert worden. Mit Großmutter, Mutter, Bruder, Tante und deren zwei Kindern lebte sie auf engstem Raum in einer finsteren Baracke. Die Kinder in dieser Wohngemeinschaft wussten nicht, dass sie Juden waren. Sie hatten auch keine Ahnung, was Juden überhaupt sind. Gelegentlich betrachtete die kleine Polina interessiert ein altes zerfleddertes Büchlein, das der Großmutter gehörte. Erst sehr viel später wird sie erfahren, dass dies ein Siddur, ein jüdisches Gebetbuch, aus dem Jahr 1913 ist. Ein Relikt aus einer Zeit, als in St. Petersburg der Zar regierte und es in Russland noch religiöses jüdisches Leben und immer wieder auch blutige Pogrome gab. Als Studentin traf Polina einmal einen Jungen, der jiddisch singen konnte. Sie lud ihn zu sich nach Hause ein, wo sie, inzwischen zwar in Odessa, aber noch immer in der Wohngemeinschaft aus Kriegszeiten lebte. Großmutter, Mutter, Bruder, Tante und deren zwei Kinder lauschten jenen Liedern, die der junge Mann a cappella vortrug. Noch Jahrzehnte später wird sich Polina an die angenehme, fast geheimnisvolle Atmosphäre jenes Abends erinnern. Niemand hatte den jungen Mann gefragt, woher er diese Lieder kannte. Polina aber hatte das Gefühl, dass er nicht der Einzige im Raum war, der sie kannte. Gesprochen wurde an diesem Abend nicht darüber, auch später nicht.

Als Rachel in Pennsylvania die Highschool beendete, arbeitete Polina bereits als Maschinenbau-Ingenieurin. Nun ist Maschinenbau-Ingenieurin alles andere als Polinas Traumberuf gewesen. Gern wäre sie Deutsch-Lehrerin geworden. Von einer solchen wurde sie während ihrer Schulzeit in dieser für sie wunderbaren Sprache unterrichtet. Die liebenswerte Lehrkraft hatte ihren Schülern vermittelt, dass Deutsch nicht nur die Sprache von Hitler und den Nazis sei, sondern auch die von Goethe, Kleist und Heinrich Heine. Polina war eine sehr gute Schülerin und entsprechend selbstbewusst meldete sie sich nach dem Abitur bei der Universität. Die Aufnahmeprüfung für das Fach Germanistik ging ihr leicht von der Hand, dennoch wollte man sie an der Uni nicht haben. Die Ablehnung machte sie fassungslos, doch sie wusste, dass man mit den staatlichen Stellen der Sowjetunion nicht diskutieren konnte. Um Geld zu verdienen und um ihre Mutter zu unterstützen, arbeitete sie zunächst in einem Metall verarbeitenden Betrieb als einfache Arbeiterin. Dann wurde in Odessa eine technische Fachhochschule eröffnet. Polina wurde angeboten, ein Maschinenbau-Studium zu machen. Als Rachel mehr als 8000 Kilometer entfernt in der amerikanischen Kleinstadt Butler das Highschool-Diplom ablegte, arbeitete Polina in der Ukraine bereits als Ingenieurin in einem wissenschaftlich-technischen Institut. Nach und nach stellte sie fest, dass fast alle ihre Kollegen jüdisch waren. Man kannte sich, aber niemand sprach darüber. Wozu auch? Sie wussten ja fast nichts über die Religion ihrer Vorfahren. So war es kaum ein Zufall, dass der junge Mathematiker, in den sich Polina verliebte, auch Jude war. Von Bedeutung aber war es für die beiden damals nicht. Rachel hingegen war das Jüdischsein zu ihrer Identität geworden. Sie studierte Sonderschulpädagogik, unterrichtete schließlich in verschiedenen US-Bundesstaaten und schließlich wieder in Pennsylvania. Hier hörte sie Hameln, den Namen einer deutschen Kleinstadt, zum ersten Mal aus dem Mund eines jungen Deutschen, der nach seiner Promotion in Biologie als Postdoc in die USA gekommen war. Seine Zeit an einem Forschungsprojekt war von vornherein befristet, die gemeinsame Zukunft aber wollten sie nicht limitiert sehen. Für Rachels Vater war es ein Problem, dass seine Tochter einen nichtjüdischen Mann heiraten wollte. Vor allem weil sie bereit war, ihm in jenes Land zu folgen, in welches er nie einen Fuß setzen würde. Schließlich war in Bergen-Belsen ein Teil seiner Familie ermordet worden.

Und er blieb diesem Prinzip selbst dann noch treu, als er sich mit seinem Schwiegersohn längst glänzend verstand. Zur Hochzeit in den USA wiederum war nur die Mutter des Bräutigams gekommen, deren Mann sich weigerte – vermutlich aus einem ähnlichen Grund, weshalb der Vater der Braut nicht nach Deutschland reisen wollte.

Ende der 1970er Jahre gab es in der Sowjetunion eine zaghafte Liberalisierung gegenüber den Religionsgemeinschaften. In jener Zeit wurde in Odessa eine Synagoge eingeweiht. Zu *Polinas* Überraschung ging die Mutter fortan an jedem Schabbat dorthin, und das trotz des weiten Weges zu Fuß. Zu Jom Kippur hatte sie die Mutter mal begleitet, aber in die Synagoge hat sich Polina nicht getraut. So wartete sie den ganzen Tag vor dem Gebäude, bevor der höchste jüdische Feiertag mit dem Sonnenuntergang zu Ende gegangen war und die Töne des Shofar nach draußen drangen. Die Traditionen des Judentums wird Polina erst mehr als ein Jahrzehnt später in Hameln kennenlernen, in dessen Nähe Rachel bereits seit 1982 lebte. Deren Mann war in den elterlichen Betrieb einer Champignonzucht eingestiegen und sie, als dessen jüdische Gattin, musste mit dem Gefühl klarkommen, in jenem Land zu leben, in welchem die Shoah generalstabsmäßig geplant und durchgeführt worden war. Noch lebte hier eine Generation, die zur Nazizeit bereits erwachsen gewesen war. Man begegnete diesen Menschen überall auf der Straße, in Geschäften, im Caféhaus. Immer wieder ertappte sich Rachel bei dem Gedanken, ob diese oder jene Person wohl ein aktiver Nazi gewesen sei. Als sie sich im Kreis ihrer neuen Familie einmal zu diesen Überlegungen bekannte, sprach ihr Schwiegervater Klartext. »Wir waren alle dabei, wir sind alle Nazis gewesen!«, sagte er und riet dazu, niemandem zu glauben, der versuchen würde, sich reinzuwaschen. Später wird Rachel über ihn sagen, er sei der einzige Mensch seiner Generation gewesen, der ihr gegenüber ehrlich war.

In Hameln gab es keine Juden mehr und das jüdische Leben fehlte *Rachel*. An einem Schabbat-Abend machte sie sich daher auf nach Hannover. Vor der Synagoge in der Haeckelstraße stand ein älterer Herr mit Kippa. Als sie sich näherte, dachte sie noch, dass das nett sei, von einem Gemeindemitglied begrüßt zu werden. Er aber sah die junge Frau nur stumm an und zeigte mit dem Daumen in die Höhe. Rachel vermutete, dass das ein niedersächsischer Gruß sei und so erwiderte sie diesen in gleicher Weise. Ohne mit ihr zu sprechen, wies er nun heftiger auf eine Treppe, die nach oben führte. Da verstand sie, was gemeint war. Sie würde nicht im Hauptraum der Synagoge sitzen, sondern gezwungen sein, entweder auf einer Empore darüber Platz zu nehmen oder wieder nach Hause zu fahren. In ihrer Gemeinde in Pennsylvania gab es so etwas nicht und auch nicht in anderen Synagogen, die sie in den USA besucht hatte. Mit jeder Treppenstufe steigerte sich ihre Verärgerung und als sie oben angekommen war, blickte Rachel auf lauter junge Frauen, wie sie eine war. Sie wirkten alle unglücklich. An jenem Schabbat lernte sie dort zwei von ihnen näher kennen. Schon kurze Zeit später unterstützte sie diese beiden Frauen bei der Gründung einer liberalen Gemeinde in Hannover. Endlich hatte Rachel ihre jüdische Heimat gefunden – eine halbe Autostunde von Hameln entfernt.

In der soeben untergegangenen Sowjetunion sprach es sich zu Beginn der 1990er Jahre unter den Juden herum, dass neben Israel auch Deutschland ihnen ein neues Leben in Freiheit und Wohlstand anbieten würde. Im Jahr 1992 hielt

Polina die Ausreisepapiere für sich, ihre Tochter, die Mutter, den Schwiegersohn und die Enkelin in den Händen. Nun erst bekannte Polinas Mutter, dass sie der Gedanke, die ukrainische Heimat zu verlassen, sehr traurig mache. Sollte Polina die Mutter zurücklassen, jene herzliche Frau, mit der sie ihr gesamtes bisheriges Leben verbracht hatte? In ihrer Hilflosigkeit versprach sie ihr, im fernen Deutschland eine Synagoge für sie zu suchen und eine jüdische Gemeinschaft. Der Mutter gab diese Zusicherung sichtbar eine innere Stärke. Polina aber hatte keine Ahnung, wo im fernen Deutschland sie landen und wie die dortigen Verhältnisse sein würden.

Die erste Adresse in jenem fremden Land hieß Schloss Hasperde und die Zeit dort war schrecklich. In diesem winzig kleinen niedersächsischen Dorf waren sie auf engem Raum mit anderen Kontingentflüchtlingen untergebracht. Da man ihnen kein Geld gab, mussten sie das angebotene Essen annehmen. Die Hauptspeisen bestanden fast immer aus Schweinefleisch. Zeitlebens hatte Polinas Mutter das nicht gegessen und andere in ihrem Alter auch nicht. Eines Tages tauchte wie aus dem Nichts eine amerikanische Jüdin auf, eine taffe Frau, bei der das Schicksal einen komplett anderen Verlauf genommen hatte.

Rachel hatte aus einem Bericht in der Lokalzeitung erfahren, dass vor den Toren Hamelns jüdische Kontingentflüchtlinge aus der ehemaligen Sowjetunion leben würden, unter menschenunwürdigen Bedingungen. War das die Chance für eine Mitzwa, eine gute Tat, zu der Juden seit biblischen Zeiten verpflichtet sind? In Schloss Hasperde lernte Rachel die Ukrainerin Polina kennen, die besser als alle anderen dort die deutsche Sprache beherrschte. Mit ihr gemeinsam stand sie fortan den Menschen bei der Wohnungssuche, bei Behördengängen und Arztbesuchen zur Seite. Und Rachel sprach über die jüdische Religion. Polina, die alles, was Rachel erzählte, ins Russische übersetzte, erfuhr auf diese Weise ganz nebenbei eine Menge über die Tradition ihrer Vorfahren. Am Purimfest buk ihre Mutter wieder die leckeren Hamantaschen, wie sie Rachel und Polina seit frühester Kindheit kannten.

Die Zeit ging ins Land und die meisten der zugereisten Juden hatten bereits in Hameln und Umgebung einen Wohnsitz, als Rachel die Frage stellte, ob man nicht eine jüdische Gemeinde gründen wolle. Der Vorschlag wurde von einigen mit skeptischem Interesse, von anderen mit Begeisterung aufgenommen. Rachel wäre bereit gewesen, sich in einer russischsprachigen Gemeinde weitgehend zurückzuhalten und sich nur beim rituellen Geschehen gleichberechtigt einzubringen. Das aber war gar nicht erwünscht. Polina und viele ihrer Freunde waren gewillt, die Sprache der neuen Heimat zu erlernen und eine deutschsprachige Gemeinde zu gründen. Dies war die Stunde, in der Polina nicht nur dem Versprechen gegenüber ihrer Mutter gerecht werden, sondern sich auch einen Jugendtraum erfüllen konnte: Sie wurde Deutschlehrerin.

Einige Jahre später – Jahre der gemeinsamen Anstrengungen, geprägt von Rückschlägen, neuen Hoffnungen und Enttäuschungen für die junge Gemeinde – wurde am 20. Februar 2012 im Zentrum Hamelns die erste Synagoge nach dem Zweiten Weltkrieg eingeweiht. An jener Stelle in der Bürenstraße, wo bis zum 9. November 1938 die Synagoge jener Hamelner Juden stand, die wenige Jahre später mehrheitlich in die Vernichtungslager nach Polen deportiert worden waren. Mehr als sieben Jahrzehnte später haben Rachel und Polina, die in so unterschiedlichen

Welten aufgewachsen waren, gemeinsam mit fast 200 Gemeindemitgliedern eine neue Heimat gefunden. Inmitten des Alltags der »Rattenfängerstadt« gibt es wieder jüdisches Leben. Das von Polina fand hier im Herbst 2019 ein erfülltes Ende.

Wege zu einer jüdischen Identität

Die Urgroßeltern, die einstmals in den verschiedenen Sowjetrepubliken lebten, wussten noch, was die jüdischen Feiertage bedeuteten, aber seit Stalins Zeiten hatten sie diese nicht mehr gefeiert. Als deren Kinder, Enkel und eben auch Urenkel ab 1991 in Richtung Deutschland aufbrachen, wussten diese nur deshalb noch, dass sie jüdisch sind, weil es im sowjetischen Pass als Nationalität eingetragen war. Jene Urenkel waren beim Umzug noch sehr jung oder wurden überhaupt erst in Deutschland geboren. So wuchs seit den 1990er Jahren eine neue Generation heran und die verschiedenen jüdischen Organisationen sahen es als ihre Aufgabe an, diese wieder an die Traditionen des Judentums heranzuführen. Die angebotenen Wege dorthin waren vielfältig und nicht alle endeten in den Synagogen. Verschieden waren auch die Entwicklungswege von Marina, Solomon, Amanda und Alexandra …

Am 1. März 1991 ist *Marina Zusman* zum ersten Mal in ihrem Leben mit dem Zug gefahren. Fünf Tage dauerte die Fahrt, mit der ihre Eltern, der kleine Bruder und sie von der moldawischen Hauptstadt Kishinjow aus via Moskau in Richtung Deutschland gereist sind. Das war für die elfjährige Marina sehr aufregend, denn das Ganze erlebte sie als eine Nacht-und-Nebel-Aktion, niemand durfte davon wissen. Offenbar hatte sich nicht bis in Marinas Elternhaus im fernen Moldawien, das neuerdings Republik Moldau hieß, herumgesprochen, dass die deutschen Ministerpräsidenten bereits am 9. Januar beschlossen hatten, die »jüdischen Zuwanderer« aus der untergehenden Sowjetunion ohne eindeutige Rechtsgrundlage ins Land zu lassen. Die deutschen Politiker hatten es ja auch nicht an die große Glocke gehängt. Jedenfalls reiste die kleine moldawische Familie mit einem Besuchervisum nach Deutschland und hoffte, dass sie bleiben dürfte. Man hatte Angst, nicht zuletzt vor den sowjetischen Grenzorganen. Marinas Vater nahm seine Tochter unterwegs zur Seite und instruierte sie: »Wenn du gefragt wirst, wohin wir fahren, sagst du: nach Deutschland. Wenn du gefragt wirst, was wir dort wollen, sagst du: Urlaub machen. Du sagst nicht, dass wir jüdisch sind. Wenn du dir nicht sicher bist, was du sagen sollst, dann fang an zu weinen.« Für alle Fälle hatte der Vater in einem der Koffer ein paar Flaschen Wodka, womit er die Grenzer zusätzlich milde stimmen wollte. Doch es ging alles glatt. Marina musste nicht weinen und der Wodka war noch da, als die Familie im Hauptbahnhof von Frankfurt am Main von zwei Freundinnen empfangen und auf direktem Wege zur Jüdischen Gemeinde gebracht wurde.

Auch drei Jahrzehnte später erinnert sich Marina Zusman noch bis ins Detail an viele Ereignisse der ersten Tage und Wochen in Deutschland. Da war zum Beispiel diese sehr nette Dame in der Sozialabteilung der Jüdischen Gemeinde, die Marinas Mutter empfohlen hatte, das Mädchen statt zur Schule erst mal zu einem Sprachkurs zu schicken. Das hat ihre Mutter dann auch gemacht.

Im Gegensatz zu jüdischen Zuwanderern, die in anderen Gegenden Deutschlands in überfüllten Heimen einquartiert wurden, waren in Frankfurt ganze Hotels zur Verfügung gestellt worden. Marinas Familie wohnte in einem solchen Hotel am Bahnhof, direkt gegenüber von einem Bordell. Das war nicht die feinste Gegend in der hessischen Metropole, aber Marina wusste das damals nicht. Sie fand es toll, dass immer wieder neue Familien ankamen, sie neue Freunde kennenlernen und sich mit ihnen austauschen konnte.

Noch bevor für Marina im Herbst 1991 der Sprachkurs begann, durfte sie mit anderen ehemals sowjetischen jüdischen Kindern ans Meer fahren. Ausgedacht hatte sich diese außerordentliche Jugendfreizeit in Rostock die Zentrale Wohlfahrtstelle (ZWST), ein bereits 1917 gegründeter jüdischer Sozialverband. Üblicherweise organisieren sie für jüdische Kinder in der Altersgruppe, in der Marina damals war, ein Machane genanntes Sommercamp im rheinland-pfälzischen Bad Sobernheim. Irgendwer in der Frankfurter Zentrale war wohl auf die Idee gekommen, dass es wegen der sprachlichen Probleme nicht ratsam wäre, die deutschen und die exsowjetischen Kinder zusammen in die Ferien zu schicken, ehe Letztere Deutsch gelernt hätten. Da aber auch sie nicht auf die jüdische Ferienfreizeit verzichten sollten, hat man in diesem Sommer 1991 kurzerhand ein Machane in Rostock auf die Beine gestellt. Alle diese Kinder und Jugendlichen waren in den letzten Wochen und Monaten aus der gerade untergehenden Sowjetunion ins soeben wiedervereinigte Deutschland gekommen. Tagsüber gingen sie in der Ostsee baden oder anderen Aktivitäten nach, und am Abend wurde ihnen spielerisch das Judentum vermittelt. Sie lernten die Bedeutung der Feiertage kennen und die jeweils dazu passenden Lieder. Nun erfuhr Marina auch, was es mit diesen kleinen dreieckigen Plätzchen mit der Mohnfüllung auf sich hatte, die ihre Oma seit jeher im Frühjahr gebacken hat. Das Haman-Ohren genannte Gebäck soll an das Ende des Judenhassers Haman erinnern, von dem im biblischen Buch Esther berichtet wird. Diesem Anlass verdanken die Juden das Purimfest, welches von Jung und Alt in teils abenteuerlichen Verkleidungen ausgelassen gefeiert wird. Eine Art jüdischer Fasching. Und weil Marinas 12. Geburtstag in die Zeit der Machane in Rostock fiel, wurde für sie so eine Art säkulare Bat Mitzwa organisiert. Dafür ließ die ZWST sogar ihren Vater als Überraschungsgast dorthin kommen. Obgleich kein religiöses Ritual vorgesehen war, worauf sich jüdische Mädchen vor ihrer Bat Mitzwa üblicherweise monatelang vorbereiten, hat Marina dennoch ein paar Geschenke bekommen, es wurde für sie gesungen und ihr Vater war eben da.

Der türkischstämmige Deutschlehrer, Herr Günesch, hat seine Schülerinnen und Schüler aus der Sowjetunion, aber auch aus dem damaligen Jugoslawien und der Türkei, sehr gefordert. Marina Zusman und die anderen mussten jeden Tag 20 neue Wörter lernen, hinzu kamen sechs Grammatikaufgaben. Hinzu kamen die Übungen mit dem bisherigen Stoff. Und das Tag für Tag, sieben bis acht Stunden, fast ein ganzes Jahr lang. Dann aber sprachen fast alle relativ gut deutsch. Marina konnte dem Unterricht auf der jüdischen Schule gut folgen. Die Schwierigkeiten, die sich für sie dort ergaben, waren ganz andere. Da sie ein Schuljahr verloren hatte, kam sie mit 13 Jahren in die 5. Klasse und war folglich mit Abstand die Älteste. Das war ihr anfangs ein wenig peinlich, wurde aber bald durch andere Schwierigkeiten überdeckt, die sie vollkommen unvorbereitet trafen.

Als exsowjetische Kinder waren sie zu dritt in diese Klasse gekommen und wurden alles andere als herzlich empfangen. Nur ein Mädchen aus der ganzen Klasse war auf Marina zugegangen und sagte: »Hey, ich heiße Hannah. Wie heißt du?« Das war's. Alle anderen haben die Neuen nicht mal angeguckt. Bald stellte sich heraus, dass die meisten der aus eingesessenen jüdischen Frankfurter Familien stammenden Klassenkameraden (und leider auch die Klassenkameradinnen) nicht mal bereit waren, deren Jüdischkeit anzuerkennen. Diese jüdischen Frankfurter Kinder bildeten eine undurchdringbare Front. Waren sie doch schon seit dem Kindergarten miteinander befreundet und kannten sich aus den Synagogen. Nun waren diese Fremden mit den komischen Klamotten in die Klasse gekommen und aßen Sachen, von denen man nicht wissen konnte, ob das alles koscher war. Außerdem sprachen sie untereinander Russisch. Wer weiß, was die drei über sie sagten?! So in etwa müssen das die deutsch-jüdischen Kinder empfunden haben. Selbst heute noch merkt man Marina die damalige Verbitterung an, wenn sie an ihr erstes Jahr an der jüdischen Schule in Frankfurt zurückdenkt: »Es war wieder dieses alte Spiel. In der Sowjetunion sind wir die Scheiß-Juden gewesen und hier nun waren wir die Russen!«

Zum Eklat kam es während eines Klassenausflugs in den Freizeitpark Lochmühle. Dort gab es Ponys und für die Besucher stand Tierfutter bereit. Drei Jungs aus der Klasse kamen mit Futter in den Händen auf Marina und ihre Freundin Lisa zu, hielten es ihnen hin und sagten: »Na, nun fresst schon, ihr Tiere!« In Tränen aufgelöst berichtete Marina am Abend zu Hause von diesem entwürdigenden Vorfall. Ihr Vater beschloss, die Sache nicht auf sich beruhen zu lassen. Er nahm umgehend Kontakt zu Lisas Eltern auf. Am nächsten Tag wurden sie gemeinsam in der Schule vorstellig. Der Klassenlehrer war sehr erschrocken. Ein rassistischer Vorfall an einer jüdischen Schule durfte natürlich nicht unter den Teppich gekehrt werden. Er machte den Vorfall in der Klasse zum Thema und die entsprechenden Schüler mussten sich mit hochroten Köpfen bei Marina und Lisa entschuldigen. Beide Mädchen empfanden diesen Vorgang aber keineswegs als angenehm, denn die Blicke der anderen konnten nicht gerade als solidarisch interpretiert werden. Die Entschuldigung der beiden Mitschüler blieb zunächst völlig folgenlos, wie sich Marina erinnert: »Es wurden Geburtstage gefeiert, zu denen alle eingeladen wurden, nur wir drei nicht. Es war fürchterlich!«

Nach jenem schrecklichen Jahr in der 5. Klasse musste sich Marina für die Sommerfreien auch noch von Lisa trennen. Der Grund: Ihre Freundin war ein Jahr jünger als sie. Mit 12 Jahren aber fuhr man noch auf Machane nach Bad Sobernheim, ab einem Alter von 13 ging man in ein Camp im österreichischen Strobl am Wolfgangsee. Als Marina sich dorthin auf den Weg machte, kannte sie keinen von den anderen, die mit ihr im Zug saßen. Aber obgleich sich die meisten anderen Kinder untereinander kannten, haben sie das fremde Mädchen schon bald mit einbezogen. Sie wollten wissen, woher sie komme und wie ihre Familie nach Deutschland gekommen sei.

Alle waren sehr darauf bedacht, sie in den Kreis aufzunehmen. Am Freitagabend bereiteten sich dann alle Kinder auf die Schabbatfeier vor. Dafür war ein festlicher Dresscode vorgesehen. Die ZWST hatte den Eltern der Kinder einen entsprechenden Informationszettel zukommen lassen, in Marinas Familie aber hatte diesen wohl niemand aufmerksam durchgelesen. Nun machten sich in Strobl alle Mädchen hübsch, nur Marina hatte weder festliche Kleidung noch Schminksachen dabei. Was dann geschah, versöhnte sie nach diesem schrecklichen Schuljahr wieder mit der Welt, und Marina erzählt es so: »Da nahm mich

eine von denen an der Hand, ging mit mir nach nebenan und rief den anderen zu: ›Hört mal, Marina hat keine
Schabbes-Klamotten dabei. Also Mädels, jetzt holt man alles raus, was ihr so habt.‹ Und dann wurde ich komplett
eingekleidet. Das war natürlich eine ganz andere Erfahrung als in den Monaten zuvor an der Schule. Hier war ein
Gemeinschaftsgefühl zu spüren, ich war nicht mehr die
Außenseiterin. Es war toll!«

In der sechsten Klasse wurde auf einmal alles anders.
Plötzlich wurde auch den »russischen« Kindern von den
deutsch-jüdischen Klassenkameradinnen angeboten, gemeinsam Hausaufgaben zu machen. In diesem Jahr hatten
die Mädchen aus der Klasse alle nacheinander ihre Bat
Mitzwa und auch dazu wurden die russischen Mitschülerinnen nun eingeladen. Schon bald hatte sich Marina mit
einem deutschen jüdischen Mädchen enger angefreundet
und sie besuchten sich gegenseitig. Was war während der
Sommerferien passiert? Hatte man den anderen Kindern
auf ihrem Machane, das sie bei einer anderen jüdischen Ju-
gendorganisation besucht hatten, vielleicht die Geschichte
vom Auszug des Volkes Israel aus Ägypten erzählt, wozu
eine Ausgrenzung der russischen Juden nicht so recht
passen mochte?! Möglicherweise hatte man sie auch über
die aktuelle Entwicklung in Israel informiert, wo ehemals
sowjetische Einwanderer längst wichtige Positionen in
Politik, Wissenschaft und Kultur einnahmen. Marina hat
nie gefragt, woher dieser plötzliche Sinneswandel kam,
sie hat einfach nur genossen, dass es auf einmal so war.
Bedauerlicherweise hatte die jüdische Schule in Frankfurt
damals nur sechs Klassen. Im Jahr darauf wurden sie alle
auf öffentliche Schulen verteilt. Dort kam Marina zum ersten Mal seit der Zeit in Moldawien mit Gleichaltrigen in
Verbindung, die nicht jüdisch waren.

Sie war noch immer sehr eng mit ihrer besten Freundin Lisa, die aber einer anderen Schule zugeteilt worden war. Beiden fehlte die Community der jüdischen Schule. Zu Hause waren die Mädchen in Hinsicht auf das traditionell Jüdische ihren ahnungslosen Eltern längst weit voraus. Und weil ihnen das nicht reichte, ging Marina mit Lisa sonntags ins jüdische Jugendzentrum Amichai. Dort war es wie auf Machane, und das jeden Sonntag, und für zwei Stunden entstand wieder diese eingeschworene Gemeinschaft. Pro Gruppe waren immer zwei Madrichim, also Betreuerinnen, dabei, die ein Thema entwickelt und zur Diskussion gestellt haben. Es waren aktuelle politische, größtenteils jüdische Themen, aber nicht nur. Eine Madricha hat zum Beispiel mal einen Obdachlosen ins Jugendzentrum eingeladen. Der Mann erzählte ihnen, warum er auf der Straße gelandet war und wie er dort klarkam. Es ging also um solche gesellschaftlichen Themen, die einen jungen Menschen beschäftigen. Manchmal wurde auch ein ganzes Wochenende organisiert und sie blieben von Freitag bis Sonntag im Zentrum – mit Schabbatfeier und einem anschließenden Abendprogramm. Auf diese Weise wurden auch all die hebräischen Lieder gelernt. Lisa und Marina haben auch in der Tanzgruppe im Jugendzentrum mitgemacht, als gerade diese Rikudej-am-Tänze auch hier modern wurden, wie sie am Strand von Tel Aviv getanzt werden.

Mit 17 Jahren reiste Marina zum ersten Mal nach Israel und wenn man ihr glauben darf, erlebte sie drei Wochen lang »the best Machane ever!«. Der Rosh (Leiter) dort hieß Benny Pollock, hatte den Ruf, ein sehr unkonventioneller Rosh zu sein, und Marina erinnert sich, dass er alles dafür tat, um diesem Ruf auch gerecht zu werden. Er fuhr mit den jungen Leuten mit Fahrrädern durch die Gegend und sie pflückten reife Mangos von den Bäumen. Wenn sie mit dem Bus unterwegs waren und sie entdeckten auf dem Weg eine Naturrutsche, ließ Benny Pollock den Bus einfach auf freier Strecke anhalten. Die Gruppe hat gemeinsam am Kotel gebetet, an jenem Ort, den die Welt als »Klagemauer« kennt, und vor Eilat im Roten Meer geschnorchelt. Um 5 Uhr morgens sind sie nach Masada emporgestiegen, auf jenes geschichtsträchtige Felstableau hoch über dem Toten Meer. Bei Sonnenaufgang erzählte Benny dann die Geschichte von den Makkabäern, den Anführern eines jüdischen Aufstandes gegen das Seleukidenreich. Und wenn Benny Pollock erzählte, empfand das jeder als sehr ergreifend. Alle, die ihm zuhörten, entwickelten ein Gefühl von Stolz, diesem Volk anzugehören. Für Marinas schulischen Alltag in Frankfurt hatte all das Folgen, die sie heute so beschreibt: »Von meinen nichtjüdischen Mitschülern hat mich das noch mehr entfremdet, ich konnte einfach nichts mit ihnen anfangen. Mein Leben spielte sich in einer jüdischen Blase ab – im Frankfurter Jugendzentrum und auf den Machanot. Man fühlte sich stark und unverwundbar und das ist bis heute so geblieben.«

Nach dem Abitur wollte Marina Lehrerin werden, um an der jüdischen Schule zu unterrichten. Sie begann ein Lehramtsstudium für die Grundschule mit Judaistik im Nebenfach. Sogar der berufliche Werdegang war schon auf das Jüdische abgestimmt. Aber es kam anders. Ganz rational gestand sie sich irgendwann ein, dass ihr zwar die jüdische Tradition wichtig, sie aber nicht religiös geworden ist. Wie sollte sie den Kindern etwas beibringen, woran sie zum Teil selbst nicht glaubt? Marina brach das Studium ab und machte eine Ausbildung zur Speditions- und Logistikkauffrau. Inzwischen lebt sie in Berlin, wo sie die operative Abteilung einer großen internationalen Spedition leitet.

Nun erweist es sich als ein Vorteil, dass ihre Mutter darauf bestanden hatte, Russisch als zweite Fremdsprache bis zum Abitur zu belegen. Tag für Tag korrespondiert sie nun beruflich in der Sprache ihrer frühen Kindheit, als sie noch keine Ahnung vom Judentum hatte, dem sie inzwischen ihre Identität verdankt.

An die Zeit in Donezk, ganz im Osten der Ukraine, wo heute von prorussischen Milizen Krieg geführt wird, hat der Student *Solomon Kulok* kaum noch eine Erinnerung. Er weiß nur vom Hörensagen, dass seine Urgroßeltern dort noch gläubige Juden gewesen waren, die beiden folgenden Generationen aber schon nicht mehr. Jedenfalls nicht, solange sie in der Sowjetunion lebten, und auch nicht in der postsowjetischen Ukraine. Solomon war dreieinhalb Jahre alt, als seine Eltern mit ihm, den Großeltern und weiteren Teilen der Mischpoche nach Deutschland übersiedelten. Mehr als zwei Jahrzehnte ist das jetzt her. In Nürnberg, wo sie schließlich landeten, kommt man zu Pessach schon mal zusammen und zu Chanukka auch, aber nicht, um die Feiertage als religiöse Feste zu begehen, sondern eher als willkommene Anlässe für ausgelassene Familienzusammenkünfte. Den Sohn aber hatten Solomons Eltern zum Religionsunterricht in der Israelitischen Kultusgemeinde angemeldet. Auf deren Website kann man nachlesen, was man sich da als Ziel gesetzt hat: »Um jüdische Identität zu stärken, ist es eine der ersten Aufgaben unserer Gemeinde, jüdische Religion und Tradition zu vermitteln.« Das besorgte auch damals schon German Djanatliev, von dem Solomon sagt, dass er »ein wunderbarer Lehrer« gewesen sei. Und auch das Motiv jenes wunderbaren Lehrers findet sich auf der Website: »Jüdische Kinder und Jugendliche brauchen in der Diaspora ein Gemeinschaftsgefühl, das besonders für Zusammenhalt sorgt. Leider sieht es heute teilweise so aus, dass ein jüdisches Kind in der Schule wirklich mutig sein muss, um sich zu seiner jüdischen Identität zu bekennen.« Das ist in der Tat häufig so, war aber für Solomon an seiner Schule kein Problem. Dort sei der größte Teil seines Freundeskreises nicht jüdisch gewesen, erinnert er sich. Seine Jüdischkeit habe gar keine Rolle gespielt. Hin und wieder sei es vorgekommen, dass jemand eine Frage zur jüdischen Religion hatte, die Solomon dank des Unterrichts bei Herrn Djanatliev meist beantworten konnte. Manche, die mit ihm in der Klasse saßen, hatten in religiöser Hinsicht zwar eine explizit andere Meinung, katholische Kinder zum Beispiel, aber das habe er, sagt Solomon, »immer ganz entspannt« gesehen. Überhaupt scheint Solomon ein ziemlich entspannter Typ zu sein. Viele Juden empfinden, wenn sie nach Nürnberg kommen, in Hitlers »Stadt der Reichsparteitage« noch immer eine negative Aura. Und das nicht nur, wenn sie in unmittelbarer Nähe des Stadtparks am Dutzendteich der Reste des ehemaligen Aufmarschgeländes ansichtig werden. Auch hatten die Rassegesetze der Nazis einst den Namen der Stadt getragen. Trotzdem sei das Nürnberg von heute in erster Linie seine Heimatstadt, sagt Solomon, und zudem eine sehr schöne. Für ihn habe »diese geschichtliche Zeit keine besondere Bedeutung«. Dies könne seiner Jugend geschuldet sein, vermutet er, eher aber dem Umstand, dass seine Familie nicht in gleichem Maße von der Shoah betroffen war wie die deutschen Juden. Obgleich der Vater seines Großvaters und zwei seiner Brüder im Kampf gegen die Hitlerarmee gefallen sind und die Familie seiner Großmutter weit in den Osten der Sowjetunion fliehen musste, meldet sich deren Enkel siebzig Jahre später freiwillig zu den deutschen Streitkräften. Das war für deutsche Juden lange Zeit undenkbar. Solomon aber zieht einen »deutlichen Trennungsstrich zwischen der SS und Wehrmacht damals und der Bundeswehr heute«. Damit lag er auch vor einigen Jahren schon in einem Trend, dem eine Reihe von jungen deutschen Juden folgten und der schließlich im Jahr 2020 die Rekrutierung von Militärrabbinern nach sich zog. Wie aber steht es um Solomon Kuloks jüdische Identität, um die sich einst ein German Djanatliev auf so wundervolle Weise gekümmert hat? Auch Baruch Grabowski, der als Kantor die Gottesdienste in der Nürnberger Synagoge leitet, hat sich darum bemüht, als er den 13-Jährigen auf die Bar Mitzwa vorbereitete. In dessen Synagoge geht Solomon Kulok schon lange nicht mehr und das hat einen Grund. »Dort liegt das Durchschnittsalter der Beter so um die 60 Jahre – also deutlich über meinem Alter von 25 Jahren. Deswegen gehe ich häufiger zu Chabad, weil ich dort mehr Leute in meinem Alter treffe oder solche, die nur wenig älter sind als ich. Es ist für mich deutlich interessanter, mich mit denen zu unterhalten.« Wie auch an anderen Hochschulstandorten bieten die Chabad-Rabbiner für die studentische Zielgruppe zahlreiche Aktivitäten an. Mit Erfolg, wie auch Solomon bestätigt: »Was ich bei Chabad in Nürnberg sehr angenehm finde, ist, dass sie den jungen Leuten die Möglichkeit geben, das Judentum auszuleben. Zum Beispiel bei einem Studenten-Schabbat.« Darunter ist ein Kiddusch mit Gebeten, Wein und koscheren Speisen zu verstehen, wozu auch der obligatorische Wodka gehört.

Als Solomon Kulok noch Student der Wirtschaftsinformatik war, hatte er die Leitung des zehn Jahre zuvor gegründeten Jüdischen Studierendenverbandes Franken übernommen. Nun, als unabhängiger Finanzberater, ist er das noch immer. Auch andere Young Professionals sind dem Verband nach Eintritt ins Berufsleben treu geblieben. Wenn nicht gerade eine Corona-Pandemie deren Aktivitäten ausbremst, sieht Solomon die Aufgabe seines Verbandes darin, jüdische Studenten zu einer Gemeinschaft zu verbinden. Hierfür werden Events organisiert wie zum Beispiel ein monatlicher Stammtisch. Die Organisation ist darüber hinaus auch eine Plattform für jüdische Studierende, um sich miteinander auszutauschen. Und dann gibt es ja noch immer den Studenten-Schabbat bei Chabad, den man zusammen aufsuchen kann. Dort sei man daran interessiert, dass die jüdischen Besucher verschiedene Traditionen kennenlernen, sagt Solomon, um gleichzeitig zu bekennen, dass er selbst »de facto keinerlei Traditionen« einhält. Die jüdische Religion und das Volk Israel seien für ihn zwei verschiedene Sachen. Natürlich weiß auch Solomon, dass es nach Auffassung von Rabbinern Juden ohne Religion nicht geben könne. Er aber leistet es sich, anderer Meinung zu sein. Das hindert ihn nicht daran, gelegentlich zu Hause ganz für sich allein Tefillin, die ledernen Gebetsriemen der Ultraorthodoxen, anzulegen. Es sei schwer zu erklären, was er dabei fühle, sagt Solomon. Auf keinen Fall eine besondere Nähe zu Gott. Am ehesten würde er den Vorgang noch mit einer Meditation vergleichen wollen. Das alles hört sich ein wenig widersprüchlich an, was aber nicht bedeutet, dass es deshalb unjüdisch ist. Wahrscheinlich kennt zumindest jeder Jude den oft zitierten Satz: »Ein Jude, zwei Meinungen!« Demzufolge verfügt Solomon Kulok über eine geradezu beispielhafte jüdische Identität.

Für *Amanda Pyscheva* fand der erste Kontakt mit dem religiösen Judentum an einem übersichtlichen Frühstücksbüfett in Österreich statt. Da war sie zwölf Jahre alt und einige hundert Kilometer von den Eltern in Düsseldorf entfernt. Das Mädchen machte in diesem Moment keinen sehr glücklichen Eindruck, weshalb sie von einer Jugendbetreuerin, die auch hier Madricha hießen, misstrauisch beäugt wurde. Diese trug, wie auch ihre Kolleginnen, mitten im Hochsommer einen bodenlangen Rock und eine hochgeschlossene Bluse. Es war Amandas erster Morgen im Camp Gan Israel, in dem jüdische Mädchen die Sommerferien verbringen konnten. Organisiert wird jenes Camp bis heute von der modern-orthodoxen Gruppierung Chabad. Man hat es sich zum Ziel gesetzt, den jungen Jüdinnen die religiöse Tradition ihrer Vorfahren zu vermitteln, und entsprechend sah das Frühstücksangebot aus. Bei ihrer Ankunft am Abend zuvor hatte Amanda den herrlichen Ausblick auf die Berge und das satte Grün im Tal genossen. Von den Urlauben mit den Eltern aber war sie üppige Hotelbüffets gewohnt. Alles, was sie nun erblickte, waren Cornflakes, Milch, Brot, Butter und Marmelade. Der erste Gedanke des Mädchens war, ob sie womöglich zu spät im Frühstücksraum erschienen sei und das Büfett bereits leer gegessen oder weitgehend schon abgeräumt war. Sie wandte sich an die Madricha mit dem langen Rock, die wie auch die meisten ihrer Kolleginnen nur Englisch sprach. Amanda konzentrierte sich auf Grammatik und Vokabeln der ihr noch nicht so vertrauten fremden Sprache. »Where's the rest of the food?«, brachte sie hervor.

Die Madricha verstand Amandas Frage, sie verstand allerdings nicht, was das Mädchen damit meinte, und das brachte sie durch irritiert in die Höhe gezogene Augenbrauen zum Ausdruck. In diesem Moment ahnte Amanda bereits, dass das spärliche Speiseangebot nicht einer Verspätung ihrerseits geschuldet war. Plötzlich fielen dem eloquenten Großstadtmädchen englische Sätze ein, wie sie es nicht für möglich gehalten hätte: »This here can't be everything?! How can you get full of it? That's not my way of having breakfast ...« Äußerlich vollkommen ruhig erkundigte sich die Betreuerin, was Amanda denn üblicherweise am Morgen so zu speisen bevorzuge. »Salami, cheese, sausages with omelet ...«, stieß das Mädchen hervor.

»Sorry, but that wouldn't be kosher!«, teilte ihr die Madricha in einem verbindlichen Ton mit, der irgendwo zwischen Wohlwollen und Belehrung lag. Kosher – dieses Wort hatte Amanda schon mal gehört. Was genau aber hatte es in diesem Zusammenhang zu bedeuten? Ehe das Mädchen fragen konnte, erteilte ihr die Madricha eine kleine Lektion über die jüdischen Speisegesetze. Demnach, so verstand Amanda, waren Produkte aus Schweinefleisch komplett gestrichen und auch der Mix von fleischigen mit milchigen Lebensmitteln untersagt. Vor ihrem geistigen Auge erschienen dem Mädchen all jene Speisen, die ihr fortan per religiösem Gesetz verboten sein würden: Lasagne, Cordon bleu, Salami, der Cheeseburger ...

Verzweifelt rief die Zwölfjährige zu Hause an. Sie hätte sich eigentlich denken können, fiel ihr hinterher ein, dass die Eltern ihr nicht würden weiterhelfen können. Ihre Mutter kam zwar aus einer jüdischen Familie, aber in der Sowjetunion, wo sie aufgewachsen war, wurde das Judentum kaum noch praktiziert. Und ihr bulgarischer Vater war ein orthodoxer Christ. Allerdings las er regelmäßig eine russischsprachige jüdische Zeitung und in der hatte er die Annonce für dieses Feriencamp entdeckt. Ganz sicher war ihr Papa davon überzeugt gewesen, Amanda damit etwas Gutes zu tun. Nun aber hatte er schon am Tag nach der Abreise eine unglückliche Tochter am Telefon: »Wo habt ihr mich da hingebracht? Das kann doch gar nicht sein?! Es gibt keine Salami, es gibt überhaupt nichts Vernünftiges zu essen. Dann reden die irgendwas von koscher. Was ist das denn überhaupt?« Niemand, am allerwenigsten Amanda selbst, hätte in diesem Moment annehmen können, dass sie später einmal die koschere Küche im elterlichen Haushalt radikal einfordern würde.

Bei ihrer Rückkehr nach Düsseldorf war Amanda fest entschlossen, künftig Orte zu meiden, an denen Englisch sprechende Madrichim in langen Röcken und hochgeschlossenen Blusen über die Einhaltung all dieser komischen Regeln wachen. Man musste ja nicht zwingend eine Bratwurst essen, die gehörte ohnehin nicht zu den von Amanda bevorzugten Speisen, aber warum war es verboten, am Abend des Schabbat das Licht anzuschalten!? Entsprechend äußerte sie sich gegenüber ihren Eltern. Und als sich ihr Vater schließlich mit dem Pragmatismus des promovierten Diplomingenieurs erkundigte, ob die Tochter denn gar nichts Positives zu berichten habe, gab Amanda lachend zu, dass sich ihre englischen Sprachkenntnisse definitiv verbessert hätten. Das zumindest kam ihrem schulischen Ehrgeiz, der vom Elternhaus befördert wurde, sehr entgegen. Auch habe sie sich mit den anderen Mädchen gut verstanden. Die meisten seien so locker wie sie drauf gewesen. Selbst mit den religiösen Mädchen, die ähnlich gekleidet waren wie die Madrichim, sei sie gut ausgekommen. Zum Abschied hatten sie untereinander Mailadressen und Telefonnummern ausgetauscht. Amanda war in den folgenden Monaten mit einigen von ihnen in sporadischem Kontakt geblieben. Ab dem Frühjahr machten Nachrichten die Runde, dass man sich freue, einander im Sommer wiederzusehen. Amanda machte den zaghaften Versuch zu erklären, dass ihr das Machane im letzten Jahr nicht sehr geheuer gewesen sei und sie sich das nicht noch einmal antun wolle. Enttäuschte Reaktionen schlugen ihr entgegen, schöne Erinnerungen an die gemeinsame Zeit wurden beschworen und versetzten Amanda in eine emotionale Zwangslage. Als nun auch noch ihre Mutter mit der Rationalität der Diplomkauffrau fragte, ob sie wirklich auf ein solch freundschaftliches Netzwerk verzichten wolle, sandte Amanda ihren Freundinnen die befreiende Nachricht. Im Sommer packte sie Shorts und kurzärmelige T-Shirts in den Koffer und machte sich abermals auf nach Gan Israel in den Alpen.

Amanda freute sich nun auf das Wiedersehen mit den anderen Mädchen. In deren Kreis hatte sie sich im Jahr zuvor zum ersten Mal irgendwo dazugehörig gefühlt. Das war ihr damals noch nicht so bewusst gewesen, es war ihr erst aufgefallen, als sie in Düsseldorf wieder in den schulischen Alltag eingebunden war. Da nämlich hatte sie sich von jeher als Außenseiterin gefühlt. Sie war eine sehr ambitionierte Schülerin, was sie in den Augen der anderen in der Klasse verdächtig machte. Je länger Amanda nun auf der Fahrt in Richtung Österreich darüber nachdachte, umso mehr fiel ihr auf, dass unter den jüdischen Mädchen viele ähnlich dachten und fühlten wie sie. Auf einmal glaubte sie, dass ihr das vor einem Jahr schon aufgefallen war, vor allem aber auch in deren Mails und während der gelegentlichen Telefonate. An der Schule kannte sie so etwas nicht. Jedenfalls nicht bei den Mitschülerinnen, höchstens mal bei einer Lehrerin.

Im Anblick der Alpen gab es ein großes Hallo mit den Mädchen aus dem Vorjahr, von denen einige in ihren Heimatorten inzwischen die Bat Mitzwa gefeiert hatten. Von jeher mochte es Amanda nicht, in Gruppen zu arbeiten, in den Diskussionszirkeln von Gan Israel aber machte ihr nun genau das Spaß. Diesmal hatte sie sofort das Gefühl, dass hier fast alle ein bisschen so dachten wie sie. Auch galten hier Ambition und Zielstrebigkeit nicht als verpönt. Den Madrichim in den langen Röcken gelang es, dieses Zusammengehörigkeitsgefühl sogar noch zu fördern. Immer wieder verwiesen sie stolz auf die gemeinsamen jüdischen Wurzeln, derer man sich bewusst werden solle. War doch schon der Gründungsmythos des Volkes Israel der vom Weg aus der ägyptischen Sklaverei in die Freiheit. Seitdem gibt es für sie aber auch Regeln – spätestens seit Moses 49 Tage nach jener Flucht auf dem Berg Sinai von Gott die Zehn Gebote überreicht bekommen hatte. Kein Staatswesen der Welt kommt heute ohne Gesetze und Regeln aus. Was also sprach dagegen, sich die des Judentums näher anzusehen? Amanda wusste aus dem Vorjahr, was sie in Österreich erwartete, bei ihrer neuerlichen Ankunft hatte sie sich vorgenommen, dem dieses Mal mit Wissbegier statt mit pauschaler Ablehnung zu begegnen. Und es in der Gruppe mit den anderen Mädchen zu erleben, fand sie echt cool.

Im Jahr darauf stand wieder die Ferienplanung für den Sommer an. Amanda war nun 14 Jahre alt und ihrer Mutter war aufgefallen, dass die Tochter manche Jungen anders ansah als noch vor einem Jahr. Sie konnte das verstehen, war sie selbst doch noch ein Teenager gewesen, als sie sich in der Ukraine in jenen bulgarischen Studenten verliebt hatte, der nun Amandas Vater ist. Also sah sie sich nach einem Machane für Amanda um, in dem es auch Jungens gab. Diesmal entschied sie sich für ein Feriencamp, das von der Lauder Foundation organisiert wurde. Es fand auch in Österreich statt, nur eben mit gemischtem Publikum. Das veranlasste die anwesenden Betreuer und Betreuerinnen, manche Themen dann doch wieder nach Geschlechtern getrennt zu besprechen. Eines dieser Themen hieß Shomer Negiah, was bedeutet, den physischen Kontakt mit dem anderen Geschlecht – und dazu gehört auch der Handschlag – zu vermeiden, solange man nicht miteinander verheiratet ist. Amanda fühlte durchaus die Bereitschaft, sich in einem orthodoxen Sinne zu radikalisieren. Zu dem aber, was hier unter Shomer Negiah zur Diskussion gestellt wurde, entwickelte sie erst mal eine gewisse Skepsis, und damit war sie nicht allein. »Man hat schon was dagegen gesagt«, erinnert sich Amanda mehr als ein Jahrzehnt später, »aber irgendwie konnten die das wirklich so verpacken, dass es in dem Moment einen Sinn ergab.« Man habe Verständnis dafür, wurde den Mädchen gesagt, wenn sie schon mal darüber nachgedacht hätten, wie es wohl sei, mit einem Jungen rumzuknutschen. »Aber würde man mit demselben Jungen sein Bankkonto teilen?«, schickten sie als Frage hinterher. Amanda war irritiert, unzählige Gedanken schossen ihr durch den Kopf. Warum sollte sie wegen eines harmlosen Kusses ein Bankkonto … Andererseits bleibt es ja vielleicht nicht bei dem Kuss. Womöglich lässt man es als junge Frau irgendwann mal zu, dass jemand, mit dem man das Bankkonto nicht teilen will, körperlich in einen eindringt. Wäre eine solche Intimität dann nicht wirklich absurd? Wie aber wäre es, wenn man jemanden gefunden haben sollte, mit dem man lachen kann und mit dem man sich auch sonst so gut versteht, dass man sich mit ihm ein gemeinsames Bankkonto vorstellen kann … nach der Hochzeit aber stellt sich vielleicht heraus, dass ein solches gegenseitiges Verständnis im Schlafzimmer leider nicht stattfindet. Sprach das nicht dafür, dass man probeweise schon vorher mal …? Entsprach dieses Shomer Negiah überhaupt der jüdischen Tradition? Schließlich gibt es doch in der Tora zahlreiche Beispiele dagegen, und das bei sehr respektablen Personen. Hatte sich nicht die biblische Ruth Boas zu Füßen gelegt, um ihn zu verführen? Deren gemeinsamer Urenkel war König David und der hat Batsebah geschwängert, die Frau seines Offiziers Urija. Deren gemeinsamer Sohn Salomon wiederum soll in seinem

Leben mehr Frauen im Bett gehabt haben als später Giacomo Casanova. Wie war das alles mit Shomer Negiah zu vereinbaren?

Um es den Mädchen in diesem Ferienlager schmackhaft zu machen (und nebenan den Jungen sicher auch), sprachen die Betreuerinnen mit glänzenden Augen von einer »wunderbaren Magie«, die von der physischen Enthaltsamkeit ausgehe. Die könne sich aber eben nur entfalten, wenn man auf jede Art der Berührung verzichte. Das klang für Amanda irgendwie verheißungsvoll und die 14-Jährige beschloss, es auszuprobieren. Fortan gab sie keinem Jungen mehr die Hand und achtete auf körperliche Distanz. Nach einer Weile glaubte sie tatsächlich jene wunderbare Magie zu verspüren. Einige Zeit später aber machte sie die Erfahrung, dass von einem Kuss eine noch weitaus größere Magie ausgehen kann. Dennoch hält Amanda die Sache mit der Shomer Negiah zumindest in der Jugendzeit nicht für gänzlich sinnlos. Sie ist überzeugt, dass dadurch der Respekt füreinander ein anderer geworden sei. Man habe auf die gegenseitigen Berührungen auf Dauer nicht gänzlich verzichtet, aber die Jungen hätten verstanden: Okay, ich habe da eine Frau vor mir, die respektvoller zu behandeln ist als nur als Sexualobjekt. Zumindest bei jenen jüdischen Jungen sei das der Fall gewesen, die sich irgendwann einmal mit Shomer Negiah auseinandersetzen mussten – um es dann zu lassen.

Nach Düsseldorf zurückgekehrt hörte Amanda bald davon, dass die Lauder Foundation mittlerweile eine Midrascha – so bezeichnet man ein Lehrhaus für Frauen – in Berlin eröffnet habe. Einige der Mädchen, die im Jahr zuvor in Österreich dabei waren, haben ihr das am Telefon erzählt oder per SMS mitgeteilt. Man habe die Möglichkeit, einmal im Monat für ein Wochenende nach Berlin zu einem sogenannten Schabbaton zu kommen. Die Reisekosten würden übernommen, für Übernachtung und koschere Verpflegung wäre gesorgt. Das hörte sich für die fast 16-jährige Amanda fantastisch an. Bald fuhr sie alle zwei Monate für ein Wochenende von Düsseldorf nach Berlin, um in verschiedenen jüdischen Familien am Freitagabend den Beginn des Schabbat zu feiern. Sie wohnte mit den anderen Mädchen in der Midrascha inmitten des quirligen Bezirks Prenzlauer Berg. Dort fanden auch die Shiurim statt und in solchen jüdischen Lehrstunden wird immer heftig diskutiert. Derjenige, der diese Shiurim mit Teenagern in Berlin leitete, ist ein Israeli, der mit seiner Familie nach Berlin gezogen ist. Seine Aufgabe besteht darin, in den Gesprächsrunden die religiösen Positionen so zu vertreten, wie man sie bei der Lauder Foundation sieht. Das ist ein smarter Mensch, keiner der mit Schtreimel und Pajes, also dem Pelzhut der Ultraorthodoxen und Schläfenlocken, durch die Gegend läuft. Auch kein weltfremder Mystiker, sondern jemand, der eben eine moderate orthodoxe Sicht auf die Welt hat und diese mit jungen jüdischen Menschen diskutiert. Das hatte in Amandas Fall Auswirkungen auf das Zusammenleben im Elternhaus. Amanda wollte den Schabbat mit den Eltern so begehen, wie sie es bei jenen Familien in Berlin kennengelernt hatte. Die Speisevorschriften sollten eingehalten werden, was etwa bedeutete, dass fortan natürlich kein Schweinefleisch in der Lasagne verwendet wurde und auf den Käse darauf unbedingt verzichtet werden musste. Zu Pessach wurde das Haus von Chametz befreit, worunter alle Nahrungsmittel gemeint sind, die eine der fünf Getreidearten Weizen, Hafer, Roggen, Gerste und Dinkel enthalten. Zunächst fand sie bei ihren toleranten Eltern dafür ein gewisses Verständnis, dann aber nahm Amandas Mutter die Tochter irgendwann zur Seite und sagte: »Hör mal, du wächst in einer Gesellschaft auf, die liberal und demokratisch ist. Obwohl du wirklich alles machen kannst, was du willst, stellst du dir selber solche Regeln auf, die dich komplett einengen …« Zwar sind 16-Jährige in der Regel nicht mehr sehr empfänglich für elterliche Ratschläge, andererseits hatte Amanda während der Diskussionen in den Shiurim gelernt, eine Sache aus verschiedenen Perspektiven zu betrachten. Diese Fähigkeit löste bei ihr bald einen Denkprozess aus. Es ist amüsant, wenn Amanda dies an profanen alltäglichen Beispielen beschreibt: »Okay, ich wollte nicht einfach nur sagen, ich bin jüdisch, und fertig. Ich fand und finde es noch immer, dass es auch Verantwortung mit sich bringt. Aber auf der anderen Seite will ich auch nicht mit diesen ganzen strengen Regeln leben, weil sie für mich oft einfach keinen Sinn machen. Gut, der Verzicht auf Schweinefleisch fällt mir nicht schwer und viele der anderen Tiere, die nicht koscher sind, esse ich sowieso nicht. Mit der Trennung von Milchigem und Fleischigem ist es auch okay. Aber es grenzt ja schon ans Absurde, dass ich mit einer Liste in einem Supermarkt rumlaufen soll, um mir anzuschauen, welcher Schokoladenriegel koscher ist und welcher nicht. Ich weiß es nicht mehr genau, aber ich glaube mich zu erinnern, dass Mars koscher ist, aber Twix nicht!? Twix ist wohl deshalb nicht koscher, weil da diese Waffel drin ist. Oder warum soll ich in ein jüdisches Lokal gehen, um eine Pizza zu essen? Da gehe ich doch lieber zu einem echten Italiener, um eine Pizza zu essen. Es gibt Sachen, die können Juden, das sind deren Gerichte und dann geht man auch dorthin essen. Aber für Sushi gehe ich lieber zum Japaner. Will ich koreanisch essen, geh ich zu einem Koreaner und nicht zu einem Juden, weil es dort koscher ist. Da dachte ich mir dann, HaShem *(eine jüdische Bezeichnung für Gott)* ist auf mich bestimmt nicht sauer, wenn ich ein bisschen Sushi esse – authentisches Sushi. Ich habe mich also gefragt: Was macht Sinn, was macht keinen Sinn? Und ich finde, dass man Dinge hinterfragt, ist doch gerade das, was das Judentum ausmacht.«

Zu Amandas finaler Aussage passt die Studienrichtung, für die sie sich nach dem Abitur entschieden hat. Mittlerweile hat die junge Frau das erste Staatsexamen im Fach Jura abgelegt. Zwischendurch hat sie sich eine Weile in der realen Arbeitswelt umgesehen und Erfahrungen als Talent Acquisition Manager in einem Logistikunternehmen gesammelt, um schließlich als nächstes Ziel das zweite Staatsexamen anzugehen. Es ist nie schlecht, in der Jugend Denken gelernt, Widerspruch erhoben und den Wechsel der Perspektive geübt zu haben – um eine exzellente Juristin zu werden, ist es unerlässlich!

Der Plan ist gründlich schiefgegangen. Dabei lag *Alexandra Poljaks* Wunsch so nahe. Sie wollte Kontakt finden zu anderen jüdischen Kindern. Deshalb war das zehnjährige Mädchen ins jüdische Jugendzentrum in Hannover gegangen. Sie wollte Mädchen und Jungen treffen, denen es an ihrer Schule so ähnlich erging wie ihr, auch wenn es gar keine gravierenden Probleme waren, die sie beschäftigten. Sie zeigten eher kulturelle Unterschiede auf, die teilweise ursächlich auch darin bestanden, dass ihre Eltern aus der Ukraine kamen. Wenn sie zum Beispiel von einer Klassenkameradin um einen Eintrag ins Freundschaftsbuch gebeten wurde und die anderen zuvor Liedzeilen von Rolf Zuckowski reingeschrieben hatten, sie aber nicht wusste, wer das überhaupt ist. Aber natürlich auch dann, wenn die Klasse nach christlichen Konfessionen aufgeteilt Religionsunterricht hatte und sie weder bei den einen noch den anderen dabei war. Für sie hieß das, eine Stunde auf dem Schulhof herumzusitzen. Immerhin war sie da nicht allein, ein muslimisches Mädchen aus ihrer Klasse leistete ihr Gesellschaft. Mit dieser Mitschülerin wechselte sie auch schon mal einen Blick, wenn der Rest der Klasse sich nach den Weihnachtsferien darüber ausließ, was es an Geschenken gegeben habe. Warum nur wurde sie von ihren Eltern immer wieder aufgefordert, ihr Jüdischsein nicht zu verstecken? Noch wusste sie gar nicht so richtig, was sie da nicht verstecken soll. Ihre Mutter hatte ihr einmal erzählt, dass sie als Juden in der Ukraine damals alles dafür taten, nicht besonders aufzufallen. Im Jahr vor Alexandras Geburt waren ihre Eltern nach Deutschland gekommen. In ein freies Land, wo sich Juden seit vielen Jahren nicht mehr verstecken mussten. Hier könne man sich mit anderen Juden treffen und zusammen feiern, sagten sie, die damals selbst noch gar nicht so häufig in die Synagoge gingen. Mit der entsprechenden Erwartung war Alexandra ins Jugendzentrum gekommen, dort aber auf eine verschworene Clique getroffen. Man kann niemandem vorwerfen, das schüchterne Mädchen bewusst ausgegrenzt zu haben, man hat sie schlichtweg nicht beachtet. Später wird sie erfahren, dass diese Kinder sich einfach schon seit Jahren kannten und gemeinsam die Ferien in den Machanot verbracht hatten. Da brauchte jemand, der hinzukam, schon ein ziemlich selbstbewusstes Auftreten, um akzeptiert zu werden. Für Alexandra jedenfalls war dieser erste Besuch im jüdischen Jugendzentrum eine herbe Enttäuschung. Folglich hatte sie auch weiterhin fast ausschließlich nichtjüdische Freunde und Freundinnen.

Auf dem Gymnasium musste sie dann, während die anderen sich im christlichen Religionsunterricht mit den Evangelien des Neuen Testaments beschäftigten, nicht mehr im Schulhof herumsitzen. Als Alternative wurde ein

Werte-Norm-Unterricht angeboten und ab der 10. Klasse Philosophie. Plötzlich gab man sich auch der jüdischen Klassenkameradin gegenüber aufgeschlossen. Es war kein echtes Interesse, was Alexandra da erfuhr. Vielmehr wurde ungläubig nachgefragt, ob sie wirklich eine echte Jüdin sei. Manche zweifelten daran, da sie doch »ganz normal« sei, was implizierte, dass eine jüdische Identität etwas Unnormales sein müsse. Dann kam die Zeit, in der man auch schon mal gemeinsam Alkohol trank. Auf Partys wurde dann beim Anstoßen eines Shot gerufen: »Ex oder Jude?« Das bedeutete, dass man es entweder schaffte, das hochprozentige Getränk auf ex zu trinken oder man war ein Versager und dafür stand eben der Jude. Die Jugendlichen hatten offenbar keine Ahnung von jüdischen Trinkritualen, wie sie sich im Verlaufe eines Kiddusch ergeben können oder während des Purim-Festes, bei denen der übermäßige Alkoholgenuss sogar ein religiöses Gebot darstellt. Möglicherweise wusste das Alexandra damals selbst noch nicht, aber dass sie solchen Sprüchen nicht energisch entgegentrat, bereut sie noch heute. Sie habe schlichtweg Angst gehabt, sagt sie, mit einer entsprechenden Reaktion aus dem Freundeskreis ausgeschlossen zu werden. Nach und nach aber habe sie gelernt, dass ihre wahren Freunde solche Sprüche nicht machten. Die Spreu trennte sich vom Weizen und sie war bald nur noch mit jenen befreundet, die sie gar nicht erst in eine solch unangenehme Situation brachten.

Einige Jahre zuvor hatte sie sich auf ihre Bat Mitzwa vorbereitet. Das hieß auch, dass sie lernen musste, einen hebräischen Text in seiner Originalschreibweise flüssig zu lesen. Alle jüdischen Kinder bereiten sich darauf vor, die Jungen allerdings erst ein Lebensjahr später. Alexandra hatte damit zunächst bei der liberalen Gemeinde in

Hannover begonnen, wechselte dann aber zur Chabad-Gemeinde, wo der Unterricht orthodoxeren Regeln folgte. Der Grund für diesen Wechsel lag nicht in einer religiösen Überzeugung, denn noch hatte Alexandra, was seltsam klingen mag, wenig Berührungspunkte mit Juden. Sie war nur selten an den Schabbatot in der Synagoge anzutreffen und auf das jüdische Jugendzentrum hatte sie nach der enttäuschenden Erfahrung schon gar keine Lust mehr. Zwischenzeitlich aber hatte ihre Mutter von einer Freundin erfahren, dass ein Chabad-Zentrum geplant war, in dem es auch einen Kinderclub geben würde. Da Alexandra einen kleinen Bruder hatte, war das für die Mutter ein Argument, sich dieser jüdischen Gruppe zuzuwenden. Deshalb machte Alexandra ihre Bat Mitzwa bei Chabad und diese Erfahrung beschreibt sie heute so: »Ich habe mich der Religion noch nie so verbunden gefühlt wie an diesem Tag. Plötzlich hatte ich eine aktive Rolle und konnte selbstständig aus der Tora lesen. Ich durfte meine ganz eigenen Gedanken zur aktuellen Parascha, also zu dem Wochenabschnitt, der an diesem Schabbat aus der Tora gelesen wurde, mit der Gemeinde teilen. Das ist ein ganz besonderes Gefühl, welches schwer zu beschreiben ist. Damals dachte ich, dass sei wahrscheinlich ähnlich wie bei den Gefühlen während einer Kommunion oder Konfirmation im Christentum.« Dann aber fand nur zwei Monate später die Konfirmation ihrer besten Freundin statt. Alexandra war dabei und hat sich gewundert, dass so viele Mädchen und Jungen gleichzeitig konfirmiert wurden. Niemand von denen konnte etwas Persönliches zu der Zeremonie beitragen. Welch ein Unterschied zu ihrer Bat Mitzwa acht Wochen zuvor, bei der sie sehr viel individueller im Mittelpunkt stand. Das ist, wie Alexandra heute weiß, ein Meilenstein auf dem Weg zu einer jüdischen Identität.

Irgendwann wurde das jüdische Jugendzentrum in Hannover der Frau des Chabad-Rabbiners angeboten. Zuerst zögerte sie, weil es nicht in die Chabad-Philosophie passe. Aber als sie es dann doch übernahm, suchte sie nach Leuten, die ihr dabei halfen, es wieder mit Leben zu füllen. So kam sie auch auf Alexandra zu. Neben einem freiwilligen sozialen Jahr, das sie in einer Wohngruppe für Kinder aus schwierigen familiären Verhältnissen absolvierte, hatte Alexandra auch jüdische Praktikantenseminare besucht. Zu ihrem allerersten Machane reiste sie bereits als Madricha an. Nun erlebte sie die ganze Breite jüdischen Lebens, mit Freundschaften, die quer durch die Bundesrepublik verliefen und teils lange Bestand hatten. Alexandra fiel auf, dass sie im Gegensatz zu denen, die seit Jahren die Ferien auf den Machanot verlebten, nur wenige jüdische Lieder kannte. Sie bewunderte diejenigen, die beim Kiddusch das Tischgebet Birkat Hamason auswendig konnten. Anders als im Jugendclub einige Jahre zuvor, schloss sie diesmal sehr schnell Freundschaften, die auch nicht mit den Sommerferien endeten. Plötzlich wurde Alexandra irgendwohin in Deutschland zu Geburtstagen eingeladen. Das war alles neu für sie und hat, wie sie sich erinnert, ihr jüdisches Selbstbildnis sehr verändert: »Als ich früher mit antisemitischen Äußerungen und Gedanken von Mitschülern konfrontiert war, dachte ich zeitweise, dass ich es künftig vielleicht besser für mich behalten sollte, dass ich jüdisch bin. Nun aber sah ich, was die jüdischen Kontakte einem an Selbstsicherheit zu geben in der Lage waren. Inzwischen hatte ich auch kein Problem mehr damit, mit einem Davidstern um den Hals herumzulaufen.«

Kurz bevor Alexandra von Hannover nach Heidelberg zog, um dort Grundschulpädagogik zu studieren, stellte sie bei ihren Eltern eine zunehmend stärker werdende Hinwendung zur Religion fest. Sie besuchen seither regelmäßig die Chabad-Synagoge, der Vater betet dreimal täglich stumm das Achtzehnbittengebet, spricht vor dem Essen die Segenssprüche, danach das Birkat Hamason und an den Fastentagen wird tatsächlich gefastet. Alexandra nahm das erstaunt zur Kenntnis, nach dem Grund dieser Wandlung aber hat sie nie gefragt.

In der Heidelberger Synagoge traf Alexandra einen Referenten aus der Zeit ihrer Praktikantenseminare. Der machte die junge Studentin auf den Bund jüdischer Studierender in Baden (BJSB) aufmerksam, der wie bei Solomon Kulok in Franken ebenfalls Studenten-Schabbatot und eine Menge Freizeitangebote organisierte. Nicht zuletzt weil Heidelberg die Hochschule für Jüdische Studien beherbergt, also viele jüdische Studierende in der Stadt sind, waren diese Events entsprechend gut besucht. Nach einem Jahr wurde Alexandra gefragt, ob sie Lust hätte, im Vorstand des BJSB zu sein. Das hatte sie, und da dieser nur aus drei Mitgliedern bestand, war sie auch gleich die Vizepräsidentin. »Ich fand es schön«, erzählt sie, »an den Freizeitangeboten mitzuarbeiten, um gemeinsam unser jüdisches Selbstbewusstsein zu stärken.« Das mit dem jüdischen Selbstbewusstsein klappte nicht bei allen auf Anhieb. Immer wieder gab es Mitglieder des BJSB, die sich in ihrem studentischen Alltag nicht als jüdisch outen wollten. Nicht in einer Umgebung, in der sie dafür angefeindet werden könnten. Als Alexandra dann die Präsidentin geworden war, organisierte ihr Verband in Karlsruhe einen Workshop mit Podiumsdiskussion zu der Frage, ob man es sich leisten könne, politisch nicht aktiv zu sein. Anlass waren Aktionen der israelfeindlichen Boykottbewegung BDS, die viele nicht unwidersprochen hinnehmen wollten. Auch wenn der Protest dagegen letztlich vom Jungen Forum der

Deutsch-Israelischen Gesellschaft organisiert wurde, wo er zuständigkeitshalber auch viel besser hinpasste, wurde der BJSB in jener Zeit politischer. Seine Mitglieder wurden aufgefordert, ihre Plätze im gesellschaftlichen Diskurs einzunehmen. Nicht nur unter jüdischen Studierenden in Baden, sondern in vielen jüdischen Institutionen deutschlandweit nahmen die Aktivitäten gegen wachsende Diskriminierung und verstärkten Antisemitismus zu. Alexandra Poljak hatte gelernt, dass zur jüdischen Identität auch der aufrechte politische Gang gehört.

Nach dem Referendariat in Mannheim ist sie der Stimme ihres Herzens gefolgt, und die führte sie in die bayerische Hauptstadt. An einer Münchner Grundschule übernahm sie schließlich eine vierte Klasse. Gleich im ersten Berufsjahr erlebte Alexandra im Sachkundeunterricht, in welchem sie das Thema Trinkwasserknappheit in der Welt behandelte, dass ein Junge rief: »Das waren die Juden!« Irritiert bat sie den Schüler, diese Aussage zu konkretisieren. Er reagierte unsicher, wiederholte es aber leise. Also thematisierte die jüdische Lehrerin, die sich in der Klasse nicht als solche vorgestellt hatte, woher solche Aussagen kämen. Und auch weshalb es nicht in Ordnung sei, so etwas kritiklos zu verbreiten.

Im Kollegium ist es weitgehend bekannt, dass die Kollegin Alexandra Puljok der Israelitischen Kultusgemeinde angehört. Allein schon deshalb, weil sie bei der Schulleitung darum gebeten hatte, an Jom Kippur zu Hause bleiben zu dürfen. Es gab auch Kolleginnen, die Fragen zur jüdischen Religion stellten, was Alexandra völlig in Ordnung findet. Für die Qualität des Unterrichts ist es natürlich völlig unerheblich, welcher Konfession oder ob überhaupt einer solchen die jeweilige Lehrkraft angehört. Daher hatte Alexandra auch die Elternschaft nicht über ihre Jüdischkeit informiert. Offenbar aber hat Google das ausgeplaudert und so bekam sie von den Elternvertretern kurz vor Weihnachten eine Karte mit dem Gruß »Frohes Chanukkafest«. Von dieser Seite also ist jene Aussage in Zukunft wohl nicht mehr zu erwarten, die da heißt: »Ich bin noch nie einem Juden begegnet …« – auch wenn es sich im vorliegenden Fall um eine Jüdin handelt.

Dina, Debbie und Jaffa

Die Familie von *Dina Lombardis* Vater lebte schon lange vor der israelischen Staatsgründung im Britischen Mandatsgebiet Palästina. Sie war in Hebron ansässig – bis zum arabischen Pogrom von 1929. Dann sah sich der Großvater veranlasst, mit seiner Familie die Flucht anzutreten. Man fand Exil im libyschen Tripolis. Sein Sohn lernte dort Dinas Mutter kennen, aus deren großer Familie damals der Oberrabbiner von Bengasi stammte. Drei ältere Geschwister von Dina Lombardi wurden in dieser Zeit dort geboren, dann aber übersiedelten Dinas Eltern mit den Kindern nach Israel. Drei Jahre nach der Staatsgründung ist das gewesen. Die Regierung hatte für die Einwanderer Zelte aufgestellt und in einem solchen kam Dina Lombardi zur Welt.

Etwa zur gleichen Zeit waren die Eltern von *Jaffa Dahms* aus dem Iran eingereist, wo der Vater als Schneider ein eigenes Geschäft hatte. Zweieinhalb Jahre nach dem Umzug erblickte Jaffa in einem Auffanglager bei Jerusalem das Licht der Welt. Hier verbrachte sie die ersten drei Jahre ihres Lebens. Dann ist ihre Familie in ein Dorf in der Nähe von Ashkelon gezogen. Im jungen Staat Israel wurden neben den vielen aus Europa eingereisten Schneidern keine weiteren gebraucht, wohl aber jede Menge Bauern. So wurden Jaffas Eltern der Landwirtschaft zugeteilt, bauten Gemüse an und hielten auch ein paar Kühe. Die kleine Jaffa arbeitete neben der Schule zu Hause mit. Noch heute erinnert sie sich, wie sie als Mädchen mit ihrem Vater auf der Pferdekutsche hinausfuhr, um Gras für die Kühe zu holen.

Die Eltern von *Debbie Tal* hatten sich als junge Leute in einem Flüchtlingscamp in Marseille kennengelernt, von wo aus sie 1948 während des Unabhängigkeitskrieges nach Israel gereist waren. Debbies Vater verfügte bereits über Kampferfahrung, denn zwölf Jahre zuvor hatte er im spanischen Bürgerkrieg auf Seiten der Anarchosyndikalisten gegen Franco gekämpft. Nach dem Sieg der Faschisten gelang ihm die Flucht nach Schweden, und hier, außerhalb des Machtbereichs der Nazis, überlebte er den Krieg. Debbies Mutter entstammte einer nichtjüdischen Widerstandsfamilie. Debbies Großvater war ein Mann mit einem unabhängigen, fast anarchistischen Geist, den die Nazis mehrfach in Konzentrationslager gesteckt hatten. Gegen Ende des Krieges war seiner Frau mit den Kindern die Flucht in die Schweiz gelungen. Der Großvater war bei der Befreiung aus der KZ-Haft ein schwer kranker Mann. Schon in den zwanziger Jahren hatte er sich mit den verschiedenen Religionen beschäftigt. Seine Sympathie gehörte »dem Ursprung«, worunter er das Judentum verstand. Im Jahr 1946 konvertierte die ganze Familie in München bei Rabbiner Untermann zum Judentum, der kurz darauf Oberrabbiner von Tel Aviv wurde. Israel war auch das Ziel der frisch Konvertierten. Deren Tochter sollte zunächst vorausreisen und die Übersiedlung der Eltern vorbereiten. Deshalb hatte sie sich in jenes Flüchtlingscamp nach Marseille begeben und gelangte von dort aus mit dem Schiff ins jüdische Land. In Tel Aviv hat sie den Mann aus dem Flüchtlingscamp geheiratet. Debbies Großeltern aber haben weder Israel noch ihre Enkelin jemals gesehen.

Nach der Grundschule in Netanya kam *Dina Lombardi* in ein Internat für hochbegabte Kinder in Ben Shemen in Zentral-Israel und blieb dort bis zum Abitur. Danach meldete sie sich zur Armee, obgleich sie aus einer sehr religiösen Familie stammte, deren Kinder keinen Wehrdienst leisten mussten. Die ganze Familie war über ihren Entschluss entsetzt, die Oma hat deswegen gar bitterlich geweint. Dina aber fand es nur fair, jenem Staat, der ihre exzellente schulische Ausbildung bezahlt hatte, etwas zurückzugeben. Ihre Eltern waren einfache sephardische Juden, die ihre Töchter am liebsten schnell verheiraten wollten. Das war eine Mentalität, die sich eher an den arabischen Traditionen in Libyen orientierte als an denen einer modernen Gesellschaft, wie sie in Tel Aviv oder Haifa entstanden war. Dinas Mutter war mit 16 Jahren verheiratet worden und ein Jahr später brachte sie das erste Kind zur Welt. Nun wollte Dina freiwillig zur Armee gehen und danach studieren. Ihre Familie war irritiert und doch sollte diese Entscheidung der Anfang eines Umdenkens werden. Jahre später jedenfalls waren die Eltern sehr stolz, als ihnen die jüngste Tochter ihr Hochschuldiplom präsentierte.

Nach der Armeezeit studierte Dina in Jerusalem an der Hebräischen Universität Literatur und Jüdische Philosophie. Und sie schrieb Gedichte. Im Jahr 1979 wurde der Lyrikerin Dina Lombardi ein israelischer Literaturpreis verliehen. Vom Preisgeld hat sie einen eigenen Gedichtband publiziert. In diesen frühen Gedichten ging es sowohl um das Alltagsleben als auch um die Liebe, und eines der Gedichte handelt von ihrem Namen. Bekanntlich war die biblische Dina, die Tochter von Lea und Jakob, von Sichem vergewaltigt worden. Dina hat ihre Eltern irgendwann gefragt, warum sie diesen Namen trägt. Die biblische Geschichte, so stellte sich heraus, hatte bei der Namensgebung niemand im Sinn gehabt. Vielmehr lagen familiäre Gründe vor und davon handelte jenes Gedicht. Noch immer schreibt Dina Lombardi Gedichte, heute in ihrer Münchner Wohnung. Allerdings, so sagt sie, »aus einer viel realistischeren Sicht als vor 40 Jahren. Die Verse sind hoffentlich nicht weniger poetisch, aber definitiv weniger naiv.« Ihre eigentliche Leidenschaft aber gehörte dem Theater, weshalb sie an der Universität Tel Aviv auch noch Theaterwissenschaften studierte. Ihr Traum war es, Regisseurin zu werden. Dann aber traf sie während einer privaten Reise durch die USA ihren späteren Mann. Ihr zuliebe übersiedelte er nach Israel, wo sie heirateten und Dina zwei Kinder zur Welt brachte. Damit, so meint sie, sei eine Theaterkarriere nicht zu vereinbaren gewesen. Zu Dinas Bedauern kam ihr jüdischer Gatte mit der israelischen Mentalität nicht klar und wollte wieder zurück in seine Heimat. Dina aber konnte sich beim besten Willen nicht vorstellen, in den USA zu leben. Der Kompromiss hieß Europa. Sie gingen zunächst in die Schweiz, wo Dinas Mann, ein Astrophysiker, einen Job in der Computerbranche fand.

Die Kindheit von *Debbie Tal* war von zahlreichen Umzügen geprägt. Von Rechovot, wo sie 1950 zur Welt gekommen war, zog ihr Vater mit der Familie einige Jahre später zunächst nach Eilat. Damals war Eilat noch nicht das moderne Urlaubsziel von heute. Es ist ein kleiner Ort gewesen, in dem es kaum frisches Wasser gab. Hier lebte Debbie mit ihrer Familie in einem Bretterverschlag. Als sie die Gelbsucht bekam, zog die Familie mehrmals um und landete schließlich im Kibbuz Gal'ed. Für die kleine Debbie war es dort nicht schön, um nicht zu sagen furchtbar. Sie war die Kleinste im Kindergarten und für die anderen Kinder so etwas wie ein Huhn, auf dem man herumhacken konnte. »Vielleicht haben meine heutige Stärke und die oft etwas barsche Art dort ihren Ursprung«, formuliert sie nachdenklich eine nachvollziehbare Vermutung. Auch unter den Erwachsenen gab es im Kibbuz immer irgendwelche ideologischen Auseinandersetzungen. Daran war Debbies Vater nicht ganz unschuldig, der sich mit allen anlegte. Schließlich zogen sie zurück nach Eilat. Nach der achten Klasse ging Debbie für ein Jahr zu ihrer Tante in die USA, um Englisch zu lernen. Damals war Israel noch auf einem sozialistischen Kurs und Debbie fand Amerika »absolut dekadent«. Nach dem Abschluss der zehnten Klasse wurde sie gemustert, aber wegen ihres Untergewichts nicht bei der Armee angenommen. Nach weiteren zwei Jahren Schule begann sie eine Ausbildung zur Arztsekretärin. Sie heiratete und bekam einen Sohn, doch die Ehe währte nicht lange.

Die Mutter von *Jaffa Dahms* legte großen Wert darauf, dass die Tochter sich nicht nur in der Landwirtschaft auskannte, sondern auch eine gute Schulausbildung bekam. Nach der achten Klasse schickte man auch sie in ein Internat, wovon es in Israel viele gibt. Dieses hieß Kanot und hatte eine landwirtschaftliche Ausrichtung mit Pflanzenzucht, einem Hühnerstall und Pferden. Jaffas Lieblingsort war die Gärtnerei, liebte sie es doch, alles wachsen und gedeihen zu sehen. Sie verließ Kanot mit einem landwirtschaftlichen Fachabitur und ging danach für ein Jahr und acht Monate zu Nachal, einer staatlichen Organisation, die Landwirtschaft und Militärdienst miteinander vereint. Jaffa versah ihren Dienst in einem Kibbuz, der direkt an der Grenze zu

Gaza lag. Dort hat sie mit Kindern gearbeitet, war zeitgleich aber auch an dem erfolgreichen Versuch beteiligt, in salzigem Boden Tomaten zu züchten. Nach dieser Zeit kam sie in den Kibbuz Erez, wo sie für den Rest ihres Lebens hätte bleiben können. Jaffa aber war gerade erst 19 Jahre alt und da hatte die Metropole Tel Aviv die größere Anziehungskraft. Arbeit konnte man in dieser Zeit in Israel überall finden und sie nahm einen Job als Betreuerin in einem Heim für schwer erziehbare Kinder an. Dort verliebte sie sich in einen jungen deutschen Zivildienstleistenden und er sich in sie. Zunächst überlegten die beiden, sich gemeinsam eine Zukunft in Israel aufzubauen. Da Jaffas Freund aber studieren wollte und es an den israelischen Unis in jedem Fach einen Numerus clausus gab, wäre es schwer für ihn geworden, einen Studienplatz zu finden. Außerdem hätte er für sein Studium bezahlen müssen. Hinzu kam, dass es in Israel keine Ziviltrauung gibt, was gemischtreligiöse wie auch nichtreligiöse Paare für den Akt der Eheschließung zu einer Auslandsreise zwingt. Jaffa und ihr deutscher Freund beschlossen, sich der gemeinsamen Zukunft in dessen Heimat zu stellen. Erstaunlicherweise hat in Jaffas Familie, die ein sehr religiöses, wenngleich keineswegs ein orthodoxes Leben führte, niemand daran Anstoß genommen, dass sie offenbar beabsichtigte, einem nichtjüdischen Deutschen das Eheversprechen zu geben. In den meisten aus Europa stammenden Familien wäre sie damit sicher auf Vorbehalte gestoßen. Vielleicht war es bei ihren Eltern deshalb anders, weil sie aus dem Iran stammten und mit der Shoah nicht unmittelbar in Berührung gekommen waren. Allerdings gab es im Bekanntenkreis ihrer Mutter Menschen, die aus Ungarn stammten und in Auschwitz gewesen waren. Die waren geradezu neugierig, einen Deutschen der nächsten Generation kennenzulernen. Das Treffen mit ihnen hat Jaffa Dahms bis heute als eine »wirklich schöne menschliche Begegnung« in Erinnerung.

Die Eltern von *Debbie Tal* gingen Anfang der 1970er Jahre aus privaten Gründen zurück nach Deutschland. Debbie war damals eine junge geschiedene Frau mit einem drei-jährigen Sohn, die von ihrem Gehalt als Arztsekretärin im Beilinson-Krankenhaus in Petah Tikva kaum leben konnte. Deshalb ging auch sie im Juli 1975 mit ihrem Sohn nach Kassel, wo ihre Eltern bereits lebten. Da sie die deutsche Staatsangehörigkeit besaß, hatte sie ein Recht auf einen Deutschkurs, und als sie die Sprache einigermaßen be-herrschte, holte Debbie am Hessen-Kolleg das Abitur nach. Dieses Institut war auch in einer anderen Hinsicht prägend für ihr Leben, lernte sie hier doch ihren jetzigen nichtjü-dischen Mann kennen. Beide studierten anschließend Englisch und Musik für das Lehramt. Nach dem Studium unterrichtete sie jahrelang an Institutionen der Erwach-senenbildung, neben Englisch auch jüdische Themen und Callanetics, ein Gymnastik-Programm, das die Tiefenmus-kulatur aktivieren soll. Außerdem lehrte sie 20 Jahre lang per E-Mail und Skype Ivrit, das moderne Hebräisch, und religiösen Juden das Hebräisch des Siddur, dem jüdischen Gebetbuch. Mit diesem Online-Angebot wandte sie sich ge-zielt an Menschen, die weit entfernt von größeren Städten mit entsprechenden Bildungseinrichtungen lebten.

In der Schweiz hatte *Dina Lombardis* Gatte beschlossen, sich selbstständig zu machen, und das im benachbarten Deutschland. Man wohnte erst im Schwarzwald, danach in Düsseldorf, in Frankfurt und schließlich in München. Hier scheiterte ihre Ehe dann endgültig. Nach der Schei-dung ging Dinas Ex-Mann zurück nach Amerika, sie aber konnte nicht nach Israel, und das ausgerechnet wegen der Kinder. Man hatte ihr zwar das Sorgerecht zugesprochen, das aber galt nur für Deutschland. Um mit ihnen nach Israel zu gehen, hätte deren Vater zustimmen müssen. Das aber hätte er niemals gemacht. Also blieb Dina Lombardi mit ihren Kindern in München, wo sie in der Gemeinde Beth Shalom eine jüdische Heimat fand. Der kleine Synagogenkreis außerhalb der Israelitischen Kultusgemeinde Münchens hatte in jenen Jahren noch keinen Rabbiner, also hat Dina am Schabbat aus der Tora gelesen. Sie musste aber auch Geld verdienen, weshalb Dina das Angebot der Israelitischen Kultusgemeinde annahm, die hebräische Sprache an der jüdischen Sinai-Grundschule zu unterrichten, was für die nächsten 21 Jahre ihre Arbeit wurde. Später unterrichtete sie auch an der Universität im Fach ›Jüdische Geschichte und Kultur‹ und eine Weile Hebräisch an der Jüdischen Volkshochschule. Nebenbei hat sie ihre beiden Kinder großgezogen und das mit Erfolg. Dinas Sohn studierte an der Ludwig-Maximilians-Universität Medizin, ist heute Arzt in Philadelphia, und die Tochter hat einen Masterabschluss in Wirtschaft und arbeitet in München in der Hightech-Branche.

Die Arbeit als Hebräisch-Lehrerin machte Dina Lombardi viel Freude. Als sie auch am Institut für den Nahen und Mittleren Osten unterrichtete, gab es unter ihren Studenten eine multikulturelle Mischung: Araber, Türken, Deutsche, Italiener und andere Nationalitäten. Dort kamen auch ihre sonstigen Sprachkenntnisse zum Tragen. Kurioserweise ist Dinas Muttersprache eigentlich Italienisch, denn Libyen, das Herkunftsland ihrer Mutter, war bis 1943 unter Diktator Mussolini italienische Kolonie. Als Dina und ihre Geschwister noch klein waren, hatten die Eltern mit ihnen Italienisch gesprochen und die Kinder antworteten auf Hebräisch. Und untereinander benutzten die Eltern Arabisch als eine Art Geheimsprache, wenn die Kinder etwas nicht verstehen sollten. Aber im Laufe der Zeit konnte Dina es irgendwann verstehen und so kann sie bis heute auch Arabisch sprechen.

Jaffa Dahms hatte ein undatiertes Rückflugticket in der Tasche, als sie im September 1973 mit ihrem Freund nach Göttingen kam. Sie wusste ja nicht, was sie erwartete, deshalb war ihr das wichtig. Anfangs musste sie sich an die steife Haltung der Menschen in diesem fremden Land erst gewöhnen, die so gänzlich anders war als die lockere Stimmung in Tel Aviv. Zunächst arbeitete sie für ein knappes Jahr in einem Altersheim. Den Job hatte ihr der Freund ihres Verlobten besorgt. Noch sprach sie wenig Deutsch, konnte sich mit den alten Leuten also kaum unterhalten. Oft ging ihr während des Dienstes die Frage durch den Kopf, was dieser oder jener Heimbewohner in der Zeit des Nationalsozialismus wohl so gemacht hatte. Bald erfuhren die alten Leute, dass sie von einer Jüdin aus Israel gepflegt werden. Es hat Jaffa eine gewisse Genugtuung bereitet, ihnen den leibhaftigen Beweis liefern zu können: Die Juden leben noch!

Als sie dann besser Deutsch konnte, machte sie eine Erzieherausbildung. Damals gab es in Göttingen noch keine jüdische Gemeinde, aber es gab Artur Levi, den jüdischen Oberbürgermeister. Ihm war als Jugendlicher die Flucht nach England gelungen, nachdem er die Pogromnacht von 1938 in München erleben musste und kurz darauf das elterliche Wäschegeschäft »arisiert« worden war. Die Mutter war ihm im März 1939 gefolgt, einen Tag nachdem Arturs Vater sich das Leben genommen hatte. Das alles wusste Jaffa noch nicht, als sie Artur Levi in seiner Sprechstunde aufsuchte, um zu fragen, ob sie in einem städtischen Kindergarten arbeiten könne. Der Göttinger Oberbürgermeister nahm sich der jungen Israelin an. In den nächsten 43 Jahren war Jaffa Dahms in der niedersächsischen Universitätsstadt als Erzieherin tätig.

Das Glück von Dina Lombardi, nämlich ein organisiertes jüdisches Leben wie in München vorzufinden, hatte *Debbie Tal* in Kassel kaum und Jaffa Dahms in Göttingen gar nicht. In Kassel gab es nur eine kleine Gemeinschaft, die sich nach orthodoxem Ritus versammelte, was Debbie für sich nur bedingt attraktiv fand. Und schon bei Jaffas erstem Gespräch im Büro von Oberbürgermeister Levi hat sie erfahren, dass man in der Stadt keinen Minjan mehr zusammenbringen könne, um etwa bei einer Beerdigung das Kaddisch zu sprechen. Dafür müssen selbst nach liberalen Regeln zehn erwachsene Juden anwesend sein. Gegebenenfalls werden auch Jüdinnen mitgezählt, was man dann einen egalitären Minjan nennt, aber auch ein solcher war in Göttingen damals kaum zusammenzubekommen. Um ihrem heranwachsenden Sohn wenigstens überhaupt so etwas wie jüdische Tradition vermitteln zu können, reiste sie mit ihm an den verschiedenen Feiertagen zu ihrer Familie nach Israel. Zu Pessach nahmen sie auch mal am großen Gemeinde-Seder in Hannover teil, dem rituellen Essen, auf welchem an den Auszug aus Ägypten erinnert wird. In Göttingen aber gab es erst Mitte der 1990er Jahre wieder Aussicht auf eine Gemeinde, als nämlich die jüdischen Kontingentflüchtlinge aus den ehemaligen Sowjetrepubliken nach Deutschland kamen. Plötzlich gab es eine Menge Juden in der Stadt und bald auch einen handfesten Richtungsstreit. Am Ende waren zwei Gemeinden entstanden – eine orthodoxe und eine liberale. Und in der Nähe von Kassel beteiligte sich Debbie Tal am Aufbau einer jüdischen Landgemeinde, wie es vor der Shoah im ganzen Land Hunderte gegeben hatte. Die Frau, die sie dabei unterstützte, hieß Ada Herlinger. Auch sie war aus Israel nach Deutschland gekommen, kehrte später aber in ihre alte Heimat zurück. Nach Naharija, wo sie einst das Reformjudentum kennengelernt hatte. Nun luden sie Leute aus dem Kreis der Kontingentflüchtlinge ein, zu Beginn des Schabbat am Freitagabend-Gottesdienst teilzunehmen. So erfuhren viele auf diesem Wege, dass diese abendliche Zeremonie Kabbalat Schabbat heißt, was so viel wie »Friede sei Schabbat« bedeutet, aber augenzwinkernd auch mit »Relaxen am Schabbat« übersetzt wird.

Debbie fühlte sich in ihrem Element. Gemeinsam mit jenen Kontingentflüchtlingen gründete sie im Jahr 1995 die liberale Landgemeinde unter dem poetischen Namen »Emet we Shalom«, was übersetzt »Wahrheit und Frieden« heißt. Die ersten 20 Jahre hatten sie hierfür eine Wohnung angemietet, dann wurde mit sehr viel Eigeninitiative der Gemeindemitglieder eine ehemalige Synagoge in Felsberg im Schwalm-Eder-Kreis unweit von Kassel hergerichtet. Noch ehe die Renovierung abgeschlossen werden konnte, wurden darin schon Gottesdienste abgehalten. Acht Jahre lang war Debbie Tal die Vorsitzende und Vorbeterin in Personalunion. Inzwischen ist eine jüngere Frau in die Rolle als Vorbeterin hineingewachsen und macht das, wie Debbie findet, »sehr gut«. Sie selbst arbeitete viele Jahre auch im Vorstand der »Union progressiver Juden« mit und als sie im Mai 2020 ausschied, bezeichnete Debbie Tal diese Zeit als einen »sehr wichtigen Teil meiner Biografie«.

Die Gemeinde bedeutet für *Jaffa Dahms* etwas, das sie viele Jahre in Göttingen nicht hatte – einen Ort, an dem sich

Juden treffen und auch gemeinsam die Feste feiern. Er ist für sie zu einem Stück Heimat geworden. An vielen Shabbatot kommen Rabbiner-Studenten vom Abraham Geiger Kolleg der Universität Potsdam, die hier ihre Lehrpredigten halten. Jaffa erstaunt es sehr, mit welchem Selbstbewusstsein die jungen Leute die Gottesdienste leiten. Sie selbst ist inzwischen Beisitzerin im Gemeindevorstand. Sie ist auch für die Kultur nach außen zuständig und in dieser Funktion organisiert sie für eine große Öffentlichkeit in Göttingen das Lichterfest Chanukka. Und da ihr nun als Rentnerin mehr Zeit zur Verfügung steht, hat sie damit begonnen, mit Schulen zusammenzuarbeiten, um den Schülern Kenntnisse über das Judentum zu vermitteln.

Von jemandem, der ihren Hebräisch-Kurs besuchte, hat *Debbie Tal* eines Tages erfahren, dass es im Dom zu Fritzlar eine Tora-Rolle geben soll. Das ergab für sie gar keinen Sinn. Was sollte eine Tora-Rolle in einem katholischen Dom? Als dann die britische Rabbinerin Irit Shillor für die hessische Landgemeinde zuständig war, erzählte ihr Debbie von dem Gerücht. Zufällig war an diesem Tag die berühmte Handschriftensammlung des Domes für die Öffentlichkeit zugänglich. Sie fragten einen der Angestellten und er bestätigte, dass es im Dom tatsächlich eine Tora-Rolle gebe. Ein Mönch habe sie auf einem Flohmarkt gefunden. Und dann sagte er: »Wenn die Juden wiederkommen, geben wir sie ihnen zurück.« Da haben sich ihm die beiden Frauen vorgestellt und der Mann fing an zu stottern. Wahrscheinlich hatte er noch nie bewusst eine Jüdin gesehen, aber in diesem Moment war ihm klar geworden, was er da eben gesagt hatte. Dies hatte aber keinesfalls zur Folge, dass man ihnen die Tora-Rolle umgehend ausgehändigt hätte. Sie wurden aufgefordert, sich ans Bistum Fulda zu wenden, denn dort würde die Angelegenheit entschieden werden. Es vergingen drei Jahre und es passierte nichts. Dann hat Debbie Tal im Namen ihrer Gemeinde die Allgemeine Deutsche Rabbinerkonferenz gebeten, direkt mit dem Bischof von Fulda in Kontakt zu treten. Plötzlich ging alles ganz schnell. Die Synagoge in Felsberg im Schwalm-Eder-Kreis bekam die Tora-Rolle zunächst als Leihgabe. Nach einiger Zeit erfolgte dann die Schenkung, weshalb sie in der Gemeinde bis heute scherzhaft die »katholische Tora« genannt wird.

Nun, im Ruhestand, kommt *Dina Lombardi* manchmal der Gedanke, nach Israel zurückzukehren. Trotz all der Jahre, die sie in jener Stadt gelebt hat, die für die Nazis einst die »Hauptstadt der Bewegung« war, beschleicht sie hier gelegentlich noch immer ein ungutes Gefühl. Erst recht, weil sie nicht so weit vom Prinzregentenplatz entfernt wohnt, wo einstmals Hitlers Wohnung war. Vorerst wird sie wohl ein bisschen pendeln, denn in München hat sie noch immer ihre Tochter und in Natanya leben drei Schwestern und ein Bruder. Nach wie vor kommt sie gern nach Israel, was im Herzen noch immer ihr Zuhause ist. Andererseits verspürt sie nun im Ruhestand zum ersten Mal in ihrem Leben keinen Zwang mehr, irgendetwas tun zu müssen. Endlich hat sie genügend Zeit, sich ihrer Kunst zu widmen, sowohl der Lyrik als auch der Malerei. Derzeit malt Dina in einer Mischtechnik aus Tusche und Aquarell. An der Münchner Uni hat es eine Ausstellung gegeben, in der sie die Bilder in Beziehung zu ihrer Lyrik gesetzt hat, also zu jedem Gedicht war ein Bild gehängt worden. So versuchte Dina, einen inhaltlichen Bezug zueinander herzustellen, was in manchen Fällen sicher besser geklappt hat als in anderen. Nun möchte Dina Lombardi einen Band mit neueren Gedichten herausbringen. »Vielleicht aber«, sagt sie,

»schreibe ich noch eine Doktorarbeit in jüdischer Literatur. Das alles kann ich jetzt in Ruhe tun, wenn ich es will, und das ist wunderbar.«

Bei ihren Exkursen in Göttinger Schulen erlebt *Jaffa Dahms* interessante Reaktionen. So kamen die Schüler der zweiten Klasse einer Grundschule mit einem jungen Mann vom Bundesfreiwilligendienst zur Synagoge und Jaffa bat ihn, an diesem Ort eine Kippa zu tragen. Verblüfft fragt er nach dem Warum, er sei schließlich Katholik und kein Jude. In höflicher Gelassenheit wies Jaffa darauf hin, dass man hier diesen Respekt auch von einem Nichtjuden erwarte. Im Übrigen trage auch sein Papst eine Kippa. Plötzlich wollten alle Kinder eine Kippa aufsetzen und fanden das ganz toll. In dieser einfachen Form der Wissensvermittlung möchte Jaffa Dahms gern weiterhin tätig sein. Hatte sie doch, als sie noch Erzieherin war, mit den Kindern jüdische Feste gefeiert, obwohl kein einziges jüdisches Kind in ihrem Kindergarten war. Ihr Erziehungsziel ist ein ganz pragmatisches: »Wenn uns einige dieser Kinder später einmal hassen sollten, so sollen sie wenigstens wissen, wen sie hassen.«

Soweit es ihre Zeit zulässt, kümmert sich *Debbie Tal* inzwischen um Flüchtlinge im »Arbeitskreis Willkommen«. Das passiert in einem Haus, das von der Gemeinde Gudensberg, einer Kleinstadt im Schwalm-Eder-Kreis, zur Verfügung gestellt wurde. Hier organisiert sie seither Deutschkurse für Menschen aus Syrien, Irak, Afghanistan und aus Eritrea. Die freiwilligen Helfer hatte Debbie gebeten, man möge den Geflüchteten vorerst nicht sagen, dass sie Jüdin sei und ursprünglich aus Israel komme. Sie sollten sie erst mal als »Debbie« kennenlernen. Irgendwann ergab es sich dann doch und sie hat es ihnen selbst gesagt. Die meist jungen Leute sahen sie mit großen Augen an, aber deren warmherziges Verhalten hat sich trotz dieser überraschenden Nachricht nicht verändert. Nun waren Debbie und ihre jüdischen Freunde im nahegelegenen Felsberg gerade mit der Renovierung der Synagoge beschäftigt. Kurzerhand hat sie bei den Flüchtlingen nachgefragt, wer dabei helfen könne, und das Erstaunliche geschah. Bis auf einen Iraker haben alle geholfen. Zum Dank wurden sie zu einem Konzert mit hebräischen Liedern eingeladen, das Debbie Tal in der Synagoge gegeben hat, denn singen kann sie auch. Es war ein Abend, der sie optimistisch gestimmt hat: »So konnte ich hoffentlich zum Abbau von Vorurteilen gegenüber Juden beitragen.«

Das gemeinsame Ziel

Es gibt Gegenden in Los Angeles, da steht alle fünf Blocks eine Synagoge. Nicht so in Covina, einem Vorort der kalifornischen Metropole, wo *David Holinstat* als einziges Kind eines Kommunalbeamten und einer Bürokauffrau aufgewachsen ist. In Davids Grundschule waren von 400 Schülern gerade mal zwei jüdisch. Er war einer davon. Im Ort gab es nur eine Synagoge, die war konservativ und da gingen seine Eltern nicht hin. Die Holinstats verstanden sich als säkulare Juden; das heißt, man war bewusst nicht religiös. Der kleine David konnte nicht verstehen, weshalb sie nicht mal zu den Feiertagen in die Synagoge gingen. Mal hieß es, man habe kein Interesse an Religion, mal bekam er zu hören, es würde zu viel kosten. Tatsächlich wird man in den amerikanischen Synagogen an den Feiertagen nur mit einer Synagogenkarte eingelassen. Da deren Verkauf zur Begleichung der hohen Betriebskosten der Gemeinde beitragen muss, sind die Preise hierfür vielerorts erheblich. Wer da nicht religiös ist oder sich der jüdischen Gemeinschaft zumindest in traditioneller Hinwendung sehr verbunden fühlt, entdeckt schnell seine sparsame Seite. Bei David Holinstats Eltern jedenfalls war das so, weshalb man eine Synagoge nur betrat, wenn jemand aus der Verwandtschaft Bar oder Bat Mitzwa hatte. Bei solchen Gelegenheiten spürte David, dass auch er jüdisch war. Er wusste immer, wann die jüdischen Feiertage sind, nur wurden sie in seiner Familie eben nicht gefeiert. Auch Pessach nicht, wenn in jüdischen Familien üblicherweise der Seder, jenes feierliche rituelle Essen, stattfindet. Dann wird aus der Haggada gelesen, der Geschichte vom Auszug der Urväter und deren Familien aus Ägypten. Und es wird der Afikoman versteckt, ein kleines Stück vom Mazzebrot, das die Kinder anschließend suchen müssen. Nachdem die Suche erfolgreich gewesen ist, wird das Dessert serviert. Da das Pessachfest alljährlich nahezu zeitgleich mit dem christlichen Osterfest stattfindet, liegt die Vermutung nahe, dass die Tradition des Ostereiersuchens hier seinen Ursprung hat. In Davids Familie wurde kein Afikoman versteckt, aber zu Chanukka, dem winterlichen Lichterfest, gab es eine Chanukkia. Das ist ein Leuchter mit einer Stammkerze, an der acht Tage lang jeweils ein weiteres Licht entzündet wird. Zu Chanukka gab es in David Holinstats Familie dann auch Geschenke. Man wollte wohl angesichts der zeitlichen Nähe zum Weihnachtsfest den eigenen Sohn gegenüber den christlichen Nachbarskindern nicht wegen seiner jüdischen Herkunft benachteiligen. Eine Bar Mitzwa aber erhielt er nicht. Jedenfalls nicht im Alter von 13 Jahren, wenn jüdische Knaben dieses rituelle Fest üblicherweise begehen.

Die Heimat von *Claudia Marx Rosenstein* ist Brasilien, zumindest war sie das für die ersten 36 Jahre ihres Lebens. Das Geburtsland ihrer Eltern aber ist Deutschland gewesen. Mütterlicherseits stammte man aus Breslau und väterlicherseits aus dem hessischen Frankenberg. Hier hatten Claudias Eltern das Licht der Welt erblickt, ehe sie als Kinder ihren Eltern ins Exil folgten. Es sind klassische Emigranten-Schicksale zweier jüdisch-deutscher Familien, denen es gelungen war, nach Südamerika zu entkommen, ehe in Europa die Shoah begann. Die religiöse Einstellung von Claudias Eltern war konservativ, aber nicht orthodox. Es lag ihnen daran, dass Claudia Marx und ihre drei Geschwister an den Aktivitäten des jüdischen Jugendzentrums teilnahmen. Claudia ging auch hin, fand es jedoch dort nicht so toll wie andere. Sie hatte aber auch nicht im Sinn, später einmal unbedingt einen jüdischen Mann zu heiraten. Ihre Eltern vielleicht, sie nicht. Aber als sie sich dann an der Universität in einen Ingenieurstudenten verliebte, wollte es der Zufall, dass der Rosenstein hieß.

Nach der Highschool studierte *David Holinstat* in Portland/ Oregon Psychologie und danach Informatik in Socorro in New Mexico. Als er damit fertig war, wollte er zunächst dorthin, von wo aus einst seine Vorfahren in die »Neue Welt« aufgebrochen waren – nach Europa. Fünf Wochen lang fuhr er mit einem Interrail-Pass kreuz und quer über den Kontinent und war tief beeindruckt. Hier sah alles ganz anders aus als im Westen der Vereinigten Staaten. Dort wo David Holinstat aufgewachsen war, stammte das älteste Gebäude aus dem Jahr 1920. Heute wohnt er in Herrenberg südwestlich von Stuttgart in einem Haus von 1893 und die Kirche nebenan ist aus dem 13. Jahrhundert. Bei diesem ersten Europa-Trip besuchte er keine kleinen Orte wie Herrenberg, nicht einmal Stuttgart. Er steuerte hauptsächlich Metropolen an wie London, Paris, Amsterdam. Jede dieser Städte hatte ihre eigene Geschichte, die definitiv lange vor 1920 begann. Er fuhr auch nach München und von dort aus zur KZ-Gedenkstätte Dachau. Das aber war der einzige von ihm besuchte Ort, der mit den Verbrechen der Nationalsozialisten unmittelbar in Verbindung stand. Die nähere Beschäftigung mit der Shoah erfolgte erst später, als er schon seinen Lebensmittelpunkt nach Deutschland verlegt hatte.

Nach dem Studium half *Claudia Marx Rosenstein* in der väterlichen Firma beim Verkauf von Autoteilen und unterrichtete privat Französisch. Ansonsten sorgte sie sich um die Erziehung ihrer beiden Töchter, denn inzwischen war Herr Rosenstein nicht nur Ingenieur, sondern auch Claudias Ehemann. Dann aber waren sie in São Paulo nicht mehr zufrieden. Die hohe Kriminalität machte ein entspanntes Leben und ein glückliches Aufwachsen für die Töchter immer schwerer. Claudia und ihr Gatte stellten Überlegungen an, in eine andere brasilianische Stadt zu ziehen.

Da sie gern als Klassenlehrerin arbeiten wollte, besuchte sie in São Paulo ein Seminar an einer der Waldorfschulen. Dabei erfuhr sie, dass es ein aufbauendes Seminar in Deutschland geben und zwei Jahre dauern würde. Claudia gefiel der Gedanke, mit Mann und Kindern eine Weile in der Heimat ihrer Großeltern zu leben. Sie musste kaum Überzeugungsarbeit leisten, um auch den Ingenieur Rosenstein von diesem Gedanken zu begeistern. Bald packten sie die Koffer. Sie hatten nie daran gedacht, dauerhaft in Europa zu leben, mittlerweile ist dies aber schon 20 Jahre der Fall.

Nach *David Holinstats* Rückkehr in die USA nahm er einen Job bei einer großen Computerfirma im Silicon Valley als Informatiker an, doch die Faszination für good old Europe war geblieben. Vielleicht deshalb, weil er darüber auch mit anderen sprach, bot ihm seine Company schließlich einen Job in Böblingen bei Stuttgart an. Da war es gut, dass er in der Highschool zwei Jahre Deutsch gelernt und auch während des Studiums noch mal Kurse besucht hatte. Im Jahr 1982 kam er nach Baden-Württemberg und fühlt sich inzwischen, so betont er, hier mehr zu Hause als in Kalifornien.

Der Anfang in Stuttgart war für *Claudia Marx Rosenstein* und ihren Mann nicht leicht. Noch sprachen sie kein Deutsch. Die beiden Kinder lernten die neue Sprache noch am schnellsten. In der Stuttgarter Waldorfschule passierte das ohne Noten- und Leistungsdruck. Nach und nach öffneten sich auch für deren Eltern die Türen. Claudias Mann fand einen guten Job in seinem Beruf und sie machte sich im Seminar intensiver mit der Waldorfpädagogik bekannt. Dort erfuhr sie aber auch von Vorwürfen des Antisemitismus, die manche in Steiners Formulierungen zu entdecken glaubten. Dies machte Claudia noch einmal bewusst, wie viel inhaltliche Auseinandersetzung von jemandem verlangt wird, insbesondere wenn man als Jude in Deutschland leben will. Als anthroposophische Expertin versteht sie sich noch immer nicht, aber Rudolf Steiners pädagogischer Ansatz fand bei Claudia Anklang, und das ist bis heute so. Als Französischlehrerin machte sie damit gute Erfahrungen. Die Waldorfpädagogik helfe ihr, sagt sie, den Grundschülern ein Stück Offenheit zu vermitteln und sie für eine andere Sprache zu begeistern.

Claudias Familie lebte in Stuttgart ihr Jüdischsein

nicht von Anfang an. Sie hatten damals auch keine Mesusa, jene schräg am Türpfosten angebrachte kleine, meist verzierte Kapsel mit einem beschrifteten Pergament, die im Judentum eine spirituelle Bedeutung hat. Noch wussten sie nicht, was es emotional bedeuten würde, als Juden in Deutschland zu leben, und verhielten sich daher eher ein bisschen vorsichtig. Niemand konnte ihnen schließlich ansehen, dass sie Juden sind. Außerdem hatten sie in dieser Zeit eine Menge anderer Herausforderungen zu bewältigen: das Erlernen der Sprache, die Mädchen in der neuen Schule, der Mann bei der neuen Arbeit und Claudia in diesem Seminar. Die Verbindung zur jüdischen Gemeinde hat Claudia und etwas später auch ihr Mann durch die jüngere Tochter gefunden, und das kam so: Das Kind sollte den Religionsunterricht besuchen und tat dies zunächst an der Waldorfschule. Dort wurde ein solcher für die diversen christlichen Gruppen angeboten – von »Freien Christen« bis zur evangelischen Kirche. Doch nirgendwo fühlte sich das Kind wohl, im Gegensatz zu seiner älteren Schwester, die da weniger Probleme hatte. Das brachte Claudia auf die Idee, in der jüdischen Gemeinde in Stuttgart wegen religiöser Unterweisung für ihre Tochter nachzufragen. Mit Erfolg, und was das Mädchen zu Hause darüber berichtete, sprach dafür, dass der Unterricht auch gut war. Die Gottesdienste in der Synagoge aber liefen nach orthodoxem Ritus ab, den Claudia nur von der Frauenempore aus betrachten durfte. Das war nun überhaupt nicht ihre Welt. Außerdem kannte sie hier niemanden. Es schien auch nicht besonders aussichtsreich zu sein, jemanden kennenzulernen, denn es wurde überwiegend Russisch gesprochen.

Erst hier in der Nähe von Stuttgart und mit Mitte 30 hat *David Holinstat* begonnen, sich mehr und mehr für seine jüdischen Wurzeln zu interessieren. Er könne gar keinen konkreten Anlass dafür benennen, sagt er, plötzlich habe er angefangen, sich Literatur über das Judentum zu besorgen. Noch heute weiß er Titel und Autoren: »Living Judaism« von Rabbi Wayne Dosick zum Beispiel oder »Essential Judaism« von George Robinson und andere. Er las über die Bedeutung der jüdischen Feiertage, erfuhr vom starken Bezug des Judentums zu Menschenrechten und dem jüdischen Auftrag, Gerechtigkeit und Rechtsbezogenheit als gutes Beispiel vorzuleben. Plötzlich erkannte er die Prinzipien seiner elterlichen Erziehung, die genau diesen zentralen jüdischen Werten entsprachen. Endlich habe er etwas mehr vom Judentum verstanden, so erinnert er sich heute an diese Lebensphase. Der Wille war entstanden, daran aktiv teilhaben zu wollen. Aber wie? In Stuttgart gab es zwar eine Synagoge, die aber gehörte zur orthodoxen Richtung. Dass das nicht seine Richtung war, wusste David auch damals schon. Nicht dass er sich grundsätzlich gegen die Orthodoxie positionieren würde. Im Gegenteil findet er, dass alle jüdischen Strömungen ihre Berechtigung haben. In seinem Fall aber hatte es etwas mit der Erziehung zu tun, dass er sich nicht zur orthodoxen Stuttgarter Gemeinde hingezogen fühlte. Andererseits war ihm lange nicht klar, dass es in Deutschland auch ein sogenanntes progressives Judentum gab. Davon erfuhr er erst, als aus den Staaten ein Mitarbeiter seiner Company nach Europa kam und sie gemeinsam eine Geschäftsreise nach Irland unternahmen. David wusste, dass sein Kollege jüdisch ist, weshalb er ihm während der Reise erzählte, dass er gern mehr am jüdischen Leben teilhaben würde, leider aber gäbe es in Deutschland nur diese orthodoxe Richtung. Da überraschte ihn sein Kollege mit der kategorischen Aussage: »That's not true!« Es stellte sich heraus, dass dieser in den USA Aufsichtsratsmitglied der »Union of Reform Juda-ism« war. Deshalb war er auch darüber informiert, dass in Deutschland einige Jahre zuvor eine Partnerorganisation gegründet worden war. Bei der nächsten Jahrestagung der »Union progressiver Juden« in Berlin war David dann dabei. Vom ersten Moment an hat er sich da zu Hause gefühlt, lernte jede Menge jüdische Leute aus ganz Deutschland kennen, die alle sehr offen waren – so auch welche aus München von der liberalen Gemeinde Beth Shalom. Regel-mäßig fuhr er nun von Stuttgart aus in die bayerische Lan-deshauptstadt, um mit ihnen den Schabbat zu feiern oder die Feiertage zu begehen, und wurde mehr und mehr zu einem Teil des Gemeindelebens.

Claudia Marx Rosenstein las in der Zeitung, dass es in Deutschland eine »Union progressiver Juden« gibt. Sofort war ihr Interesse geweckt, als sie auf diese Weise erfuhr, dass hierzulande auch andere jüdische Strömungen exis-tierten als die, die in Stuttgart ihre Gottesdienste abhielten. Und als sie nun auf einer solchen Jahrestagung erschien, war sie sehr angetan, hier Leute zu treffen, die ihr in Den-ken und Anspruch ziemlich ähnlich waren. Alle Teilneh-mer trugen ein Schild, auf dem der Name stand und die Stadt, woher sie kamen. Auf Claudias Schild stand Stutt-gart und umgehend machte sie sich auf die Suche nach jemandem aus ihrer Gegend. Doch wohin sie auch blickte, dominierten die Städte Frankfurt und Berlin, gelegentlich auch mal ein nördlich gelegener Ort. Der Süden der Repu-blik schien überhaupt nicht vertreten zu sein. Erst nach einer Weile erblickte Claudia das Schild eines David Holin-stat aus München. Nun liegt die bayerische Hauptstadt von Stuttgart aus nicht gerade um die Ecke, aber auch wieder nicht so weit davon entfernt wie viele der anderen hier vertretenen Städte. Also sprach sie David an und erfuhr zu ihrer Überraschung, dass er gar nicht in München lebte. Er habe zwar in der dortigen Gemeinde Beth Shalom eine religiöse Heimat gefunden, wohnen aber würde er in Herrenberg bei Stuttgart. Nun kam das Gespräch in Fahrt und bald schon wurden Überlegungen angestellt, in der gemeinsamen Heimatregion aktiv zu werden. David erzählte, dass er vor einiger Zeit von einer liberalen jüdischen Gruppe in Tübingen gehört habe, die Bustan Shalom heißt, und sie beschlossen, Kontakt aufzunehmen.

Gerade erst waren David und Claudia mit sichtlichem Enthusiasmus zu der Gruppe Bustan Shalom gestoßen, da wählten die etwas mehr als 30 Mitglieder die Neuankömmlinge schon in den Vorstand. Gemeinsam mit anderen organisierten sie nun Gottesdienste und Oneg Schabbatot, worunter man Schabbatfeiern mit Essen in trauter Runde versteht. Es wurden Ausflüge und kulturelle Veranstaltungen organisiert und im Herbst die Tübinger Tora-Tage. Hierfür wurden namhafte Referenten und Rabbiner gefunden, die die alten Schriften aus der Perspektive des liberalen Judentums interpretierten.

David Holinstat war inzwischen 55 Jahre alt und empfand es als Makel, vor 42 Jahren keine Bar Mitzwa gemacht zu haben. Er beschloss, das nachzuholen. Üblicherweise feiern jüdische Jungs ihre Bar Mitzwa an jenem Schabbat, der ihrem 13. Geburtstag folgt. Somit ist die Parascha, der Wochenabschnitt der an diesem Schabbat aus der Tora gelesen wird, festgelegt. Da gibt es aufregende biblische Geschichten, zu denen auch 13-jährigen Jungen sofort etwas einfällt, denn sie müssen sich ja in einem Vortrag dazu äußern. Es gibt aber auch Wochenabschnitte, in denen es um wenig zeitgemäße Ausführungen etwa zu irgendeinem jüdischen Rechtsverständnis geht. Zu welchem Thema man gebeten wird, hängt also vom Geburtstag ab, man kann es sich in der Regel nicht aussuchen. Im Fall von David Holinstat war das anders – er konnte den Schabbat bestimmen, an dem er seine verspätete Bar Mitzwa beging. Die Parasha, für die sich David entschied, steht im Buch Genesis in den Versen 21.9 bis 21.21. Hier wird die Geschichte von Abraham erzählt, der bekanntlich neben seinem ehelichen Sohn Isaak auch einen mit seiner ägyptischen Bediensteten Hagar hatte, der Ismael hieß. Hagar wurde auf Geheiß von Abrahams Frau Sara und mit Zustimmung Gottes in die Wüste geschickt. Dort aber rettet Gott die unglückliche Hagar und auch den kleinen Ismael. Der wuchs schließlich zu einem Bogenschützen heran und ließ sich mit der Mutter und seiner ägyptischen Ehefrau in der Wüste Pharan nieder. Im Koran wird Ismael als Prophet bezeichnet und bis heute gilt er als Stammvater der arabischen Völker. Dieser Wochenabschnitt in der Tora veranlasste David Holinstat, bei seiner Bar Mitzwa über Toleranz zu sprechen. Er warf die Frage auf, ob man in der Kränkung, die Hagar und ihr Sohn erdulden mussten, nicht noch immer die Basis für den Streit zwischen den Arabern und den Juden sehen könne. Sein Vortrag wurde zu einem Plädoyer für die konstruktive Suche nach Frieden und Zusammenarbeit, auch für andere Konflikte in dieser Welt.

Davids Hinwendung zur Religion haben seine Eltern noch mitbekommen. Bedauerlicherweise hätten sie die weite Reise zu seiner Bar Mitzwa aber nicht mehr geschafft. So hat er die Zeremonie auf Video aufnehmen lassen und ihnen bei seinem nächsten Besuch in Covina gezeigt. Seine Mutter bekannte, sich immer ein wenig schuldig gefühlt zu haben, ihn nicht in der jüdischen Religion erzogen zu haben. Nun aber sei sie sehr stolz, dass David seine Bar

Mitzwa nachgeholt habe. Seinem Vater hat es auch gefallen, aber es war für ihn keine wirkliche Herzensangelegenheit.

Seit *Claudia Marx Rosensteins* jüngste Tochter zum Religionsunterricht ging, waren sie und ihr Mann der Israelitischen Religionsgemeinschaft Württemberg beigetreten. Als sich im Jahr 2011 einige jüdische Leute in Stuttgart zusammenfanden, um einen liberalen Zweig zu gründen, entschloss sich auch David Holinstat zu diesem Schritt. Bald fand die Gruppe Zuspruch auch bei anderen Mitgliedern der Stuttgarter Gemeinde. Nun gibt es dort seit jeher neben der großen Synagoge auch eine kleinere Wochentagssynagoge. In dieser organisieren Claudia und David für die liberale Gruppe einmal im Monat einen egalitären Gottesdienst, was bedeutet, dass Frauen und Männer daran gleichberechtigt teilnehmen. Danach treffen sie sich mit den Mitgliedern der orthodoxen Gemeinde zum Kiddusch. Das ist eine Veranstaltung, auf der der Weinsegen gesprochen und die Challa, ein Hefezopf, unter Abhalten von Segenssprüchen geteilt und verteilt wird. Gemeinsam also feiern die orthodoxen und die liberalen Juden Stuttgarts dann den Schabbat, bei dem es schon deshalb fröhlich wird, weil nach dem Wein auch die Wodkaflasche herumgereicht wird. Man ruft einander den Trinkspruch »L'chaim!« zu, was »Auf das Leben!« bedeutet. Regelmäßig organisieren sie mit ihrer liberalen Gruppe auch Freitagabend-Gottesdienste, die Kabbalat Schabbat genannt werden, und das auch außerhalb von Stuttgart – in einem Zweckraum in Reutlingen und einer winzigen, sehr schönen alten Synagoge in Esslingen. Noch ist die Zahl der Besucher sehr überschaubar. Claudia überlegt ständig, wie all jene jüdischen Menschen aus der Gegend zu erreichen wären, die sich nicht im orthodoxen

Gottesdienst zu Hause fühlen. Viele von ihnen mögen diese liberale Initiative. Das sagen sie zumindest im persönlichen Gespräch und auch, dass sie unbedingt im E-Mail-Verteiler vertreten sein möchten, um die Newsletter zu beziehen. Das aber hat leider nicht automatisch zur Folge, dass sie an den Gottesdiensten teilnehmen. Claudia Marx Rosenstein sieht hier für sich und ihre Mitstreiter noch eine große Aufgabe, um liberales jüdisches Leben nicht nur in Metropolen wie Frankfurt, Berlin und München, sondern auch in der württembergischen Provinz zu einer Normalität zu machen.

Der Umgang mit nichtjüdischen deutschen Menschen ist *David Holinstat* nicht fremd, hatte er doch jahrzehntelang mit ihnen zusammengearbeitet. Nun, als Rentner, bewarb er sich bei der Initiative »Meet a Jew« als jemand, der bereit ist, in Schulen, christlichen Gruppen und anderen Institutionen all jenen Mitbürgern Rede und Antwort zu stehen, die bis dahin von sich sagten: »Ich bin noch nie einem Juden begegnet!«

Noch wenige Jahre zuvor hatte David den Antisemitismus in seiner Wahlheimat Deutschland als keine ernst zu nehmende Gefahr gesehen. Das änderte sich nicht erst seit den schlagzeilenträchtigen Anschlägen in Hanau oder Halle grundlegend, sondern bereits durch einen Vorfall in seinem Heimatort Herrenberg. Erfahren hatte er davon ausgerechnet auf der Besuchertribüne des baden-württembergischen Landtages. David war gekommen, um der Ernennung von Michael Blume zum Antisemitismusbeauftragten beizuwohnen, als der sozialdemokratische Fraktionsvorsitzende in seiner Rede von einem ungeheuerlichen Vorgang berichtete. In unmittelbarer Nähe von Davids Wohnsitz, so musste er fassungslos zur Kenntnis nehmen, war eine Frau antisemitisch attackiert worden. Mit einem Davidstern an der Halskette war sie an einem Samstagmorgen mit der Ammertalbahn von Tübingen nach Herrenberg gefahren. Schon im Zug war ihr ein Mann aufgefallen, der sie verächtlich musterte. Die Frau hatte ein mulmiges Gefühl und war während der kurzen Fahrt an der Waggontür stehen geblieben. Nachdem sie in Herrenberg den Zug verlassen hatte, war sie zügig zu den Treppen der Bahnhofsunterführung gelaufen. Der Mann aus dem Zug aber war ihr gefolgt, beleidigte sie nun als »Judenhure«, wünschte ihr den »Tod in der Gaskammer« und bespuckte sie. Die verängstigte Frau sah sich hilfesuchend auf dem Bahnsteig um. Es war aber niemand zu sehen. Schnell lief sie die Treppe hinunter und konnte sich in einem abfahrbereiten Bus in Sicherheit bringen. Noch am selben Tag erstattete sie bei der Polizei Anzeige. David fand diesen Übergriff auch auf der Internet-Plattform RIAS beschrieben, wo solche Vorfälle gemeldet und dokumentiert werden können. Als regelmäßiger Leser des Herrenberger Lokalblatts aber war er verwundert, dass dort darüber nicht berichtet worden war. Das kann der Redaktion doch kaum entgangen sein, wenn es sich sogar bis zum SPD-Fraktionsvorsitzenden in Stuttgart herumgesprochen hatte. Per E-Mail wandte sich David mit dieser Frage an den Herausgeber und den Chefredakteur des »Herrenberger Gäuboten«. Eine Antwort hat er nie bekommen.

Bald wurde David Holinstat von der Initiative »Meet a Jew« im Stuttgarter Raum eingesetzt. Das Interesse seines Publikums ist überwiegend groß. Man möchte etwas über die jüdischen Feiertage erfahren und was es bedeutet, ein jüdisches Leben zu führen. Immer wieder muss er Fragen nach den Speisegesetzen beantworten und bei Fragen zur israelischen Politik darauf verweisen, dass er ebenso wie seine Zuhörer kein Israeli und mit innerisraelischer Politik nur bedingt vertraut sei. Es war nicht zu erwarten, dass überzeugte Antisemiten auf den Veranstaltungen kirchlicher Gruppen auftauchen oder sich im Klassenverband einer Schule als solche outen würden. Es war aber auch nicht zu erwarten, dass David bei seinem Vortrag nur auf Zustimmung stoßen würde. Die beiden Herren, die auf einer kirchlichen Veranstaltung lautstark forderten, man möge »mit diesen Holocaust-Geschichten endlich aufhören«, wurden vom übrigen Publikum in die Schranken gewiesen. Die arabischstämmigen Schüler, die angesichts der Anwesenheit eines Juden demonstrativ die Köpfe auf den Tisch gelegt und sich schlafend gestellt hatten, störten zumindest nicht seinen Vortrag. Zuhören mussten sie ja trotzdem. Grundsätzlich positiv aber findet David das große Interesse vieler Menschen aus unterschiedlichen Generationen an einer anderen Religion und einer anderen Kultur. David Holinstat kann das nachvollziehen, schließlich ist er als erster Tenor seit Jahren Mitglied eines christlichen Chores und findet es durchaus mit seiner Jüdischkeit vereinbar, die h-Moll-Messe des Johann Sebastian Bach zu singen. Und seine evangelische Ehefrau sowieso.

New York – Berlin

In den 1980er Jahren geriet bei jungen New Yorker Kreativen die Berliner Szene in den Fokus, und das hatte Gründe. In gleichem Maße, wie die Subkultur in Big Apple unter steigenden Mieten für Ateliers, Probenräume und Off-Bühnen litt, würde eine solche, so sprach es sich bis über den Atlantik herum, in Westberlin gerade boomen. Und als die beiden Berliner Stadthälften ab 1990 zusammenkamen, galt Berlin nicht ganz zu Unrecht als das Eldorado der Clubs, der Musik- und Literaturszene und der zahlreichen Off-Galerien. Aber auch die subventionierte Hochkultur entwickelte sich zu einem Magneten für gut ausgebildete Künstler aus der ganzen Welt, gerade weil sie subventioniert ist. Ein bedeutender Teil von ihnen kommt seither aus New York und nicht wenige von ihnen sind jüdische Talente. David Friedman und Holly-Jane Rahlens kamen zu unterschiedlichen Zeiten in die Stadt und sind auf verschiedenen künstlerischen Gebieten unterwegs …

Als *David Friedman* in Roslyn Hights auf Long Island in den 1940/50er Jahren aufwuchs, dachte er, die ganze Welt sei jüdisch. Für diese Gegend, und das war damals seine Welt, stimmte das auch. Auch heute noch leben in Roslyn Hights überwiegend jüdische Familien. Sein Eindruck wurde auch durch den Umstand nicht erschüttert, dass in seiner Grundschulklasse ein nichtjüdischer Junge war und in der Parallelklasse sogar zwei. Erst an der Highschool kamen dann auch die Kinder italienischer Einwanderer und andere dazu. Das war David keineswegs unangenehm, aber es war eben irgendwie anders als vorher. Schon als Schüler hatte David begonnen Deutsch zu lernen, was damals sehr ungewöhnlich war. Aber sein Wunsch war es nun mal und bis heute weiß er nicht, warum. David Friedman sagt, er sei vom ersten Moment an von der Vorstellung fasziniert gewesen, diese Sprache zu erlernen. Er habe es kaum erwarten können, die ganzen Bücher zu lesen, die seine Mutter im Schrank hatte. Vor 1933 hatte sie selbst einige Jahre in Deutschland gelebt und auch nichts dagegen, dass er Deutsch lernte. Sie war aber damals kurz nach dem Krieg dagegen, dass man deutsche Produkte kauft. Allerdings wohnten in der Gegend einige Emigranten aus Deutschland und die waren sehr dagegen, dass der jüdische Nachbarsjunge diese Sprache erlernte. Seine Mutter wurde sogar von einer Frau im Supermarkt darauf angesprochen. Die Französischlehrerin stammte aus Berlin und als sie den Schülern Deutschunterricht anbot, bekundeten drei oder vier ihr Interesse. So fing alles an. Mit 18 Jahren nahm David dann an einem Schüleraustausch teil, der drei Monate dauerte. Da ist er in Balingen gewesen, auf der Schwäbischen Alb. Obwohl er sich zuvor mit der Nazizeit beschäftigt hatte, verspürte er keine Angst vor Deutschland. Seine Mutter besaß sogar ein Exemplar von »Mein Kampf«. Als Teenager hatte David versucht das Buch zu lesen, aber das ging gar nicht. Er empfand das als ein schreckliches Werk, was für einen jüdischen Jungen zu erwarten war. Also griff er lieber zu anderen deutschsprachigen Büchern in der Bibliothek seiner Mutter, wie zu »Fräulein Else« von Arthur Schnitzler oder »Kleiner Mann, was nun?« von Hans Fallada. Seine Großmutter hat immer zu ihm gesagt, er sei »eine alte Seele aus Deutschland«. Da nämlich kamen seine Vorfahren mütterlicherseits her. Die Familie seines Vaters kam aus Ungarn. Diese Sprache hat er aber nie gesprochen. Es ist allerdings sehr interessant, dass David in den letzten Jahren oft in Ungarn Konzerte spielt. Meist steht er dort gemeinsam mit ungarischen Roma-Musikern auf der Bühne oder auch mit jüdischen Musikern, aber fast nie mit anderen ungarischen Kollegen.

»Meine Kindheit verbrachte ich insofern in einer klassischen jüdischen Familie in New York, als wir fast nie in die Synagoge gingen«, sagt *Holly-Jane Rahlens* und fängt herzlich an zu lachen. »Höchstens mal zu den hohen Feiertagen. Aber ich kann mich nicht daran erinnern, dass wir irgendwann mal zu Hause den Schabbat gefeiert hätten, obgleich meine Eltern richtig koscher aufgewachsen waren.« Hollys Großeltern sind vor dem Ersten Weltkrieg aus der Ukraine und aus Polen in die USA gekommen und ihre Eltern hätten noch Jiddisch miteinander gesprochen, wenn die Kinder etwas nicht verstehen sollten. Das hört man immer wieder auch von jüdischen Leuten, die in der Sowjetunion aufgewachsen waren. Eine eigenwillige Koinzidenz in jenen ansonsten verfeindeten politischen Systemen.

Man habe sich in diesem New Yorker Umfeld als Juden verstanden, auch wenn man das Judentum nicht unbedingt praktizierte. Das eben finde sie typisch für viele jüdische Familien in New York, meint Holly-Jane Rahlens. Als sie vor einem halben Jahrhundert mit gerade mal 20 Jahren nach Berlin kam, konnte sie, wenn sie Amerikaner kennenlernte, angeblich auf Anhieb spüren, ob der Betreffende Jude war oder nicht. In diesem Alter habe sie dann in Berlin sowohl rational als auch emotional erfahren, dass die Gemeinschaft der Juden eine internationale ist. Das war ihr in Queens und in Brooklyn, wo sie ihre Kindheit und Jugend verbrachte, nie in den Sinn gekommen.

Zur Musik war *David Friedman* durch seine Eltern gekommen. Die Mutter spielte ein bisschen Akkordeon und der Vater war Amateurgeiger, der sogar in Great Neck, einem kleinen Ort auf Long Island, in einem Sinfonieorchester gespielt hat. Außerdem war David sehr stark durch die Musik in der Synagoge geprägt. Dort sang er nämlich als Junge im Chor und die Melodien hat er auch heute noch im Kopf. Der Kantor habe sogar zu seinen Eltern gesagt, dass aus ihrem Sohn ein guter Kantor werden könne. David Friedman, heute ein weltbekannter Vibraphonist und Jazz-Komponist, muss bei der Vorstellung lachen, welch eine Karriere da versäumt wurde.

Bei der Bar Mitzwa seines Bruders spielte eine Band und der kleine David stand die ganze Zeit neben dem Schlagzeuger. Der Mann hieß Mel Zelnik und war Drummer bei Benny Goodman. Das aber wusste David damals nicht und wahrscheinlich auch kein anderer Gast auf dieser Party. Mel Zelnik jobbte, wenn er nicht gerade mit Benny Goodman auf Tour war, oft als sogenannter Club-Date-Drummer, auf Bar Mitzwot oder jüdischen Hochzeiten. Jedenfalls war David von ihm total fasziniert und er wollte nun unbedingt auch Schlagzeuger werden, woraufhin sein Vater einen Musiker-Freund fragte, ob er für das Instrument einen guten Lehrer kennen würde. Der empfahl einen alten Kumpel, einen Broadway-Schlagzeuger, und der hieß Stanley Krell. »Früher hat er wahrscheinlich Krellinski oder so ähnlich geheißen«, vermutet David, denn tatsächlich haben ja viele eingewanderte Juden ihre Namen in der neuen Heimat amerikanisiert.

David Friedman war elf Jahre alt, als bei Mr. Krell der Schlagzeugunterricht anfing und damit seine große Liebe zu diesem Instrument. Nach vier Jahren meinte der Lehrer, es sei nun höchste Zeit, dass David zusätzlich ein Melodieinstrument lerne. Das gehöre für einen vielseitigen Musiker einfach dazu. Der pubertierende David wollte eigentlich nur trommeln, aber Stanley Krell bestand darauf, dass sie mit dem Xylophon beginnen. Am Anfang tat sich David mit diesem Instrument sehr schwer. Das mit den Dur- und Moll-Tonleitern wollte ihm lange nicht in den Kopf. Nach etwa einem Jahr aber machte es Klick und plötzlich fand David das Xylophon und die Marimba ganz toll. Das Vibraphon hatte er damals noch nicht für sich entdeckt. Fortan widmete er sich vor allem der Marimba und nach einer Weile wollte er darauf unbedingt klassische Musik spielen. Heute gibt es dafür ein Repertoire, viele spielen Bach, aber damals war er einer der Ersten. David Friedman fing also an, Renaissance-Stücke für Marimbaphon zu bearbeiten. Von da an konzentrierte er sich auf die sogenannten Stabinstrumente.

Holly-Jane Rahlens hat nach der Highschool Dramatic Arts, also Schauspiel, sowie Literaturwissenschaft an der City University of New York studiert. Schon an der Highschool hatte sie Theater gespielt und so entwickelte sich bei ihr der nachvollziehbare Wunsch, Schauspielerin zu werden. Aber auch das Schreiben war ihr wichtig, weshalb sie außerdem Literatur belegte. Zwischen ihrem zweiten und dritten Studienjahr lernte sie einen jungen deutschen Mann kennen. Er hieß Helmut und war Malermeister. Helmut hatte vor, in Berlin das Abitur nachzuholen, und wollte zuvor noch ein paar Wochen in New York sein. Er schaute sich nach einem Job um. Einen solchen zu finden war für ihn ganz einfach, weil alle sagten: »Oh, Sie kommen aus Deutschland und sind ein Meister!« So erfuhr Holly, dass Handwerker in Deutschland richtig gut ausgebildet werden. Als sie später in Berlin lebten, ging sie wochenlang in eine Sprachschule, um Deutsch zu lernen. In dieser Zeit begegnete ihr erstmals die Zeile »Der Tod ist ein Meister aus Deutschland!« aus der »Todesfuge« von Paul Celan, der einige Zeit zuvor gestorben war. Durch diesen einen Satz des jüdischen Lyrikers, durch das Spiel mit dem Wort Meister, sagt Holly, habe sie ein Gefühl für die deutsche Sprache bekommen.

David Friedman, der emeritierte Professor des an beiden Berliner Musikhochschulen angesiedelten Jazz-Instituts, sitzt am langen Tisch seiner Charlottenburger Dachgeschosswohnung. Im Hintergrund bietet die offene Tür zum Musikzimmer dem Besucher einen Blick auf einen Flügel und das Vibraphon mit den goldfarbenen Metallplatten. Auf der anderen Seite spannt sich über eine kleine Terrasse der wolkenreiche Himmel über Berlin.

»Ich glaube an eine spirituelle Energie«, bekennt David, »und auch, dass Menschen mit der Fähigkeit zur Intuition beschenkt werden. Und diese Intuition stellt die Verbindung zu allem dar.« Viele Menschen seien es leider nicht gewohnt, auf ihre Intuition zu vertrauen. Man glaube allgemein, es sei sicherer, sich auf das zu verlassen, was man weiß. Auf das Materielle, was nichts mit dem Spirituellen zu tun hat, wie die Wissenschaft. Man gehe zum Beispiel davon aus, dass man sich erkältet, wenn man mit bestimmten Keimen in Berührung kommt. Das Spirituelle gehe davon aus, dass ein ängstlicher und depressiver Mensch offen ist für negative Energie, die uns krank machen kann.

»Ich höre manchmal Stücke von mir, und da stelle ich dann die Frage, woher sind diese Harmonien gekommen und woher diese Melodie?«, setzt David Friedman die Verbalisierung seiner Gedanken fort. Und dann erinnert er sich an eine Situation, als er einmal in New York mit Leonard Bernstein im Studio war. In einer Probenpause hat er ein bisschen auf seinem Instrument improvisiert. Plötzlich stand Bernstein neben ihm, hörte eine Weile zu und sagte dann: »Das hast du aber nicht auf der Julliard Music School gelernt!?« Der Maestro hatte recht. Das eben sei diese Sache mit der Intuition. Es sei alles schon da und müsse nur losgelassen werden. Genauso wie wenn man in einen Raum geht und da hängen irgendwelche Sachen, die man sucht. Man erkenne sie nicht sofort, weil man sich auf seine Augen verlässt. Aber wenn man sie schließt, wie die alten Samurai, die dabei Mücken mit Stäbchen erwischt haben, merke man, dass man ein inneres Auge hat. Dieses innere Auge sieht alles, davon ist David Friedman überzeugt, man müsse nur den Mut haben, sich darauf zu verlassen. Seine besten Stücke habe er geschrieben, wenn er sich voll und ganz auf seine Intuition verlassen habe. Dann nämlich, wenn man anfängt zu schreiben und nicht mehr aufhören kann. Dann beginnt alles zu fließen und es geschieht fast von allein. Davids Gedanken ähneln jenen, die man bei jüdischen Mystikern nachlesen kann, aber auch von buddhistischen Mönchen zu hören bekommt. Dabei muss man den göttlichen Namen gar nicht aussprechen, denn das ist ohnehin verboten – zumindest für Juden.

Damals, Anfang der 1970er Jahre, spielte es für *Holly-Jane Rahlens* emotional keine große Rolle, dass sie in das Land kam, in dem der Holocaust seinen Anfang genommen hatte. Sie war jung, sie war verliebt, sie wohnte mit Helmut in einer Studenten-WG, dort hatte man sie akzeptiert. Beim Radiosender RIAS hatte Holly Arbeit gefunden, zunächst im Archiv des Jugendfunks. Je besser sie Deutsch konnte, desto mehr interessierte sie sich für Journalismus. Holly wurde Autorin der Literaturredaktion und in diesem Zusammenhang kam sie dann auch mit Literatur zum Holocaust in Berührung. »Vielleicht hat man mir solche Themen gegeben, weil ich Jüdin bin«, stellt sie eine nachvollziehbare Vermutung an. Damals erschien ein Buch mit neu entdeckten Gedichten von Selma Meerbaum-Eisinger, die im Dezember 1942 mit knapp 19 Jahren in einem rumänischen Zwangsarbeitslager ermordet wurde. Diese Gedichte fand Holly-Jane Rahlens sehr berührend. Ihr fiel auch ein Buch über das Mädchenorchester von Auschwitz in die Hände. Solche Literatur animierte sie, ein Hörfunk-Feature über jüdische Frauen und Holocaust zu machen. Das war dann der Moment, in dem sie erst verstand, dass sie sehr viel nachzuholen hatte. Dabei war es keineswegs so, dass sie vorher nicht gewusst hätte, an welchem Ort sie lebte. Nun aber sei ihr klar geworden, dass es auch zu ihrer ureigenen Geschichte gehörte, und Holly erklärt, warum: »Meine Großeltern stammten ja aus Polen und der Ukraine, also jenem Gebiet, in dem später die Shoah stattfand. Nur die frühe Auswanderung rettete ihnen das Leben. Von den jüdischen Frauen in den Büchern trennte sie nur ein paar Jahre und ein Schiff.«

Später war Holly auch als Fernsehautorin tätig. Für einen Film mit dem Titel »Zwischen gefillten Fisch und gemischten Gefühlen« interviewte sie sechs jüdisch-amerikanische Künstler in Berlin, die alle ihre Freunde waren. In diesen Jahren wurde sie auch als Schauspielerin im freien Theaterbereich in Berlin bekannt. Damals produzierte der SFB-Hörfunk eine Sendereihe mit dem Titel »Passagen«, in der Gäste eine knappe Stunde Zeit hatten, Geschichten aus ihrem Leben zu erzählen. Holly war mehrfach eingeladen. Aus ihren Geschichten machte sie anschließend Solo-Shows, und weil sie dabei saß, nannte sie diese in ironischer Anspielung an Stand-up-Comedy einfach Sit-down-Comedy. Kurzum: Holly-Jane Rahlens entwickelte vielseitige Talente.

Die Liebe zu einer deutschen Frau hat *David Friedman* Mitte der 1980er Jahre nach Berlin geführt. Die Entscheidung für einen Wohnsitzwechsel wurde zudem erleichtert, weil sich in dieser Zeit die Studioszene in New York mit dem Synthesizer-Virus infiziert hatte: Es wurden immer weniger Live-Musiker eingesetzt. Diese Frau aus Berlin hatte er während eines Aufenthalts in Wien kennenlernt. Das war, noch bevor man ihm am Jazz-Institut der Universität der Künste eine Professur angeboten hat. Damals kam David nach Charlottenburg und das schien kein Zufall zu sein.

Hier, unweit des Kurfürstendamms, so erzählt er, habe er sofort gefühlt, dass das ein jüdischer Stadtteil sei. Dabei wusste er nicht, dass vor der Shoah große Teile des aschkenasischen Bürgertums in Charlottenburg und dem benachbarten Wilmersdorf gewohnt hatten. Als David vierzig Jahre nach der Shoah hierhin zog, gab es noch nicht die Stolpersteine vor den Häusern, in denen sie lebten, bevor sie in die Vernichtungslager deportiert oder außer Landes gejagt wurden. Aber als David Friedman durch jene Nebenstraße vom Kurfürstendamm lief, in der er damals wohnte, fühlte sich das für ihn jüdisch an. Obwohl es dafür äußerlich kaum konkrete Anzeichen gab. Zwei Mal nur hatte er auf der Straße orthodoxe Juden gesehen. Allerdings gab es einen Falafelladen, der zu Pessach auch Mazzot anbot. Dort hat er sich manchmal Hummus oder gefilte Fisch gekauft. Erst Jahre später erfuhr er, dass am anderen Ende dieser Straße in einem Hinterhof eine Synagoge steht, in der auch heute noch regelmäßig Gottesdienste stattfinden.

»Man lebt in Berlin mit ›the ghosts of Germany‹«, sagt *Holly-Jane Rahlens* heute. Sie spüre diese deutschen Geister, wenn sie unweit von ihrer Wohnung am Lietzensee spazieren gehe. Da nämlich kommen die Spaziergänger am ehemaligen Reichsgericht vorbei, in welchem Todesurteile gesprochen wurden. In einem Buchmanuskript von ihr spielt dieses Gebäude eine Rolle.

Vor vielen Jahren, als Holly-Jane Rahlens, das Multitalent, von ihrem jetzigen Mann Eberhard schwanger war, hatte sie sich aufs Schreiben konzentriert. Nach dem Debütroman »Becky Bernstein goes Berlin« folgten weitere, ehe Holly auch die Jugendliteratur für sich entdeckte. In schneller Folge veröffentlichte sie Titel wie »Prinz William, Maximilian Minsky und ich«, »Wie man richtig küsst« oder

»Mauerblümchen«, und jedes Mal steht ein jüdisches Mädchen in Berlin im Zentrum der Handlung. Bald fühlte sich die Autorin Holly-Jane Rahlens in die Schublade als Kinder- und Jugendbuchautorin gesteckt. »Ab dem Moment, wenn du für Kinder und Jugendliche schreibst, wirst du in der Buchbranche nicht mehr so ernst genommen«, beschreibt Holly ein subjektives Gefühl, dem die Verlage ganz sicher widersprechen würden. Nun also, nicht zuletzt unter dem Eindruck des ehemaligen Nazi-Gerichts am Lietzensee, hat sie einen Roman geschrieben, in dem es um eine amerikanische Jüdin in Berlin geht, die die Geschichte ihrer Mutter recherchiert. Holly Jane-Rahlens ist längst in der Geschichte dieser Stadt angekommen, und was die mit der Verfolgung der europäischen Juden zu tun hat, wusste sie immer. Nun also haben es jüdische Charaktere mehrfach geschafft, zu ihren Protagonistinnen zu werden. Ist das für eine Autorin auf Dauer nicht ein wenig zu monothematisch? Die Erfolgsautorin nickt nachdenklich und erklärt, dass dies der Erwartungshaltung der Verlage entspreche. Es gab ihrerseits durchaus Versuche, sich dieser zu entziehen. Sie habe Science-Fiction-Geschichten für Jugendliche geschrieben, dafür aber keine Aufmerksamkeit der überregionalen Feuilletons bekommen. Auf der anderen Seite habe man ihr für das Hörspiel »Stella Menzel und der goldene Faden« einen Preis als bestes Hörspiel für Kinder zugesprochen. Umgehend wurde diese Arbeit vom Evangelischen Pressedienst bis zum Tagesspiegel ausgiebig gewürdigt. Warum? Holly-Jane Rahlens Antwort lautet: »Es ist ein jüdisches Thema! Diese Aufmerksamkeit bekomme ich nur selten, wenn ich über ein nichtjüdisches Thema schreibe. So unmöglich es sich anhört, aber für das jüdische Thema bekommt man einen Bonuspunkt, wird dann aber für andere Themen einfach nicht mehr ernst genommen.«

»Berlin ist für mich die jüdischste Stadt in Deutschland«, erklärt *David Friedman* kategorisch. Hier habe er nie das Gefühl gehabt, in einer feindlichen Welt zu leben, in der das Schlimmste passiert ist. Natürlich weiß er, dass es anders war. Allerdings habe er dieses negative Gefühl fast immer dann, wenn er Berlin verlässt. »In Bayern war mir immer mulmig und am schlimmsten war es in Nürnberg«, erinnert sich David. »Und auch heute noch, wenn ich nach Nürnberg komme, ist dieses negative Gefühl plötzlich da. In Berlin aber habe ich mich von Anfang an zu Hause gefühlt und das ist auch so geblieben.«

Der verstummte Blogger

Der Militärdienst ist in Israel für fast alle jungen Männer und Frauen nach Abschluss der Schule ein gesetzter Termin. Die Schulpflicht endet und die Wehrpflicht beginnt. Bis dahin ist das Leben der meisten Israelis staatlicherseits vorbestimmt, dann wird es ihnen in die eigenen Hände gelegt. Manche hängen nach Ableistung des Militärdienstes erst mal eine Weile in Südostasien ab, bevorzugt auf thailändischen Inseln, im indischen Goa oder in Nepal, andere werden für eine Zeit Stammgäste in einem oder mehreren der 250 Berliner Clubs. Zumindest bis zum Ausbruch der Corona-Pandemie war das so. Damals stand auch *Asaf Erlich* aus Holon südlich von Tel Aviv vor der Frage, wie es mit ihm weitergehen sollte. Der Sohn einer Mutter, die von usbekisch-bucharischen Juden abstammt, und eines aschkenasischen Vaters mit polnisch-deutschen Wurzeln reiste nicht nach Indien und auch nicht nach Berlin – er dachte nach. Viele seiner Freunde bescheinigten ihm ein

Talent für Sprachen. Ihm selbst war das gar nicht klar, und wenn, was konnte jemand damit anfangen, der keine Zukunft als Dolmetscher anstrebt!? Asaf konnte sich vorstellen, in den diplomatischen Dienst zu gehen. Eine solche Karriere zeichnete sich nach dem Hörensagen dadurch aus, dass man entweder gute Beziehungen haben müsse oder etwas anzubieten habe, was als Fähigkeit nicht bei jedem zweiten Bewerber in der Vita steht. Zunächst einmal musste man studieren. Asaf machte das und erwarb schließlich ein Diplom in politischen Wissenschaften an der Bar Ilan, einer religiös-zionistischen Universität in Ramat Gan, einer 160 000 Einwohner zählenden Stadt unweit von Tel Aviv. Ein solcher Abschluss attestierte aber keine spezielle Befähigung, sondern stellte die Voraussetzung für eine Bewerbung im Außenministerium dar. Wie also sah es mit Sprachen aus? Nun, dass man des Englischen mächtig ist, bietet sich nicht nur für Diplomaten an, sondern ist vielmehr in nahezu allen Lebensbereichen in diesem kleinen Land von Vorteil. Viele Uni-Absolventen lernen inzwischen Chinesisch, was also bald auch schon kein Alleinstellungsmerkmal mehr sein würde. Wie aber wäre es mit Deutsch, überlegte Asaf gegen Ende seines Studiums. Das war eine Sprache, die in Israel in bestimmten Kreisen und sicher auch bei vielen Bewerbern beim Außenministerium nicht sehr beliebt ist. Allerdings drückte Asaf zum Erlernen dieser Sprache keine Schulbank – er ging nach Deutschland.

Es war ein Zufall, dass Asaf Erlich beim Zappen im Internet auf ein Jobangebot in Deutschland stieß. Ohnehin hatte er erwogen, nach dem Studium ein Freiwilliges Soziales Jahr zu machen, warum also nicht in Deutschland? Er würde die Sprachkenntnisse quasi learning by doing erwerben.

Vielleicht konnte er ja dort an einer konsularischen Vertretung Israels einen Job finden, der ihm die Möglichkeit gab, ein wenig ins diplomatische Geschäft hineinzuschnuppern.

Die erste Station in Deutschland war die Lutherstadt Wittenberg und dort blieb er ein Jahr. Es klingt ungewöhnlich, dass ein Israeli ein Soziales Jahr in der deutschen Provinz macht, ist es doch üblicherweise umgekehrt. Denn das war es, was von Asaf Erlich von einer Organisation in Sachsen-Anhalt erwartet wurde: junge deutsche Bewerber in Workshops auf ihr künftiges Einsatzgebiet Israel vorzubereiten. Dabei lernte auch er eine Menge. Zum Beispiel, weshalb sich seine deutschen Altersgenossen ausgerechnet Israel für ein Soziales Jahr aussuchten. Die einen verspürten eine Art Schuld für die Generation der Großeltern gegenüber den Juden und wollten etwas wiedergutmachen, was natürlich gar nicht gutzumachen ist. Aber ein Zeichen der Verantwortung für die Geschichte war das allemal. Die anderen, meist eher links eingestellte Aspiranten, wollten angesichts des Nahost-Konflikts »die Position der Araber besser verstehen«. Da half Asaf das Politikstudium an der Bar-Ilan-Universität, um diese verschiedenen Interessen einzuordnen und Antworten auf die Fragen der Aspiranten zu finden.

Als Asaf in Sachsen-Anhalt lebte, gab es noch keine AfD, aber als diese Partei später dort Wahlerfolge feierte, hat ihn das nicht erstaunt. Bereits damals spürte er bei vielen Menschen eine nationalistische Tendenz. Einmal hat ihm sogar ein junger Mann den Arm zum Hitlergruß entgegengestreckt. Asaf suchte das Gespräch mit diesen Menschen, was wegen der Sprachbarriere nicht ganz einfach war. Es hat vor allem eine Weile gedauert, bis er realisierte, dass es in Deutschland automatisch einer rechten Gesinnung entsprach, nationalistisch eingestellt zu sein. Die zionistischen Gründungsväter Israels standen politisch ja eher links, aber trotzdem hatten sie die Idee des Aufbaus eines jüdischen Nationalstaates. Deshalb war für ihn nicht auf Anhieb erkennbar, was nationalistische Haltungen hierzulande bedeuteten. In den Gesprächen wirkte er interessiert und nicht voreingenommen. War das der Grund, weshalb die Menschen, denen er begegnete, plötzlich zwischen »guten und schmutzigen Ausländern« unterschieden und ihn zu den Guten zählten? Das wäre zumindest ein begrenzter kleiner Sieg gegen den Antisemitismus gewesen, der offenbar trotz des israelischen Gesprächspartners nicht ins Spiel gekommen war.

Das Soziale Jahr war, wie der Name sagt, auf ein Jahr angelegt. Danach ging es zurück nach Israel. Zuvor aber war er im israelischen Generalkonsulat in München vorstellig geworden, und man sah die Möglichkeit, dem jungen Politikwissenschaftler eine Praktikantenstelle einzuräumen. Würde ihm das die Tür für die diplomatische Karriere öffnen? Asaf hoffte, hier Bedingungen vorzufinden, die ihm halfen, sich optimal auf den als schwierig bekannten Einstellungstest in Jerusalem vorzubereiten. Was er nach seiner Rückkehr schließlich vorfand, waren Arbeitsbedingungen, die ihn veranlassten, die diplomatische Karriere gar nicht erst in Angriff zu nehmen. Wenn Asaf Erlich darüber spricht, sprudelt es nur so aus ihm heraus. Allerdings möchte er nichts davon veröffentlicht wissen. So loyal ist er dann schon. Dann aber erzählt er doch eine Geschichte, die zu seiner Desillusionierung beigetragen hatte.

Asaf ist ein technikaffiner Mensch, einer, der sich sicher in den sozialen Medien bewegt und auch um die positiven Möglichkeiten einer Online-Präsenz weiß. Also entwickelt er in der Zeit am Generalkonsulat die Idee, in einem regelmäßigen Videoblog seine israelische Heimat vorzustellen. Das Land, vor allem die Menschen, ihre Lebensweise, die Hoffnungen der großen Mehrheit der Israelis auf ein friedliches Zusammenleben mit den arabischen Nachbarn. Das alles wollte er in Bild und Wort darstellen. Die Beiträge könne man auch den anderen diplomatischen Vertretungen weltweit zur Verfügung stellen, argumentierte er, um auch dort Israel in einem positiven Licht zu präsentieren. Seine Vision aber wurde von den Diplomaten abgelehnt. Besonders enttäuschend war, dass man sich nicht einmal die Mühe machte, die Absage zu begründen. Die Antwort lautete jedes Mal »Lo!«, also »Nein!«. Damit endete sein Ausflug in die Welt der Diplomaten. Der Grund, warum er trotzdem in München blieb, hieß Kerstin. Die junge Münchnerin war damals seine Freundin und heute sind die beiden verlobt.

Sein erstes Jobangebot kam von der Zionistischen Jugend Deutschlands (ZJD). Diese Jugendbewegung, die sich vor allem die Unterstützung für Israel auf die Fahne geschrieben hat, war ein halbes Jahrhundert zuvor gegründet worden. Auch hier bestand Asafs Tätigkeit unter anderem darin, den Mädchen und Jungen ein positives Bild seiner Heimat zu vermitteln. Da es sich aber diesmal um jüdische Mädchen und Jungen handelte, sollten diese irgendwann in der Lage sein, die zionistische Position anderen gegenüber zu vertreten. Wobei der Begriff des Zionismus, wie die Organisation auf ihrer Website betont, heute anders verstanden wird als 50 Jahre zuvor. Er sei kompromissbereiter, den veränderten Realitäten angepasster. »Die ehemals herrschende Vorstellung, dass Israel der einzig sichere Platz für Juden sei, ist der Erkenntnis gewichen, dass es vielmehr einer der gefährlichsten Orte zum Leben ist. So wird auch in Israel das Diaspora-Judentum nicht mehr verächtlich angesehen, sondern als Bereicherung.« Erst durch diesen Eintrag mag mancher in Deutschland lebender »Diaspora-Jude« überhaupt erst erfahren haben, dass dies einmal anders war.

Asaf, der sich heute als »stocksäkular« bezeichnet, hatte in jener Zeit nach eigenem Bekunden eine »religiöse Phase«. Um in der Fremde die eigene Jüdischkeit zu spüren, suchte er die Nähe zur Israelitischen Kultusgemeinde und zeitweilig auch die zu Chabad, jener modern-orthodoxen Gruppierung. Das hatte natürlich auch Auswirkungen auf seine Beziehung. Keineswegs negative, denn bei Kerstin wuchs der Wunsch, Jüdin zu werden. Asaf war dagegen, denn es kam ihm so vor, als habe er irgendeinen missionarischen Einfluss auf die Partnerin ausgeübt, was natürlich vollkommen unjüdisch wäre. Außerdem konnte er sich durchaus ein Leben an der Seite einer nichtjüdischen Frau vorstellen. So strikt also schien die »religiöse Phase« dann auch wieder nicht gewesen zu sein. Asafs Verlobte aber war selbstbewusst genug, ihren eigenen Weg zu gehen. Immerhin war ihr Großvater mütterlicherseits jüdisch gewesen. Von Missionierung konnte also keine Rede sein. Schließlich fand sie in dem liberalen Rabbiner Tom Kucera einen kompetenten Lehrer, der sie seither auf dem Weg zur Jüdischkeit begleitet. Der aus Tschechien stammende Tom Kucera steht seit einigen Jahren den Betern und Beterinnen von Beth Shalom als Rabbi zur Verfügung – jener unabhängigen Münchner Gemeinde, zu deren Vorsitzende mittlerweile Eva Ehrlich gewählt wurde, die Mitherausgeberin des jüdischen Online-Magazins haGalil.

Die Idee mit den Videos spukte noch immer in Asafs Kopf herum. Vielleicht gerade deshalb, weil ihm die Diplomaten im israelischen Generalkonsulat keinen rational nachvollziehbaren Grund für die Ablehnung genannt hatten. Manch einen mag so etwas frustrieren, Asaf hingegen hat es eher motiviert; er wollte es denen zeigen! Und nicht nur denen, sondern auch einem zahlenmäßig schnell wachsenden Publikum in seinem Blog, denn der eloquente junge Mann hatte inzwischen Deutsch gelernt. Sogar ein bisschen Bayerisch. Das zeigt sich, wenn er sich seinem Publikum in Lederhose, Janker und bajuwarischer Samtweste präsentiert und die Zeit des Oktoberfestes als die »schönste Zeit im Jahr« bezeichnet. Seinem YouTube-Video gab er den provokanten Titel: »Dirndl und Gemütlichkeit – ein bayerisch-jüdisches Kulturgut?« Üblicherweise aber sind die Themen in seinem Blog andere. In kurzen Clips beantwortet er Fragen, die manche schon immer übers Judentum stellen wollten, aber nicht wussten, wem, da sie keine jüdischen Menschen kennen. Man könnte die Antworten auch über Suchmaschinen finden, Asaf Erlich ist aber einfach die charmantere Alternative. Ihm gelingt es, in einer Zeitspanne von 2 Minuten und 37 Sekunden das Pessach-Fest zu erklären, für das jüdische Neujahrsfest Rosh Hashana braucht er sogar nur 1:53, für den weniger bekannten Feiertag Tu BeSchwat, dem »Geburtstag der Bäume«, nimmt er sich 4:06 Minuten Zeit. In einem anderen Video widmet er sich der Frage »Was machen Juden im Alltag?« oder er stellt Israel als »ein Land voller Katzen« vor. Und weil vom Bayerischen Rundfunk bis zum Sonntagsblatt viele Medien über den fröhlichen israelisch-bayerischen Blogger berichtet hatten, schossen die Klickzahlen für seine Videos schnell in die Höhe. Asaf bezeichnet sich zwar als einen politischen Menschen, aber vor der Kamera will er das nicht sein. Er sei dann »Realist«, sagt er, was ja zu einem politischen Menschen kein Gegensatz sein müsste. Ihm aber gehe es um wertfreie Informationen über jüdisches Leben und über Israel. Da stellt er dann schon mal ein Video ins Netz, das »Our trip to Acre« heißt, in welchem er und seine Verlobte in den Gassen der multikulturellen Altstadt zu sehen sind, er die arabisch-jüdischen Speisen im Bazar und die christliche Kirche am Hafen zeigt – und das alles, ohne ein Wort zu sagen. Dann war plötzlich Schluss mit dem Videoblog des Asaf Erlich. Seit Oktober 2019 produziert er nur noch Videos für seinen aktuellen Arbeitgeber. Die Firma, die unter anderem Software für die Senderfamilie der ARD herstellt, hat ihren Online-Auftritt in seine Hände gelegt. Seitdem setzt er deren Produkte ins Bild und erläutert in »Tutorials«, wie man die Software praktisch anwendet. Warum Asaf mit den Videos über Israel aufhörte, hat aber einen anderen Grund. Auslöser war die Tat, die sich am 9. Oktober 2019 in Halle ereignete. Nach dem versuchten Angriff eines Rechtsradikalen auf die Synagogengemeinde an Jom Kippur stellte er »auf stumm«. Asaf kann nicht genau erklären, warum er sich so entschieden hat, will es vielleicht auch gar nicht und außerdem sei das auch »noch gar nicht offiziell verkündet«. Seine Fangemeinde darf also durchaus hoffen, dass Asaf nicht dauerhaft stumm bleibt. Dann könnte irgendwann sein Großvater ein Thema sein. Erst durch Recherchen in Archiven hat er erfahren, dass er im KZ Buchenwald inhaftiert gewesen ist. Als sein Opa noch lebte, in Asafs Kindheit in Holon, hat er nie darüber gesprochen. Überhaupt war dieses Thema in der Familie ein Tabu.

Spurensucher, Sinnsucher

Die Erforschung der eigenen Familiengeschichte ist gewiss kein Privileg jüdischer Menschen. Die Frage nach der Herkunft der Vorfahren finden auch nichtjüdische Personen interessant. Von adligen Stammbäumen werden gar Titel abgeleitet, die laut unserer Verfassung nur noch schlichter Namensbestandteil sind. Die durch die Shoah bedingten gebrochenen Biografien jüdischer Familien aber werfen bei den Nachgeborenen nicht selten Fragen nach der eigenen Identität auf. Viele wurden dort geboren, wohin ihre Eltern und Großeltern emigriert waren. Teile der Familie, die nicht das Glück hatten, den Verfolgungen in Europa zu entgehen, tauchen nur noch als Namen auf und deren Schicksal verlangt nach Aufklärung. Die Gedenkstätte Yad Vashem in Jerusalem und auch die Stolpersteine auf unseren Fußwegen sorgen dafür, dass diese Namen nicht der Vergessenheit anheimfallen.

Madelaine Linden wurde in Montevideo geboren und ist in Buenos Aires aufgewachsen. Als junge Frau fielen ihr Briefe der Urgroßmutter in die Hände, die jene aus Hamburg ins ferne Argentinien geschrieben hatte, ehe sie nach Theresienstadt deportiert worden war. Deren Urenkelin lebt heute in Stuttgart und hat mit der Publizierung dieser Briefe der Welt ein eindrucksvolles Dokument geschenkt. János Darvas hat sich seit früher Jugend mit seinen familiären Wurzeln beschäftigt. Die tiefe Spiritualität des in Eckernförde lebenden Pädagogen und Lyrikers steht dabei in einer Traditionslinie zum Urgroßvater, einem galizisch-chassidischen Talmudgelehrten. Mit der Geige, mit der der in Melbourne aufgewachsene Daniel Weltlinger als Solist an der Seite des Sinti-Musikers Lulo Reinhardt oder der Jiddisch singenden Sharon Brauner auftritt, hat einst der

Großvater in Ungarn sein Geld verdient. Das Instrument begleitete ihn um die halbe Welt, ehe es mit dem Enkel Jahrzehnte später wieder die Heimreise nach Europa antrat. Auf der Suche nach den musikalischen Wurzeln seines Opas wurde Daniel Weltlinger fündig und hat das Ergebnis auf einem sehr berührenden Album verewigt. Herkunft kann aber auch viel universeller verstanden werden. Der Mathematiker David Seldner, ein in Cleveland/Ohio geborener Sohn jüdisch-deutscher Emigranten, hat viele Jahre am Kernforschungszentrum in Karlsruhe gearbeitet. Er blickt metaphorisch auf die biblische Schöpfungsgeschichte vor dem Hintergrund der Urknall-Theorie. David Seldner liefert damit ein Beispiel dafür, dass sich naturwissenschaftliche Forschung und Religiosität keineswegs ausschließen müssen. Vier Spurensucher – vier jüdische Lebensgeschichten.

Die Äste im Stammbaum von *Madelaine Lindens* Vorfahren weisen die einer typisch jüdischen Ahnentafel im 20. Jahrhundert auf: weit verzweigt, global vernetzt, mit den schmerzhaften Einschnitten durch die Shoah. Im Fall von Madelaine Linden klingt das so: »Meine Mutter stammte aus Frankfurt und war eine Nichte von Hermann Weil, einem reichen Getreidehändler, der als Stifter des Instituts für Sozialforschung, der sogenannten Frankfurter Schule, bekannt wurde. Dessen Sohn Felix Weil war Humanist und hat mit einigen Bekannten ebendieses Institut gegründet. In dieser mütterlichen Linie stammte meine Großmutter aus Stuttgart und mein Großvater aus Frankfurt. Der Frankfurter Opa saß im Ledergeschäft der Firma Adler & Oppenheimer als Einziger im Vorstand, der nicht zur Familie der Eigentümer gehörte, gleichwohl aber sehr geschätzt wurde. Mein Vater stammte aus Hamburg, dessen Eltern kamen aus Berlin und aus Celle. Sie gehörten in der Hansestadt zum arrivierten Bürgertum. Meine Großeltern habe ich leider nie kennengelernt. Der Opa ist in der Emigration jung, mit knapp über 50 Jahren, an einem Herzinfarkt gestorben und meine Oma hat sich das Leben genommen.« Lange glaubte die Familie, dies sei aus Trauer um den geliebten Gatten geschehen. Nachdem sich Madelaine allerdings intensiv mit dem Schicksal ihrer Urgroßmutter Anna Hess beschäftigt und deren Briefe mittlerweile in Buchform publiziert hat, glaubt sie das nicht mehr. Vielmehr ist Madelaine Linden davon überzeugt, dass ihre Großmutter sich das Leben nahm, weil sie den Tod ihrer alten Mutter in Theresienstadt nicht verkraften konnte.

Madelaine Linden wurde in Montevideo geboren, weil ihre Eltern das Exilland Argentinien wegen der Diktatur von Juan Perón ins benachbarte Uruguay verlassen hatten. Nach Peróns Sturz ist die kleine Familie zurück nach Buenos Aires gezogen, wo Madelaine zunächst die englische St. Catherine's Moorlands School besuchte. Eines Tages wurden alle nichtkatholischen Kinder aufgefordert, die Schule zu verlassen. So kam sie an die deutschsprachige Pestalozzi-Schule, an der viele jüdische Kinder waren. Allein in ihrer Klasse gab es nur drei Mitschüler, die keine Juden waren. Gegründet wurde diese Schule 1934 von einem Schweizer Journalisten als private Alternative zur deutschen Goethe-Schule, die nationalsozialistische Lehrpläne übernommen hatte. Nach dem Krieg schickten die geflüchteten Nazis ihre Kinder auf die Goethe-Schule, obgleich die Curricula natürlich nicht mehr dieselben waren.

Madeleine also besuchte die Pestalozzi-Schule, hatte dort aber keine wirklichen Freunde, auch als Teenager nicht. Entweder war sie mit ihren Eltern zusammen oder sie blieb allein. Außer im Sommer, da verbrachte sie immer zwei Monate in einem jüdischen Ferienheim unweit von Córdoba in den Bergen. In diesem Ferienheim hat sie schließlich alles gelernt, was man als Kind über das Judentum lernen konnte, wie zum Beispiel das Prinzip »Gam su letova!«. Dort wurden Geschichten erzählt, in denen irgendetwas Schlimmes passierte, aber nur durch dieses negative Ereignis konnte etwas Neues, Wunderbares geschehen, das sonst nicht geschehen wäre. »Gam su letova!« heißt auf Deutsch »Auch dies ist zum Guten!« und war ihr oft ein Trost im Leben. Als Kind fühlte sie sich nirgendwo, außer zu Hause und in diesem Kinderheim, wohl. Ob Letzteres was mit dem jüdischen Leben dort zu tun hatte, vermag sie nicht zu sagen. Es war schön, die Ferien dort zu verleben, aber im säkularen Elternhaus hat Madelaine das jüdische Leben nicht vermisst.

Als Teenager ist sie zweimal mit ihren Eltern in Europa gewesen. Madelaine war angenehm überrascht von der Freiheit für die Frauen, wie man sie hier beobachten konnte. Da wusste Madelaine, dass sie so schnell wie möglich aus Argentinien wegmusste. Nach dem Abitur besuchte sie in Lausanne die Hotelfachschule. Zum ersten Mal lief sie ohne Begleitperson auf der Straße, erstmalig nahm sie allein den Bus. Das ist sie bis dahin nicht gewohnt gewesen. Dabei war sie immerhin schon 19 Jahre alt. Plötzlich hatte Madelaine das wundervolle Gefühl einer schier grenzenlosen individuellen Freiheit. Während des Besuchs ihrer Eltern wurde nach vielen Jahren Perón noch einmal zum Präsidenten gewählt, worauf Madelaines Vater entschied, in der Schweiz zu bleiben. Nun wurde von ihr erwartet, dass sie wieder zu den Eltern zieht. Dabei war sie doch aus Argentinien weggegangen, um selbstständig leben zu können, was schwer genug war, da sie immer sehr viel Angst hatte. Kein Wunder, da sie in ihrer Kindheit von der Mutter mit Angst geradezu überschüttet worden war. Madelaine erfüllte wieder einmal die Erwartung der Eltern und flüchtete sich in eine eigene Welt, wenn sie in ihrer freien Zeit an einem geheimen Ort malte – auf dem Dach des Hotels, in dem sie arbeitete. Bald spürte sie, dass das Hotelfach nicht ihre Berufung war. Nach einer Weile fühlte sie sich stark genug, um ihrem Leben eine andere Richtung zu geben. Eine Freundin aus der Hotelfachschule wohnte inzwischen in Brüssel und lud sie ein. Dort fand Madelaine einen Job bei einer Unternehmensberatung und wechselte nach anderthalb Jahren als Sekretärin in eine PR-Agentur. Sie konnte zwar nicht besonders schnell tippen, dafür aber sprach sie mittlerweile neben Deutsch auch Spanisch und Englisch sowie Französisch, Italienisch und Portugiesisch. Madelaine bezeichnet heute diese Zeit als eine des Sturm und Drang, in der sie die Welt entdeckte. Sie war offenbar ein Sprachtalent, das man in der international agierenden Consulting-Firma gut gebrauchen konnte. Und dann kam Alexandra David-Néel in ihr Leben, genauer die Bücher jener französischen Schriftstellerin, die im 19. Jahrhundert als erste westliche Frau nach Tibet gereist war. Madelaine las alles von ihr und die Beschäftigung mit dem tibetischen Buddhismus veränderte ihr Leben. Es war aufregend zu erfahren, wie diese Menschen leben, wie sie lernen loszulassen und Angst gar nicht erst kennen.

Während eines Besuchs bei ihren Eltern in der Schweiz erklärte ihr der Vater, man müsse sich um die Briefe seiner Großmutter Anna Hess kümmern, die sie ihrer Tochter von Nazi-Deutschland aus nach Buenos Aires geschrieben hatte. Madelaine ahnte nicht, dass dies ihr Leben für die nächsten drei Jahrzehnte weitgehend in Beschlag nehmen würde. Eine Mammutaufgabe lag vor ihr, auch wenn diese anfänglich relativ harmlos als lose Briefsammlung daherkam. Die Arbeit begann damit, dass Madelaine sich erst mal in Hamburg umsah. Dort gab es vonseiten ihrer Urgroßmutter ja noch Familie, die als sogenannte Halbjuden den Krieg überlebt hatten. Mit einer dieser Verwandten verstand sie sich auf Anhieb gut. Sie beherbergte Madelaine und gemeinsam begannen sie damit, die Familiengeschichte aufzuarbeiten. Die Briefe waren allerdings in Sütterlin geschrieben und für Madelaine nahezu unleserlich. Ihr Vater hat die Briefe seiner Großmutter dann laut lesend auf Kassetten aufgenommen und Madelaine hat sie mühsam abgetippt. Schon bald spürte sie, wie schwer ihr die Briefe jener Frau, die damals in Hamburg zurückgeblieben war, zusetzten. Anna Hess wurde am 9. Juni 1943 im Alter von 88 Jahren nach Theresienstadt deportiert und starb dort knapp drei Monate später. Um dem emotional etwas entgegenzusetzen, fing Madelaine wieder an zu malen. Fortan lebte sie in zwei gegensätzlichen Welten. Die eine war geprägt von der bunten Welt ihrer Bilder und die andere von den düsteren Briefen der unbekannten Urgroßmutter. Obgleich Anna Hess in einem ihrer Briefe deutlich erklärte, sie wäre nie im Leben mit in die Emigration gegangen, wurde das Gefühl, sie zurückgelassen zu haben, zum Trauma der Familie. »Wäre sie in Hamburg einsam und unglücklich gewesen, hätte das nicht diese Rolle gespielt«, vermutet Madelaine Linden. »Was aber eine Rolle spielte, war, dass sie im hohen Alter deportiert und umgebracht worden ist. Das hat schließlich zum Suizid von Annas Tochter, also meiner Großmutter, geführt. Und dieses Trauma hat sich auch auf mich übertragen.«

Das Besondere an den Briefen der Anna Hess ist, wie genau diese beobachtet und exakt beschreibt, was um sie herum in Deutschland geschieht. Und da gibt es diese unglaubliche Geschichte – unglaublich zumindest angesichts der Nazidiktatur und dem staatlich verordneten Antisemitismus. Als die Familienfirma »arisiert« worden war und der neue Besitzer sich weigerte, Anna Hess die vereinbarte Pension zu bezahlen, strengte sie einen Prozess an – und gewann. In jener Zeit gewann eine Jüdin in Hamburg eine gerichtliche Auseinandersetzung! »Es gab eben auch anständige Menschen«, sagt Madelaine Linden, »und der Richter, der so entschieden hat, war ein anständiger Mensch.«

Die Briefe der Anna Hess sind außergewöhnliche Zeitdokumente, trotzdem wollte sie kein Verlag als Buch herausbringen. Den einen war es zu unpolitisch, den anderen zu politisch. Jedenfalls erkannte lange niemand den Wert der Briefe von Anna Hess als Zeitzeugendokument. Schließlich fand Madelaine über das Internet einen Verleger, der sie 2017 veröffentlichte.* Er war sofort von dieser sehr besonderen, leisen und humorvollen Frau, die hinter diesen Briefen steckt, angetan. Und dann saß in einer Lesung von Madelaine Linden in der Hauptkirche St. Nikolai in Hamburg einer jener Verleger, die das Buch abgelehnt hatten, und hörte mit geschlossenen Augen zu. Kurze Zeit später stellte sie an diesem Ort die Bilder zum Thema Shoah aus, zu denen sie durch die Briefe ihrer Urgroßmutter inspiriert worden war.

Ursprünglich habe seine Familie väterlicherseits Deitelbaum geheißen, erzählt *János Darvas,* und er besteht dabei auf den Anfangsbuchstaben D. Tatsächlich nämlich ist Teitelbaum die weitaus verbreitetere Schreibweise dieses jüdischen Namens. In den 1930er Jahren haben viele ungarische Juden ihre Namen magyarisieren lassen. So auch

---

* »Anna Hess – Briefe einer jüdischen Hamburgerin an ihre Tochter in Buenos Aires von 1937 bis 1943«, Dittrich-Verlag, 2017.

János' Großvater und aus Deitelbaum ist der Familienname Darvas geworden. Einen größeren Einfluss auf Leben und Denken des János Darvas aber hatte wohl sein Urgroßvater mütterlicherseits. Er kam aus Hodenka, einer Kleinstadt im ukrainischen Teil von Galizien, sprach ausschließlich Jiddisch und war ein Csartkow-chassidischer Talmudgelehrter. Der Begründer der Bewegung der Csartkow-Chassiden war der ultraorthodoxe Rabbi David Moshe Friedman. In der zweiten Hälfte des 19. Jahrhunderts hatte dieser in der Stadt Csartkow ein asketisches Leben geführt und dieses überwiegend mit Beten und Talmudstudium zugebracht. Einer seiner Anhänger war eben jener Urgroßvater von János Darvas. In seiner Kindheit, so erinnert sich János, sei diese religiöse Strömung durch die Mutter durchaus präsent gewesen. Deren Familie war Ende des 19. Jahrhunderts nach Budapest gekommen. Vierzig Jahre später war János' Mutter während der deutschen Besatzung versteckt gewesen, mal bei Baptisten auf dem Land, mal in geschützten Häusern in der Stadt. Sein Vater konnte den Krieg überleben, weil er zunächst in einem Arbeitslager des profaschistischen Horthy-Regimes in Ungarn inhaftiert war und später für die Deutschen hinter der Front Handlangerdienste verrichten musste. Viel mehr aber war von ihm nicht zu erfahren.

János fühlte sich in seiner Kindheit und Jugend dem Judentum emotional sehr stark verbunden. Obwohl seine Eltern nicht orthodox gelebt haben, spielten die hohen Feiertage eine große Rolle und natürlich wurden am Schabbatabend die Kerzen angezündet und die Kinder gesegnet. Hingegen spielte die jüdische Gelehrsamkeit in der Familie kaum eine Rolle. Die Eltern interessierten sich eher für weltliche Bildung. Man besuchte Museen, ging in die Oper ... Jedenfalls sei er »einerseits durch die österreichisch-ungarische Kultur geprägt, andererseits durch eine emotional starke Bindung ans Judentum«.

Im Laufe seines Lebens ist János Darvas viel herumgekommen, sowohl örtlich wie mental. Im Jahr 1948 in Budapest geboren, flüchtete die Familie bereits ein Jahr später vor den Kommunisten nach Wien. Hier besuchte János von der Einschulung bis zur Matura die französische Schule. Er studierte Philosophie zunächst in Wien und nach einem Aufenthalt in einem israelischen Kibbuz kurz vor dem Sechstagekrieg schließlich an der Université Nanterre. Hier begann im Mai 1968 die Studentenrevolte und János Darvas befand sich plötzlich mittendrin. In der Folgezeit, so erinnert er sich, sei er »mit avantgardistischen Tendenzen seiner Seele« beschäftigt gewesen. Vor allem den Surrealisten und der Avantgarde der Lyriker gehörte sein Interesse. Naturgemäß sei er 1968 auch mit marxistischen Ideen in Kontakt gekommen, habe dies aber nicht weiter verfolgt. Damals habe er sich in einer geistigen Verfassung befunden, in der er erneut um seine jüdische Identität rang. János ist zwar nicht in die Synagoge gegangen, aber er hat viel gelesen – vor allem Martin Buber. In den Werken des ebenfalls aus Österreich stammenden Religionsphilosophen faszinierte ihn dessen Interpretation des Chassidismus, jener religiös-mystischen Strömung des ultraorthodoxen Judentums, und des Auslebens eines spirituellen Ethos im Alltag. Was er da bei Buber las, elektrisierte ihn, den jüdischen Philosophiestudenten, total. Nicht zuletzt haben ihn Bubers Reden über Erziehung nachhaltig beeinflusst. Davon sei ihm bis heute das Prinzip der Gottesebenbildlichkeit des Menschen als ein zentrales Motiv geblieben.

Im Laufe seiner intellektuellen Entwicklung hat János Darvas sich mit vielen Weltanschauungen beschäftigt, etwa mit dem deutschen Idealismus bei Hegel und Kant, aber auch mit außereuropäischen Lehren wie dem Buddhismus und der islamischen Mystik. Er hat für sich daraus die Erkenntnis gewonnen, dass nirgendwo die absolute Wahrheit zu finden ist, weshalb er bis heute jeden blinden Autoritätsglauben ablehnt. Diese Erkenntnis war auch eine gute Voraussetzung, um sich mit der Anthroposophie zu beschäftigen, die er durch einen Freund kennengelernt hat, ohne eben ein dogmatischer Nachbeter Rudolf Steiners zu werden. Er hätte die von ihm begründete Weltanschauung nie ernst genommen, wäre sie nicht mit jüdischen Motiven vereinbar gewesen. Dafür hatte sich János schon viel zu viel mit jüdischer Esoterik und kabbalistischer Mystik beschäftigt. Es schien ihm aber, dass auch die Waldorfpädagogik die Ebenbildlichkeit Gottes ernsthaft ins Zentrum stellt und nicht nur äußerliche Lernprinzipien. Aus dem Talmud kannte János den wunderbaren Satz: »Die Welt beruht auf dem Atem der lernenden Kinder.« Diese Sicht könne man auch zur Beschreibung der Waldorfpädagogik heranziehen, in der das Atmen nicht nur für das Rezitieren wichtig ist, sondern auch im Beobachten und im Umgang mit sich selbst. Natürlich sollen Kinder auch Denken lernen und Wissen erwerben, aber die Erlebnisfähigkeit ist mindestens ebenso wichtig. Selbstverständlich weiß János Darvas, der philosophisch gebildete Intellektuelle, dass es zwischen Judentum und Anthroposophie nicht nur Übereinstimmungen gibt, und er räumt ein: »Wenn ich anfange, das in verschiedene weltanschauliche Details zu zerlegen, dann erkenne ich neben Ähnlichkeiten natürlich auch Differenzen.« Die Quintessenz aber sei, dass der Mensch ein Werdender ist, und das deckt sich mit den jüdischen Lehren.

Aus der theoretischen Beschäftigung mit der anthroposophischen Waldorfpädagogik wurde eine Berufung und schließlich ein Beruf. Für einige Jahre ist János Darvas Waldorflehrer in Frankreich gewesen und in Lausanne hat er eine Oberstufe mit aufgebaut. Seine Unterrichtsfächer waren Geschichte, Philosophie, Kunstgeschichte und Literatur. Vor fast drei Jahrzehnten ist er dann mit seiner nichtjüdischen Frau und den drei Söhnen nach Eckernförde gezogen, weil seine Frau dort eine Arbeit als Heileurythmistin fand. Auch hier unterrichtete er zeitweilig an der Freien Waldorfschule, vor allem aber hat János Darvas als fachlicher Leiter das Institut für Waldorfpädagogik im ungarischen Solymár mit aufgebaut. Nach wie vor fährt er zweimal im Jahr dorthin, um Studierende, die sich auf den Lehrerberuf vorbereiten, im Fach Philosophie zu unterrichten.

János war 47 Jahre alt, als in Wien sein Vater starb. Gemäß der jüdischen Tradition musste ja nun ein Jahr lang täglich das Kaddisch gesprochen werden, das Heiligungsgebet der Trauernden. Dazu aber braucht es die Anwesenheit von einem sogenannten Minjan, zehn männlichen Juden, die an bestimmten Stellen im Kaddisch antworten. Oder auch Jüdinnen, die in liberalen Synagogen mitgezählt werden. Nun aber gab es in Eckernförde und Umgebung damals noch keine Gemeinde. Also hat János täglich allein das Kaddisch gesprochen. Dabei hat er die Erfahrung gemacht, dass er von diesem Gebet wie in einer Meditation getragen wurde. Inzwischen spricht er täglich Gebete aus dem Siddur »Forms of Prayer«, einem Gebetbuch des britischen Reformjudentums. »So bekommt meine jüdische Seele wieder wunderbare Nahrung«, beschreibt János Darvas seine Empfindung und schließt daraus, »dass es ein Judentum ohne Religion im Grunde nicht wirklich gibt.« Natürlich weiß er, dass ihm hierin säkulare Juden energisch widersprechen würden.

Vor einigen Jahren hat er ein Buch mit dem vielsagenden Titel »Gotteserfahrungen« veröffentlicht. Dazu gäbe es viel zu sagen, Autor János Darvas fasst die Hauptthesen seines Werks so zusammen: »Man kann das Göttliche erfahren, wenn man sich innerlich dafür öffnet. Man kann es im Kleinen und im Großen erfahren, aber es muss nicht unbedingt eine überwältigende Erfahrung sein. Ich habe diese Art Erfahrung in der Meditation und im Gebet gemacht, als ich bemerkte, dass ich mit etwas Höherem im Gespräch bin. Für dieses Buch habe ich versucht, solche Erfahrungen auch in anderen Religionen aufzuspüren. Sie sind natürlich nicht völlig identisch, da sie ja durch den Filter seelischer Konstitutionen laufen, welche durch unterschiedliche religiöse Traditionen erzeugt werden. Sie zielen aber auf dieselbe göttliche Dimension.« Und dann fügt er augenzwinkernd hinzu, dass er heute sicher vieles anders schreiben würde, vor allem weniger im anthroposophischen Jargon. Inzwischen aber hat er ein anderes Medium gefunden, um seine spirituellen Erfahrungen zum Ausdruck zu bringen: die Lyrik. Ein erster Band mit seinen Gedichten ist bereits im Eigenverlag erschienen.

Will man die Geschichte von *Daniel Weltlinger* und der Geige seines Großvaters kontinuierlich erzählen, so muss man sie zu Beginn des 20. Jahrhunderts in der ungarischen Kleinstadt Szolnok beginnen lassen. Dort war das Instrument gebaut worden und gehörte zunächst Ernö, dem Bruder von Daniels Großvater. Nachdem dieser 1918 in Budapest an der Spanischen Grippe gestorben war, gelangte die Geige in die Hände von dessen Bruder Zoltan und mit ihm erlebte die Violine in den nächsten Jahrzehnten eine wahre Odyssee.

Zoltan Fyszman war 18 Jahre alt, als er 1920 das politisch instabile Ungarn mit seinen starken antisemitischen

Tendenzen zu Fuß verließ, um es nie wieder zu betreten. Im Oktober desselben Jahres erlebte er in Wien zufällig einen marktschreierischen Auftritt des damals noch völlig unbekannten Adolf Hitler. Mit dem Geigenkasten unterm Arm zog Zoltan weiter bis nach Marseille, wo er die nächsten 18 Jahre lebte. Hier absolvierte er ein Ingenieurstudium, arbeitete als Kaffeehausmusiker und lernte Edith Piaf und Django Reinhardt kennen. Im Jahr 1940 zwangen ihn die Verhältnisse zur Flucht über die Pyrenäen. Das Vichy-Regime hatte sich mit jenem Mann verbündet, den Zoltan zwanzig Jahre zuvor in Wien hatte erleben dürfen. In Spanien wurde er von der Polizei des Generals Franco, einem anderen Verbündeten des Adolf Hitler, in Empfang genommen und inhaftiert. Durch die Vermittlung des Roten Kreuzes kam Zoltan Fyszman nach einer Weile wieder frei. Er konnte nach Algerien entkommen, wo er sich erst der französischen Résistance und später in Marokko der britischen Armee anschloss. Nach dem Krieg fand er sich in Casablanca wieder, wo er sich in ein jüdisches Mädchen verliebte. Dieses jüdische Mädchen wurde seine Frau und schließlich hat sie eine Tochter zur Welt gebracht. Mit seiner kleinen Familie ist Zoltan Fyszman dann nach Australien ausgewandert.

Viele Jahre später erzählte er seinem Enkel David die Geschichten jener Odyssee. »Er tat das immer nur in knappen Sätzen und mit totalem Understatement«, erinnert er sich. Dann spielte der alte Mann auf der Geige die Musik seiner Jugend – die aus den jüdischen Schtetln Osteuropas und die der Sinti, wie er sie in Frankreich kennengelernt hatte. Als er 1998 im gesegneten Alter von 96 Jahren starb und in Sydney zu Grabe getragen wurde, ging die Geige in Daniels Besitz über. Er verspürte darin eine Verpflichtung, auch wenn er noch nicht wusste, worin genau diese bestehen würde. Aber Daniel ist seit jeher ein spiritueller Mensch und als solcher glaubt er an Fügungen, auch wenn die sich ihm erst, wie im Fall der Geige, nach und nach erschließen.

Am Sydney Conservatory of Music hat Daniel zunächst ein klassisches Violinen-Studium absolviert. Heute spielt er die Geige sehr viel mehr mit dem Gefühl für jene Melodien und Harmonien, wie er sie von seinem Opa zu hören bekam, und warum das so ist, hat mehr als einen Grund. Zwei Begegnungen und einer rauchigen Gesangsstimme, in die seine Mutter sich vernarrt hatte, ist es zu verdanken, dass Daniel Weltlinger schließlich in Europa landete und heute in Berlin lebt.

Auf der Suche nach einem Job hat Daniel in Downtown Sydney in einer Wäscherei ein Plakat aufgehängt, auf dem er seine Dienste als Geiger anbot. Daraufhin meldete sich Jaron Halis, ein jüdischer Mann aus Südafrika. Die beiden fingen an, gemeinsam zu musizieren. Ziemlich schnell machte Jaron seinen australischen Kollegen mit den Aufnahmen von Django Reinhardt bekannt. Daniel erzählte von den Begegnungen seines Großvaters mit diesem Musiker im Marseille der 1930er Jahre. Als er nun Django Reinhardts Geiger Stephane Grappelli hörte, erinnerte ihn dessen Spiel ganz, ganz stark an das seines Opas. Hoch motiviert entwickelte er mit Jaron einen Musikstil für ein bald schon sehr erfolgreiches Projekt mit dem Titel »Monsieur Camembert«, der als Klezmer-Gipsy-Rock bezeichnet wurde. Im Jahr 2002 begegnete Daniel bei einem kleinen Galerie-Konzert in Sydney dem Gitarristen Lulo Reinhardt aus dem deutschen Koblenz. Lulo gehört zu jener großen Sinti-Familie, die weitläufig alle irgendwie mit Django verwandt sind, und fast alle machen Musik. Augenblicklich entstand zwischen den beiden eine starke Sympathie und als der Gipsy-Gitarrist den jüdischen Geiger nach Koblenz einlud, nahm der die Einladung an.

Er habe sich in Europa sofort wohlgefühlt, erinnert sich Daniel Weltlinger. Doch bei seinem ersten Besuch in Koblenz sei ihm eine Frage nicht aus dem Kopf gegangen: Warum nur hatte man in Deutschland mit der Verfolgung der Juden das Herz dieses fragilen Kontinents verletzt? Diese Frage hätte er vielleicht mit deutschen Historikern, Soziologen oder Psychologinnen erörtern können und sicher verschiedene, womöglich aber wenig befriedigende Antworten erhalten. Nun aber war er bei den Reinhardts und die gehörten selbst zu einer verfolgten Bevölkerungsgruppe, was eine rationale Antwort auf diese Frage fast unmöglich machte. Eigentlich wollte Daniel nur Urlaub machen und ein bisschen Musik, und nun saß er inmitten dieser wunderbaren Familie, die ihn sofort »adoptiert« hatte. In der folgenden Zeit machte er sich immer mal wieder auf den Weg nach Koblenz, hat viel mit Lulo und seinen Freunden musiziert, ihn auf Gastspielreisen nach China und in die USA begleitet und bei dessen Plattenaufnahmen mitgewirkt.

Und dann war da noch die Sache mit der fremden rauchigen Stimme. Daniels Mutter hatte in Australien mit einer Freundin im Kino einen Film gesehen, in dem der Berliner Sänger Karsten Troyke zu hören war und dessen Gesang hat sie sehr beeindruckt. Ehe ihr Sohn nach Europa aufbrach, bat sie ihn: »Kannst du mir bitte CDs von diesem Mann mitbringen?!« Einige Wochen später gastierte Daniel mit Lulo Reinhardt in Berlin. Es gelang ihm, mit dem deutschen Sänger Kontakt aufzunehmen und von ihm CDs zu bekommen. Noch immer hatte Daniel seinen Wohnsitz in Sydney, noch plante er nicht, in Europa zu leben. Im Jahr nachdem er in jener kleinen Galerie Lulo kennengelernt

hatte, machte Daniel abermals eine folgenreiche Begegnung. Zur »Jahrzeit« seines Vaters, womit der Jahrestag seines Ablebens gemeint ist, besuchte Daniel eine Synagoge
in Sydney, um Kaddisch zu sprechen. Zum Minjan gehörte
Jossi Milinsky. Nach dem Gottesdienst lernte Daniel ihn als
einen sehr religiösen Mann kennen. Die beiden sprachen
ein wenig über Musik, und als Jossi erfuhr, dass auch er
Musiker ist, hat er Daniel zu einer Jamsession eingeladen.
Gemeinsam mit einem Freund ging Daniel hin und packte seine Geige aus. Während der nun folgenden Session
entstanden absolut verrückte Soundkollagen aus Klezmer,
Hip-Hop, jüdischen Melodien und Jazz. Eine neue Musik-
formation war geboren, die sich »The Asthmatix« nannte. Später war noch ein vierter Musiker dazugekommen.
Leider zog Jossi Milinsky mit seiner Frau und den Kindern
nach New York. Die drei anderen aber führten das Projekt
weiter und in dieser Formation kamen sie schließlich auch
nach Berlin. In Deutschlands hipper Hauptstadt lernten
sie eine Menge kreativer Leute kennen und diesmal fühlte
Daniel, dass das seine Stadt ist. So war es nur folgerichtig,
dass er schließlich endgültig nach Berlin übersiedelte, wo
es ein vielfältiges jüdisches Leben gibt. Das nämlich war
ihm schon wichtig. In seiner neu gewählten Heimat nahm
er wieder Kontakt mit Karsten Troyke, dem Sänger mit
der rauchigen Stimme, auf. Anfangs hatten sie nicht allzu
viel Kontakt, aber als sie einmal gemeinsam musizierten,
entwickelte sich schnell ein Gefühl der Nähe. Dann hatte
Daniel einen Unfall im Treppenhaus seines Wohnhauses,
wobei er sich den Knöchel gebrochen hat. Da lag er nun in
einer Wohnung in der vierten Etage und auch hier funk-
tionierte wieder einmal das Prinzip »Gam su letova!«. In
diesem Moment nämlich bekam er Besuch von Karsten
Troyke. Als der nun den Musikerkollegen in dieser hilflo-

sen Situation vorfand, hat er sofort angeboten, dass Daniel erst mal zu ihm ziehen solle. Daraus wurden drei Monate. Bald arbeiteten die beiden bei Aufnahmen mit dem Pianisten Götz Lindenberg und der Sängerin Suzanna zusammen und sind sich in dieser Zeit musikalisch wie menschlich nähergekommen. Nach seiner Genesung reiste Daniel mit Karsten Troyke zu einem jüdischen Musikfestival nach New York. Dort sah er die ebenfalls aus Berlin stammende Sängerin Sharon Brauner, eine gleichermaßen charmante wie charismatische Künstlerin, die mit einer außergewöhnlichen Stimme jiddische Lieder sang. Karsten kannte Sharon schon aus Berlin, Daniel aber lernte sie erst hier kennen. Nach Berlin zurückgekehrt, haben Karsten und er gemeinsam mit Sharon Brauner und ihrem Pianisten Harry Ermer das musikalische Projekt »Yiddish Berlin« mit wundervollen jiddischen Liedern erarbeitet und als Album veröffentlicht. Ehe die Corona-Pandemie das Kulturleben in Deutschland lahmlegte, traten sie in dieser Formation weit über die Grenzen Berlins hinaus auf.

Inzwischen fühlte sich Daniel eher als Europäer denn als Australier. So war er aufgewachsen – mit jüdischer Musik aus Osteuropa und mit Wiener Kuchen, der bei ihnen zu Hause gebacken wurde. Und er, der an Fügungen glaubt, erkannte nun den Auftrag, der ihm mit dem Erbe der Geige erteilt worden war: die Suche nach seinen jüdisch-ungarischen Wurzeln. Am Balaton wurde er fündig. Dort traf er noch eine Tante und einen Onkel aus der väterlichen Familie. Vom ersten Moment an verliebte er sich in Ungarn und Daniel glaubt auch zu wissen, warum: »Nicht nur weil ich ja zu drei Viertel ungarisch-jüdische Wurzeln habe, sondern weil ich hier das Essen und die Gerüche meiner Kindheit wiederentdeckte, vor allem aber die ungarische Tonart meiner Geige.«

Seine Tante hatte ihm erzählt, in welchem Budapester Krankenhaus sein Vater zur Welt gekommen ist. Dort fand man dessen Geburtsurkunde, was Daniel zur ungarischen Staatsbürgerschaft verhalf und dazu, sich nun auch offiziell als Europäer fühlen zu dürfen. Zu den jüdischen Feiertagen aber, zu Pessach im Frühjahr und zu Rosh Hashana und Jom Kippur im Herbst, fliegt Daniel jedes Jahr zu seiner Familie nach Sydney, wenn nicht gerade eine Pandemie diese Reisepläne zunichtemacht.

Mehr als 100 Jahre nachdem Zoltan Fyszman seine ungarische Heimat mit der Geige aus Szolnok verlassen hat, kehrte sein Enkel mit diesem Instrument besuchsweise dorthin zurück. Hier entstand der Plan, seinem Großvater und dessen Geschichte eine CD zu widmen. In einem Berliner Tonstudio machte er sich mit einigen Musikerkollegen an die Arbeit. Als diese abgeschlossen war, legte Daniel Weltlinger der Musikwelt das vielseitige Konzeptalbum »Szolnok«* vor, in dessen Zentrum das Stück »Tranquille à Sydney« steht.

Der Musikkritiker des Berliner Tagesspiegel urteilt: »Genau wie das ganze Album entpuppt sich das Stück mit seiner Mischung aus nostalgisch anmutenden Melodien, die sich alsbald in groovende Rhythmen und temporeiche Soli auflösen, als dichter Dialog zwischen Vergangenheit und Gegenwart, schmerzhafter Erinnerung und optimistischer Zukunftsfantasie. ... Diese warme, bratschenhafte Klangfarbe, die Phrasierung, das Vibrato, der herzzerreißend schluchzende Ton. Da grüßen ungarische Stehgeiger und europäische Salonorchester, jiddische Klezmerbands und Gypsy-Swinger ...« Daniel Weltlinger glaubt an Fügungen,

---

* »Szolnok« – Label: DMG Germany / Rectify Records.

und die Rückkehr der Geige seines Großvaters ist eine davon.

Warum bringt man die Art, wie *David Seldner* eine Geschichte erzählt, mit seinem Beruf zusammen? David Seldner ist Mathematiker, und wenn er von seiner Familie berichtet, dann tut er dies detailverliebt wie Thomas Mann in seinen »Buddenbrooks«. Eben so, wie bei einer mathematischen Gleichung ja auch kein Detail unberücksichtigt bleiben darf. Vorausgesetzt, man will zum richtigen Ergebnis kommen. Wenn aber jeder Aspekt einer Erzählung gleich wichtig ist, so führt das zu einer gewissen Monotonie des Vortrags. Es ist schon einiges an Konzentration nötig, um die ganze Kolossalität dessen zu erfassen, was David Seldner über Jahre hinweg an Familiengeschichte zusammengetragen hat. Da wird Krautheim erwähnt, ein kleiner Ort an der badisch-bayerischen Grenze im Hohenlohekreis, wo der Großvater mit seiner Familie lebte und Davids Vater geboren wurde. Von hier aus war der Großvater für Kaiser und Vaterland 1916 gen Frankreich in den Krieg gezogen und schwer verletzt zurückgekehrt. So etwas fanden die Nazis bekanntlich nur bei jenen respektabel, die keine Juden waren. David fand Jahrzehnte später in der Wiedergutmachungsakte des Großvaters Unterlagen, die beweisen, dass die Nazis seine einst nicht unvermögende Familie durch die sogenannte Judenvermögensabgabe systematisch ausgeraubt haben. Nach der Pogromnacht 1938 war auch dem Großvater klar, dass es besser sei, die Heimat zu verlassen. Hätte er nicht eine Schwester in den USA gehabt, die sich um Einreisepapiere gekümmert und teilweise auch die Schiffspassage bezahlt hätte, wäre das Schicksal der insgesamt fünfköpfigen Familie des Großvaters ganz anders verlaufen. So aber bestiegen sie im Frühjahr 1940 in Genua das Schiff mit dem Zielhafen New York. David fand ihre Namen bei seinen späteren Recherchen auf der Passagierliste. Die Eltern seiner Großmutter väterlicherseits kamen aus Künzelsau und hatten weniger Glück. Davids Urgroßvater war in der Kreisstadt im fränkischen Teil des Hohenlohekreises der Vorsitzende einer Jüdischen Gemeinde. Er wurde bereits im März 1933 von SA-Leuten überfallen und auf offener Straße so sehr misshandelt, dass er an den Folgen starb. Seine Frau wurde neun Jahre später nach Polen deportiert und ist dort »verschollen«.

Davids Mutter überlebte mit falschen Papieren als katholisches Kind in der Ukraine. Ihr Glück war es, blonde Haare und blaue Augen gehabt zu haben. An der Hand ihrer Tante war sie unkontrolliert aus dem Ghetto der Stadt gelaufen – einen Tag bevor dessen Bewohner deportiert wurden. Auf Umwegen, die David Seldner detailreich schildern kann, kam sie nach dem Krieg ebenfalls in die USA, lernte einen jungen Mann kennen und heiratete. Neunzehn Jahre nachdem sie an der Hand der Tante das Ghetto verließ, kommt in Cleveland/Ohio ihr Sohn David zur Welt.

Als dieser fünf Jahre alt ist, wird die Ehe seiner Eltern geschieden. Seine Mutter verlässt mit ihm Cleveland/Ohio und gemeinsam mit ihrem neuen deutschen Lebenspartner ziehen sie nach Bayreuth/Oberfranken. Hier besuchte David mit ziemlichem Erfolg die Schule. Einmal in der Woche kam ein Religionslehrer aus dem 85 Kilometer entfernten Nürnberg. David und einige andere jüdische Kinder wurden von ihm in den Geschichten der Tora unterrichtet. Zu den hohen Feiertagen erwies sich seine Mutter als »3-Feiertags-Jüdin« und reiste oft mit dem Sprössling in umgekehrte Richtung nach Nürnberg. Als er 13 Jahre alt war, feierte David Seldner in jener Stadt, in der sich sein Namensvetter David Friedman immer unwohl fühlt, seine Bar Mitzwa. Spätestens seit der Oberstufe am Gymnasium war der deutsch-amerikanische Teenager von der Mathematik fasziniert. Er sei von der Denkweise und der Struktur angetan gewesen, sagt er. Und er sagt auch: »Mir hat ein Freund später gesagt, er glaube, ich habe deshalb Mathematik studiert, weil das einfach sehr logisch ist und nicht mystisch. Was ich übrigens nicht sagen würde. Mathematik ist letztendlich Philosophie. Ich sehe sehr viele Parallelen zwischen Mathematik und Religion, zumindest im Judentum.« Eine interessante These. Um sie angemessen erläutert zu bekommen, muss man David Seldner ein wenig Zeit einräumen, und was er zu sagen hat, klingt dann so: »Mathematik ist ja eine Sprache und die einzige Wissenschaft, die ohne Hilfswissenschaften auskommt. Man setzt sich Axiome, die natürlich möglichst etwas mit der Realität beziehungsweise dem zu behandelnden Phänomen zu tun haben sollten, und zieht daraus Schlussfolgerungen. Und so ist es auch mit dem jüdischen Recht. Man hat gewisse Axiome, sprich Gesetze, und versucht durch logische Anwendung dieser Gesetze zu Schlussfolgerungen zu kommen. Mit Physik hatte ich teilweise meine Probleme, weil mir in der Physik oft nicht klar war, woher die Grundannahme kam, aus der dann die Aussage hergeleitet wird. Wenn man in der Mathematik zum Beispiel die Axiome verändert oder ergänzt, nur ein bisschen am Grundgerüst rüttelt, dann sieht man, was sich im gesamten Gedankengebäude ändert. Man erkennt, wie relativ die Dinge sind und oft nur von Kleinigkeiten abhängen. Was Physik angeht, hat mich jedoch die moderne Physik, also die Quantenmechanik, aber auch die Makrophysik, sprich Relativitätstheorie, Gravitationstheorie und Kosmologie, sehr fasziniert. Es ist fast eine Art Hobby von mir, zu versuchen, gewisse Phänomene aus verschiedenen Perspektiven zu erklären. Zum Beispiel: die Erschaffung der Welt. Für den Schöpfungsakt gibt es durchaus naturwissenschaftliche Erklärungsmodelle. Also: Es ist eine sehr wahrscheinliche Theorie, dass es einen Urknall gab, und für mich eigentlich auch, dass es jenseits all dessen eine höhere Macht geben muss. Denn was war vor dem Urknall? Einerseits bin ich Wissenschaftler und suche nach Erklärungen, aber andererseits, oder vielleicht auch deswegen, erkenne ich Grenzen. In diesem Fall ist es beispielsweise unmöglich, hinter diesen Zeitpunkt des Urknalls zu schauen. Das ist wie bei einer Asymptote, also einem Bruch mit einem Nenner, der gegen null geht – der Wert steigt bis ins Unendliche. Das kann man sich als Wand vorstellen, die unendlich hoch wird und über die man deshalb nicht steigen kann. Es gibt keine Möglichkeit zu sehen, was hinter der Mauer liegt. In diesem Fall ist dies der Zeitpunkt des Urknalls. Man kann sich diesem Punkt zwar immer weiter annähern, ihn aber nie erreichen oder eben gar dahinterschauen – ich meine das zeitlich. In der Physik zum Beispiel, die mehrere Dimensionen hat, können wir Menschen gerade mal vier Dimensionen begreifen: drei räumliche und die Zeit. Die Zeit – das ist schon mal ein ganz großer Punkt, dass wir das überhaupt begreifen können. Aber wenn es eine fünfte Dimension gibt, und die Physiker sprechen ja inzwischen von acht oder zehn Dimensionen, dann liegt dies einfach jenseits unseres Vorstellungsvermögens. Und ich weiß, dass es keine Möglichkeit gibt, mich als Mensch, sozusagen als vierdimensionales Wesen, in die fünfte Dimension zu versetzen. Ab einem gewissen Komplexitätsgrad kann nur noch Mathematik als Sprache zur Beschreibung der Phänomene verwendet werden. Ob wir daraus ein Bild entwickeln, mit dem wir uns die Phänomene vorstellen können, ist eine interessante Frage. Für die Welt, in der wir leben, reichen viele Bilder aus – für mehr sind wir nicht geschaffen. Und dann sehe ich natürlich auch, wie klein ich im Vergleich zu – nennen wir es – Gott oder einem höheren Wesen bin. Dann wird mir die Unmöglichkeit bewusst, überhaupt eine Aussage zu treffen, denn ich kann sie weder beweisen noch widerlegen. Diese Erkenntnis kann man aber durchaus als eine mathematische, physikalische, psychologische und auch vielleicht religiöse Erfahrung sehen. Man kann es nicht beweisen und man kann es nicht widerlegen. Im Übrigen glaube ich, dass verschiedene Meinungen und eine Kultur des konstruktiven Austauschens dazugehören, um weiter zu lernen und sich weiter zu entwickeln.« Solche Gedanken sind deshalb so bemerkenswert, weil sie jenen Menschen widersprechen, die der Ansicht sind, dass naturwissenschaftliche Forschung und religiöses Bekenntnis einander ausschließen. So arbeitete der Mathematiker David Seldner am Kernforschungszentrum in Karlsruhe mehrere Jahre an den Programmen für den geplanten schnellsten Rechner der Welt. Heute heißt das einstige Kernforschungszentrum »Karlsruher Institut für Technologie« und David Seldner erarbeitet noch immer IT-Programme. Gleichzeitig sitzt er, wie auch damals schon, im Vorstand des »Bundes traditioneller Juden in Deutschland«, den er 2012 mitgegründet hat.

Innovativ, individuell, jüdisch

Nimmt man das ernst, was Peninnah Schram über das Geschich-
tenerzählen sagt, so sei es »nicht sonderlich kreativ, mit dem
Wetter zu beginnen«. Und man sollte die in New London / Con-
necticut geborene Peninnah Schram unbedingt ernst nehmen,
gilt die Professorin, die »Speech and Drama« am Stern College
in New York lehrt, doch als die große alte Dame (nicht nur) der
jüdischen Erzählung. Wenn sie erzählt, schreiben Kritiker, »hö-
ren selbst die Blätter der Bäume auf zu zittern, um ihr lauschen
zu können«. In einem Interview mit der Jüdischen Allgemeinen
formulierte sie einen Grundsatz des Geschichtenerzählens: »Eine
gelungene Erzählung erreicht direkt unser Herz und überwindet
Grenzen. Interessante Charaktere sind dabei ganz wichtig, sie
tragen schließlich die Geschichte.« Sie weiß, wovon sie spricht, ist
doch die aus einer frommen jüdischen Kantorenfamilie stammen-
de Peninnah Schram mit den biblischen Geschichten aufgewach-
sen. Seit Jahren liest sie, wenn sie nicht gerade am Stern College
unterrichtet, in Museen, Synagogen und jüdischen Kindergärten
auf der ganzen Welt. »Das Geschichtenerzählen«, sagt Peninnah
Schram, »ist Teil der jüdischen DNA.«

In den folgenden Kapiteln werden außergewöhnliche jüdische
Persönlichkeiten porträtiert und deren Lebensgeschichten er-
zählt. Da ist der Poet, der trotz seiner Jugend bereits eine bemer-
kenswerte Lebensgeschichte in jene Berliner Kneipe mitbringt, in
der er inmitten des Trubels lyrische Zeilen zu Papier bringt. Es
wird eine romantische Lovestory erzählt, die vor einem Stockhol-
mer Supermarkt beginnt und das Paar schließlich in einem Dorf

im Himalaja zu spirituellen Erfahrungen und neuen Lebensauf-
gaben führt. Mitzwa lautet der Begriff, der so unterschiedliche
Menschen wie einen talmudischen Wirtschaftsethiker und eine
Kunsttherapeutin unter dem Dach der Nächstenliebe vereint.
Von zwei Frauen wird die Rede sein, die althergebrachte Regeln
des Judentums infrage stellen, die ihre Religion auf der Straße
nichtjüdischen Passanten erklären, und das ohne missionari-
sche Absicht. Von Menschen aus der LGBTQI*-Community wird
erzählt, die nicht mehr akzeptieren wollen, sich zwischen einer
queeren und einer jüdischen Identität entscheiden zu müssen.
Allesamt interessante Charaktere, deren Geschichten unser Herz
erreichen, vor allem aber Grenzen überwinden.

Kneipendunst und Poesie

Die Lokalität ist eine ganz spezielle, und das selbst für
Berlin, der an außergewöhnlichen Lokalen ja keineswegs
armen Stadt. Hier, fußläufig zum Kurfürstendamm, versammeln sich in schummriger Gediegenheit allabendlich
Gäste, die auch auf den zweiten Blick nicht so recht zu-
sammenpassen wollen. Da sitzen Studenten allerlei Geschlechter mit Anfang 20 neben älteren Leuten aus der
Nachbarschaft, der Hochschulprofessor neben einem Ci-
neasten, der seinen Lebensunterhalt als Fischverkäufer in
einem mediterranen Supermarkt verdient, der prominen-
te Politikberater und Biertrinker neben einer alternden
Hartz-IV-Empfängerin mit Hang zu billigem Weißwein.
Manche Besucher halten das »Wirtshaus Wuppke« für eine
uralte Berliner Kneipe, andere wissen, dass die alten Kir-
chenbänke und groben Holztische hier erst seit 1964 zur
Ausstattung gehören. In diesem Etablissement aufzufallen

ist fast unmöglich. Manche Beauty versucht es erfolglos, indem sie ihre blonde Mähne über die Schulter wirft, junge Männer fallen gelegentlich durch übertriebene Lautstärke auf, was ältere Stammgäste veranlasst, um Mäßigung zu bitten. Wem aber ein solches Kunststück nahezu mühelos gelingt, verfolgt eine solche Absicht gar nicht. Fast jedem aber fällt er auf, jener schlanke, mittelgroße Mittdreißiger mit dunklen Locken, schwarzen Augen, gewandet in modischen Designerhosen mit stylischen Hosenträgern. Still sitzt er, zum Rotwein eine Pfeife schmauchend (ja, hier darf geraucht werden), vor Manuskripten und Notizcollagen, die wie Landkarten aussehen. Für diesen ausgefallenen Menschen ist jenes Lokal ein kreativer Ort, an dem er nach eigenem Bekunden »das Gleichgewicht zwischen Ablenkung und Aufmerksamkeit« schätzt. Der aus Chile stammende Lyriker beschreibt das, was hier mit ihm passiert, so: »Langsam blende ich das deutsche Umgebungsgeräusch aus, während aus meinem Inneren chilenisches Spanisch erscheint.« Vor einiger Zeit erschien in seiner Heimat ein Gedichtband von ihm; einige Texte hatten hier, inmitten des Kneipentrubels, ihre finale Fassung erhalten.

Das Servicepersonal des Wuppke kennt den Lyriker als Tomás, manche Stammgäste wissen um seinen vollständigen Namen Tomás Cohen, und die jüdischen Besucher, die am Freitagabend nach dem Gottesdienst von der Synagoge Pestalozzistraße gleich um die Ecke hierherkommen, wissen auch, was sein Familienname bedeutet. Laut jüdischer Überlieferung hatte Moses einst seinen Bruder Aaron entsprechend eines göttlichen Gebots zum »Kohen Gadol« (Großen Kohen) geweiht, von dem alle späteren Kohanim (so der Plural) abstammen. In der jüdischen Geschichte stellten die Kohanim die ranghöchste Priesterschaft und bis heute kommen ihren Nachfahren im Gottesdienst bestimmte rituelle Handlungen zu. So werden beispielsweise in Israel vor Pessach im Frühjahr und dem herbstlichen Laubhüttenfest der »Aaronitische Segen« von Hunderten Kohanim gesprochen und über Lautsprecher an die Klagemauer übertragen. Aus dieser weit verzweigten familiären Linie stammen alle Kohanim dieser Welt. Dabei kommt der Name in verschiedenen Schreibweisen vor, so eben auch in der des Sängers und Songwriters Leonard Cohen und jenes chilenischen Dichters im Berliner Wirtshaus Wuppke.

Mitte der 1980er Jahre ist Tomás Cohen in einem kleinen chilenischen Dorf zur Welt gekommen, das Pellhue heißt. Ein halbes Jahrhundert zuvor hatte sich die Familie seines Vaters von der Ukraine aus, wo der Urgroßvater in einem kleinen Ort Rabbiner war, auf den weiten Weg dorthin gemacht. Gerade noch rechtzeitig, ehe sich die deutsche SS in seiner Heimat auf die Suche nach Juden machte. Tomás gehört also zur dritten Generation derer, die bereits in Chile geboren wurden. Schon als kleines Kind zog er mit seinen Eltern in die Hauptstadt Santiago de Chile, wo beide nach wie vor als Psychoanalytiker tätig sind. Aber an jedem Wochenende fuhr die Familie nach Pellhue in das Haus der Großeltern. Tomás vermutet, dass seine emotionale Verbindung zur Natur von diesem kleinen Dorf an der Pazifikküste herrührt, »wo die Strände aus schwarzem Vulkansand sind und bis zu den dunklen Wäldern einer Gebirgskette reichen«.

Tomás' Mutter stammt aus einfachen Verhältnissen, ihr Vater war Tischler und ihre Mutter arbeitete als Näherin. Deren Vorfahren waren Marranos, also sephardische Juden, die vor 500 Jahren in Spanien zwangsgetauft wurden, ihre jüdische Identität aber vielfach bewahrten. Sie hatte Tomás Vater als Studentin in Santiago de Chile kennengelernt. Die Liebe zu ihm, so erzählt Tomás, ist für sie »wie ein

Abenteuer gewesen, weil sie sich durch ihn mit den eigenen jüdischen Wurzeln beschäftigte und zunehmend auch für die jüdische Kultur interessierte«. So ist auch Tomás in dem Bewusstsein aufgewachsen, dass sie Juden sind, wenngleich die Religion kaum praktiziert wurde. Tomás' Eltern sind zwar mit dem Sohn anlässlich des Lichterfestes Chanukka oder des karnevalesken, bei Kindern beliebten Purim-Festes schon mal in die Synagoge gegangen, im Hause der Psychoanalytiker aber gab es kaum jüdische Rituale.

Tomás hat sich schon als Kind sowohl für Sprache als auch für Bilder interessiert. Vor allem mochte der kleine Tomás bunte Comics, und als er nicht mehr ganz so klein war, zeichnete er auch selbst welche. Noch ein paar Jahre später schrieb er dann Texte für eine Punk-Band und schließlich wurde er auch deren Sänger. Das nennt er heute seine »Annäherung an die Poesie«. Mit 18 Jahren erhielt er das renommierte Pablo-Neruda-Stipendium, das an talentierte junge Leute vergeben wird, die sich mit Lyrik beschäftigen. Ein Jahr lang überwies man ihm nun Monat für Monat einen Geldbetrag und er durfte im einstigen Wohnhaus des Literaturnobelpreisträgers an einer Poesiewerkstatt teilnehmen. In dieser Zeit war Tomás mit Schriftstellern näher befreundet, die alle zwischen 25 und 35 Jahren alt waren, also schon etwas mehr Erfahrung mit dem professionellen Schreiben hatten. Durch diesen Umgang habe er gespürt, dass er sich der Lyrik auf einer eher künstlerischen, emotionalen Ebene nähern sollte. Es lag auf der Hand, dass das mit dem angestrebten Studium der Literaturwissenschaft eher nicht zu vereinbaren war. Also machte sich Tomás Cohen auf die Suche nach einem Studium, was mit der Literatur in einem universellen Zusammenhang steht. Seine Wahl fiel auf die bildende Kunst und im Nebenfach auf die Musikwissenschaft. Daraus wiederum ergab sich ein Stipendium für einen einjährigen Studienaufenthalt in New York, in dem er sich der Kunstgeschichte widmen durfte. In Manhattan absolvierte er im Auktionshaus Christie's ein Praktikum, das immerhin darin bestand, kurze Expertisen der Kunstgegenstände für die Kataloge zu verfassen.

Viele Jahre später, im Jahr 2016, um genau zu sein, veröffentlichte er in Argentinien seinen ersten eigenen Gedichtband. Sehr spät, wenn man bedenkt, dass er schon mit lyrischen Texten in Anthologien und Literaturmagazinen vertreten war, als er in Santiago de Chile noch die Schulbank drückte. Es sei wichtig gewesen, auf den richtigen Zeitpunkt zu warten, sagt er. Heutzutage sei alles zu schnelllebig, weshalb er sich mit der ersten Veröffentlichung ganz bewusst Zeit gelassen habe. Deshalb habe er auch das frühe Angebot für ein Literaturstipendium in Israel abgelehnt. Er habe sich dafür noch nicht reif genug gefühlt. Kurioserweise sind dort inzwischen Gedichte von ihm in einer Anthologie erschienen, die ein arabischer Verlag in Haifa herausgab.

Von jeher habe ihn klassische Musik beim Schreiben inspiriert, erzählt Tomás Cohen. Er nennt vor allem zeitgenössische klassische Komponisten wie Béla Bartók, Jean Sibelius, Olivier Messiaen, György Kurtág, Helmut Lachenmann oder die südkoreanische Komponistin Unsuk Chin, die auch in Berlin lebt. Bevor er ein Gedicht beginnt, liest er zunächst die Partitur einer Komposition. Um die Musik in einen Text einfließen zu lassen, fängt er oft zu tanzen an. Ein ungewöhnlicher Arbeitsschritt, den Tomás Cohen so erklärt: »Ich versuche die Musik zu verkörpern und danach beginne ich zu schreiben.« In jenem Gedichtband, der in Chile erschienen ist, gibt es einen Text, der Béla Bartók gewidmet ist. In diesem gibt es auch einen Dialog mit dem 2. Satz der »Pastorale«, also der 6. Symphonie von Beethoven. Zu einem anderen Gedicht wurde er vom Klang der Orgel in der St.-Katharinen-Kirche in Hamburg inspiriert, die einst von Johann Sebastian Bach gespielt wurde.

Beeinflusst durch nordamerikanische Schriftsteller der Beatgeneration wie Alan Ginsberg und Jack Kerouac, die über den Buddhismus geschrieben haben, sah er sich vor einigen Jahren veranlasst, sich mit spiritueller Literatur näher zu beschäftigen. Bald geriet die buddhistische Lyrik in sein Blickfeld. Befördert wurde dieses Interesse durch eine Beziehung mit einer chilenischen Frau, die den tibetischen Lamaismus für sich entdeckt hatte. Wie bei Alan Ginsberg existierte neben der Beschäftigung mit dem Buddhismus auch bei Tomás weiterhin das Gefühl einer jüdischen Identität. Da er es aber nie religiös gelebt hat, verspürte er diesbezüglich eine Leere. Diese konnte er nun durch die intensive Beschäftigung mit dem Buddhismus schließen. Immerhin, so meint er, hätten ja beide – der tibetische Buddhismus wie auch das Judentum – esoterische und mystische Anteile. Das Bemühen, Bewusstsein und Körper in Einklang zu bringen, kenne man schließlich auch aus der Kabbala. Mit jener jüdisch-mystischen Schrift habe ihn der chilenische Philosoph Andrés Claro bekannt gemacht, den Tomás »einen guten Freund« nennt. Dem folgte ein ungewöhnlicher Schritt. Tomás ging nach Nepal und lebte zwei Jahre lang in einem tibetischen Kloster, in welchem er die Sprache der Mönche lernte, um die buddhistischen Schriften im Original lesen und übersetzen zu können. Danach begab er sich an einen ziemlich gegensätzlichen Ort – nach Hamburg. An der dortigen Uni begann er den tibetischen Buddhismus aus der Perspektive der Philologie zu studieren. Nach der langen Abgeschiedenheit im Himalaja spürte er schließlich das Bedürfnis, sich wieder mit der literarischen Welt zu verbinden. In Hamburg gründete

Tomás Cohen ein Kollektiv ausländischer Schriftsteller. In dieser Zeit rief er die »Hafenlesungen« mit ins Leben, die er schon bald im Thalia Theater organisierte. Diese literarische Reihe leitet Tomás Cohen weiterhin, obgleich er mittlerweile nach Berlin gezogen ist, und das aus einem nachvollziehbaren Grund. Er hatte sich mit Erfolg um das einzige Stipendium für nichtdeutsche Literatur beworben, was in der Folge dazu führte, dass Tomás seine Arbeitskraft auch dem Berliner Künstlerprogramm des Deutschen Akademischen Austauschdienstes zur Verfügung stellte. Als einen positiven Nebeneffekt des Ortswechsels beschreibt Tomás Cohen, dass er hier in Berlin in Kontakt zu Komponisten gekommen sei, deren Werke er seit vielen Jahren kenne. Und am Abend legt er dann im Wirtshaus Wuppke eine zweite Schicht ein und widmet sich dem eigenen Werk. Gelegentlich besucht er auch am Freitagabend den Schabbat-Gottesdienst in der nahegelegenen Synagoge, wenn nicht gerade ein Corona-Lockdown verkündet wurde. Dann nämlich ist beides geschlossen, die Synagoge und das Wirtshaus Wuppke.

Der lange Weg zu sich selbst

Es war ein heißer Tag im August des Jahres 2008. Ein junger Deutscher verließ mit Tüten bepackt einen Stockholmer Supermarkt. Sein Blick fiel auf eine Gruppe junger Mädchen auf der anderen Straßenseite, deren Blicke neugierig und doch etwas verloren umherschweiften. Die Ukrainerin Alisa entdeckte Martin als Erste. Später wird sie sagen, er habe einen Hut getragen, der ihn jüdisch aussehen ließ. Und Martin wird erwidern, dass er vom ersten Augenblick an ahnte, dass diese Gruppe aus dem gleichen Grunde in Schwedens Hauptstadt war wie er. Als er seine Hilfe anbot, wird seine Vermutung bestätigt. Sie alle werden sich in den nächsten Monaten am Paideia jenen Studien widmen, mittels derer nach dem Selbstverständnis dieses Instituts die jüdische Kultur in Europa wiederbelebt werden soll. Einige Jahre zuvor war Paideia als »akademisches und angewandtes Exzellenzinstitut« gegründet worden, um »ein positives Paradigma einer Minderheitenkultur innerhalb der europäischen Gesellschaften zu fördern«. Dafür hat die Stiftung der Bankiers- und Unternehmerdynastie Wallenberg eine Menge Geld lockergemacht und die schwedische Regierung eine dauerhafte Förderung zugesagt. Seit dem Jahr 2000 kommen nun junge und auch nicht mehr ganz so junge bildungshungrige jüdische Leute aus allen Teilen Europas nach Stockholm, um sich unter gelehrter Anleitung ein Jahr lang intensiv mit jüdischen Quellen zu beschäftigen.

Mit sieben Jahren war *Alisa Poplayskaya* zum ersten Mal mit jüdischen Quellen in Berührung gekommen, kindgerecht aufgearbeitet an der jüdischen Sonntagsschule in der ukrainischen Stadt Mykolajiw. Im Jahr darauf verbrachte sie die Ferien gemeinsam mit anderen jüdischen Kindern aus Georgien, Russland und Weißrussland in einem Sommercamp am Schwarzen Meer, das von der Jewish Agency organisiert worden war. Als Teenager besuchte Alisa in ihrer Heimatstadt den jüdischen Jugendclub, um Hebräisch zu lernen. Dort hörte sie zum ersten Mal von Naale, und was sie da hörte, klang vielversprechend. Jüdische Jugendliche aus der ganzen Welt könnten in Israel die Schule bis zum Abitur besuchen. Man lebe dort zusammen in einem Kibbuz. Organisiert würde das Ganze eben von jener zionistischen Organisation, die Naale heißt. Vor allem seien

Aufenthalt und Schulbesuch kostenlos. Als die 14-jährige Alisa zu Hause davon erzählte, fand ihre Mutter das sehr interessant. Das wäre sicher eine gute Chance für eine erstklassige schulische Bildung, vermutete sie. In den Tagen darauf folgte der Wermutstropfen. Von Naale erfuhren sie, dass sich für jeden zur Verfügung stehenden Platz im Schnitt vier junge Leute bewarben. Alisa hoffte natürlich, rechnete sich nun aber keine realen Chancen aus. So konnte sie nicht enttäuscht werden.

Als *Martin Schubert* Ende der 1970er Jahre zur Welt kam, war sein Vater der juristische Berater der SPD-Bundestagsfraktion in Bonn. Kurz darauf erfolgte der Wechsel als Beamter im höheren Dienst ins Bundesjustizministerium. Seine Mutter Marion war jene in Shanghai geborene Enkelin der einstigen Hutmacherin vom Kurfürstendamm, sein Vater ein literarisch interessierter wie gebildeter Sozialdemokrat, aber kein Jude. Überhaupt hielt er Religionen für philosophische Auslaufmodelle. Trotzdem sprach Martins Mutter an jedem Freitagabend zum Beginn des Schabbat die Bracha, den hebräischen Segen über die Kerzen, das Brot und den Wein. Es gab aber für Martin und seine beiden Schwestern neben dem Chanukkaleuchter auch immer einen Weihnachtsbaum und zu Ostern suchten die Kinder aufgeregt nach den versteckten Eiern. Eine Brit Mila, wie die rituelle Beschneidung der Jungen heißt, hatte bei ihm nicht stattgefunden. Jedenfalls nicht acht Tage nach der Geburt, wie es bei jüdischen Knaben üblich ist. Das holte Martin im Alter von 13 Jahren bei einem jüdischen Arzt auf eigenen Wunsch nach, und das hatte einen Grund.

Alisas Hoffnung hatte sich überraschenderweise doch erfüllt. Sie durfte die Koffer packen, um die nächsten Jahre an einer israelischen Highschool zu verbringen. Ihrem Vater fiel der Abschied von der Tochter schwer. Er hätte es lieber gesehen, wenn die Entscheidung anders ausgefallen wäre. Auch Alisa trennte sich nicht leicht von den Eltern, intuitiv aber fühlte sie, dass dies ein wichtiger Schritt auf dem richtigen Weg war. In Israel fand sie schnell viele Freundinnen und auch Freunde, die wie sie aus ehemaligen Sowjetrepubliken kamen; mehr als zwei Dutzend Russisch und bald auch Hebräisch sprechende Teenager, die zusammenwohnten, lernten und eine Menge Spaß hatten. Ab der 10. Klasse bereiteten sie sich dann gemeinsam mit israelischen Schülern auf das Bagrut vor, das israelische Abitur.

An einem Bonner Gymnasium war *Martin* von drei Mitschülern antisemitisch beleidigt worden. Damals war es noch nicht üblich, dass Lehrer sich aus Angst feige wegduckten und Schulleiter waren noch der Meinung, dass das Image der Schule beschädigt würde, wenn man gegen antisemitische Pöbeleien nicht konsequent vorgeht. Zumindest an Martins Schule war das so. Die drei Mitschüler mussten die Bildungsanstalt verlassen. Kurze Zeit darauf sah er mit seinem Vater in einem Londoner Theater »Joseph and the Amazing Technicolor Dreamcoat«. Dieses Musical basiert auf der biblischen Geschichte von Joseph in Ägypten. Martin fühlte sich an die Religionsstunden in der jüdischen Gemeinde in Bonn erinnert, in denen das auch Thema war. Spontan beschloss er, sich beschneiden zu lassen. Ob letztlich der antisemitische Vorfall der Auslöser war oder »Joseph and the Amazing Technicolor Dreamcoat«, vermag Martin bis heute nicht zu sagen. Doch die Beschneidung hatte nicht zur Folge, dass er durch sie eine größere emotionale Bindung zum Judentum verspürt hätte – bis er als Austauschschüler nach Boston kam. In einer reformjüdischen Familie machte Martin dieselben Erfahrungen wie seine Mutter 30 Jahre zuvor bei der amerikanischen Verwandtschaft. Auch er erlebte hier zum ersten Mal ein durchweg positives Judentum, bei dem nicht ständig wegen der Pogrome der Vergangenheit getrauert, sondern vielmehr das Überleben gefeiert wurde. Die Juden in Boston waren gut drauf und Martin hatte plötzlich einen jüdischen Freundeskreis.

Am Ende der Highschool mussten *Alisa* und ihre Klassenkameraden aus den ehemaligen Sowjetrepubliken eine fürs ganze Leben richtungsweisende Entscheidung treffen. Für alle anderen stand fest, dass sie in Israel bleiben und nach der Armeezeit dort studieren würden. Sie hatten vor, sich in der jüdischen Nation ein neues Leben aufzubauen. Alisa aber haderte mit ihrem Schicksal. Sie bedauerte, dass es ihr die ukrainischen Gesetze nicht erlaubten, beide Staatsbürgerschaften zu haben. Das hätte die Entscheidung enorm vereinfacht. Schließlich entschied sie, dem Heimweh nach ihrer Familie nachzugeben, und das nicht zuletzt deshalb, weil in Mykolajiw inzwischen noch ein kleiner Bruder zur Welt gekommen war. Ein Geschwisterchen hatte sie sich immer gewünscht, auch wenn der Altersunterschied nun beträchtlich war. Alisa packte wieder die Koffer und zog abermals um, diesmal in umgekehrter Richtung als drei Jahre zuvor.

Mit dem Umzug von Parlament und Regierung nach Berlin zog nun auch *Martins* Familie in jene Stadt, in der sich seine Eltern einst in einem Volkshochschulkurs für autogenes Training kennengelernt hatten. Leider starb sein Vater kurz darauf. Das letzte Geschenk an den Sohn war der Roman

»Siddharta« von Hermann Hesse. Als Martin das Buch in der Zeit der Trauer las, fand er eine innere Ruhe. Hesses Metapher von dem Fluss, der gleich bleibt, obwohl es immer andere Tropfen sind, hat ihm in der damaligen Situation Halt gegeben. Fortan hat er sich mit der spirituellen Seite der verschiedenen Religionen beschäftigt und vorübergehend sogar an der Uni für evangelische Theologie eingeschrieben. »Nur aus reinem Interesse«, sagt Martin, »denn ich wollte ja kein Pfarrer werden.« Nach den Ereignissen von 9/11 in New York habe er auch Kurse in Islamkunde belegt. Dadurch sei er auf die Idee des Pilgerns gekommen. Da ihm keine jüdische Pilgerroute bekannt war und Mekka nicht infrage kam, ist er den Jakobsweg gelaufen. Bis dahin war Martin mal diesem und mal jenem Job nachgegangen, nach dem Pilgern ist er eher zufällig Journalist geworden. Ein Freund hatte die Online-Plattform »Planet Interview« gegründet. Da dieser Martins jüdischen Hintergrund kannte, fragte er ihn, ob er den Schriftsteller Maxim Biller interviewen möchte. Lesen, so hatte es ihm sein Vater beigebracht, sei ein hoher Wert im Leben eines Menschen. Also las er alles von und über Maxim Biller – dann hat er ihn interviewt. Für eine ganze Weile wurden nun Interviews – vorwiegend mit jüdischen Gesprächspartnern – zu seiner Haupteinkommensquelle. Besonders beeindruckt war er von der Begegnung mit Matisyahu, einem Sänger aus den USA. Matisyahu repräsentierte die Verbindung zwischen einem relaxten Lebensstil, wie auch Martin ihn anstrebte, und dem traditionell jüdischen. Diese Mischung stand und steht für eine modern definierte religiös-mythische Lebens- und Geisteshaltung, die Neochassidismus genannt wird. Und Matisyahu verband diesen Neochassidismus mit Reggae. Eine schräge Mischung, die bei Martin bewirkte, dass er religiöser wurde. So begann er fortan die Tage mit dem Schacharit, dem traditionellen Morgengebet. Hierfür legte er Tefillin an, die traditionellen Gebetsriemen, wie orthodoxe Juden das machen. Martin hielt streng den Schabbat als den von Gott befohlenen Ruhetag ein und ernährte sich fortan generell koscher. Ein Suchender ist Martin auch schon auf dem Jakobsweg gewesen, nun aber hat er entdeckt, dass die Suche auch innerhalb des Judentums möglich ist.

Bis heute hat *Alisa* eine enge emotionale Beziehung zu ihrem kleinen Bruder. Das war nur möglich geworden, weil sie damals in die Ukraine zurückgekehrt war. An der Internationalen Solomon-Universität in Kiew wurde die israelische Hochschulreife anerkannt. Alisa studierte Soziologie und Sozialpsychologie und fand danach bei einem großen ukrainischen TV-Kanal einen Job als Fernsehjournalistin. Auch Alisa führte nun Interviews, vorwiegend im kulturellen Bereich, die in verschiedenen Fernsehformaten eingesetzt wurden. Beruflich lief alles prima und sie hätte mit Leben und Job zufrieden sein können. Und doch hatte sie das Gefühl, dass das auf Dauer nicht ihr Weg sein würde. Als sie zum ersten Mal von dem Paideia-Institut in Schweden hörte, verspürte sie noch keinen Drang, dort hinzugehen. Ein Jahr später aber war dieses Gefühl plötzlich sehr stark. Fassungslos fragte ihr Vater, warum sie beruflich all das aufgeben wolle, was sie schon in so jungen Jahren erreicht habe. Was verspreche sie sich denn von diesem jüdischen Institut in Schweden!? Alisa musste zugeben, dass es hierfür keinen rationalen Grund gab.

Als *Martin* sich die Website von Paideia angesehen hatte, verstand er das Stockholmer Institut als eine Art säkularer Jeshiwa, eine Talmud-Schule, wo man sich mit historischen

Schriften, aber auch mit moderner jüdischer Literatur beschäftigte. Als ihm schließlich ein Stipendium gewährt wurde, konnte er kaum glauben, dass er ausschließlich dafür Geld bekam, um ohne finanzielle Not ein Jahr lang lesen und diskutieren zu können. Entsprechend euphorisch fuhr Martin Schubert von Berlin nach Stockholm. Am zweiten Tag nach seiner Ankunft kam es zu besagter Begegnung am Supermarkt. Ein Mädchen, das er besonders hübsch fand, saß zwei Tage später im Institut neben ihm. Inzwischen wusste er, dass sie Alisa hieß und aus der Ukraine kam. Gelegentlich fiel ihm auf, dass Alisa hebräische Quellen fließend lesen und verstehen konnte.

Alisas Banknachbar war ein ausgesprochen charmanter und aufmerksamer Mensch. Martin hatte bemerkt, dass sie manchmal vergaß zu frühstücken. So fand sie schon mal ein Stück schwedischer Prinzessinnentorte auf ihrem Platz. Versteckte körperliche Signale gingen zwischen den beiden hin und her, wenn sie mit der Gruppe unterwegs waren. Einen Ausflug in den Skansen-Park aber unternahmen sie alleine, und als Martin sie in den Arm nahm, wusste Alisa, weshalb ihre Intuition sie nach Stockholm geschickt hatte. Sehr schnell war beiden klar, dass es für sie auch nach der Zeit in Paideia eine gemeinsame Zukunft geben werde. Noch aber wussten sie nicht, dass diese sie bis in die fernen Himalaja-Regionen bringen würde. Die nächste Station hieß erst mal Wien.

Die Lauder Business School in der österreichischen Hauptstadt wird von der Ronald S. Lauder Foundation betrieben. Diese Stiftung trägt den Namen des US-Unternehmers, der 2007 auch zum Präsidenten des Jüdischen Weltkongresses gewählt wurde. Im Jahr 1987 hatte er sie mit dem Ziel ins

Leben gerufen, die durch die Shoah zerstörten Strukturen jüdischer Bildungseinrichtungen in Mittel- und Osteuropa neu zu gründen und zu beleben. Dieses Projekt ließ er sich eine halbe Milliarde Dollar kosten und jenes Hochschulinstitut in Wien ist ein Teil davon. Das Studium an diesem Institut ist nicht auf jüdische Studierende beschränkt, wohl aber das Wohnen auf dem nahegelegenen Campus, und das wurde von Chabad peinlich genau kontrolliert. Genau damit begann für Alisa das Problem. Chabad, diese sehr um Tradition bemühte, sektenähnlich auftretende jüdische Gruppe, legt großen Wert darauf, dass die Schlafplätze nur an Studenten (und Studentinnen) vergeben werden, die halachisch – also nach dem jüdischen Gesetz – auch tatsächlich jüdisch sind. Per Definition setzt das seit fast 2000 Jahren eine jüdische Mutter voraus. Bei Alisas Eltern aber ist nur der Vater jüdisch. Das hatte die zionistische Organisation Naale nicht daran gehindert, Alisa zum Schulbesuch nach Israel einzuladen, und den jüdischen Staat nicht, ihr die Staatsbürgerschaft zu offerieren. Sie durfte an der Paideia jüdische Studien treiben, nicht aber auf dem Chabad-Campus in Wien das Haupt zur Nachtruhe betten. Schließlich verzichtete auch Martin darauf, bei dem zufällig der »richtige« Elternteil jüdisch war. Die beiden bezogen eine gemeinsame Wohnung. Drei Jahre in Wien folgten, in denen Martin »International Business Administration« und Alisa »Intercultural Leadership and Management« studierte. Während eines Konzertes von Leonard Cohen machte Martin zur Melodie von »I'm your man« der Frau an seiner Seite einen Heiratsantrag. Wie zur gegenseitigen Versicherung ihrer Liebe sangen sie gemeinsam mit Tausenden von Konzertbesuchern und dem jüdischen Sänger auf der Bühne anschließend »Hallelujah«.

Das Brautpaar hatte nicht vor, einen klassischen Honeymoon zu veranstalten. Vielmehr beschlossen Alisa und Martin, »ein wenig Tikun Olam zu machen«, womit gemeint ist, etwas für die Verbesserung der Welt zu tun – ein jüdisches Gebot. Einige Zeit zuvor schon hatten sie von Tevel b'Tzedek gehört, einer israelischen NGO, die in Nepal aktiv ist. Sie war ein paar Jahre zuvor von dem konservativen Rabbiner und Aktivisten Micha Odenheimer mit dem Ziel gegründet worden, sich den globalen Herausforderungen von Armut und Umweltschäden auf der Basis jüdischer Werte zu stellen. Alisa und Martin fanden den Gedanken toll, etwas Gutes zu tun, und das in einem Projekt mit jüdischem Hintergrund. Das Abenteuer konnte beginnen.

In einem nepalesischen Dorf im Distrikt Ramechhap, weit abseits der Touristenzentren Kathmandu und Pokhara, arbeitete Alisa mit Frauen und Kindern und unterrichtete an drei lokalen Schulen. Auch Martin erteilte in jenem nepalesischen Dorf Englischunterricht. Und an den Nachmittagen arbeiteten sie gemeinsam mit anderen jüdischen Freiwilligen auf dem Feld. In dieser Gegend, etwa 120 Kilometer südlich des Mount Everest, bekannten sich die Menschen zum tibetischen Buddhismus. Alisa und Martin entdeckten Ähnlichkeiten zum Judentum. So etwa die Idee der fünf Elemente Erde, Wasser, Luft, Feuer und Äther, die im religiös-mystischen Judentum die fünf Ebenen der Seele sind: Nefesch (Vitalität), Ruach (Geist), Neschama (Atem), Chaja (Mutter des Lebens) und Jechida (Individuum). Martin freundete sich mit dem Sohn des lokalen Lamas an, der ihn in die tibetische Meditation einführte.

Schon in Stockholm hatte Alisa wieder mit dem Malen begonnen, eine Leidenschaft, die bei ihr seit dem Kunstunterricht in der Kindheit immer mal wieder aufgeflammt war. Hier in diesem kleinen Dorf im Himalaja lernte sie nun eine ganz andere Art zu malen kennen. Die Thangka-

Malerei ist eine sehr meditative Kunst mit immer wieder-kehrenden Motiven, die Lotus heißen oder White Tara und auch Mandala. Alisa verspürte das starke Bedürfnis, diese meditative Kunst zu erlernen. Der Lehrer verlangte von ihr, dass sie zunächst zwei Monate lang meditieren solle. Alisa machte zum ersten Mal in ihrem Leben, wie sie sich heute erinnert, die Erfahrung, zeitgleich zu beobachten, was in ihr und neben ihr geschieht. Sie kam zu einer inneren Ruhe und wurde sich ihrer Emotionen bewusst. Am Ende hatte sie das Gefühl, dass sie sich auf einem anderen Niveau des Bewusstseins befindet. Obgleich sie schon seit vielen Jahren malte, ist der Anfang sehr schwer gewesen. Diese sehr detaillierte Bildkunst war etwas komplett anderes als ihre bisherige Malerei. Sie habe sehr viel Geduld üben müs-sen, sagt Alisa, »um nach und nach zu erfahren, wie man durch Kunst zur Meditation kommen kann«. Dabei musste sie akzeptieren, dass diese Kunst nicht viel bis gar nichts mit individueller Kreativität zu tun hat. Der künstlerische Spielraum war sehr, sehr klein. Selbstmotivierend machte sie sich immer wieder klar, dass man sich in diesem Pro-zess entwickeln und daran wachsen könne.

Nach der Rückkehr aus dem Himalaja nahm Martin, um das Geld für eine Ausbildung zum Yogalehrer zu verdie-nen, zeitweilig einen Marketing-Job bei einem VW-Kunden-dienst an. Alisa hatte ihre Bilder in der jüdischen Galerie gezeigt und einige davon auf dem Chanukka-Basar im jü-dischen Gemeindehaus zum Kauf angeboten. Dort wurde sie von einer fremden Frau angesprochen. Im Laufe dieses Gesprächs regte sie Alisa dazu an, das Thangka-Malen zu unterrichten. Niemand sonst würde das in Berlin machen. Zunächst zweifelte Alisa noch daran, ob sie die Fähigkeit haben würde, »einen solchen heiligen Prozess vermitteln zu können«. Aber weil jene Frau so beharrlich darauf bestand, ließ sie sich schließlich darauf ein und mietete sich in einem Yoga-Studio ein. Es entstand ein wunderbares Projekt mit einem 60-Stunden-Kurs für jeweils vier Teilnehmerinnen. Seither beginnt Alisa diese Kurse so, wie sie es selbst in Nepal erfahren hatte, nämlich mit Meditation und Yoga, und das führt dann langsam zu Kreativitätsübungen und einer Kunsttherapie.

Seit einigen Jahren arbeitet nun auch Martin als Meditations- und Yogalehrer. Er beschreibt sein heutiges Leben so: »Damit werde ich nicht reich, aber nach jeder Yoga-Session bin ich innerlich so sehr erfüllt, dass ich nie wieder etwas anderes machen möchte. Aus mir ist also kein orthodoxer Jude geworden und doch habe ich vieles von dem beibehalten, was ich auf meinem Weg gelernt habe. Etwa die Idee von Kashrut, also einem Bewusstsein für das, was ich esse, und bei den täglichen Meditationen richte ich mich nach den halachischen Gebetszeiten.« Wenn Martin sich heute als einen Pionier des »jüdischen Yogas« empfindet, dann nicht, weil er versucht, mit seinem Körper hebräische Buchstaben nachzuempfinden. So etwas wird mancherorts angeboten, aber das sei »nicht authentisch«. Was Martin hingegen als authentisch empfindet, ist die Beschäftigung mit den fünf Ebenen der Seele, wie sie die Juden aus den chassidischen Schriften kennen. Diese spielen in Martins Meditationsübungen eine Rolle, die er inzwischen in der Kombination als Yogalehrer und Kommunikationstrainer anbietet. Nicht selten auch gemeinsam mit seiner Frau, jenem ukrainischen Mädchen, das er einst beim Verlassen eines Stockholmer Supermarktes entdeckt hatte. Seither sind sie einen langen Weg miteinander gegangen – den Weg zu sich selbst.

Mitzwot

Eine Mitzwa ist im Judentum zunächst einmal ein Gebot. Der Plural lautet Mitzwot. Die bekanntesten Mitzwot sind die »Zehn Gebote«, die Moses laut Tora auf dem Berg Sinai direkt von Gott erhalten haben soll. Insgesamt kennt die hebräische Bibel 613 Mitzwot, die wiederum aufgeteilt sind in 365 Verbote und 248 Gebote. Abgesehen von einigen habilitierten Judaisten oder ehrgeizigen Jeshiwa-Schülern dürften wohl kaum einem Menschen auf dieser Welt sämtliche biblischen Mitzwot geläufig sein. Zudem wären viele dieser Ge- und Verbote selbst für religiöse Juden und Jüdinnen des 21. Jahrhunderts weitgehend unverständlich, da sie sich auf den Tempeldienst in Jerusalem beziehen. Der aber wird bekanntlich seit fast 2000 Jahren nicht mehr praktiziert. Wenn der Begriff Mitzwa heute verwendet wird, dann entweder im Zusammenhang mit einer Bar oder Bat Mitzwa oder aber, und das ist am häufigsten der Fall, in Verbindung mit dem Gebot der Nächstenliebe. Letzteres wird landläufig als ein christliches Gebot angesehen. Das ist es zweifelsohne auch, seinen Ursprung aber hat es in der jüdischen Bibel, im 3. Buch Mose Kapitel 19 Vers 18, um genau zu sein. Da stand diese Mitzwa auch schon, als Jeshua von Nazareth im Jerusalemer Tempel mit den Pharisäern darüber diskutierte. Im alltäglichen Sprachgebrauch unter jüdischen Leuten ist daher, wenn von einer Mitzwa die Rede ist, fast immer eine Handlung der Nächstenliebe gemeint. Eine solche kann als spontane Einzeltat erfolgen oder als planmäßige fortgesetzte Hilfe zugunsten von Menschen, die darauf angewiesen sind. Es können individuelle Mitzwot sein, die sich jemand selbst gesucht hat, oder institutionalisierte Hilfeleistungen, wie sie beispielsweise die Zentrale Wohlfahrtsstelle organisiert. Sie können sowohl ehrenamtlich erfolgen als auch berufsmäßig oder sich völlig überraschend als lebenslange Aufgabe ergeben, wie es bei Madelaine Linden geschah. Mitzwot können also vielfältiger Natur sein, wie auch die Beispiele von Diana Sandler, Judith Tarazi und Nathan Kaplan zeigen, von denen jede und jeder eine beeindruckende Lebensgeschichte vorzuweisen hat.

Eigentlich sprach für *Diana Sandler* und ihre Mutter nichts dafür, nach Deutschland zu ziehen. Dianas Vater war als Kind mit großen Teilen seiner Familie beim Überfall der Wehrmacht aus der Ukraine nach Taschkent gebracht worden. Auf dem Weg dorthin, das sind fast 3000 Kilometer, sind viele gestorben. Nur wenige von ihnen sind nach dem Krieg in die ukrainische Heimat zurückgekehrt, darunter ihr Vater. Dianas Großvater hatte während des ganzen Krieges auf der Seite der Roten Armee als Soldat gekämpft. Anfang Mai 1945 war er mit der »1. Ukrainische Front« bei der Schlacht um Berlin dabei. Die Familie von Dianas Mutter hatte den Einmarsch der Nazitruppen im ukrainischen Dnipropetrowsk miterlebt. Männer in deutschen Uniformen hatten den Auftrag, die Juden der Stadt aufzuspüren. Dianas Urgroßmutter wurde von Nachbarn denunziert und auf der Stelle erschossen. Deren Tochter, Dianas Großmutter, hatte alle Papiere vernichtet und floh mit Dianas Mutter, die damals ein kleines Mädchen war, aus der Stadt. Sie sind über die ukrainischen Dörfer gezogen, dann wurden auch sie während einer Razzia geschnappt. Da die Großmutter Jiddisch sprach, konnte sie ein wenig Deutsch verstehen. Natürlich hat sie energisch bestritten, jüdisch zu sein. So entgingen sie zwar dem Schicksal, ebenfalls erschossen zu werden, nicht aber der Deportation nach Deutschland. Mutter und Tochter kamen als Zwangsarbeiter nach Bayern, ihre ukrainische Heimat sahen sie erst nach dem Krieg wieder. Dort kam im Jahr 1969 Diana zur Welt. Warum entschied sich ihre Familie ausgerechnet für eine Übersiedlung nach Deutschland? Es hatte verschiedene andere Optionen gegeben, die in Erwägung gezogen wurden. Israel war eine solche oder die USA. Doch Dianas Oma und ihre Mutter konnten aus der Zeit der Zwangsarbeit in Bayern noch ganz gut Deutsch sprechen. Es musste also keine fremde Sprache erlernt werden. Vor allem aber waren sie davon überzeugt, dass in Deutschland nach den schrecklichen Erfahrungen der Shoah der Antisemitismus endgültig ausgerottet sein würde. Anders als in der Ukraine, wo die Judenfeindlichkeit fast schon zum guten Ton gehörte.

Die erste Station in Deutschland für Diana, ihren Ehemann, den kleinen Sohn und ihre Mutter war Ahrensfelde, ein kleiner Ort östlich von Berlin. Hier lebte bereits Dianas Bruder mit der Großmutter. Nach einiger Zeit zog sie mit ihrer kleinen Familie in ein Wohnheim im nahegelegenen Kreis Barnim. Bald schon mehrten sich die Anzeichen, dass das mit dem nicht mehr vorhandenen Antisemitismus in Deutschland womöglich eine Illusion war. Als sie nämlich in Bernau eine Wohnung bezogen hatten, sprach sich unter den Nachbarn schnell herum, dass Juden ins Haus eingezogen seien. Eines Tages beobachtete Diana von ihrem Fenster aus, wie ihr Sohn von anderen Jungs attackiert wurde. Einer hatte eine Flasche zerschlagen und bedrohte ihn mit dem scharfkantigen Flaschenhals, während die anderen ihn als »Judenschwein« beschimpften. In den Wochen darauf zogen einige Nachbarn aus dem fünfstöckigen Haus aus, weil sie nicht mit Juden unter einem Dach leben wollten. Deutsche aus den Nachbarhäusern beleidigten Diana auf offener Straße. Sie sagten ihr unverblümt ins Gesicht, dass sie nicht erwünscht seien, und forderten sie ultimativ auf, zu verschwinden. Weil dies auch anderen jüdischen Neubürgern so erging, machte sich Diana Sandler zu deren Wortführerin und suchte den damaligen Bürgermeister von Bernau auf, um sich zu beschweren. Der ostdeutsche Lokalpolitiker machte gar nicht erst den Versuch, die antisemitische Gesinnung mancher Bernauer zu leugnen, bedauerte aber, nicht helfen zu können. »Juden würden wie alle anderen Bürger behandelt und könnten keine besondere Unterstützung erwarten«, erinnert sich Diana Sandler an die Kernaussage jener Unterredung. Insgesamt musste die engagierte Frau mit ihrer Familie in Bernau dreimal umziehen. Erst nachdem sie in einem Haus mit Rechtsanwaltskanzleien und Arztpraxen die einzige Wohnung bezogen, blieben sie von Anfeindungen der unmittelbaren Nachbarn verschont. Bis dahin aber hatte sie längst schon den Entschluss gefasst, gegen den Antisemitismus in ihrer Gegend aktiv zu werden. Sie besuchte die Fachhochschule in Potsdam und erwarb ein Zertifikat für »Antidiskriminierung, Partizipation und Inklusion«. Das bot ihr die theoretische Grundlage für ganz konkrete Aktivitäten, die bald folgen sollten …

Wenn man sich die wechselvolle Biographie von *Nathan Lee Kaplan* genauer ansieht, wird man feststellen, dass sein Leben über lange Phasen zwischen diversen Polen verlief. Da war zunächst das Elternhaus zweier Soziologieprofessoren. Beeinflusst von der 68er- und der Hippie-Bewegung, verspürten sie bei aller Sympathie für die jüdische Tradition keine allzu große Zuneigung für die Bestimmungen der Halacha, der strengen Religionsgesetze. Das passte einfach nicht zum Zeitgeist. Ganz im Gegensatz zu den Großeltern mütterlicherseits. Sie waren von jeher für Nathan wichtige Bezugspersonen, und nach der Trennung seiner Eltern wurde diese Bindung für den Zehnjährigen noch intensiver. Der Großvater war im Vorstand der Synagoge am Röderbergweg – dort, wo heute Frankfurter Eltern ihre Sprösslinge zur Kita Bereschit bringen. Die Großmutter gehörte der WIZO an, einer zionistischen Frauenorganisation, die bereits 1920 in London gegründet worden war. Zwischen diesen Polen, also der Hippie-Bewegung einerseits und dem traditionellen Judentum andererseits, ist Nathan Lee Kaplan in Frankfurt am Main groß geworden. Beide haben fortan auf die eine oder andere Weise Einfluss auf sein weiteres Leben genommen. Eines, das sich eine ganze Weile zwischen professionellem Business und dem Talmud-Studium abspielte und schließlich in dem Start-up MitzveNow eine bemerkenswerte Synthese finden sollte.

Nach dem Abitur studierte Nathan Lee Kaplan zunächst Ökonomie und Philosophie an der London School of Economics. Diese Brücken überschreitende Fächerkombination habe er spannend gefunden, sagt er und bekennt: »Also etwas für den Kopf und etwas für die Tasche!« Nach dem Bachelorabschluss tat er etwas, was üblicherweise Absolventen der London School of Economics nicht tun: Er zog sich für mehrere Monate zum Talmudstudium zurück. Und das, obgleich ihm ein lukratives Jobangebot von der Unternehmensberatung McKinsey vorlag. Die Firmenzentrale wollte nicht auf ihn verzichten und prolongierte das Angebot um ein Jahr. Nathan Lee Kaplan studierte zunächst an der Yeschiva University, einer Talmud-Tora-Schule in New York City, und wechselte dann an die Jeschiwa Machon Yaakov in Jerusalem. Dort zählte er viele jüdische Studenten aus den USA zu seinen Freunden, die sich wie er für eine Weile den rabbinischen Schriften widmeten, ehe sie ins Berufsleben einstiegen. Nach dieser spirituellen Auszeit arbeitete

Nathan Lee Kaplan zehn Jahre lang als Unternehmensberater bei McKinsey. Im Rahmen eines Fellow-Programms studierte er parallel in Heidelberg Philosophie und Jüdische Studien und hat schließlich über »Talmudische Managementethik« promoviert. Seine Dissertation verband die klassische Managementlehre mit der Frage, was jüdische Traditionen als Inspiration und Weisungsquelle lehren können. Als dann die globale Finanzkrise einsetzte, ging der frisch promovierte Dr. Kaplan bei McKinsey gemeinsam mit anderen Experten der Frage nach, wie es um die Wirtschaftsethik auch im eigenen Unternehmen bestellt sei. Bei McKinsey haben sie eine Taxonomie entwickelt, also eine Struktur von Dimensionen wirtschaftsethischen Handelns im Konzernmanagement. Hierzu zählten etwa die Kultur eines Unternehmens, ökologische Nachhaltigkeit oder auch die regulatorischen Beziehungen zur Regierung.

In den USA gibt es in Harvard, Stanford und anderen Unis wirtschaftliche Basiskurse, wo man sich in diesem Zusammenhang mit philosophischen Schriften von Aristoteles bis Kant beschäftigt, aber auch mit Literatur wie etwa der von Shakespeare oder den politischen Schriften von Machiavelli. Auf dieser Grundlage haben Nathan Lee Kaplan und die Experten bei McKinsey versucht, sich an die Auflösung dieser wirtschaftsethischen Dilemmata heranzutasten. In seiner Dissertation habe er es für legitim gehalten, hierfür auf den Talmud zurückzugreifen, sagt Dr. Kaplan und verweist darauf, dass fast ein Drittel der 613 biblischen Mitzwot wirtschaftlicher Natur seien. Und dieser Fokus sei in der rabbinischen Tradition ab dem zweiten Jahrhundert neuer Zeitrechnung weitergeführt worden. Im Talmud gäbe es drei dezidierte Traktate, die sich ausschließlich mit wirtschaftlichen Themen beschäftigen würden, aber auch in nahezu allen anderen talmudischen Abhandlungen fänden sich solche Bezüge. Das führt für jüdische Unternehmer, wenn sie denn ein vergleichsweise ähnlich positives Verhältnis zur Religion haben wie Nathan Lee Kaplan, unweigerlich zu dem Schluss, dass der Talmud bei der Lösung wirtschaftsethischer Dilemmata eine gute Quelle ist. »Die jüdische Tradition mit dem starken Geist des Monotheismus hat nun mal den Anspruch, dem Menschen auch im Wirtschaftlichen zu helfen, das Richtige zu tun«, erklärt Kaplan. Was genau heißt das? Zum »Richtigen« zählt er eine konsequente orthodoxe Lebensweise. Das stellt natürlich für jeden säkularen Arbeitgeber eine Herausforderung dar. Das ist eben nicht jedermanns Sache – anders bei McKinsey, wo man dieses Thema aus dem amerikanischen Teil des Unternehmens kennt. Dort nämlich gibt es weitaus mehr jüdische Angestellte als hierzulande, wenngleich die nicht alle eine »konsequente orthodoxe Lebensweise« pflegen. Schließlich wurde Nathan Lee Kaplan von McKinsey vertraglich zugesichert, dass er am Schabbat und an den jüdischen Feiertagen nicht würde arbeiten müssen. Wenn an diesen Tagen Arbeit anfallen sollte, so würde er das eben am Sonntag nachholen. Während seiner Aufenthalte in der Trainingsakademie in Kitzbühel, einem Ort, der nicht durch eine jüdische Gemeinde bekannt ist, wurde speziell für ihn koscheres Essen aus München angeliefert.

Inzwischen hat Nathan Lee Kaplan geheiratet, und als das erste Kind da war, ging er in Elternzeit. In dieser Zeit wurde ihm klar, dass er nicht jener Typ sein will, der sich montags von seiner Familie verabschiedet, um erst am Freitagabend wieder zu erscheinen. Also hat er den Job des fest angestellten Unternehmensberaters an den Nagel gehängt. Nach der Elternzeit trat er in die Geschäftsleitung eines Start-ups in Wiesbaden ein, einem Anbieter für gesunde

Lebensmittel, die über soziale Medien vermarktet und online verkauft werden. Da kam ihm dann die Idee mit den Abo-Boxen ...

Mehr als die Hälfte ihres Lebens ist *Judith Tarazi* nun Jüdin, aber Judith heißt sie schon seit ihrer Geburt. Ihre Eltern haben damals bewusst einen hebräischen Namen gewählt, denn einige Jahre zuvor hatten sie in den Vereinigten Staaten gelebt und dort in jüdischen Kreisen verkehrt. Als Judith ihnen später ihren künftigen israelischen Schwiegersohn vorstellte und ihren Entschluss mitteilte, zum Judentum überzutreten, sagten sie: »Na ja, den passenden Namen hast du ja schon.«

Judiths Leben war bis dahin nicht sonderlich geradlinig verlaufen. Zunächst hatte sie Erziehungswissenschaften, Germanistik und Psychologie studiert. Dann aber brach sie das Studium ab, weil sie immer mal wieder längere Zeit im Ausland war. Um das zu finanzieren, hatte sie eine Weile in der Altenpflege gearbeitet. Letztlich aber standen bei Judith zwei große Interessen im Vordergrund: Kunst und Psychologie. Und schließlich hat sie ein Grafikdesignstudium begonnen und auch abgeschlossen. Daneben jobbte sie für einen israelischen Sicherheitsdienst in der zivilen Luftfahrt, was den Vorteil mit sich brachte, dass Judith fortan günstiger reisen konnte. Das Reisen blieb nämlich auch weiterhin eine ihrer Leidenschaften. Auf einer solchen lernte sie ihren Mann und schließlich auch dessen Familie in Israel kennen. Da Judith nun eine eigene Familie mit einem jüdischen Mann gründen wollte, trat sie dem Judentum bei. Dies war aber nicht nur ein formaler Schritt in Bezug auf künftige Kinder. Sie möchte nicht pathetisch klingen, sagt Judith, »aber im Judentum habe ich Heimat und Rückhalt gefunden und eine beeindruckende Lebensphilosophie, die ihre Grundlage im Nachfragen und Diskutieren hat«.

Viele Jahre arbeitete Judith als Grafikdesignerin. Solange ihre Kinder noch klein waren, ging sie dem Beruf überwiegend freiberuflich nach, was gut miteinander vereinbar war. Irgendwann aber reichte ihr das nicht mehr. Judith Tarazi vermisste die Psychologie und begann eine Ausbildung zur Kunsttherapeutin. Dabei lernt man bekanntlich neben künstlerischen Techniken vor allem, was Kunst mit den Menschen macht, die sie ausüben. Im besten Fall bringt einen die Beschäftigung mit Kunst in einen kreativen Flow, bei dem man wirklich loslassen und falls nötig auch vergessen kann. Dabei geht es gar nicht unbedingt um ein perfektes künstlerisches Ergebnis; wenn man Kunst als Therapie nutzt, kommt es mehr auf den kreativen Prozess selbst an. Passiert das beispielsweise während einer Gestalttherapie, versetzt es die Leute regelmäßig in Erstaunen. »So etwas erlebe ich immer wieder, wenn sie sich trauen zu malen oder gar experimentelle Techniken benutzen«, beschreibt Judith Tarazi ihre Erfahrungen. »Da stehen die Leute dann vor dem Ergebnis und staunen, dass sie zu so etwas fähig sind. Man kann sich mit ihnen darüber unterhalten, man kann es aber auch erst mal stehen und wirken lassen. Und derjenige, der es geschaffen hat, darf einfach nur glücklich sein.« Solche Erkenntnisse sind das Ergebnis jahrelanger Arbeit. Dabei hatte alles mit einem ehrenamtlichen Engagement an der Schule ihrer Kinder begonnen …

Als *Diana Sandler* in den Kreis Barnim gezogen war, gab es dort keine jüdische Gemeinde. Also gründete sie kurzerhand eine Initiativgruppe und wandte sich an die Gemeinden von Berlin und Potsdam. Dort aber lehnte man eine wie auch immer geartete Unterstützung ab. Als Begründung hieß es, dass sich die meisten Juden aus der Sowjetunion mit den jüdischen Regeln, mit der Einhaltung des Schabbat und anderen religiösen Geboten, gar nicht auskennen würden. Das stimmte natürlich und auch in Dianas Familie war das nicht anders. Nun aber hatte sie in Bernau diese Initiativgruppe, stand jedoch ohne irgendeine Unterstützung da. Langsam wurde ihr klar, dass sie es weitgehend alleine schaffen mussten. Mit einer gehörigen Portion Chuzpe, und wild entschlossen, gründete sie schließlich nordöstlich von Berlin eigenständig die Jüdische Gemeinde für den Kreis Barnim. Es wurde ein Haus angemietet und zum Gemeindezentrum umfunktioniert, in dem seither auch die Gottesdienste stattfinden. Darüber hinaus wurde ein soziales Netzwerk für die Juden im Kreis Barnim entwickelt. Diesmal wandte sich Diana Sandler mit ihrer Bitte um Unterstützung finanzieller wie organisatorischer Art an verschiedene staatliche Stellen. Wieder erhielt sie überwiegend nur Ablehnungen, diesmal ohne detaillierte Begründungen. Diana aber wollte den Gedanken ans Aufgeben gar nicht erst zulassen und trieb ihr Projekt unermüdlich voran. Das war in den 1990er Jahren. Inzwischen beraten Diana Sandler und ihre ehrenamtlichen Mitstreiter jüdische Menschen mit psychischen Problemen. Diese Menschen kommen entweder vorbei oder sie rufen an. Dann fahren Mitarbeiter zu ihnen hin. So ist inzwischen ein richtiges Nothilfesystem entstanden. Schon vor Jahren hatten Diana und ihre Leute eine Notrufnummer eingerichtet und sie mit Flyern unter den Gemeindemitgliedern bekannt gemacht. Das Telefon ist mittlerweile rund um die Uhr besetzt. Sie haben vier Autos und es gibt zwölf Leute, die sich im Dienst abwechseln. Darunter ein Dolmetscher für diejenigen, die noch kaum Deutsch sprechen. Das ist besonders bei älteren Menschen der Fall, weil sie keinen

Deutschkurs mehr finanziert bekommen. Es gibt auch vier Ärzte und eine Russisch sprechende Psychologin, die ihre Arbeit unterstützen. Lebhaft schildert Diana Sandler, was so alles passiert: »Unlängst wurde zum Beispiel eine ältere Frau ausgeraubt, wobei es zu antisemitischen Beschimpfungen kam. Der Überfall hatte also auch einen rassistischen Hintergrund. Ich bin zu dieser jüdischen Frau gefahren, habe schließlich einen Krankenwagen gerufen und Anzeige bei der Polizei erstattet. Eine andere Frau wurde von einem Nachbarn, einem Aussiedler aus Kasachstan, als ›dreckige Jüdin‹ beschimpft und er hatte ihr angedroht, sie umzubringen. Als wir auch hier Anzeige erstatten wollten, sagten uns die Polizisten, sie könnten nichts unternehmen, da ja bisher ›noch nichts passiert‹ sei. Kurz darauf wurde diese Frau von diesem Nachbarn zusammengeschlagen. Nun endlich beschäftigte sich ein Gericht mit dem Fall und ich habe sie während des gesamten Prozesses begleitet.«

Die Corona-Pandemie stellte Diana Sandler und ihre Leute plötzlich vor völlig neue Herausforderungen. Gleich zu Beginn dieser Krise haben sie ein weiteres Telefon eingerichtet, speziell für die russischsprachigen Einwanderer der Gemeinde. Während des Lockdowns nutzten vor allem ältere jüdische Menschen diese Möglichkeit. Dianas Initiative kaufte für sie ein und erledigte verschiedene andere alltäglich Dinge. Für manche Gemeindemitglieder kochten sie sogar, wenn diese dazu selbst nicht mehr in der Lage waren. Einiges wurde auch schon vor der Corona-Zeit angeboten, während des Lockdowns aber stieg die Zahl derer, für die die Initiative die Challot, jene traditionellen Hefezöpfe für die Schabbat-Feier, gebacken und koscheres Essen zubereitet hat. Für ältere Menschen, die nicht so gut mit dem Internet umgehen können, werden IT-Fachleute angesprochen, die es ihnen beibringen. Ehrenamtlich,

versteht sich. Schließlich wurden in dieser Zeit die Gottesdienste aus der Synagoge per Livestream übertragen. Alle
sollten in der Lage sein, daran teilzunehmen. Hierfür ver-
teilte die Initiative viele Smartphones und etwa 40 Laptops,
die von einer Firma in Berlin gesponsert wurden. Diana
Sandler versteht das alles als Mitzwot und sie konnte viele
motivieren, das auch so zu sehen.

Eine amerikanische Geschäftsidee der 2000er Jahre animierte *Nathan Lee Kaplan* zu innovativen Überlegungen. In
den USA tauchten damals die sogenannten Abo-Boxen auf,
mit denen unterschiedliche Zielgruppen je nach ihrem Lebensstil kuratiert Produkte erhalten. So bekommen etwa
Yoga-Fans jede Woche eine Yoga-Box oder Tierliebhaber wöchentlich neue Hundesnacks. Dieses Geschäftsmodell wurde schnell international sehr beliebt und das ist es seit einiger Zeit auch in Deutschland. In Frankfurt am Main dachte
nun Nathan Lee Kaplan darüber nach, ob es ein solches
Angebot auch für den jüdischen Jahres- und Lebenszyklus
geben sollte. Es werden schließlich regelmäßig Challot
gebraucht, koscherer Wein, weiße Schabbat-Kerzen, aber
auch Dreidel, das ist eine Art Kreisel mit hebräischen
Schriftzeichen, die man für ein Spiel zur Chanukka-Feier
benötigt. Die komplette Produktliste kann man mittlerweile auf der Website MitzveNow nachlesen. Nathan Lee
Kaplan ist das geschäftliche Risiko eingegangen, solch ein
Abo-Box-Modell für eine explizit jüdische Kundschaft zu
entwickeln. Er legt dabei großen Wert darauf, dass dies in
einem ansprechenden Design geschieht und der Online-
Shop sowohl einem sozialen als auch einem ökologischen
Anspruch genügt. Ein Hauptteil seiner Arbeit besteht darin, dafür die richtigen Lieferanten als Partner zu finden.
Wenn sie grundsätzlich Lust auf das Projekt haben und

sie die gleichen Werte teilen, dann ist das eine gute Sache. Allerdings war es zu Beginn nicht einfach, jemanden zu überzeugen, in die Produktentwicklung eines neuen kleinen Start-ups zu investieren. So wollte Nathan, um ein Beispiel zu nennen, eine neue Schabbat-Kerze entwickeln, weil kommerziell vertriebene Paraffinkerzen Schadstoffe freisetzen. Bienenwachskerzen aber sind in Deutschland in der Regel gelb, was nicht gut zum Schabbat passt. Nach längerer Suche hat er in Mainz eine Wachsmanufaktur gefunden, die zu einer psychosozialen Einrichtung gehört. Dort war man von der Idee begeistert, im Naturverfahren gereinigtes Bienenwachs herzustellen, um es für Schabbat-Kerzen zu verwenden. Auch für die Chanukka-Box hat sich Firmengründer Kaplan einiges einfallen lassen. Gemeinsam mit dem Start-up Seven Cards der Künstlerin Yael Ungar hat er deren jüdische Grußkarten ins Set aufgenommen. Und der Bildhauer Costa Bernstein stellt für ihn extra einen Schlüsselanhänger in Dreidel-Form her.

Das traditionelle Chanukka-Essen sind Latkes – Kartoffelpuffer in verschiedenen Varianten. In der Abo-Box zum Lichterfest, das zeitlich fast immer mit der Adventszeit oder gar dem christlichen Weihnachtsfest zusammenfällt, finden Nathans Kunden daher ein Bio-Rezept für verschiedene Latkes aus dem Kochbuch »Oma & Bella« von Alexa Karolinsky. Neben der Ökologie fühlt sich das kleine Unternehmen, das ja den Begriff Mitzwa, wenngleich in anderer Schreibweise, bereits im Firmennamen stehen hat, auch einem sozialethischen Konzept verpflichtet. So werden die jeweils wechselnden Sets für die Abo-Boxen von Menschen mit Behinderung verpackt und konfektioniert. Dies geschieht sowohl im Atelier Eastend, einem Gemeinschaftsprojekt der Zentralen Wohlfahrtsstelle und der Jüdischen Gemeinde Frankfurt, als auch in den Praunheimer

Werkstätten, einer gemeinnützigen öffentlichen Einrichtung. Zum Selbstverständnis von MitzveNow gehört, dass mindestens zehn Prozent des Ertrags für Arme und die Umwelt gespendet werden. So konnten bereits im ersten Jahr nach der Firmengründung aus dem Erlös der Chanukka-Boxen Geschenke für die Kinder der WIZO-Kindertagesstätte in Neve Yaakov ermöglicht werden. In diesem Jerusalemer Stadtbezirk lebt eine ethnisch vielfältige Bevölkerung an Einwanderern aus dem Kaukasus, dem usbekischen Buchara, aus Georgien, Marokko, Kurdistan sowie Äthiopien. Viele der Kinder wachsen bei alleinerziehenden Elternteilen auf oder stammen aus arabischen oder jüdisch-ultraorthodoxen Familien mit einem niedrigen sozioökonomischen Niveau. Nun hatten sich diese Kinder Bobbycars gewünscht und das Chanukka-Geschäft von Nathan Lee Kaplans kleiner Firma konnte ihnen diesen Wunsch erfüllen.

»Wenn ich meine aktuelle Lebenssituation betrachte, so schätze ich mich glücklich, eine Familie haben zu dürfen und ein Unternehmen zu führen, das mich inspiriert«, sagt der jüdische Wirtschaftsethiker. Und da er seit jeher ein Leben zwischen zwei Polen geführt hat, geht er seit einiger Zeit neben seinem sozial engagierten Mitzve-Projekt auch wieder der Tätigkeit eines freien Unternehmensberaters nach. Mit dem Wissen um die talmudische Wirtschaftsethik muss das ja kein Gegensatz sein.

Bevor *Judith Tarazi* anfing, als Kunsttherapeutin zu arbeiten, konnte sie sich an der »Jüdischen Grundschule Heinz Galinski« in Berlin ausprobieren. Sie hat zwei Söhne und eine Tochter, die diese Schule besuchten. Damals hatte ihr die Schulleitung angeboten, am Nachmittag eine sogenannte Chug – eine Lehrstunde – anzuleiten. Die von Judith entwickelte Kunst-AG stand unter dem Motto: »Jeder ist ein Künstler!« Die Kinder durften völlig frei kreativ tätig sein. Der Kurs lief parallel zum regulären Kunstunterricht, aber gemeinsam mit einer Kollegin legte Judith für ihre AG fest, dass sie die Arbeiten mit den Kindern zwar besprechen, aber eben nicht bewerten würden. Es gab kein Gut oder Schlecht, kein Richtig oder Falsch, sondern jeder durfte sich als Künstler frei entfalten. Sie förderte jedes Kind in seiner Kreativität, ohne jemals Perfektion zu erwarten. Gelegentlich erstellten sie auch Gemeinschaftsarbeiten und wählten besondere Techniken, bei denen es überhaupt nicht darauf ankam, dass das Ergebnis »hübsch« war. Zum Beispiel gab es einen Jackson-Pollock-Tag. Nachdem sie zunächst über dessen Werk gesprochen hatten, wurde der ganze Raum mit Folie ausgelegt und die Kinder durften klecksen. »Das war fantastisch und hat allen richtig Spaß gemacht«, sagt Judith, und ihr ist anzumerken, dass sie selbst die Erinnerung daran noch immer genießt. Diese Chug wurde von ihr ein Jahr lang gemacht, danach begann sie ein Praktikum bei Omanut, das von der Zentralen Wohlfahrtsstelle ins Leben gerufen worden war. Anderthalb Jahre später bot man ihr, der Quereinsteigerin, die Leitung des Projekts an.

Omanut ist das hebräische Wort für Kunst. In Berlin steckt dahinter eine künstlerische Tagesbetreuung für Menschen mit einer geistigen oder psychischen Behinderung. Sie sind entweder bereits zu alt für die Arbeit in einer Werkstatt oder schaffen es aus verschiedenen Gründen nicht, dort jeden Morgen pünktlich um acht Uhr zu erscheinen. Ursprünglich war dieses Projekt für jüdische Menschen konzipiert, inzwischen aber betreuen sie auch einige nichtjüdische Menschen. Die Teilnahme ist freiwillig, eine große Zahl kommt jedoch regelmäßig jeden Tag. Einige wenige erscheinen nur einmal in der Woche, weil sie neben der Arbeit in einer Behindertenwerkstatt unter öffentlicher Trägerschaft gern noch etwas in einem jüdischen Umfeld machen wollen. Manchmal sind es auch deren Eltern, die das für sinnvoll halten. Bei Omanut gibt es eine Malwerkstatt, eine Holzwerkstatt und eine Kerzenwerkstatt. Inzwischen existiert in Berlin-Tempelhof auch eine kleine Galerie – die Jüdische Galerie Omanut. Sie ist eine Art Schaufenster für die Arbeiten von jüdischen Künstlerinnen und Künstlern mit oder ohne Behinderung.

Zu bestimmten Anlässen setzen sich Judith und ihre Mitarbeiter mit den Teilnehmern zusammen und sprechen über bestimmte Themen. An Rosh Hashana, dem Neujahrstag, zum Beispiel über das Thema »Mein Wunsch für das neue Jahr«. Dafür haben sie auf eine große Pappe einen riesigen Granatapfel gemalt und jeder bekommt einen handtellergroßen Granatapfelkern aus Papier, auf den er oder sie einen ganz persönlichen Wunsch schreiben kann. Hierzu muss man wissen, dass die Kerne des Granatapfels zu den rituellen Speisen am jüdischen Neujahrsfest gehören. In der Gruppe wurde schließlich über die verschiedenen Wünsche gesprochen, und was dabei passierte, beschreibt Judith Tarazi so: »Das sind immer sehr berührende Momente, denn wie jeder Mensch auf dieser Welt haben natürlich auch diese behinderten Menschen Vorstellungen, Wünsche und Sehnsüchte. Unser Atelier ist ein geschützter Ort, in dessen familiären Umfeld sie sich zu äußern trauen. Das gilt insbesondere auch für behinderte jüdische Menschen aus der früheren Sowjetunion, in der die Gesellschaft mit ihnen ja ganz anders verfahren ist. Mit den Besonderheiten einer solchen Sozialisation gilt es für uns als Betreuer, sensibel umzugehen. Und eine Voraussetzung, damit sie sich öffnen, ist eben, dass wir zwischen Teilnehmern und Betreuern erst gar keine Kluft entstehen lassen.« Es ist sicher ein schönes Gefühl, wenn man jemanden glücklich machen kann. Vor allem aber wenn es gelingt, jenen Menschen, die regelmäßig zu Omanut kommen können, eine Struktur für ihr Leben zu geben. Judith Tarazi jedenfalls, so sagt sie selbst, könne sich »keinen schöneren Beruf vorstellen«.

Nicht jeder Jude und nicht jede Jüdin benutzt das Wort Mitzwa, obgleich es allen geläufig ist. Oftmals möchte man vielleicht dem als selbstverständlich erachteten Akt der Nächstenliebe keine aufwendige Bedeutung geben. Von *Madelaine Linden*, jener aus Argentinien stammenden Malerin, die die Briefe ihrer Urgroßmutter als Buch publiziert hat, war dieses Wort jedenfalls nicht zu hören. Dabei berichtete sie, als sie ihre eigene Geschichte erzählte, wie nebenbei von einer Mitzwa, die sie und ihr Mann im Jahr 2015 spontan leisteten und noch immer leisten. Madelaine Linden, das Emigrantenkind aus Buenos Aires, wurde angesichts der Flut an Kriegsflüchtlingen aus Syrien von ihren eigenen Emotionen überrascht. Wie es dazu kam und welche Konsequenzen das hatte, kann niemand eindrucksvoller schildern als Madelaine selbst: »Ich hatte in den 1980er Jahren in Hamburg einen Job in einer PR-Agentur, wo man auf mein Organisationstalent zurückgegriffen hat. Zu meinen Aufgaben gehörte, eine Gruppe namhafter Journalisten zu den Kaffeeplantagen in Kolumbien zu begleiten. Dabei lernte ich meinen Mann kennen, der einer dieser Journalisten war. Er ist ein Hybrid amerikanisch-schwedisch-methodistischen Ursprungs und schwäbischen Liberalismus, in der Schweiz geboren und in Stuttgart aufgewachsen, in dessen Nähe wir seit unserer Hochzeit auf einem Dorf wohnen. Als 2015 die Flüchtlinge in den Nachrichtensendungen auftauchten, forderte mich mein Mann auf, mal zu schauen, auf welche Weise man da helfen kann. Ich muss gestehen, dass ich von mir aus nie zu einem Flüchtlingsprojekt gegangen wäre. Das war komplett seine Initiative. Plötzlich hatte ich eine Menge zu tun: Deutschkurse, Mutter sein oder Großmutter, Freundin und Beraterin. Binnen weniger Tage war ich da sehr engagiert. Bis dahin hatte ich ganz entsetzliche Vorurteile gegenüber allem Arabischen und Muslimischen. Aber mit einem Mal stehe ich vor diesen Menschen und nehme sie in den Arm, weil sie weinen. Plötzlich hatte ich Freude und Spaß daran, helfen zu können. Auf diese Weise haben mein Mann und ich einen jungen Syrer kennengelernt, der aus unserem Dorf in ein schreckliches Männerwohnheim in der Stadt geschickt worden war. Er hatte mich um einen Topf gebeten, und als ich sah, wie er dort lebte, sagte ich zu meinem Mann, dass wir dem Jungen helfen müssen. Er kam dann zu uns und schlief vier Jahre lang im Büro meines Mannes. In dieser Zeit besorgte er, der in Syrien fast schon ein Ingenieurstudium abgeschlossen hatte, sich eigenständig einen Platz für ein duales Studium und ein Stipendium. Daran hatten wir gar keinen Anteil. Er hat beste Noten und wird in zwei Jahren mit dem Studium fertig sein. Wirklich bewundernswert sind seine Offenheit und seine Wissbegierde. Er hat uns viel von seiner Kultur erzählt, wobei er ebenso wenig religiös ist wie wir. Inzwischen haben wir uns gegenseitig in das jeweils andere Leben integriert, so dass es vor einigen Wochen zur Adoption gekommen ist. Er ist nun Teil unserer Familie geworden, was ihm ebenso wichtig ist wie uns, die wir bisher keine Kinder hatten.«

Zelt der Erneuerung

In der Fußgängerzone von Dorsten muss sich die Passantin entscheiden, auf welche Tafel sie das Bild mit den Kartoffelchips klebt. Nun ist schon klar, dass sie weder milchig noch fleischig sind. Aber sind Chips als neutrales Lebensmittel erlaubt oder muss die Abbildung auf die grüne Tafel, auf der »Nicht essen« steht? Das Nahrungsmittel, so erfährt die Passantin, sei zwar kalorienreich, unkoscher sei es aber nicht. Die Künstlerin Anna Adam hatte am Morgen gemeinsam mit ihrer Frau, der Kantorin Jalda Rebling, diese Tafeln aus dem gelben »Happy Hippie Jew Bus« gezogen und hier aufgestellt. Mit diesem Happening, einer Mischung aus Kunstaktion und Infotainment, wollen die beiden jüdischen Frauen Kenntnisse über das Judentum vermitteln. Seit Wochen sind sie in diesem Sommer 2012 unterwegs, campieren tagelang in Erfurt auf der Freifläche bei der mittelalterlichen Mikwe in der Kreuzgasse, besuchen Schulen in Neu-Isenburg oder in Offenbach. Sie suchen also den Kontakt zu Menschen, die nie zuvor bewusst Jüdinnen oder Juden begegnet sind, gleichwohl aber eine Menge Fragen haben. Da sind die nach den Speisegesetzen, wie eben bei den Kartoffelchips, oder solche nach der Bedeutung der Feiertage. Der »Happy Hippie Jew Bus« ist voll mit Utensilien, die zum Einsatz kommen. Junge Leute können aus bunter Klebefolie Herzen und Sterne, gern auch einen Davidstern, ausschneiden und den Bus damit bekleben. »Ich habe vorher schon Vorträge über das Judentum gehalten«, erzählt Anna, »aber gerade bei Schulklassen war die Hemmschwelle hoch. Da kommt alles bedeutungsschwer daher, manche sind dann gehemmt.« Mit dem flippigen Bus aber werden augenscheinlich Klischees durchbrochen, Neugier geweckt und der Einstieg erleichtert. Das

Ganze sei »ein Kunstprojekt im Prozess, oder wie Joseph Beuys es nannte, eine ›soziale Plastik‹. Wir lernen hier alle miteinander und voneinander. Und am besten lernen wir mit viel Humor.«

Angesprochen fühlen sich Einzelpersonen wie jene Frau in Dorsten. Jalda und Anna kommen aber auch für Gruppen von Schülern und Erwachsenen vorbei, denn mittlerweile hat sich das mit dem Happy Hippie Jew Bus und den beiden schrägen Frauen herumgesprochen. Fragen werden beantwortet und auch auf Klischees wird eingegangen, etwa dem, dass Juden fast alle reich seien. Wenn ein Gespräch mal intensiver wird, stehen Hocker zur Verfügung, die für Bequemlichkeit sorgen, und wenn es regnet, ein wasserdichtes Zelt, das an dem Kleinbus befestigt werden kann. Natürlich kommt es gelegentlich auch zu Aggressivität. »Aber meist versteckt, etwa, wenn der Schalom-Aufkleber von unserem Bus heruntergerissen wird«, sagt Jalda. Abschrecken lassen sich die beiden jüdischen Frauen dadurch aber nicht. Sie wollen nun mal Vorurteilen mit Humor begegnen, auch wenn's manchmal schwerfällt.

Jalda Rebling hatte bereits Hetero-Beziehungen hinter sich, als Anna ins Haus kam. Drei Söhne sind dafür ein sichtbarer Beweis. Zwei waren schon Teenager, deren kleiner Bruder Joseph aber besuchte noch die jüdische Vorschule in Berlin. Nun war Anna Adam aus Hannover gekommen. Sie ist eine vielseitige Künstlerin. Zu ihren Talenten gehört auch das Bauen von Bühnenbildern und so baute sie für Joseph ein Hochbett in Form eines Piratenschiffs. Und als das Piratenschiff fertig war, sagte Joseph: »Du bleibst jetzt bei uns!«

Hatte der kleine Junge intuitiv etwas ausgesprochen, was die beiden Frauen sich insgeheim ohnehin wünschten?

Immerhin hatte Jalda zu Annas 30. Geburtstag einige Wochen zuvor einen großen Strauß weißer Tulpen geschickt. Umgekehrt konnte Anna die Sängerin Jalda Rebling durch ihre Tätigkeit als Eventmanagerin in Hannover mehrfach für Konzerte verpflichten, wobei Jalda lange gar keine Ahnung hatte, dass Anna hinter diesen Gigs steckte. Jedenfalls lief es am Ende genau so, wie es Joseph angeordnet hatte. Anna packte in Hannover ihre Sachen und kam zu Jalda und ihren Kindern nach Berlin. Das ist nun 28 Jahre her.

Die Eltern von Jalda waren Künstler und Shoah-Überlebende, und weil sie auch Kommunisten waren, hatten sie nach dem Krieg ihren Wohnsitz in der DDR gewählt. Ihre Mutter Lin Jaldati war eine bekannte Sängerin jiddischer Lieder, in deren Fußstapfen Jalda nach einer klassischen Schauspielausbildung trat. Auch Anna ist das Kind von Eltern, die die Shoah überlebt haben. Sie studierte in Düsseldorf und Hannover Kunst und erhielt das Wilhelmina-Kunststipendium in Amsterdam, der Stadt, in der sich Jaldas Eltern ein halbes Jahrhundert zuvor kennengelernt hatten. In der Zeit, als Anna zu Jalda und Joseph gezogen ist, war sie auch für Act Up aktiv, einer Organisation von Künstlern gegen AIDS.

Nun also hatte Joseph zwei Mütter und die beiden Frauen schrieben Anfang der 1990er Jahre Geschichte. Nicht dass es nicht auch andere Regenbogenfamilien gegeben hätte, aber die Gesetzgebung hinkte der Realität doch sehr hinterher. Und das benachteiligte meist einen Part der gleichgeschlechtlichen Eltern. Wer darf das Kind vom Kindergarten abholen, wer bekommt im Falle einer Klinikeinweisung vom Arzt Auskunft, wenn die leibliche Mutter gerade nicht anwesend ist? Jalda und Anna wollten sich mit solchen Unwägbarkeiten nicht abfinden. Sie haben einen Vertrag aufgesetzt, in dem beide das geteilte Sorgerecht für Joseph vereinbarten und von einem Notar beglaubigen ließen. In der schwul-lesbischen Szene gingen Kopien des Vertrages von Hand zu Hand, und nachdem Joseph eingeschult wurde, legte seine Klassenlehrerin das Original der Schülerakte bei. Sie habe feststellen können, begründete die Pädagogin der jüdischen Grundschule in Berlin diesen Schritt, dass es dem Kind in dieser Konstellation gut ginge. Wo immer Joseph in den nächsten Jahren zur Schule ging, haben sich Jalda und Anna als »die beiden Mütter von Joseph« vorgestellt und auf das entsprechende Schriftstück in der Schülerakte verwiesen. Das klingt heute nicht besonders spektakulär, damals aber war das ein Novum.

Die liberale Synagoge in der Oranienburger Straße wurde für lange Zeit zum religiösen und spirituellen Zentrum für Jalda, Anna und Joseph. Und weil Jalda sich sehr gut mit mittelalterlicher jüdischer Musik auskannte, brachte sie sich dort kreativ ein. Bald waren die drei in der Synagoge als Team unterwegs. Gemeinsam mit den anderen Kindern und deren Eltern entwickelten sie einen Machsor, ein spezielles Gebetbuch für die Feiertage, und zum Neujahrsfest Rosh Hashana ließen sie einen jüdischen Brauch wiederaufleben, wie er in vielen Synagogen gar nicht mehr gebräuchlich ist. Einen Brauch, der auf einen Vers im biblischen Buch Micha zurückgeht, der mit dem hebräischen Wort Taschlich beginnt, und so heißt er auch, dieser Brauch. »Du wirst alle unsere Sünden in die Tiefe des Meeres werfen«, so der Wortlaut dieses Verses. Seit jeher bewirkt er, dass traditionsbewusste Juden am Nachmittag des ersten Tages von Rosh Hashana zu einem »lebendigen Gewässer«, also einem Fluss oder einem See, gehen. Dort werfen sie die eigenen Sünden, symbolisiert durch Brot-krumen, ins Wasser. Ein schöner Brauch, über den sich nicht nur Enten und Schwäne freuen, sondern der auch bei Kindern gut ankommt. Vor allem dann, wenn er mit einer Bötchenfahrt verbunden ist. Dafür charterten Jalda, Anna und die anderen Eltern ein Boot auf der Spree, die von der Synagoge aus fußläufig erreichbar ist. Einige Wochen spä-ter baute Anna, die handwerklich Begabte, mit den Kin-dern eine Sukka. So wird die Laubhütte genannt, in der zum gleichnamigen Fest im Herbst gebetet, gesungen und gegessen, also gefeiert wird. All diese Aktivitäten trugen dazu bei, dass Anna und Jalda von den Betern und Bete-rinnen in der Oranienburger Straße nicht als die beiden Lesben mit dem Kind wahrgenommen wurden, sondern als kreative Künstlerinnen, mit denen man Quatsch machen kann und die eben auch einen Sohn haben. Anna und Jalda machten die Erfahrung, dass die anderen umso »normaler« auf sie reagierten, je selbstverständlicher sie selbst mit all dem umgingen. Trotzdem gab es, als Joseph im Alter von 13 Jahren seine Bar Mitzwa feierte, hintenherum Stimmen, es habe eine »lesbische Bar Mitzwa« stattgefunden, worauf Joseph sagte: »Geht gar nicht, ich bin doch ein Junge.« Da-mit hatte er die Lacher (und, falls es das geben sollte, auch die Lacherinnen) auf seiner Seite.

Ab 2003 studierte Jalda am ALEPH Cantorial Programm, um Kantorin zu werden. Hierzu muss man wissen, dass Kantoren und Kantorinnen im synagogalen Gottesdienst eine gänzlich andere Aufgabe haben als in einem christ-lichen. Der Kantor ist der Vorbeter, wobei bis auf wenige Ausnahmen alle Gebete gesungen werden, wie auch die Lesung der biblischen Texte. So bestimmt der Gesang zu 90 Prozent die Zeremonie, die von den Kantoren geleitet wird. Es kann beispielsweise der Schabbat-Eingangsgottesdienst am Freitagabend, die sogenannte Kabbalat Schabbat, durchaus ohne einen Rabbiner, kaum aber ohne Kantor oder Kantorin stattfinden. Na ja, manchmal können auch Rabbiner ganz gut singen, aber das ist in der Regel nicht der Fall. Kantorin also wollte Jalda werden. Das ist aus genannten Gründen ein geistliches Amt, und obgleich sie noch in der Ausbildung war, hat sie zusammen mit einer Kollegin ein Männerpaar getraut. So etwas hat im Jahr 2004 in Deutschland zum ersten Mal stattgefunden. Die Chuppa, der Traubaldachin, war von Anna gebaut und in einem italienischen Restaurant aufgestellt worden. Dann wurde der jüdische Hochzeitsritus in Gang gesetzt und anschließend gab's eine ausgelassene Party. Der Jüdischen Allgemeinen war das Ereignis eine kleine Meldung wert und das Geschrei in den Kreisen traditioneller Juden groß.

Drei Jahre später war Jalda Rebling als Chasanit ordiniert, wie die Kantorin auf Hebräisch heißt. Gemeinsam mit ihrer Frau Anna, mit der sie ebenfalls unter der Chuppa geheiratet hatte, gründete sie Ohel Hachidusch, was übersetzt »Zelt der Erneuerung« bedeutet. Das Zelt spielt im Judentum schon deshalb eine symbolische Rolle, weil es an die 40 Jahre erinnert, in denen das Volk Israel nach dem Auszug aus Ägypten in der Wüste gelebt hat. Da hat man in Zelten gewohnt, und im Zentrum stand damals das Stiftszelt, ein transportierbarer zeltförmiger Tempel, in dem laut der Tora die Bundeslade mit den Gesetzestafeln aufbewahrt wurde, also den Zehn Geboten. Jalda und Anna schlagen ihr Zelt regelmäßig in einer evangelischen Kirchengemeinde in Berlin-Wilmersdorf auf, die ihnen für diesen Zweck einen Raum zur Verfügung stellt. Ohel Hachidusch ist eine kleine, als Verein eingetragene Betergemeinschaft, die für all jene Jüdinnen und Juden offen ist, die sonst keinen spirituellen Ort finden, an dem sie so sein können, wie sie sind. Regelmäßig klopfen oft gänzlich unbekannte jüdische Leute an ihre Tür und bitten um Hilfe. So betreute Jalda ein Ehepaar, bei dem der Mann im Verlauf der Ehe das Bedürfnis entwickelte, eine Frau zu werden, und das mit Zustimmung seiner Partnerin auch in die Tat umsetzte. Beide waren jüdisch und sie brauchten Menschen zum Reden, um die Situation für sich gemeinsam zum Guten zu führen. Oder eine junge Familie, bestehend aus zwei Frauen und einem Kind. Das Kind war mit medizinischer Hilfe gezeugt und dann zur Welt gebracht worden. Nun ist im Judentum die Namensgebung für ein Kind mit dem Aufruf zur Tora verbunden, was traditionell dem Vater vorbehalten war. Im vorliegenden Fall aber war es natürlich notwendig, dass Jalda ein Ritual für die Mütter des Kindes fand, das beiden Frauen die Aufrufe zur Tora möglich machte. Bei Ohel Hachidusch kommen also Menschen zusammen, die meist sehr außergewöhnliche Bedürfnisse haben, wie etwa Transpersonen, und gemeinsam wird geschaut, ob und wie man diesen gerecht werden kann. Jalda und Anna sind offen für jede und jeden, die oder der jüdische Spiritualität sucht und gewillt ist, zu lernen. Gelegentlich kommen aber auch irgendwelche jüdischen Freaks vorbei, die ihre Schickimicki-Party mit spirituellem Chichi aufpeppen wollen. Als mosaischer Pausenclown aber steht Jalda Rebling, die Kantorin vom »Zelt der Erneuerung«, nicht zur Verfügung.

Jüdisch und queer

Bekanntermaßen sind Partys ein guter Nährboden für Ideen. Auch die Idee, die schließlich zur Gründung von Keshet führte, wurde auf einem solchen Event geboren. Dabei waren Leo Schapiro und Dalia Grinfeld nicht einfach nur einer spontanen Eingebung gefolgt. Dalia Grinfeld war zu diesem Zeitpunkt die Präsidentin der kurz zuvor gegründeten Jüdischen Studierendenunion Deutschlands. Und da sie eine sehr umtriebige Präsidentin war, sind unter ihrer Ägide sehr effektiv arbeitende Referate entstanden. Es sei ihr wichtig gewesen, sagt sie, dass Themen vorangebracht wurden, die der jungen jüdischen Generation etwas bedeuten. Eines dieser Referate hieß »Gesellschaft und Soziales« und zu diesem gehörten Themen wie »women and power« und auch »LGBTQI*-Inklusion«. LGBTQI* ist die englische Abkürzung für Lesbian, Gay, Bi, Trans, Queer und Intersex, was im Deutschen für lesbisch, schwul, bisexuell, trans, queer und intersexuell steht. Das sind alles Beschreibungen für sexuelle Orientierungen und Formen von Identitäten. Diejenigen, die sich dazuzählen, haben sich aus gutem Grund in verschiedenen Organisationen zusammengeschlossen, um für Toleranz und die rechtliche Gleichstellung ihrer Lebensformen zu werben. Gab es dafür auch ein Bedürfnis unter schwul-lesbischen und queeren Juden (mindestens) dreierlei Geschlechts? Diese Frage beschäftigte den jüdischen Berliner Juraprofessor Leo Schapiro auf einem Langstreckenflug zwischen Australien und Europa. In Melbourne hatte er nacheinander die dortige Gay Pride, quasi eine australische Christopher-Street-Day-Parade (CSD), und eine Reform-Synagoge aufgesucht. Das entspricht seinen beiden Identitäten, die sich nach eigenem Verständnis keineswegs widersprechen. Im

Gegenteil! Leo erlebte einen »wundervollen Moment«, als der Rabbiner ganz offiziell von der Bima herab jenen gratulierte, die tagsüber am CSD teilgenommen hatten. In den Tagen danach traf sich Leo Schapiro mit Leuten aus der australischen queeren Bewegung, um zu erfahren, wie es bei denen so läuft. Am meisten beschäftigte ihn die Frage, warum es eigentlich bislang nicht selbstverständlich war, dass es auch in deutschen Synagogen so etwas gab, wie er es in dieser Reformgemeinde in Melbourne erlebt hat. Und wäre es nicht sinnvoll, mal über einen Pride Schabbat zum nächsten Berliner CSD nachzudenken und dafür nach Verbündeten zu suchen?

Kurze Zeit danach fand Leo Schapiro dafür bei Dalia Grinfeld, die sich selbst auch als queer bezeichnet, mehr als nur ein offenes Ohr. Als Leo kurz darauf noch Monty Aviel Ott, einen jungen jüdischen Intellektuellen, der zu diesem Zeitpunkt für einen Abgeordneten im Deutschen Bundestag arbeitete, für die Idee begeistern konnte, waren sie schon zu dritt. Genug Personen, um einen Verein zu gründen. Dessen Name war schnell gefunden. Keshet ist nämlich das hebräische Wort für den Regenbogen, dessen Farben bekanntlich die Fahne der LGBTQI*-Community bilden. Aber um als Verein die Gemeinnützigkeit zu beantragen, muss dieser nach deutschem Vereinsrecht mindestens sieben Mitglieder haben. Diese galt es zunächst zu finden. Die drei Keshet-Initiatoren drehten ein Video, in welchem sie direkt in die Kamera sagten: »Hallo, wir drei sind jüdisch und queer und gründen gerade Keshet …!« Kaum hatten sie das Video auf Facebook und Instagram veröffentlicht, wurde es unzählige Male angeklickt und mit Likes bewertet. Es gab aber auch ablehnende Kommentare, und das überwiegend von älteren Menschen. Diese vertraten die Auffassung, Homosexualität sei mit Tora und Judentum nicht vereinbar. Den Keshet-Gründern wurde langsam klar, dass auch in der jüdischen Community einiges an Aufklärungsarbeit auf sie zukommen würde. Bei den entsprechenden Recherchen stellten sie bald fest, dass es argumentative Unterstützung von unerwarteter Seite gab. Beispielsweise von Jonathan Sacks, dem einstigen britischen Oberrabbiner, dessen Aussage sich bald auf einem Keshet-Flyer wiederfand: »Mitgefühl, Sympathie, Empathie und Verständnis – das sind die essentiellen Elemente des Judentums. Diese Eigenschaften sind es, die homosexuelle Jüd*innen [sic], denen das Judentum etwas bedeutet, heute von uns brauchen.« Sein südafrikanischer Kollege Adrian Michael Schell geht sogar noch einen Schritt weiter: »Wenn ein schwules oder lesbisches Paar zu mir kommt, weil es seine Beziehung unter der Chuppa heiligen will, dann freue ich mich für beide in vielerlei Hinsicht ...« Selbst ein ultraorthodox ordinierter Rabbiner wie Mike Moskovitz in New York stellte grundsätzlich klar: »Für mich war die rabbinische Stimme immer erfolgreicher als die prophetische Stimme und ich nutze diese Stimme, um zu zeigen, wie man ein Verbündeter sein kann mithilfe des jüdischen Gesetzes. Das ist für mich, was einen Verbündeten ausmacht. Das sagen die Quellen, die Trans*personen [sic] und ihre Erwartungen befürworten.« Tatsächlich schrieb im Talmud der bedeutende Rabbiner Schlomo ben Jizchak, von Judaisten kurz Raschi genannt, bereits im 11. Jahrhundert, dass das Tragen gegengeschlechtlicher Kleidung nur dann verwerflich sei, »wenn der Betreffende damit in Betrugsabsicht Ehebruch oder ein anderes Verbrechen begehen möchte«.

Zum ersten Keshet-Schabbat nutzte man die sozialen Medien, um die Einladung in eine private Wohnung publik zu machen. Leo Schapiro erinnert sich: »Wir hatten gar keine Vorstellung, wie viele Menschen zu einer solchen

Veranstaltung kommen würden, weil wir zum damaligen Zeitpunkt kaum queere jüdische Menschen kannten. Die Problematik war, dass in einem hohen Maße Queerfeindlichkeit in unseren Gemeinden existierte und bis heute existiert, so dass sich viele queere jüdische Menschen entweder ihren Familien oder ihren Freunden und Freundinnen gegenüber nicht geoutet oder aber die Gemeinden verlassen hatten.«

Die Keshet-Aktivisten rechneten damit, dass 20, höchstens 25 Personen zur ersten öffentlichen Zusammenkunft erscheinen würden. Dann aber kamen immer mehr Anmeldungen via E-Mail. Am Ende nahmen am ersten Schabbat von Keshet dicht gedrängt 60 Personen teil. Vielen musste man sogar absagen, denn mehr Leute passten nicht in die Wohnung. Dalia, Leo, Monti und die anderen, die inzwischen bei Keshet mitmachten, hatten die meisten der Gäste noch nie gesehen. Es waren Menschen, die sich über diese Gelegenheit freuten und das auch sagten: »Das ist das erste Mal, dass ich die Möglichkeit habe, an einen Platz zu kommen, indem ich beides sein kann – queer und jüdisch. Hier muss niemand seine Identität verbergen.« So oder ähnlich äußerten sich viele, was schließlich zu dem Keshet-Motto führte: »Niemand soll sich zwischen jüdischer und queerer Identität entscheiden müssen.« Der Probelauf also war mehr als gelungen, zu dessen Erfolg die Online-Präsenz beigetragen hatte, für die bei Keshet die Studentin Rosa Jellinek zuständig war.

Bei der offiziellen Gründungsversammlung saßen bereits elf Personen beieinander, *Rosa Jellinek* war eine von ihnen. Schon in der Jüdischen Studierendenunion ist sie in jenem Referat aktiv gewesen, das sich mit LGBTQI*-Belangen befasst hatte. Als Dalia Grinfeld sie zu Keshet einlud, war Rosa

20 Jahre alt und hatte bereits eine in vielerlei Hinsicht turbulente Kindheit und Jugend hinter sich.

Bei den vielen Schwierigkeiten, mit denen Rosa zu kämpfen hatte, war es ein riesiges Glück, sehr liberal eingestellte Eltern zu haben. Die Mutter war die Tochter einer ungarischen Shoah-Überlebenden, deren Vater – also Rosas Urgroßvater – in Mauthausen ermordet worden war. Im Elternhaus von Rosas Mutter herrschte Sprachlosigkeit beim Thema Shoah. Daraus resultierte wiederum eine tief verwurzelte Angst, das eigene Jüdischsein nach außen zu tragen. So war das bei Rosas Großmutter gewesen, als sie noch in Ungarn lebte und auch nachdem sie 1960 ins sachsen-anhaltinische Halle in der DDR umgezogen war. Rosas Mutter hatte folglich keine jüdische Kindheit erfahren und wollte das bei den eigenen Kindern anders machen. Sie sollten über die eigene Identität selbst entscheiden. Das bedeutete jedoch, dass sie und ihr Mann den beiden Töchtern und den beiden Söhnen zunächst eine positiv besetzte Jüdischkeit mit auf den Lebensweg gaben, die nicht von Angst geprägt war. Man feierte also gemeinsam den Schabbat, Rosa und ihre Geschwister besuchten zeitweise jüdische Schulen und die Eltern sagten zu ihren Kindern: »Das ist eure Herkunft, aber wenn ihr das Gefühl habt, ihr seid nicht religiös oder es gibt keinen Gott oder ihr wollt zum Islam konvertieren, dann könnt ihr das machen, wenn ihr das für richtig haltet. Aber wir wollen auf jeden Fall, dass ihr den jüdischen Hintergrund erst mal mitbekommt.«

Rosas Probleme aber waren andere und die hingen letztlich mit ihren schulischen Leistungen zusammen. Diese waren so überdurchschnittlich, dass sie die 4. Grundschulklasse überspringen konnte. Rosa war eine Überfliegerin, wie Hochbegabte im Berliner Volksmund gern genannt werden, und ein IQ-Test bestätigte das in ihrem Fall sehr eindrucksvoll. Genau das aber führte zur Isolation, denn Anderssein kommt bei Kindern selten gut an. Rosa merkte natürlich, dass bei ihr etwas anders lief, und die Mitschülerinnen und manchmal auch die Mitschüler ließen sie das spüren. Das machte ihrem Selbstwertgefühl ziemlich zu schaffen. Hinzu kam, dass sie mit niemandem darüber reden konnte, auch mit ihren Eltern nicht. Die nämlich hatten ein sehr positives Bild von ihrer Tochter und Rosa wollte sie nicht enttäuschen, sah sich folglich außerstande, ihnen zu sagen, wie schlecht es ihr ging. Schließlich äußerte sie den Wunsch, ein Internat besuchen zu dürfen. Im sächsischen Meißen gab es eines für hochbegabte Kinder. Da ging Rosa nach ihrer Bat Mitzwa hin. Es war ihre Rettung – davon ist sie heute überzeugt. Plötzlich hatte sie das Gefühl, unter Gleichgesinnten zu sein. Bis dahin hatte Rosa sich wegen der Unterforderung im Unterricht gelangweilt. Das war nun aufgrund einer anderen Leistungserwartung nicht mehr so. In einem Internat, in dem 300 pubertierende Jugendliche auf engstem Raum zusammenleben, sind die Schwierigkeiten andere. Vor allem für einen Teenager, wenn er merkt, dass die sexuelle Orientierung sich nicht im herkömmlichen Rollenklischee entwickelt. »Mir war schon immer relativ klar, dass ich nicht heterosexuell bin und dass mich eben nicht nur Männer oder männlich gelesene Personen interessieren«, beschreibt Rosa die Eigenbeobachtung in jenen Jahren. Für die Entwicklung einer queeren Identität aber bietet ein solches Internat nicht gerade optimale Bedingungen. Rosa zog es zurück nach Berlin und dort machte sie das Abitur. Vor allem aber erlebte die junge Frau ihre Heimatstadt nun als »eine super tolerante, queere und offene Stadt«. Rosa war viel im Nachtleben der Hauptstadt unterwegs und entwickelte in dieser Zeit neben ihrer jüdischen auch eine queere Identität. An der

Humboldt-Universität begann sie ein Studium der Philosophie und der Geschichte mit dem Ziel, Gymnasiallehrerin zu werden. Hier fand Rosa den Weg in die Jüdische Studierendenunion, in der sie sich für LGBTQI-Belange einsetzte, bis von Dalia Grinfeld die Einladung zu Keshet kam.

Der enorme Zuspruch bei den ersten Keshet-Schabbatot machte den Gründern der Organisation und denen, die inzwischen hinzugekommen waren, Mut, bei den Synagogen anzuklopfen und deren Vorstände für ihr Anliegen zu gewinnen. Für Leo, Dalia und ihre Mitstreiter war von Anfang an klar, dass sie keinen parallelen Verein bilden wollten. Das mag auch der Grund sein, weshalb sie nicht bei Ohel Hachidusch unters »Zelt der Erneuerung« geschlüpft sind. Die Leute von Keshet verfolgten ein anderes Ziel. Sie wollen in die Gemeinden hineinwirken und dort queeres jüdisches Leben sichtbar machen. Als erste Synagogen-Gemeinde kontaktierten auch sie die in der Oranienburger Straße. Das lag insofern nahe, als dies eine liberale, vor allem aber eine egalitäre Synagoge ist. Darunter ist zu verstehen, dass Männer und Frauen gleichberechtigt und nicht getrennt voneinander am Gottesdienst teilnehmen. Es bleibt also nicht den Männern vorbehalten, am Schabbatmorgen und an den Feiertagen die Schriftrollen aus dem Aron Hakodesh, dem Tora-Schrein, zu holen und daraus zu lesen. Und für transjüdische Menschen gibt es beim egalitären Ritus eine ganze Reihe an Problemen gar nicht erst. In der Oranienburger Straße amtieren zudem eine Kantorin und eine Rabbinerin. Die Rabbinerin heißt Gesa Ederberg und sie empfing die Vertreter von Keshet sehr freundlich und sagte schließlich zu, einen Schabbat auszurichten, bei dem sich die queere Gemeinde wohlfühlen würde. Unter den 120 Menschen, die schließlich kamen, waren auch einige jüdische Transpersonen, die die Mitglieder von Keshet noch gar nicht kannten. Es kamen auch frisch verheiratete gleichgeschlechtliche Ehepaare und queere Familien mit ihren Kindern. Sie alle genossen es, endlich einen Ort gefunden zu haben, an dem sie akzeptiert sind und den Schabbat feiern können.

Die Facebook-Nachricht von David kam für *Dima Bilyarchyk* wie aus heiterem Himmel. Drei- oder viermal war er ihm in der Mannheimer Synagoge begegnet, wenn David sich aus familiären Gründen in der alten Heimat aufhielt. Dima studierte dort BWL. David war für ihn also nicht nur ein anonymer Online-Kontakt. Dennoch wusste er das meiste über ihn durch dessen Online-Präsenz. Nämlich dass er schwul ist, in Berlin lebt und als Mitarbeiter in einem Museum arbeitet. Auch über Keshet hatte er schon einmal etwas auf seiner Facebook-Seite gepostet. Kaum war Dima nach Berlin gezogen, um hier seinen ersten Job anzutreten, war die Einladung zu einem Keshet-Meeting erfolgt. Wie kam David darauf, dass ihn das interessieren könnte? Bisher hatte sich Dima in der jüdischen Community nicht geoutet – nicht in der Mannheimer Gemeinde und schon gar nicht, wenn er mit der Organisation »Meet a Jew« in Schulen unterwegs war, um sich den Fragen zum Judentum zu stellen. Darauf war er in Seminaren vom Zentralrat der Juden vorbereitet worden. Zu seiner Homosexualität hatte er sich seinen Eltern gegenüber kurz vor dem Abitur bekannt. Das war noch in München, wo er einst den jüdischen Kindergarten und die Sinai-Grundschule besucht und eine Menge Zeit im Umfeld der Israelitischen Kultusgemeinde verbracht hatte. Seine Eltern waren beide in der Ukraine aufgewachsen, wo damals wie heute Homosexualität in Verbindung mit Kriminalität, Drogensucht und Pädophilie gebracht wird.

Dima konnte also nicht unbedingt erwarten, auf offene Ohren und bewegte Herzen zu stoßen. Sein Vater wirkte enttäuscht. Vor allem hatte er Angst, Dima könne irgendwie mit »diesen Leuten« in Kontakt kommen und sich in Gefahr bringen. Ganz anders war die Reaktion der Mutter. Frei von Sorge war auch sie nicht, aber mit einem Lächeln auf den Lippen sagte sie, sich schon »so etwas gedacht« zu haben. Auf jeden Fall wünsche sie ihrem Sohn, dass er einen Partner finde, mit dem er glücklich werde. Das war für Dima eine befreiende Reaktion, die ihn aber nicht automatisch veranlasste, fortan offen schwul zu leben. Eine ganze Weile später kam dann via Facebook Davids Einladung zu Keshet. Ein bisschen nervös sei er schon gewesen, als er dorthin gegangen sei, erinnert er sich heute. Würde das womöglich sein öffentliches Outing bedeuten, das er bisher vermieden hatte? Seine Nervosität aber sei in dem Moment verflogen, als ihn dort alle sehr herzlich begrüßt hätten und neugierig auf ihn gewesen seien. Auf diesem Meeting wurde die Vision von Keshet definiert, wie sie heute in deren Satzung verankert ist. Dima erinnert sich: »Ich habe mich von der ersten Sekunde an sehr aufgehoben gefühlt, und ich wusste, ich will daran teilhaben und mithelfen, das Thema zu pushen!«

Am Ende des Meetings sollte ein Foto für den Instagram-Account gemacht werden. Es stünde ihm frei, hatte man zu Dima gesagt, ob er mit auf dem Bild sein wolle. Natürlich wäre es auch in Ordnung, wenn er sich dagegen entscheide. Lange überlegte Dima nicht, dann stellte er sich zu der Gruppe.

Von Anfang an gehörte Dima bei Keshet zum Event-Team. Ehe die Corona-Pandemie sie vor völlig neue Aufgaben stellte, gab es viele reale Zusammentreffen zu organisieren. Ein solches bereitete Dima mit dem Event-Team in der Synagoge in der Rykestraße am Prenzlauer Berg vor. Man hatte Keshet auch hier, in Deutschlands größter Synagoge, willkommen geheißen. Der Vorraum war mit bunter Tisch-Deko und den regenbogenfarbenen Flaggen mit dem Davidstern geschmückt, ein koscheres Büfett war geliefert worden. Für die alteingesessene Beterschaft, die auch an diesem Schabbatabend die Synagoge aufsuchte, war das natürlich ein ungewohnter Anblick. Es wurde aber toleriert oder zumindest wortlos hingenommen. An einen Anblick, der zumindest in dieser Konstellation auch für Dima ungewohnt war, erinnert er sich mit leuchtenden Augen: »Als ich schon saß, kam ein Pärchen rein, zwei Männer, händchenhaltend in diese riesengroße Synagoge. Das war ein Moment, den ich lange nicht vergessen werde. Es war für mich das erste Mal, dass ich in so einer Umgebung, die mir ja eigentlich bekannt ist, eine solche Geste gesehen habe, die mir ebenfalls nicht fremd ist, aber eben nicht diese Verbindung aus beidem an diesem Ort. Das war total schön.«

»Gemeinhin wird in den jüdischen Gemeinden erwartet, dass man heterosexuell ist, gegengeschlechtlich heiratet und Kinder bekommt«, sagt Leo Schapiro und nennt das einen »Konformitätsdruck«. Eine Erfahrung, wie sie der jüdische Sozialarbeiter *Ariel Klein-Nahari* und sein israelischer Mann machen mussten, als sie sich vor dem Umzug von Frankfurt nach Berlin auf Wohnraumsuche begaben. Sie bewarben sich um eine Wohnung in einem Haus, das der Jüdischen Gemeinde gehört und von ihr verwaltet wird. Bereits bei der Bewerbung gab Ariel offen an, dass sie verheiratet sind. Nachdem sie keine Antwort erhalten hatten, fragte Ariel bei seiner neuen Gemeinde per Mail nach. Wieder folgte keine Reaktion. Also fuhr er mit seinem Mann zur Sprechstunde ins Gemeindehaus. Dort trafen die beiden auf eine Mitarbeiterin, die zunächst merkwürdig herumdruckste, schließlich aber doch mit der Sprache herauskam. Offensichtlich hatte man das Paar als neue Mieter bereits ins Auge gefasst, als von einem der Altmieter energischer Widerspruch kam. Dieser war ein orthodoxer Rabbiner und hatte von der Sache durch den Hausmeister erfahren, dem ein gleichgeschlechtliches Ehepaar im Haus offenbar auch nicht recht gewesen wäre. Im Interesse eines vermeintlichen Hausfriedens hatte man sich in der Jüdischen Gemeinde gegen Ariel und seinen Mann entschieden.

Der Grad an Homophobie ist in den jüdischen Gemeinden sicher nicht höher als in der Gesamtgesellschaft – hier wie dort gibt es religiös motivierte Ablehnung. In den jüdischen Gemeinden geht diese überwiegend von orthodoxer Seite aus. Trotzdem oder gerade deswegen sieht Leo Schapiro für Keshet und die queer-jüdische Community hier ein breites Betätigungsfeld. Dafür gibt es zunehmend mehr Unterstützer, und das nicht nur in liberalen und Reform-Synagogen. Die am Fraenkelufer in Berlin-Kreuzberg ist zwar eher konservativ, deren Beterschaft aber durchschnittlich jünger als in anderen Synagogen. Man ist am Fraenkelufer in vielerlei Hinsicht sehr aktiv, das Gemeindeleben spannend und erlebnisreich zu gestalten. Bei den Shiurim, den jüdischen Lehrstunden im Anschluss an die Schabbatmorgen-Gottesdienste, steht schon mal ein Thema wie »Sex und Judentum« auf dem Programm. Wirklich verwundert war man bei Keshet daher nicht, dass man am Fraenkelufer sofort bereit war, gemeinsam einen Pride-Schabbat zu gestalten. Überrascht war Keshet hingegen, dass diesmal weit über 200 Leute in die Kreuzberger Synagoge strömten. Doch Leo Schapiro und seine Mitstreiter wissen, dass man damit dem Konformitätsdruck noch lange nicht wirksam begegnet ist. Es wurden Zeichen gesetzt, nicht mehr. Nach wie vor wird ihnen entgegengehalten, dass Homosexualität mit der Tora nicht vereinbar sei. Man solle sich nur mal ansehen, wer sich da positioniere, sagt Leo Schapiro mit dem Scharfsinn des Juristen, der eine Zeugenaussage zu bewerten hat: »Von den 100 000 Gemeindemitgliedern ist nur ein minimaler Prozentsatz überhaupt orthodox. Das heißt, alle anderen halten sich sowieso nicht durchweg an die Regeln der Tora. Wer aber die Speisegesetze nicht einhält oder die Schabbatruhe und die meisten der 613 Ge- und Verbote der Tora nicht einmal kennt, hat schon gar keinen Grund, gerade beim vermeintlichen Verbot von Homosexualität plötzlich ganz streng zu sein.«

Die Familienseminare der Zentralen Wohlfahrtsstelle in Bad Sobernheim hatten sich bisher nicht durch eine außergewöhnliche Diversität ausgezeichnet. Das aber muss nicht zwingend an der Zentralen Wohlfahrtsstelle gelegen haben. Möglicherweise gaben es die Zusammensetzungen der Familien, die sich für die Teilnahme anmeldeten, ja auch gar nicht her. *Aaron K. Roth*, ein in Berlin lebender Ex-Israeli kasachischer Herkunft, hat es dann mal ausprobiert. Vor einigen Jahren hatte er mit seinem Mann Michael und einer gemeinsamen Freundin eine Regenbogenfamilie gegründet, zu der mittlerweile auch eine Tochter und ein Sohn gehören. Die Kinder leben bei Aaron und Michael und die Mama ein Stockwerk höher. Nun also meldeten sich die beiden Väter für ein solches Familienseminar an und wurden, für sie überraschend, als Teilnehmer akzeptiert. Mehr noch: Vor Ort trafen sie auf ein Team, das ihnen mit Akzeptanz und Wertschätzung entgegentrat und ein aufrichtiges Interesse an ihnen zeigte. Diese Haltung hat sich auf nahezu alle anderen Teilnehmer übertragen. Niemand in den Seminaren in Bad Sobernheim würde wohl bestreiten, dass das Judentum verschiedene Richtungen kennt. Was also spricht dagegen, dass neben Reformjudentum, orthodoxem Judentum, konservativem Judentum und all den Jüdinnen und Juden, die gar nicht religiös sind, auch ein queeres Judentum seine Existenzberechtigung hat?

Im Bücherschrank von Aarons Großeltern in Alma Ata stand eine mehrbändige Enzyklopädie, in der die Welt noch aus sowjetischer Sicht erklärt wurde. Die Beobachtungen, die Aaron mit zwölf Jahren an sich machte, veranlassten ihn, nach den Einträgen zum Thema Homosexualität zu suchen, und das, was er da fand, verstörte ihn. Es sei eine vorübergehende Phase im Leben von Teenagern, die meist im Alter von 16 oder 17 Jahren wieder enden würde. Mit einem zeitlich befristeten Problem hätte er ja vielleicht noch leben können, dann aber las er, dass es – falls es nicht von alleine aufhöre – eine ernsthafte Krankheit darstelle. Das machte Aaron Angst und trug nicht gerade dazu bei, sich in der Pubertät zu seiner sexuellen Orientierung zu bekennen. Nicht einmal vor sich selbst. Als er 16 Jahre alt war, seine schwule »Phase« also langsam hätte vorbei sein sollen, ging er nach Israel. Es war dasselbe Programm der Organisation Naale, mit der auch Alisa Poplayskaya, die spätere Tantra-Malerin, einst nach Israel gekommen war. Aaron K. Roth kam aber in eine Jeshiwa, eine ausschließlich von jungen Männern besuchte Internatsschule des religiös-zionistischen Jugendverbands Bnei Akiva. Die Bnei-Akiva-Bewegung wird zwar dem national-religiösen Spektrum zugeordnet, wies damals aber eine gewisse Offenheit und Toleranz im Vergleich mit anderen Strömungen auf, wie etwa den Ultraorthodoxen oder auch der »klassischen« Orthodoxie. Bnei Akiva sei bemüht gewesen, sagt Aaron, »sich an die Moderne anzupassen«. Das erklärt auch, warum er sich dort willkommen und geborgen gefühlt hat. Aus heutiger Sicht aber beschreibt er jene Zeit als »so eine Art Versuch, sich vor der eigenen Homosexualität zu verstecken«. Das gelang ihm allerdings nur bedingt, vor allem, weil es so manchem seiner Mitschüler auch nicht gelingen wollte. Aaron muss heute lachen, wenn er an die ersten sexuellen Erfahrungen zurückdenkt, die er ausgerechnet an jener religiösen Schule machen durfte. Er war schon 21 Jahre alt, als er seine sexuelle Identität endlich akzeptierte und sich bald auch anderen gegenüber outete. Eine ganze Reihe von Leuten, die er bis dahin für Freunde gehalten hatte, brachen den Kontakt ab. Zu dieser Zeit bekam er Besuch von seiner Mutter, die auf das Outing ausgesprochen positiv reagierte, und auch der Vater sagte ihm am Telefon, dass es ein Glück sei, eine solche Nachricht nicht 20 Jahre früher bekommen zu haben. Damals wäre es ihm wohl kaum möglich gewesen, so gelassen darauf reagieren zu können. Während seines Wehrdienstes im Norden Israels war Aaron auf ein LGBTQ-Jugendzentrum gestoßen. Die Erfahrung, die queere Juden heute mit Keshet machen, verschafften Aaron dort schon damals ein gutes Gefühl. Und als er später in Haifa lebte, war das auch bei einem schwullesbischen Verein so, der Haifa Forum hieß und dessen Leitung er schließlich übernahm. Dann verliebte Aaron sich, und das nicht in einen Mann, auch nicht in einen anderen Menschen, sondern in eine Stadt. An der Universität hatte er an einem polnisch-deutsch-israelischen Projekt zum Thema »Gerechte unter den Völkern« teilgenommen und dieses Projekt führte ihn nach Berlin. »Ich habe sofort eine Verbindung zu dieser Stadt gespürt. Nach einer Woche war mir klar, dass ich hier leben will«, schwärmt er auch heute noch. Nach dem Abschluss seines Studiums zog er im Jahr 2008 in die deutsche Hauptstadt, wo er schließlich den

Lebenspartner fand, mit dem er jene Regenbogenfamilie gründete und nach Bad Sobernheim zum Familienseminar fuhr. Tagsüber leitet Aaron das operative Geschäft der »WerteInitative. jüdisch-deutsche Positionen«, eines zivilgesellschaftlichen jüdischen Vereins. Da lag es nahe, dass er sich auch bei Keshet um die Finanzen und das Mitgliedermanagement kümmert, also jene administrative und verwaltungstechnische Seite übernahm, welche viele oft abschreckt, die aber eben doch auch erledigt werden muss.

Auf dem Christopher Street Day in Berlin, so berichtet Rosa Jellinek, seien von einer linken queeren Organisation antiisraelische Flugblätter verteilt worden. Der Begriff vom »Pink washing« tauchte auf. Damit ist gemeint, dass die israelische Regierung sich nur deshalb so tolerant gegenüber der eigenen LGBTQ-Community zeige, um ihre »Verbrechen gegenüber den Palästinensern« zu kaschieren. Bedeutet das im Umkehrschluss, dass deren politische Führer von Fatah und Hamas viel aufrichtiger sind, indem sie queere Lebensformen in Ramallah und Gaza gar nicht erst tolerieren? Mit dieser gleichermaßen zugespitzten wie berechtigten Frage treten manche Keshet-Aktivisten ihren linken Kritikern entgegen. Generell aber entscheidet in der queeren jüdischen Bewegung ebenso wie bei jüdischen Leuten in Deutschland generell jede und jeder selbst, wie weit man sich mit der israelischen Politik identifiziert oder eben auch nicht. In Teilen der linken Bewegung aber findet eine Differenzierung zwischen dem Staat Israel und jüdischen Menschen in Deutschland nicht statt. Leo Schapiro nennt Beispiele: »Personen mit einer Regenbogenflagge und einem Davidstern werden plötzlich, ohne dass sie sich in irgendeiner Form zu Israel geäußert haben, aus einem queer-linken Veranstaltungsraum oder von einer queer-linken Demo ausgeschlossen. Das ist ganz klarer Antisemitismus!« Es gibt für Keshet also auch im nichtjüdischen Umfeld noch vieles zu tun. Seit einiger Zeit ist die Organisation nun auch im Rhein-Main-Gebiet um Frankfurt aktiv und Dima Bilyarchyk unterstützt von der Berliner Zentrale aus queerjüdische Aktivisten beim Aufbau einer lokalen Keshet-Organisation in seiner Heimatstadt München. Die Aufgaben werden also deutschlandweit angegangen. Sie werden erst erfüllt sein, wenn queere Menschen selbstverständlich Hand in Hand in ihre Synagoge kommen, gleichgeschlechtliche Paare mit ihren Kindern auf Gemeindeblättern abgebildet werden dürfen und man die Regenbogenflagge mit dem Davidstern auch in der linken Szene akzeptiert. Es ist zu befürchten, dass Keshet mit der Bewältigung dieser Aufgaben noch lange beschäftigt sein wird.

Die Rückkehr der Jüdischen Kunst

Die Shoah war nicht gerade das bevorzugte Gesprächsthema des deutschen Bürgertums der 1950er und 1960er Jahre – nicht in der DDR und schon gar nicht in Westdeutschland. Ausgenommen natürlich jene, die bekanntermaßen zu den Gegnern des Nationalsozialismus gehörten. In anderen Kreisen führten schuldhafte Verstrickung und Gefühle wie Scham zu einer nachvollziehbaren Sprachlosigkeit. Natürlich fand man »die Sache mit den Juden nicht in Ordnung« und im Bildungsbürgertum wurde regelmäßig der kulturelle Exodus beklagt, der mit dieser Zeit einherging. Die Namen berühmter Künstler, die das Land hatten verlassen müssen, machten dann die Runde. Ganz abgesehen davon, dass nicht nur jüdische Künstler vor den Nazis flüchteten, steckte hinter dieser Klage des Bildungsbürgers (und seiner Frau) das Bedauern über entgangenen Kunstgenuss. Solche Klagen hatten immer etwas von exzentrischem Selbstmitleid. In jüdischen Kreisen kam das gar nicht gut an, verschwieg eine solche Fokussierung auf die emigrierten Künstler doch das wesentlich schlimmere Schicksal der jüdischen Wäscherin, des jüdischen Straßenbahnschaffners, der jüdischen Kleingewerbetreibenden und all der anderen, die nicht die Mittel hatten, ins Exil zu gehen. Dennoch ging mit der Machtentfaltung des selbst ernannten Kunstmalers Hitler und seiner nationalsozialistischen Bewegung auch ein gewaltiger Exodus an Kunst und Wissenschaft einher, deren Protagonisten zu keinem geringen Teil Juden waren.

Nach dem Krieg kehrte ein Teil der einst exilierten jüdischen Künstler in die beiden deutschen Staaten zurück. Aber erst in

den vergangenen 30 Jahren begann jüdisches Leben in Deutsch-
land wieder mehr zu blühen als in den 45 Jahren zuvor. Dies
ist weniger einem plötzlichen Kinderreichtum der deutschen Ju-
den zu verdanken als vielmehr jenen, die zahlreich von überall
hierherkamen. Es spricht für dieses Land und seine stabile De-
mokratie, dass viele jüdische Menschen sich trotz einer nicht zu
übersehenden Zunahme an antisemitischen Vorfällen hier noch
immer wohlfühlen. Eine überwiegend junge Generation an jüdi-
schen Kreativen stammt aus Berlin, Frankfurt, Oldenburg oder
anderen deutschen Städten, aus den ehemaligen Sowjetrepubli-
ken, aus Israel, Argentinien und aus New York City und sie sind
in den unterschiedlichsten Bereichen aktiv …

Musische Töchter musischer Mütter

Sie ist eine legendäre Figur, die jiddische Mamme, was mit
»jüdischer Mutter« nur unzureichend übersetzt ist. Jeder
und jede definiert die jiddische Mamme ein wenig anders,
immer aber steckt eine starke Frau dahinter, manchmal
dominant, zuweilen gütig, oft euphorisch, nicht selten
der Verzweiflung nahe, auf jeden Fall aber irgendwie prägend für den Nachwuchs. Der amerikanisch-jüdische Song-
schreiber Jack Selig Yellen hat gemeinsam mit Lew Pollack
der »Yiddish Mamme« mit dem gleichnamigen Lied ein lie-
bevolles Denkmal gesetzt.

Elisaveta Blumina ist eine Echo-prämierte Klaviervirtuo-
sin, Sarah Nemtsov eine namhafte Komponistin im Bereich
der »Neuen Musik« und Ruth Rosenfeld eine klassisch ausgebildete Sängerin, die auch als Theaterschauspielerin
reüssierte. Drei sehr verschiedene Künstlerinnen, auch
geografisch unterschiedlicher Herkunft, die seit jeher *eine*

Gemeinsamkeit hatten: 'ne jiddische Mamme, die allesamt selbst Künstlerinnen und damit für jede Einzelne von ihnen ein Beispiel dafür war, dass man ein Leben führen kann, welches nicht die soziale Sicherheit einer Verwaltungsfachangestellten, dafür aber ein hohes Maß an Individualität und Kreativität zu bieten hat.

Für die kleine *Elisaveta Blumina* in Leningrad, wie St. Petersburg damals noch hieß, waren diese ersten Erfahrungen bei ihrer Klavierlehrerin Elena Gugel mit einer Reihe von Umständen verbunden, die ein Mädchen in ihrem Alter als unangenehm empfinden musste. Bedeutete es doch jedes Mal eine anderthalbstündige Anfahrt in überfüllten Bussen, danach der Aufstieg in die fünfte Etage ohne Fahrstuhl und dann wieder anderthalb Stunden zurück. Damit nicht genug, fand sie den Unterricht bei der alten Dame entsetzlich langweilig. Die internationale Musikwelt hingegen hatte Elena Gugel einst zu Füßen gelegen. Daneben hatte sie bis zu ihrer Pensionierung an einer dem Leningrader Konservatorium angegliederten Spezialmusikschule hochbegabte Kinder unterrichtet. Auch Mara Mednik, Elisavetas Mutter, war Konzertpianistin und Professorin für Kammermusik und Korrepetition an jenem Lehrkörper, an dem auch Elena Gugel gewirkt hatte. Die beiden arrivierten Künstlerinnen schätzten einander und ihre Namen verrieten nicht nur ihnen, dass die jeweils andere eine Jüdin war. Darüber aber sprach man zu sowjetischen Zeiten besser nicht.

Eigentlich hatte Elisaveta lieber Tänzerin werden wollen. An der weltberühmten Waganowa-Ballettakademie aber war ihr Handwurzelknochen geröntgt und danach errechnet worden, dass sie mindestens 1,77 groß werden würde, was die Ablehnung zur Folge hatte. Dann wollte sie das Geigenspiel erlernen. Ein solches Instrument aber, so meinte die Mutter, koste eine Menge Geld, ein Flügel hingegen sei schon da. Das Spielen darauf erlernte Elisaveta also schließlich bei Elena Gugel und bald auch parallel auf jener Spezialschule mit musikalischem Zweig. Hier hat es Elisaveta schon deshalb besser gefallen, weil da auch gesungen wurde, Rhythmusübungen mit Tanz verbunden wurden und die Lehrer nicht so alt wie Elena Gugel waren.

Während der Vater dem Beruf eines Raumfahrtingenieurs nachging, wachte die Mamme darüber, dass Elisaveta regelmäßig übte, und falls sie sich mit einem Stück schwertat, wusste sie ihr zu helfen. Eine hyperehrgeizige Mutter aber, die in der Tochter ein Wunderkind zu sehen glaubte, war Mara Mednik nicht. Dafür war sie als Klavierprofi viel zu sehr Realistin. Wenn man die Echo-Preisträgerin Elisaveta Blumina heute fragt, was sie bei Elena Gugel neben den Grundlagen des Klavierspiels gelernt habe, so sagt sie: »Vor allem, wie die Hände beim Spiel stehen müssen!« Dabei schenkt sie ihrem Gegenüber ein fröhliches Lachen.

In jener Oldenburger Wohnung, in der *Sarah Nemtsov* ihre Kindheit verbrachte, stand zwar kein Flügel, wohl aber ein Klavier, auf dem nicht sehr häufig gespielt wurde. Ihre Mutter hieß Elisabeth Naomi Reuter und arbeitete als Malerin, Illustratorin und Kinderbuchautorin. Mit Sarah hatte die alleinerziehende Frau ein echtes Sorgenkind. Als das Mädchen zur Welt kam, wurde bei ihm eine seltene Krankheit diagnostiziert. Die ersten 18 Jahre ihres Lebens hatte Sarah immer wieder damit zu tun. Lange hat die später erfolgreiche Komponistin das bei Interviews ausgeklammert, mittlerweile aber ist sie bereit, darüber zu sprechen. Es habe zwei Nahtoderfahrungen gegeben, an die sie sich aber nicht selbst erinnern könne, sondern nur durch die

Erzählung anderer davon wisse. Dennoch habe sie das Gefühl, dass das in den Körper eingeschrieben ist. Liegt die Ursache für das unübersehbare Bemühen einer verletzlich wirkenden Künstlerin um körperliche Distanz in jener von Krankheit dominierten Kindheit? Sie habe gelegentlich eine gewisse Scheu, gibt Sarah Nemtsov zu, aber Angst habe sie fast nie. Zu oft war sie als Kind mit Aussagen von Ärzten konfrontiert worden, die sich über ihren Kopf hinweg darüber unterhielten, ob sie es »wohl schaffen« werde. Sie wurde also schon in einem sehr jungen Alter mit der eigenen Vergänglichkeit konfrontiert. Ihre Mutter habe sie aus diesen Nahtodsituationen jedes Mal mit einem Bach-Choral zurückgeholt, den sie ihr leise ins Ohr gesummt hat. Davon ist Sarah Nemtsov bis heute überzeugt. Manch einer, der die experimentierfreudige Komponistin auf ihr oft eigenwilliges Spiel mit den Klängen anspricht, bekommt eine Geschichte von jenem Klavier in der Oldenburger Wohnung zu hören. Als kleines Mädchen habe sie darauf atonale Tonfolgen erzeugt und sich dabei alle möglichen Naturphänomene, wie etwa Blitz und Donner, vorgestellt. Aus heutiger Sicht würde sie das als Keimzelle ihres Komponierens bezeichnen, und wer Sarah Nemtsovs Musik kennt, kann diesen Gedanken nachvollziehen.

In Sarahs Leben war die Mutter oft ein Vorbild. Vor allem dann, wenn sie sich trotz zeitweiliger wirtschaftlicher Sorgen ihre künstlerische Identität bewahrt hat. Für Sarahs Hinwendung zur Musik aber war eine andere Frau verantwortlich, die ebenfalls in dem Oldenburger Haus wohnte. Ilse Reil lebte ein Stockwerk tiefer und war eine bekannte Blockflötistin für Barockmusik. Viele Jahre war sie mit einem nach ihr benanntem Trio durch die Lande getourt, nun, im Alter, war sie vorwiegend als Lehrerin tätig. Sarah hatte die Musikerin gern und weil sie auch eine ihrer

Schülerinnen mochte, saß sie manchmal dabei, wenn diese unterrichtet wurde. Irgendwann griff Sarah selbst zu dem Instrument. Schon bald war Sarahs Flötenspiel so gut, dass sie als vierte Stimme dabei war, wenn das in die Jahre gekommene Reil-Trio irgendwo gastierte. Ein Kritiker nannte die Besetzung nicht ganz unzutreffend: »Drei Greise und ein kleines Mädchen«. Im Alter von 13 Jahren nahm Sarah am bundesweiten Wettbewerb »Jugend musiziert« teil und belegte den letzten Platz. »So spielt man nicht Blockflöte!«, lautete das gnadenlose Urteil der Juroren, das das Mädchen in eine tiefe Sinnkrise stürzte. Hatte sie doch bei ihrer Performance bis auf eine Note ohne Fehler gespielt. Sie spielte aber, das weiß sie heute, mit einem Vibrato, wie es in der Generation der Ilse Reil üblich war. Das wollte 1993 niemand mehr hören, jedenfalls nicht beim Bundeswettbewerb »Jugend musiziert«. Im Jahr darauf ist Sarah bei »Jugend komponiert« (das damals noch »Schüler komponieren« hieß) des Jeunesses Musicales angetreten. Die Aufgabe für ihre Altersgruppe bestand aus einem Stück für Klavier. Sie reichte eine aus drei Fragmenten bestehende Komposition ein, für deren Titel »Die Innenwelt der Außenwelt der Innenwelt« der gleichnamige Text von Peter Handke die Vorlage war. Zufällig hatte Sarah die Textsammlung in der Bibliothek der Mutter entdeckt. Diesmal konnte sie die Jury mit ihrer kleinen Komposition überzeugen. Sarah gewann den Wettbewerb »Jugend komponiert« des Jahres 1995 in ihrer Altersgruppe und danach fünf Jahre in Folge. Der Preis bestand jedes Mal in einer Einladung auf das Schloss Weikersheim, wo man gemeinsam mit anderen jungen Preisträgern Unterricht von Kompositionsdozenten erhielt und die eigenen Stücke gespielt und auch aufgenommen wurden. Mit 18 Jahren zog sie nach Hannover, wo sie parallel zur Oberprima eines dortigen Gymnasiums bereits als Jungstudentin für Komposition die Musikhochschule besuchte. Ein Schritt in ein selbstständiges Leben, der von Sarahs Mutter sehr unterstützt wurde. Inzwischen hatte sie anstelle der Blockflöte die Oboe für sich entdeckt, auf der sie eine Virtuosität entwickelte und weitere Wettbewerbe gewann. Ein erster Höhepunkt: Beim Abschlusskonzert von »Jugend musiziert« im Jahr 2000 spielt die 20-jährige Sarah Reuter (wie sie damals noch hieß) im Konzerthaus Berlin auf der Oboe eine eigene Komposition.

Elisaveta Blumina blickt oft selbstkritisch auf ihre Kindheit und Jugend zurück. Sie beschreibt sich dann als »stinkfaules Mädchen«, auf jeden Fall aber als »Spätzünder«. Früher sei sie nie ehrgeizig gewesen, habe sich mehr für Mode interessiert und für Design. Es lief eben, wie es lief, das aber am Ende überraschend gut. Bald schon hat jenes stinkfaule Mädchen bei einem Wettbewerb in Nowosibirsk den ersten Preis gewonnen. Kurz darauf war sie einer Hamburger Professorin während deren Russlandbesuchs bei einem Brahms-Konzert mit Orchester positiv aufgefallen. Es folgte eine Einladung zu einem Klavierwettbewerb in der deutschen Hansestadt, und auch da stand Elisaveta Blumina, die Spätzünderin, schließlich auf dem Siegerpodest. Sie weiß nicht mehr, welche Musikstücke sie gespielt hat, woran sie sich aber bis heute lebhaft erinnert, ist jene Liebe auf den ersten Blick, und die galt der Stadt Hamburg. Da passte es gut, dass ihr der Direktor der dort ansässigen Musikhochschule ein Stipendium anbot. Elisaveta Blumina kehrte fortan nur noch als Besucherin nach St. Petersburg zurück.

Sarah Nemtsov hatte den Umzug nach Hannover, diese frühe Wendung ihres Lebens, als einen positiven Schock erlebt. Kam sie doch musikalisch aus einer neoklassizistischen Geborgenheit heraus. Bei einer Reihe von sehr guten Lehrern lernte sie hier alles zu hinterfragen, um schließlich eine eigene musikalische Sprache zu entwickeln. Eine Weile pendelte sie zwischen dem Wohnsitz in Hannover und der Musikhochschule in Berlin, wo sie das Spiel auf der Oboe intensivierte. Seitdem hat sich die Ästhetik ihrer Musik mehrfach gewandelt. Sie wurde, wie Sarah Nemtsov selbst einschätzt, »zum Teil fragmentierter, gestörter, störrischer, oft ein bisschen spröder, aber auch radikaler und, wie ich hoffe, individueller«.

Ruth Rosenfeld hatte manch wechselvolle biografische Wendung hinter sich, ehe sie im Alter von 23 Jahren nach Berlin kam. In Los Angeles war sie zur Welt gekommen. Dort ist ihr Vater der Finanzattaché am israelischen Generalkonsulat gewesen. Ihre Mutter Nurit Hirsh war da schon eine weit über Israel hinaus bekannte Komponistin. Bereits mit 16 Jahren komponierte sie erste Schlager und im Jahr 1978 gewann Israel mit dem von ihr vertonten Text »A-Ba-Ni-Bi« erstmalig den Eurovision Song Contest. Im Internet findet man zahlreiche Clips, auf denen Nurit Hirsh als Pianistin und Sängerin zu sehen ist. Darunter auch solche mit der damals noch sehr jungen Ruth bei gemeinsamen Auftritten in Israel und anderswo. Damals war Nurit Hirsh für ihre Tochter Mutter und Lehrerin in Personalunion – deren erbarmungslose Kritikerin ist sie bis heute.

Die Familie lebte nach der Zeit in Los Angeles mal in einem kleinen israelischen Ort in der Sharon-Ebene, als Ruths Vater Investmentberater bei der Bank Hapoalim in Tel Aviv war, dann wieder in New York, wo er in gleicher Funktion lokale Start-ups beriet. Als Ruth zwölf Jahre alt war, trennten sich ihre Eltern. Sie blieb beim Vater in Manhattan, den sie als gleichermaßen hochintelligenten wie sehr herzlichen Menschen beschreibt. Vor allem war *er* es, nicht ihre Mutter, die professionelle Musikerin, der sie mit klassischer Musik vertraut machte. Auf einem CD-Player spielte er immer wieder verschiedene Stücke von Brahms, Schubert oder Mozart an und Ruth musste nach den ersten Takten sagen, um welches Stück es sich handele. Eine prägende und, wie sich später zeigen wird, folgenreiche Erfahrung waren für Ruth die Liedinterpretationen von Dietrich Fischer-Dieskau. Diesen Jahrhundertsänger verehrte ihr Vater, und obgleich Ruth damals noch kein einziges Wort der Schubert-, Brahms- und Mahler-Lieder verstand, mochte auch sie den samtenen Bariton dieses deutschen Sängers.

Nach dem Ende der Highschool begann sie an der Rubin Academy of Music in Tel Aviv zu studieren und wohnte wieder bei ihrer Mutter. Zu Ruth Rosenfelds ungewöhnlicher künstlerischen Karriere passt es im Rückblick, dass sie zunächst ein Studium des E-Bass begann, um dann auf klassischen Gesang umzusteigen. Das war der Beginn eines Weges zu einer Cross-over-Künstlerin, die sich bis heute nicht an Sparten gebunden fühlt. Ungewöhnlich ist auch, dass sich ihre Eltern offenbar der jüdischen Religion mehr verbunden fühlten, als das bei liberalen säkularen Israelis sonst der Fall ist. Dafür spricht einerseits, dass Nurit Hirsh im Jahr 1968 ausgerechnet für ein chassidisches, also orthodoxes Musikfestival »Osse shalom bimoraw ...« vertonte. Der zweizeilige Text wird von gläubigen Juden seit Jahrhunderten am Ende sowohl des ansonsten stummen Gebets »Amida« als auch des öffentlichen Trauergebets »Kaddisch« gesprochen. Auf der ganzen Welt kennen inzwischen keineswegs nur religiöse Juden die Vertonung dieser Gebetszeilen, die von manchen Kantoren in die synagogale Liturgie integriert wurde. Andererseits erinnert sich Ruth Rosenfeld daran, dass ihr Vater sich in New York intensiv mit dem Talmud beschäftigte und dafür regelmäßig das Gespräch mit einem Rabbiner suchte. Sie selbst entwickelte zwar eine israelische, nicht aber eine explizit jüdische Identität – bis sie nach Berlin kam.

Das Judentum fand in *Elisaveta Bluminas* Kindheit vor allem in der Küche statt. Ihre Mutter bereitete sehr oft jüdische Gerichte zu: gefilte Fisch, Brühe mit Mazzeknödel und anderes. Deren Eltern hatten noch Jiddisch miteinander gesprochen, wenn sie nicht wollten, dass die Kinder sie verstehen. Elisaveta bedauert, diese Großeltern, die die deutsche Belagerung von Leningrad überlebt hatten, nicht mehr kennengelernt zu haben. So hat in ihrem Elternhaus kein religiöses Leben stattgefunden, obgleich sie um die Ecke einer Synagoge wohnten. Elisaveta erinnert sich allerdings gut, dass sie zu Pessach dorthin gegangen sind und ungesäuerte Mazze gekauft haben, das in großes weißes Papier eingeschlagen wurde. Dieses Brot wurde nicht, wie in den religiösen Haushalten üblich, an allen acht Pessach-Tagen hintereinander gegessen, denn weder Elisaveta noch ihre Mutter kannten diese Tradition. Elisaveta wusste auch nicht, dass mit dem Genuss dieses ungesäuerten Brotes an den Auszug aus Ägypten vor mehr als 3000 Jahren erinnert werden soll. Die Flucht soll damals nämlich so übereilt stattgefunden haben, dass die Hebräer keinen Sauerteig mehr mitnehmen konnten. So weit die jüdische Legende, um deren Verbreitung sich in der Sowjetunion kaum jemand gekümmert hat. Zwar trug Elisaveta in jener Zeit einen Davidstern um den Hals, einfach nur, weil sie es wollte. Bei ihr zu Hause aber war die Musik die Religion.

Als *Sarah* in Oldenburg aufwuchs, gab es dort nur eine kleine jüdische Gruppe. Bald aber war ihre Mutter mit anderen aktiv dabei, eine lokale Jüdische Gemeinde zu gründen. Jüdische Kontingentflüchtlinge aus Osteuropa, die nach und nach auch in Oldenburg ankamen, wo namhafte Rabbiner sich um deren religiöse Bildung kümmerten, ließen die junge Gemeinde schnell anwachsen. Das geschah gerade rechtzeitig zu Sarahs Bat Mitzwa, mit der Mädchen im Alter von zwölf Jahren in die Welt der Erwachsenen aufgenommen werden. Bemerkenswert ist übrigens, dass man jüdische Jungen hierfür erst ein Jahr später für reif genug hält. Mit der Gründung der Gemeinde herrschte unter Oldenburgs Juden eine Zeit des Aufbruchs, an die Sarah Nemtsov selbst fast drei Jahrzehnte später noch gern zurückdenkt.

In der Schule war sie eine absolute Außenseiterin, und das gleich dreifach. Einerseits, weil sie musikalisch begabt war und bei »Jugend komponiert« Preise gewann. Andererseits, weil sie gute Noten erzielte, obwohl sie wegen der Klinikaufenthalte oder ihrer Konzerte mit dem Reil-Trio häufig fehlte. Und dann war sie auch noch das einzige jüdische Kind an ihrer Schule. Das Gefühl, eine Außenseiterin zu sein, verfolgt sie bis heute, nur hat sie sich mittlerweile daran gewöhnt. Manchmal finde sie es sogar angenehm, sagt sie, weil sie dadurch eine gewisse Distanz zu anderen habe. Außenseiter müssen nun mal keinen Gruppenzwang erdulden. Als Kind aber habe sie sehr darunter gelitten. Umso angenehmer hatte sie die Machanot empfunden, jene Ferienlager, in denen sie mit anderen jüdischen Kindern in Österreich und später auch in Israel schöne Zeiten verleben durfte. Viele dieser Kinder führten in ihren Heimatorten ebenfalls ein Außenseiterdasein. Deshalb wurden die Ferienfreunde aus den großen Gemeinden in Frankfurt oder Berlin beneidet, wo es jüdische Kitas, Schulen und Jugendclubs gab.

In Russland hatte *Elisaveta Blumina*, abgesehen vom Speiseplan ihrer Mutter, nie explizit jüdisch gelebt. Dort wusste man von der eigenen Jüdischkeit nur deshalb, weil man einen jüdischen Namen trug, denn auch ohne religiösen Hintergrund ehelichten Jüdinnen meistens wieder Juden. Die hießen eben Blumina, die weibliche Form nach Elisavetas Vater Wladimir Blumin, oder Mednik, wie der Mädchenname der Mutter lautete, oder Zelkind, der ihrer Großmutter. Die atheistische Sowjetunion hatte zwar mit teils rabiaten Methoden dafür gesorgt, dass das religiöse Judentum weitgehend daniederlag, der Eintrag »Jude« als Nationalität in den Personalpapieren aber hatte deren Zusammengehörigkeitsgefühl eher befördert.

Ruth Rosenfelds Leidenschaft gehörte dem Kunstlied. Eine Leidenschaft, die sie schließlich nach Berlin führte. Das war im Jahr 2000 und sie hatte eine turbulente Zeit hinter sich. Vier Jahre zuvor war ihr Vater lebensgefährlich erkrankt. Ruth reiste von Tel Aviv aus in die USA, um jenem Menschen nahe zu sein, den sie zeitlebens als ihren Anker empfunden hatte. Und als dieser Mensch in jene andere Welt ging, war ihr Leben völlig aus dem Tritt geraten. Sie flog an den entferntesten Ort, den es von New York und Tel Aviv gleichermaßen gibt: Tokio. An sechs Abenden in der Woche servierte sie in einer Bar japanischen Gästen Bourbon auf Eis, unterrichtete tagsüber an einer Uni Englisch und ab und zu gab sie einen Liederabend mit vorwiegend italienischen Opernarien. Nach zwei Jahren kehrte sie wieder an die Rubin Academy of Music in Tel Aviv zurück. Zeitgleich versuchte sie am Goethe-Institut jene Sprache zu erlernen, in der ihr Vater einst mit seiner aus Wien stammenden Mutter kommunizierte – die Sprache, in der Fischer-Dieskau die Texte von Goethe und Heine sang.

Bevor sie deutschen Boden betrat, war Ruth Rosenfeld nicht klar, dass sie einen jüdischen Namen trug. Plötzlich sprach sie jeder darauf an, kaum dass sie sich vorgestellt hatte. Das war ihr noch nirgendwo passiert, auch nicht in New York. Als sie auf Berliner Bürgersteigen die ersten Stolpersteine entdeckte, wurde ihr bewusst, dass es ihr hier vor 60 Jahren ziemlich schlecht ergangen wäre, wenn bereits schon ihr Name verriet, dass sie Jüdin ist. Plötzlich war ihr die Shoah ungeheuerlich präsent.

Für *Sarahs* Mutter hatte das Jüdische in der Kunst immer eine wichtige Rolle gespielt. So entstand etwa ein Zyklus zu Franz Kafka oder unter dem Titel »Judith und Lisa« eines der ersten Bilderbücher zur Shoah. Auch in dieser Hinsicht das mütterliche Vorbild vor Augen, unternahm Sarah einen ersten intuitiven Versuch, Musik in jüdischer Tradition zu schreiben. Es entstand ein Niggun, eine textlose Melodie, wie sie einst in den jüdischen Schtetln Osteuropas entstanden. Bald spielte sie diesen Niggun auf ihrer Oboe. Ein paar Jahre später wird sie mit Blick auf ihr Œuvre in einem Interview sagen: »Die jüdischen Themen sollten auch für die Musik bedeutsam werden, indem ich vielfach auf traditionelle jüdische Musik verwiesen habe – auf liturgische sowie auf Volksmusik. Diese Sphären sind in der Gesamtform, in Melodik, Rhythmik und Harmonik, untergründig quasi immer in irgendeiner Weise vorhanden.«

Am Ende ihres Studiums in Hannover war an Sarah der Auftrag herangetragen worden, eine Kammeroper zu komponieren. Ein studentisches Projekt, für das ein Motto vorgegeben wurde: Liebestod. Da sie mit der naheliegenden Assoziation an Wagners »Tristan« wenig anfangen konnte, war ihr bei der Bewältigung dieser Aufgabe überraschend ein Traum behilflich. Kurz zuvor war der Briefwechsel des jüdischen Lyrikers Paul Celan mit seiner Frau, der Zeichnerin Gisèle Celan-Lestrange, erschienen. Jahre zuvor schon war Celans Dichtung von Sarah an jenem Ort entdeckt worden, an dem sie einst auch Handkes »Die Innenwelt der Außenwelt der Innenwelt« gefunden hatte. Nun war sie tief berührt von der durch tragische Lebensumstände verdunkelten Liebe dieser beiden Künstler. Celan hatte in der Shoah seine Eltern verloren und war selbst durch Ghetto und Zwangsarbeit schwer traumatisiert. Nun erschien Sarah im Schlafe die Idee, diese an dramatischen Wendungen reiche Korrespondenz zum Thema zu machen. Die Kammeroper »Herzland« entstand. Die Kompositionsstudentin entschied sich für die musikalische Besetzung, wie man sie von Klezmerkapellen kennt, und begründet das heute so: »Das fand ich irgendwie ganz passend für diese Art der Verlorenheit von Celan, der ja eigentlich kein wirkliches Zuhause mehr gefunden hat.« Im Januar 2006 wurde »Herzland« in Kooperation mit der Musikhochschule in Hannover uraufgeführt und fünf Jahre später stand das Werk auf dem Spielplan der Bayerischen Staatsoper. Nun positionierte sich Sarah Nemtsov öffentlich: »Als Jüdin in Deutschland habe ich ja auch damit zu tun, mit der Geschichte dieses Landes, dem Gefühl der Heimat hier und eigentlich der Unmöglichkeit mit aufkommendem und existierendem Antisemitismus. Also insofern gibt es schon etwas, wo etwas in mir resoniert auf eine Weise.«

Im Jahr nach der »Herzland«-Uraufführung wird Sarah Meisterschülerin bei dem international berühmten Komponisten Walter Zimmermann in Berlin. Gleich beim ersten Treffen empfahl er ihr, »tief in sich hineinzuhören, um den inneren Klang zu erspüren«. Und er kam auch gleich auf ein besonderes literarisches Werk zu sprechen – das »Buch der Fragen« von Edmond Jabès, einem aus Kairo stammenden sephardischen Schriftsteller. Das Werk handelt von der Liebesbeziehung zweier Juden, Yukel und Sarah, und besteht aus einem komplex schillernden Mosaik aus Kommentaren, Erzählpassagen, Monologen, Dialogen und Aphorismen. »Beim Lesen entstanden sofort Klangräume in mir«, erinnert sich Sarah Nemtsov später. Da wusste sie noch nicht, dass daraus einmal eine große Oper werden würde, aber das Gefühl war entstanden, damit etwas machen zu müssen.

Das Schicksal führte *Elisaveta Blumina* im Laufe der Jahre um die halbe Welt. Sie lebte neben Hamburg auch in Bern, in den USA, in Madrid, in Dublin und nun seit einigen Jahren in Berlin. »Mir ist klar, dass das alles sehr chaotisch klingt«, sagt sie, »aber es war nicht chaotisch. Ich habe in den jeweiligen Städten unterrichtet und sehr viel gespielt.« Es sei schwer zu erklären, weshalb sie nach ihrer Heirat, während der ersten Schwangerschaft in Florida, anfing, sich selbst Hebräisch beizubringen und koscher zu ernähren. Vertiefte Kenntnisse der jüdischen Religion bekam sie aber erst Jahre später, als sie in Dublin lebte und ihre mittlerweile zwei Söhne die jüdische Schule besuchten. In dieser Zeit wurde eine kleine Gemeinde für sie wichtig, die zu Chabad gehörte, jener sehr traditionellen Gruppe innerhalb des Judentums. Bei ihnen fühlte sich Elisaveta Blumina gut aufgehoben, und dass sich diese Gemeinde auch um ihre beiden Jungen kümmerte, empfand die viel beschäftigte Künstlerin als hilfreich.

Mehr und mehr entwickelte sich die längst arrivierte Pianistin Elisaveta Blumina zu einer Entdeckerin jüdischer Komponisten. Sie versteht sich als Anwältin, um deren Werke der Vergessenheit zu entreißen. So nahm sie 14 Stücke von Grigori Frid auf, der im September 2012 im Alter von 97 Jahren in Moskau gestorben ist. Elisaveta bezeichnet ihn als »phänomenalen Menschen«, der nicht nur Komponist gewesen sei, sondern auch »ein exzellenter Maler und sehr guter Schriftsteller«. Eine andere ihrer jüdischen Entdeckungen ist der polnische Komponist Mieczysław Weinberg, der zuvor nie in Deutschland öffentlich gespielt worden war. Weinberg hatte in der Shoah seine ganze Familie verloren. Er selbst erlebte den Angriff der deutschen Truppen als Student in Minsk, ehe ihm die Flucht in Richtung Osten gelang. Später holte ihn Schostakowitsch nach Moskau. Dort starb Mieczysław Weinberg im Februar 1996 im Alter von 77 Jahren. Elisaveta Blumina hat ihm mit einer Einspielung von zwei Fugen auf ihrem Album »Memories from home« ein folgenreiches Denkmal gesetzt. Kein Geringerer als der weltbekannte Geigenvirtuose Gidon Kremer bedankte sich bei ihr, dass sie ihn mit Weinbergs Musik »infiziert« habe.

Ruth Rosenfeld hatte sich an den besten deutschen Musikhochschulen beworben. Die erste Aufnahmeprüfung fand an der Hochschule Hanns Eisler in Berlin statt. Auf dem Weg dorthin durch Berlins Mitte kam ihr der Gedanke: »Wie krass ist das denn, dass du heute hier leben darfst!« Diesen Gedanken empfand sie als schön und grausam zugleich. Sie beschloss, bei der bevorstehenden Prüfung für ihren Vater zu singen und für alle Juden, die in der Shoah umgekommen waren. Nach einem emotionalen Liedvortrag wurde Ruth Rosenfeld schließlich an jener Hochschule angenommen, an der der weltberühmte Sänger Dietrich Fischer-Dieskau Meisterkurse gab. Das aber erfuhr sie erst, als sie schon eingeschriebene Studentin war, und auch, dass man sich um die Teilnahme an dessen Kursen gesondert bewerben musste. Ruth schickte ihm ein Demotape, rechnete sich jedoch keine großen Chancen aus. Eines Abends aber hatte sie eine Nachricht vom Meister selbst auf dem Anrufbeantworter. Sachlich teilte er mit, dass er sie unterrichten werde. In diesem Moment war Ruth einerseits überglücklich und andererseits entsetzlich traurig. Traurig darüber, dass sie ihren Papa nicht mehr anrufen konnte, der einer der größten Fans von Fischer-Dieskau gewesen war. Der erwies sich als sehr strenger, aber auch als warmherziger Lehrer.

In der Zeit ihrer Abschlussprüfungen wurde Ruth durch einen Aushang an der Hochschule darauf aufmerksam, dass Frank Castorf, der Intendant der Volksbühne in Berlin, für eine Kammerversion der Meistersinger von Wagner nach Sängern suchte. Sie sang vor und bekam einen der vier Gesangsparts. Gleichzeitig spielte Ruth Rosenfeld am Opernhaus in Braunschweig eine Kinderoper. Immer wieder kam es vor, dass sie vormittags in Braunschweig probte oder für die Kids spielte und am Abend an der Berliner Volksbühne. Dieses Doppelengagement dauerte einige Jahre, denn längst arbeitete sie an der Volksbühne als Schauspielerin auch mit anderen Regisseuren an anderen Stücken.

Im Meisterstudiengang hat *Sarah Nemtsov* begonnen, eine große Oper zu schreiben, die »L'Absence« heißen würde. Grundlage war jenes »Buch der Fragen« von Edmond Jabès, das ihr Walter Zimmermann ans Herz gelegt hatte. Bald gab es einen Auftrag für eine Aufführung in Rheinsberg, der aber platzte, weil das Werk zu umfangreich geworden und nicht mehr zu finanzieren war. Zufällig bekam Peter Ruzicka – bekannter Dirigent und Intendant – die Partitur in die Hände und nahm sie für die Münchner Biennale an. Ein riesiger Glücksfall!

Die Gesangspartien in »L'Absence« mochten konventionelle Opernbesucher mögen oder auch nicht, eigenwillig waren sie auf jeden Fall. Selbst professionelle Musikkritiker taten sich schwer, adäquat zu beschreiben, was sie an diesem Abend zu hören bekamen. Sarah Nemtsov hatte die Gesänge nämlich wie Teamim singen lassen, nach jenem alten musikalischen Prinzip, wie im jüdischen Gottesdienst die Tora rezitiert wird. Die Komponistin findet es auch heute noch hochmodern, diesen gewaltigen Text mit solch kleinen Melodiefloskeln darzubieten. Die nichtjüdische Musikwelt reagierte von begeisterter Zustimmung bis zu krasser Ablehnung. Das erzeugte viele Fragen. Für Sarahs Leben wurde die Begegnung mit Jascha Nemtsov bald bedeutend, und das nicht nur, weil er ihr Ehemann geworden ist. Jascha ist Pianist und Musikwissenschaftler; durch ihn lernte sie die jüdische Kunstmusik des 20. Jahrhunderts kennen. Fortan beschäftigte sie sich analytisch damit und probiert seither aus, ob es ihr gelinge möge, sich dem Judentum vom Innersten der Musik heraus anzunähern.

Eines Tages hatte *Ruth Rosenfeld* die ungewöhnliche Idee, ein Programm mit Liedern von Umm Kulthum einzustudieren, jener ägyptischen Sängerin, die in den 1940er und 1950er Jahren in der arabischen Welt berühmter war als die Callas in Europa. Sie sprach darüber mit einem ihrer besten Freunde in Berlin. Er heißt Ariel Efraim Ashbel, ist jemenitisch-aschkenasischer Israeli und Regisseur. Es stellte sich heraus, dass Ariel die Musik von Umm Kulthum nicht nur kannte, sondern sie auch außerordentlich gerne mochte. Als die Flüchtlinge aus Syrien nach Deutschland kamen, sahen sich die beiden mit Erfolg nach arabischen Musikern um. Schließlich gründeten sie ein Orchester, dessen Mitglieder von überallher kamen. Es bereitete Ruth einige Mühe, die arabischen Texte zu lernen. Ohne einen ägyptischen Sprachcoach, der sehr viel mit ihr übte, wäre das nicht zu bewältigen gewesen. Zu Probenbeginn hatte Ruth in der Gruppe überhaupt nicht thematisiert, dass sie Israelin ist. Niemand hatte sie nach der Herkunft gefragt. Sie haben einfach miteinander musiziert und alle mochten das Projekt sehr. Nach einer Weile bemerkte einer der Musiker, dass Ruth mit Ariel Hebräisch sprach. In seinem Gesicht konnte man die Irritation sehen. Zu einem Problem wurde das erst am Abend der Premiere in einem Kulturzentrum im Berliner Norden. Einer der Oud-Spieler, ein sehr gebildeter und außergewöhnlicher Mensch, hatte auf Facebook die Ankündigung gesehen, auf der Ariel als »israelischer Regisseur« bezeichnet wurde. Sehr freundlich bat er Ruth darum, entweder den Hinweis auf die Nationalität des Regisseurs oder in der Anzeige seinen Namen als Musiker zu streichen. Er würde sonst Probleme bekommen. Die beiden sahen einander lange stumm an und hatten Tränen in den Augen. Ein Jahr später spielte man das Programm im HAU, dem früheren Hebbel-Theater. Die Vorstellungen waren lange im Voraus ausverkauft. Während der Proben bekamen einige der arabischen Musiker über die sozialen Medien massive Drohungen. Ein hervorragender syrischer Sänger, der mit Ruth ein Duett singen sollte, erklärte daraufhin eine Woche vor der Premiere seinen Ausstieg. Glücklicherweise konnte ein anderer, klassisch ausgebildeter Kollege den Part übernehmen. Der Veranstalter veranlasste daraufhin, dass in den Vorstellungen BKA-Beamte in Zivil saßen. Aber auch in Israel gab es, nachdem das Projekt in den Medien überwiegend positiv besprochen worden war, negative Reaktionen. Natürlich ist Ruth bewusst, dass es in ihrer Heimatregion einige Probleme gibt, aber kann Kunst nicht auch Brücken bauen, so fragt sie sich. Ein Abend, in der eine israelische Sängerin die Lieder jener arabisch-muslimischen Ikone gemeinsam mit arabischen Musikern auf die Bühne bringt, sollte eine solche Brücke sein.

Herbst 2020: Die Corona-Pandemie hat die Welt im Griff, nichts ist mehr so, wie es vorher war. Ruth Rosenfeld, inzwischen Ensemblemitglied der Berliner Schaubühne, probt mit Regisseur Thomas Ostermaier das Stück »Rückkehr nach Reims«, eine Adaption des Romans von Didier Eribon, bis zur Premierenreife. Für die Bewohner der Stadt aber herrscht Lockdown, auch für deren Besucher, von denen es kaum noch welche gibt. Niemand kann zu diesem Zeitpunkt sagen, wann sie ihre Arbeit einem Premierenpublikum live werden vorstellen können. Elisaveta Blumina muss zahlreiche Konzerte absagen. Nicht nur die eigenen, auch die jener Künstler, die sie für das Hamburger Kammermusikfest International engagiert hatte, dessen Leitung sie vor einiger Zeit übernommen hatte. So bleibt auch sie in ihrer Berliner Wohnung und malt, denn sie ist Synästhetikerin. Schon als Kind konnte sie jedem Ton auf dem Klavier eine ganz bestimmte Farbe zuordnen. Dem C die Farbe Weiß, dem D das Orange, E ist Gelb und so weiter. Auf Anregung eines Musikerkollegen hatte sie damit begonnen, ihr Spiel auf dem Piano auch auf Papier zu bringen. Herausgekommen sind sehr bunte, meist großformatige Bilder. Mittlerweile hat sie das professionalisiert und beide Künste miteinander kombiniert. Zu einem Konzert des Klavierzyklus »Bilder einer Ausstellung« von Mussorgski hat Elisaveta Blumina jene Bilder aufgehängt, die parallel zu den Proben entstanden sind.

Sarah Nemtsov steht in diesen Wochen manchmal in der großen Galerie und blickt sich hilflos um. Hier im Erdgeschoss des Hauses, in welchem sie wohnt, hatte sie mit Jascha vor wenigen Jahren den »Raum für Kunst und Diskurs« etabliert, einen jüdischen Salon, wie es in Berlin vor den Nazis einige gab. Viele schöne, vor allem gut besuchte Veranstaltungen haben in diesen Räumen stattgefunden – mit Autoren, Musikern und Zeitzeugen der Shoah. Nun aber, während des Lockdowns, dürften sie hier gerade mal fünf Leute aus zwei Haushalten empfangen. Eine groteske Situation. Zudem sind wegen der Pandemie die Uraufführungen von zwei Orchesterwerken, drei Ensemblewerken und auch Kammermusik abgesagt worden. Ohne Job aber ist auch Sarah Nemtsov nicht. Derzeit arbeitet sie intensiv an der Musik für die Oper »Ophelia«, wofür Mirko Bonné das Libretto geschrieben hat. Im Mai 2023 ist am Staatstheater in Saarbrücken die Uraufführung geplant.

Drei Künstlerinnen, die wegen des allgemeinen Stillstands nun zwangsläufig mehr Zeit für ihre Kinder haben. Drei Künstlerinnen, von denen jede für sich ein Vorbild verkörpert – das einer jiddischen Mamme.

Israelische Kunst am Ort der Shoah

Die Abwanderung von Teilen der künstlerischen Elite Israels nach Berlin vollzog sich, wenn schon nicht unbemerkt, so doch lange unkommentiert. Dann aber nahm die Diskussion über diesen kreativen Exodus in den israelischen Medien an Fahrt auf. Dabei war es nicht die Sehnsucht der israelischen Künstler nach der internationalen Bühne, die für Unruhe sorgte. An deren Weg nach Paris oder New York hatte zuvor nie jemand Anstoß genommen. Was viele Menschen zwischen Haifa und Jerusalem seit den 2000er Jahren schockierte, war deren massenweisen Ansiedelung ausgerechnet dort, wo einst die physische Vernichtung der europäischen Juden beschlossen und die Logistik dafür entwickelt worden war. Aus der Berliner Kulturszene aber sind israelische Künstler heute kaum noch wegzudenken. Der Musiker Ohad Ben-Ar zum Beispiel hatte 2016 das ID-Festival gegründet, wobei ID für Identität steht. Drei Tage lang wurde seinerzeit erstmalig der Facettenreichtum von etwa 100 in Deutschland lebenden israelischen Künstlern gefeiert. Inzwischen ist das ID-Festival eine feste Institution und selbst im nahezu kulturfreien Corona-März 2021 standen verschiedene Events einem interessierten Publikum als Livestream zur Verfügung.

Viele der jungen Israelis, die in den letzten Jahren nach Berlin kamen, sind Nachfahren von jenen, die einst vor den Verfolgungen der Nazis geflohen sind oder Deutschland nach der Shoah den Rücken kehrten. Ittai Rosenbaum ist ein solcher Nachfahre. Deshalb gab er dem Bühnenprojekt, das er gemeinsam mit der aus Jerusalem angereisten Singer-Songwriterin Nitsan Bernstein entwickelte, den beziehungsreichen Titel »The Third Generation Cabaret«. Gemeinsam starteten sie eine musikalische Reise durch die israelisch-deutsche Geschichte des 20. Jahrhunderts. Warum dies ausgerechnet Berlin sein musste, erklärte Ittai Rosenbaum in einem Interview mit der Deutschen Welle so: »Wenn deine Familie aus einem bestimmten Ort kommt, mit einer bestimmten Sprache und Kultur, dann lässt sich nicht verhindern, dass man auf diese Wurzeln neugierig ist. Und das ist auch völlig in Ordnung.« Aber auch israelische Künstler und Künstlerinnen, die eine solche Familiengeschichte nicht vorweisen können, haben ihre Leidenschaft für die deutsche Hauptstadt entdeckt – von Yael Ronen, die als Hausregisseurin des Maxim-Gorki-Theaters spektakuläre Inszenierungen auf die Bühne zaubert, bis zu Yehuda Swed, der sich über Berlins Grenzen hinaus als vielseitiger Fotograf einen Namen gemacht hat. Und Festival-leiter Ohad Ben-Ar erhob das Wirken israelischer Künstler in der deutschen Hauptstadt zum Programm: »Wir wollen zeigen, dass die in Berlin lebenden Künstler sehr liberal sind und sehr säkular. Sie treten ein für Frieden, das Bunte und Queere.«

Der Maler *Amnon David Ar* war in Israel bereits ein Star, ehe er nach Berlin übersiedelte. Er war noch jung, da wurden seine Bilder schon in namhaften israelischen Museen ausgestellt und mit gerade mal 35 Jahren erhielt er eine eigene Werkschau im Tel Aviver Museum für Zeitgenössische Kunst. Danach war er der Erste, dem der mittlerweile renommierte Haim-Shiff-Preis verliehen worden ist. Warum verlässt man als arrivierter Künstler einen solchen Ort? »Eben deshalb«, begründet er seinen Entschluss, »ich hatte in Israel alles erreicht. Für einen Künstler gilt: An einem Ort zu bleiben, bedeutet Rückschritt.« Schon seit 2014 lebt Amnon zusammen mit seinem Lebensgefährten, dem international bekannten Pianisten Yehuda Inbar, in einer geräumigen Charlottenburger Atelierwohnung, in der es auch ein Musikzimmer gibt. Die beiden erfolgreichen Künstler leben, lieben und arbeiten an einem in vielfacher Hinsicht kreativen Platz.

Fester Bestandteil in der hauptstädtischen Kulturszene ist längst die umtriebige und wortgewandte *Alona Harpaz*, wenngleich sie sich auch nach mehr als 20 Jahren Berlin-Präsenz noch immer fast ausschließlich auf Englisch und natürlich Ivrit, dem modernen Hebräisch, unterhält. Bereits in den 1990er Jahren wurden die Werke der 1971 in Tel Aviv geborenen Künstlerin international ausgestellt. Zunächst fanden ihre großformatigen Blumenbilder und

Porträts in israelischen Galerien ein interessiertes Publikum, bald auch in New York, Tokio und auf der Biennale in Prag. In Indien lernte die polyglotte Künstlerin schließlich ihren heutigen Mann kennen und war ihm nach Berlin gefolgt.

Nach wie vor versteht sich Alona Harpaz als israelische Künstlerin. Das hatte im Jahr 2005 die ebenfalls aus Israel stammende Kuratorin Doreet LeVitte-Harten veranlasst, sie einzuladen, mit einer großen Arbeit an der Ausstellung »Die Neuen Hebräer – 100 Jahre Kunst in Israel« im Berliner Martin-Gropius-Bau teilzunehmen. Die Kuratorin und die Künstlerin wurden schließlich Freundinnen. Gemeinsam mit weiteren Partnern entstand die Idee, auch künftig israelische Kunst in Berlin zu zeigen. Dies war die Geburtsstunde des Galerie-Projekts Circle1, das zunächst in Kreuzberg eine erste Heimat fand.

Amnon David Ar beherrscht einerseits eine Maltechnik, wie man sie aus dem 19. Jahrhundert kennt, also noch vor Impressionismus und Expressionismus. Andererseits sind auf seinen Bildern meist Alltagsszenen mit den Requisiten des 21. Jahrhunderts zu sehen. Die Porträts zeigen zum Beispiel Menschen von heute, gemalt aber in jenem klassischen Stil, wie er vor Erfindung der Fotografie seine beste Zeit hatte. Eine Kunst zwischen traditioneller Stilistik und zeitgenössischer Thematik.

Mit schnellen Griffen stellt der große schlaksige Künstler für seine Atelierbesucher eine kleine Auswahl an Gemälden zusammen. Selbst dem ungeübten Auge fällt auf, dass die ausgewählten Bilder ganz offensichtlich einen thematischen Bezug zueinander haben. »Ich habe mit einer Serie über den Ablauf des Lebens begonnen. Jedes Bild widmet sich einem anderen Lebensabschnitt«, erläutert Amnon die präsentierten Ölgemälde. Eine junge Frau ist da zu sehen, die nach Hause kommt und erschöpft auf einem Stuhl zusammensackt. In ihrer Umgebung gibt es keine schönen Dinge, alles ist hässlich. Alles ist aus Plastik, ihre Tasche, die Schuhe, der Stuhl, auf dem sie sitzt, Wasserflaschen, ein Schirm. Nichts scheint für die Dauer hergestellt. Ein anderes Bild ist dem Tod gewidmet. Ein Verstorbener liegt einsam und nackt in der Pathologie neben einem Skelett. Die zeitgenössische Interpretation in einer zweihundert Jahre alten Technik korrespondiert – Zufall oder nicht – mit einer bemerkenswerten musikalischen Arbeit seines Lebensgefährten Yehuda Inbar. Der jungenhaft wirkende Virtuose ist gleichermaßen klassischer Pianist wie auch begeisterter Verehrer zeitgenössischer Musik. Für ein höchst bemerkenswertes Album an Schubert-Einspielungen hat er mit dessen »Reliquie D 840« ein kühnes Experiment gewagt. Die viersätzige Sonate war 1825 drei Jahre vor Schuberts frühem Tod entstanden, aber fragmentarisch geblieben. Yehuda Inbar beauftragte nun fast zweihundert Jahre später den britischen Komponisten Michael Finnissy damit, die beiden unvollendeten letzten Sätze fertigzustellen. Ein höchst eigenwilliges Vorhaben, dessen Ergebnis nun als CD* vorliegt und in den Feuilletons von der Sunday Times bis zum Pizzicato Magazin hervorragend besprochen wurde.

Das Galerie-Projekt Circle1 verstanden *Alona Harpaz* und ihre Freundinnen von Anfang an als kulturelle Brücke zwischen Israel und Deutschland. Obgleich der Suche nach Sponsoren nur ein mäßiger Erfolg beschieden war, hielt

---

* Yehuda Inbar: Schubert & Others: Piano Sonatas, OEHMS Classics.

man am Kreuzberger Standort fünf Jahre durch. Dann erfolgte der Umzug in die Schöneberger Hauptstraße. Dort sind dem Projekt von einem Gönner und Hausbesitzer Galerieräume mietfrei zur Verfügung gestellt worden. Die Eröffnung erfolgte im März 2018 kurz vor dem 70. Geburtstag des Staates Israel. Das Thema der Ausstellung hatte den für diesen Anlass ungewöhnlichen Titel »Body Talk«. Den Titel dieser bemerkenswerten Werkschau erklärte Kurator Ofir Dor damals so: »Für diejenigen Maler, die nach der Staatsgründung in Israel groß geworden sind, spielten Körper, die eindeutig als solche zu erkennen sind, lediglich eine untergeordnete Rolle.« In diesem Spannungsfeld zwischen Titel und Realität konnte mit Unterstützung namhafter israelischer Galerien eine imposante Ausstellung an Gemälden, Fotografien und Videokunst aus 70 Jahren Israel zusammengestellt werden.

Unmittelbar nach dem ersten Corona-Lockdown hatte der Kunstverein in Worms im Mai 2020 eine Werkschau von *Amnon David Ar* präsentiert. Der Künstler hätte gern auch einige seiner Zeichnungen gezeigt, aber der Kurator, der die Schau zuvor auch schon in Schwetzingen vorgestellt hatte, präferierte die Ölgemälde. Der Titel der Ausstellung lautete »Luftgeschäfte«, was augenzwinkernd die soziale Situation vieler Künstler, wenngleich nicht unbedingt die des Amnon David Ar beschreibt. Stammt der Titel doch aus dem Jiddischen und bedeutet etwa »ein nutzloses Unterfangen« oder auch eine »brotlose Kunst«. Im Ausstellungskatalog beschreibt der Kurator das, was aus seiner Sicht zu sehen ist: »Was auf den ersten Blick banal und zufällig erscheint, wird narrativ und kann sich manchmal sogar symbolhaft abstrahieren.« Auf der Vernissage erklärte der Künstler dann im kleinen Kreis, wie seine Bilder entstehen, bevor sie sich für die Kunstwissenschaftler »symbolhaft abstrahieren«. Zunächst habe er das spätere Gemälde bereits fix und fertig im Kopf, sagte Amnon und blickte seine Gesprächspartner durch eine randlose Brille zugleich freundlich wie auch neugierig an. Tatsächlich orchestriere er all das, was später auf dem Bild zu sehen sein soll, mit ganz realen Requisiten oder menschlichen Modellen in seinem Atelier. Dann beginne er zu malen. Ob das auch in Israel schon seine Arbeitsweise gewesen sei, will eine Besucherin der Vernissage wissen. Amnon David Ar schüttelt das kahle Haupt. Damals habe er viel weniger zu solchen Themen gearbeitet und auch das mit den Serien habe erst in Berlin begonnen. Seine israelischen Bilder seien möglicherweise geheimnisvoller gewesen, definitiv aber viel weniger literarisch.

Seit dem Umzug in die Schöneberger Hauptstraße war dem Team von Circle1 um *Alona Harpaz* klar, dass jene Räume nur zeitlich befristet zur Verfügung stehen würden. Das Haus stand schließlich zum Verkauf. Im Frühjahr 2020 war dann der Tag gekommen, an dem die letzten Exponate abgehängt wurden. Für das Circle1-Team kein Grund, nicht neue Ideen und Projekte zu verfolgen, zunächst online. Wegen der Corona-Pandemie waren inzwischen ohnehin selbst etablierte Galerien und Museen gezwungen, so zu verfahren. Noga Shtainer, Dokumentarfotografin und bildende Künstlerin, hat ihre Arbeiten für Circle1 in einem Livestream auf der eigenen Instagram-Seite vorgestellt. Und kurz darauf fand auf Facebook eine geführte Videotour durch die Stadtlandschaften von Wien und Tel Aviv statt. Der Titel des virtuellen Sightseeings: »Briefe an einen Großvater, den ich nie getroffen habe«. Die ebenfalls in Berlin lebende Künstlerin Yael Peri las dabei eine einseitige

Korrespondenz mit ihrem Großvater David Pienaker Bleistift, einem modernistischen Architekten, der im Jahr 1933
von Wien aus nach Tel Aviv übergesiedelt war. In einer Reihe von Notizen, in denen sie ihre Geschichten aus beiden
Perspektiven erzählte, versuchte die Künstlerin, die verbor-
genen Fäden aufzudecken, die sie mit dem Großvater verbinden. Kuratorisch wurde dieses Projekt von dem Israeli
Dan Allon betreut, einem interdisziplinären Künstler und
ausgewiesenen Experten für visuelle Kunst und Graphic
Novels. Einziges Manko: Die Performance konnten nur
jene sehen, die über einen Facebook-Account verfügten.

Für die Zeit nach der Corona-Pandemie plant das Team
um Alona Harpaz eine Art Galerie-Hopping. Es wird also
nicht mehr, wie in der Vergangenheit, einen festen Standort geben. Verschiedene Berliner Galerien haben bereits
Interesse an einer Zusammenarbeit signalisiert. Wann
immer sich wieder Menschen auf einer Vernissage treffen
dürfen, werden die Gäste der Circle1-Ausstellungen künftig jeweils eine andere Location ansteuern müssen.

Obgleich *Amnon David Ar* ein äußerst säkularer, ja geradezu areligiöser Mensch ist, war ihm schon vor der Anrei-
se bewusst, welche Bedeutung die Stadt Worms für die
aschkenasisch-jüdische Welt hat. Seine Kunst würde in jener Stadt präsentiert werden, in der bereits vor mehr als
tausend Jahren eine jüdische Gemeinde existierte. Auf der
geschichtlichen Zeitleiste waren die damals dort lebenden
Gemeindemitglieder rückblickend dem historischen Israel
näher als dem der Jetztzeit.

Am Tag nach der Vernissage hatte Amnon vor, den äl-
testen noch existierenden jüdischen Friedhof Europas zu
besuchen, der heute mitten in der Stadt liegt. Aus uner-
findlichen Gründen war der »Heilige Sand«, wie die Worm-

ser Juden ihren Friedhof nannten, in der nationalsozialistischen Zeit nicht zerstört worden. Legenden darüber, warum er verschont geblieben war, gab es im Laufe der Zeit viele, aber keine hat den Faktencheck überlebt. Bereits am Vorabend, während der Vernissage, hatte Shawuot begonnen. An diesem Tag, dem Ursprung für das christliche Pfingstfest, feiern die Juden in der ganzen Welt die wiederholte Überreichung der Zehn Gebote an Moses durch Gott. Die ersten Tafeln hatte Moses in seiner Wut zertrümmert, als er die Kinder Israels beim Tanz um das Goldene Kalb erwischte. Die Bedeutung des Shawuot-Festes kannte Amnon seit den Tagen der Grundschule. Er hatte jedoch nicht bedacht, dass an diesem Tag aus ebenjenem Grund der Jüdische Friedhof geschlossen ist. Ein wenig unschlüssig lief der Künstler an der uralten Friedhofsmauer entlang, ehe er schließlich eine Lücke entdeckte, durch die er zumindest einen Blick hineinwerfen konnte. Als er die hebräischen Inschriften der teils stark bemoosten Grabsteine entzifferte, von denen einige mehrere Hundert Jahre alt waren, wurde Amnon plötzlich von starken Emotionen überwältigt. Später wird der säkulare Israeli die Situation so beschreiben: »Diese Atmosphäre hat mich sehr bewegt. Sie war wirklich wie ein Traum für mich, eine Mischung aus Trauer und Hoffnung. Sicher wird mich auch diese Erfahrung in meiner künftigen Arbeit inspirieren.«

Als *Yehuda Inbar* die Sonaten des Franz Schubert für seine CD einspielte, so tat er dies in jenem Sprachraum, der für Schubert Heimat war. Damit lieferte der junge israelische Pianist unfreiwillig den Beweis dafür, dass dieses Deutschland (welches von 1938 bis 1945 auch Schuberts Heimatstadt Wien dazuzählte), eben nicht nur das Land des Holocaust ist. Und dass dies insbesondere für das heutige Berlin gilt, stellte dessen Lebensgefährte Amnon David Ar fest. Auf die Frage, warum er ausgerechnet die deutsche Hauptstadt als Domizil wählte, bekennt er, dass er sich der jüngeren Geschichte des Ortes durchaus bewusst gewesen sei. Für ihn war es der »Hort des Bösen«. Aber er habe gerade wegen dieser Geschichte Berlin gewählt und ironischerweise einen der tolerantesten Orte vorgefunden, in denen man heute leben kann, sagt Amnon und Yehuda nickt zustimmend. »Berlin ist heute ein Zufluchtsort für Minderheiten und verschiedene Kulturen«, fährt Amnon David Ar fort, »während unser eigenes Heimatland leider die Werte Gleichheit und Freiheit allmählich aufzugeben scheint.« Eine pessimistische Aussicht, die von manchen der israelischen Künstler und Künstlerinnen, nicht aber von der großen Mehrheit geteilt wird. Alona Harpaz etwa teilt diese pessimistische Sicht auf Israel nicht. Sie scheint überhaupt ein in jeder Hinsicht positiver Mensch zu sein. Davon zeugt auch ihr optimistischer Blick auf die Zukunft Berlins und Deutschlands, wenn sie, ohne die Geschichte zu vergessen, auch nach einem Vierteljahrhundert in diesem Land auf Englisch sagt: »I'm looking forward to a new time and smart young generation and it's possible only if we allow it if we continue and come together and build new bridges for the young generation that will remember of course all that was happening but at the same time give a chance for the healing to happen.«[*]

---

[*] »Ich freue mich auf eine neue Zeit und eine kluge junge Generation, und es ist nur möglich, wenn wir es zulassen, wenn wir weitermachen und zusammenkommen und neue Brücken für die junge Generation bauen, die sich natürlich an alles erinnern wird, was passiert ist, es aber gleichzeitig eine Chance für die Heilung gibt.«

Tania und Marcia

In David Friedmans Charlottenburger Dachgeschoss hatte sich ein buntes Völkchen versammelt. Jede und jeder geht einer kreativen Berufung nach und ist zudem jüdisch. Ein Freund von David war auf die Idee gekommen, befreundete jüdische Künstler einzuladen, die einander größtenteils noch nie begegnet waren. Von ihnen kannte jener Freund eine ganze Menge, und David auch, und jeder Gast konnte auch noch jemanden mitbringen. Die Party hatte gar kein richtiges Motto, geplant war nur ein spannendes Cross-over von Menschen und künstlerischen Disziplinen. Am großen Flügel in Davids Musikzimmer spielte Yehuda Inbar mit flinken Fingern ein paar Etüden. Seinem Spiel lauschten auch der Hausherr und David Punto, ein Klassik-Schlagzeuger aus New York, der einem Ruf als Professor an die Universität der Künste gefolgt war. Der Maler Amnon David Ar aus Tel Aviv zeigte dem Photographen Yehuda Swed aus Jerusalem auf dem Smartphone seine Bilder, die der Kurator für eine aktuelle Ausstellung in Worms ausgesucht hatte. Nach einer Weile sprachen sie über israelische Tagespolitik und waren sich zumindest darin einig, dass es Gründe gibt, in Berlin zu leben. Der Kolumnist der Jüdischen Allgemeinen, Michael Wuliger, erwies sich im Gespräch mit zwei jungen Frauen als exzellenter Kenner von Weißweinen und Pfeifentabak. Bequeme Sofas mit gepolsterten Rückenlehnen und breiten Armstützen luden zum Verweilen ein. Zwei Damen hatten es sich darin bequem gemacht und begonnen, sich zu unterhalten. Auf dem Tisch lag ein Buch, dessen in großen Lettern gesetzter Titel »Mischpoke!« sofort ins Auge fiel. Denn es wurde nicht der jiddische Begriff Mischpoche verwendet, sondern die abwertende Variante im Berliner Slang. Der Buchumschlag gab ferner Auskunft

darüber, wem der Titel für diesen Familienroman einge-
fallen war, nämlich der Autorin Marcia Zuckermann. Neugierig betrachtete Tania Alon die Gestaltung des Covers:
ein Fabrikschornstein mit einer roten Fahne und daneben
eine fliegende Menora, also ein siebenarmiger Leuchter.
Zu Beginn des Abends hatte Tania ein paar jiddische und
hebräische Lieder gesungen und sich dabei selbst auf der
Gitarre begleitet. Nun fiel ihrer Sitznachbarin auf, dass die
Sängerin interessiert das Buch betrachtete.

»Das ist mein neuer Roman, der in der kommenden Woche in den Buchhandel kommt«, sagte sie, womit geklärt
war, dass es sich bei ihr um Marcia Zuckermann handelte. Im Laufe des Abends erfuhr Tania, dass die Autorin im
alltäglichen Leben anders heißt. Später werden sie sagen,
eine intensive Zusammenarbeit und wunderbare Freundschaft habe auf einem bequemen Sofa in David Friedmans
Dachgeschoss ihren Anfang genommen. So hatte die Party
einen Zweck erfüllt, der zwar nicht intendiert, aber auch
nicht ausgeschlossen war. Jedenfalls hatte es damit begonnen, dass Tania von Marcia gefragt wurde: »Kennst du dieses Lied?« Dabei hielt sie ihr das aufgeschlagene Buch hin
und verwies mit dem Zeigefinger auf eine bestimmte Stelle. Tania erkannte sofort den vertrauten Titel: »Amol iz geven a Mayse«, ein jiddisches Schlaflied, das ihre Mutter oft
für sie gesungen hatte, als sie klein war. Und als Tania das
Marcia erzählte, hatte diese plötzlich eine Idee. Zunächst
aber machte sie der Sängerin das Buch zum Geschenk.
Noch am selben Abend stürzte sich Tania auf die Geschichte der Mischpoche jener Frau, neben der sie zwei Stunden
zuvor auf dem Sofa Platz genommen hatte. 455 Seiten und
mehr als 100 Jahre lagen vor ihr.

Die Ich-Erzählerin beschreibt, wie sie in eine Nervenklinik eingeliefert wird. Die Diagnose lautet »akute Synkope mit partieller Amnesie«. Tania erfährt, dass die Patientin eine Anklage zu befürchten hat. Irgendeine ausländische Person soll mit ihrem Reisepass versucht haben, in die EU einzureisen, und nun wird der Ich-Erzählerin unterstellt, sie habe das Dokument in Istanbul einer ihr zum Verwechseln ähnlichen Dame ausgehändigt. Das alles mag so gar nicht zu der Geschichte passen, die im zweiten Kapitel erzählt wird. Denn in diesem befindet sich die Leserin plötzlich in der »Mittagszeit des 10. März 1902« – exakt an jenem Zeitpunkt, da der kaum geborene Stammhalter der in Westpreußen lebenden Familie Kohanim auch schon wieder stirbt. Sieben Töchter hat der angesehene Sägewerksbesitzer und Möbelfabrikant Samuel Kohanim mit seiner Frau Mindel gezeugt, ehe der erhoffte Stammhalter zur Welt kommt. Und nun das. Es hatte fast etwas von der Dramatik manch biblischer Geschichte. Die mystische Zahl Sieben trägt ebenso zu diesem Eindruck bei wie die Tragik des Doppelmords an Samuel Kohanim und seiner Frau. Die Haupthandlung erzählt aber das Leben der sieben Töchter, ihrer verschiedenen, gelegentlich auch wechselnden Ehepartner sowie der gemeinsamen Nachkommen. Dabei gelingen Marcia Zuckermann neben der Familiengeschichte überaus anschauliche Sozialstudien. So werden etwa die sich voneinander distanzierenden jüdischen Milieus vorgestellt, wie sie damals (nicht nur) jenseits der Oder in Europa bestanden.

»Es lag auf der Hand, dass die alteingesessenen Juden, die Krawatten-Juden, die Deutsch sprachen, sich rasierten und nach Eau de Cologne dufteten, mit den finsteren, schmuddeligen, nach Knoblauch, Schmutz und Armut stinkenden jiddelnden Kaftan-Juden vom Weichselufer nicht das Geringste zu tun haben wollten«, heißt es bei Zuckermann an einer Stelle.

Tania Alon folgt schließlich der Geschichte der einen Kohanim-Töchter beim sozialen Aufstieg in ein feudales Berliner Modeatelier und der anderen in den Abstieg ins proletarische Milieu. Eine heiratet einen gojischen, also nichtjüdischen, nationalistischen Rittmeister, eine andere einen jüdischen Juristen, der sich der Karriere wegen taufen lässt und fortan Hartmann statt Hirschfeld heißt. Nach der Machtübernahme der Nazis hilft ihm das freilich nichts. Die Leserin Tania erfährt von einem Leben als Partisanin in Italien und auch von den Verhältnissen im KZ Buchenwald, wo der Sohn einer der Kohanim-Töchter inhaftiert war. Dabei stellt sich heraus, dass es sich bei ihm um den Vater der Autorin handelt. Es folgen Geschichten von Widerstand, Verstecken, Flucht und schließlich der schwierigen Nachkriegszeit im geteilten Berlin. Das alles wird sehr dicht und eloquent erzählt. Marcia Zuckermann schafft es, die Spannung zu halten, nicht selten mit verschmitztem Humor und zuweilen selbstironisch.

Und dann gibt es da noch diese Nebenhandlung in der Gegenwart, in welcher der Ich-Erzählerin eine Anklage droht, die eine clevere Anwältin abwenden kann. Diese Parallelgeschichte hat nach Aussage der Autorin die Funktion, »die Kontinuität des Rebellischen und der Solidarität mit Flüchtenden« zu erzählen, womit sie ihre eigenen Eigenschaften meint. Als Tania das Buch nach zwei Tagen zuklappt, muss sie beeindruckt feststellen, dass Marcia, die eigentlich nicht so heißt, mit diesem Familienroman ein großer literarischer Wurf gelungen ist. Tania hat nun richtig Lust, auf der Buchpremiere in wenigen Tagen mit einem kleinen Beitrag zum Gelingen des Abends beitragen zu dürfen. Noch ahnt sie nicht, welche Folgen das haben wird.

Vor dem Grünen Salon der Berliner Volksbühne hatte sich eine lange Schlange von Zuhörern gebildet, die auf Einlass wartete. Drinnen stapelte inzwischen ein Buchhändler auf dem Tresen links vom Eingang zahlreiche Exemplare des Romans »Mischpoke!«. Marcia Zuckermann ging auf der kleinen Bühne mit der Pianistin Birgitta Altermann die Stichworte durch, auf die hin sie ausgewählte Musikstücke einspielen sollte, welche im Text Erwähnung finden. Während die ersten Zuschauer den Salon betraten, lief Marcia zu einer kleinen Nische links von der Bühne, in der Tania im Dunkeln saß. Eine halbe Stunde später kam ihr Einsatz. Die Autorin Marcia Zuckermann las in dem nahezu ausverkauften Grünen Salon bis zu jener Stelle, an der das Schlaflied »Amol iz geven a Mayse« erwähnt wird. Die Autorin stoppte die Lesung und aus jener dunklen Nische ertönte in einem glasklaren Mezzosopran a cappella das Lied. Da die Sängerin für die meisten nicht zu sehen war, hatte das für das Publikum eine fast magische Wirkung. Dann setzte Marcia die Lesung fort.

Zwei Wochen später, im legendären Berliner »Buchhändlerkeller«, sollten die Klavierpassagen von einem Tonträger zugespielt werden, was an einem defekten Abspielgerät scheiterte. Spontan ging Tania mit Marcia das Buch durch und schlug ihr für jede Stelle, an der eigentlich ein Instrumentalstück geplant war, ein inhaltlich passendes Lied aus ihrem umfangreichen Repertoire vor. Diese improvisierte Mischung aus einer jüdischen Familiengeschichte mit einem jiddisch-hebräischem Liedprogramm war solch ein enormer Erfolg beim Publikum, dass Marcia Zuckermann beschloss, Tania mit auf die Lesetour zu nehmen.

Tania und Marcia, diese zwei so unterschiedlichen jüdischen Künstlerinnen, saßen oft stundenlang in Zügen zwischen zwei Leseorten oder auf dem Rückweg nach Berlin und redeten. Eines dieser Gespräche begann, als vor den Fenstern die deutsche Landschaft vorüberzog, mit der Frage: Ist das da draußen unsere Heimat? Tania hatte schon oft und lange über den Heimatbegriff nachgedacht. Vor einiger Zeit schon ist sie zu einer differenzierten Definition gelangt, die sie nun zum ersten Mal aussprach: »Heimat ist für mich dort, wo meine Familie lebt. Heimat ist auch da, wo ich jüdisch sein darf. Ich habe in Israel eine Heimat gefunden, aber ich lebe dort nicht. Dennoch ist Israel die einzige Heimat, mit der ich seelisch verwurzelt bin. In Israel lebt der größte Teil meiner Familie. Mein Vater und sein Bruder waren nach der Shoah dorthin ausgewandert. Das war 1948. Nachdem er zehn Jahre in Israel gelebt hatte, und sein Bruder einige Zeit länger, kehrten sie nach Berlin zurück, wo ich geboren wurde. Mein Onkel ist später dann endgültig nach Tel Aviv gezogen. Und da er sechs Söhne hatte, von denen fünf wiederum auch Kinder haben, gibt es eben viele Verwandte überall in Israel.« Und dann erzählte auch sie die Geschichte ihrer Mischpoche.

Tania ist die Tochter jüdischer Eltern, deren Mütter jüdisch waren, die Väter aber nicht. Die Nazis nannten so was eine »privilegierte Mischehe«, wobei die Großmutter mütterlicherseits im letzten Kriegsjahr dennoch deportiert wurde und der nichtjüdische Großvater ebenfalls, weil er seine Frau nicht allein lassen wollte. Glücklicherweise haben beide die Shoah überlebt. Tanias Mutter war damals zweieinhalb Jahre alt und bei der nichtjüdischen Schwester des Großvaters in Dortmund an Kindes statt untergekommen. Ihr Vater war wesentlich älter als ihre Mutter und bei Kriegsende bereits ein junger Mann. Tanias Kindheit in Berlin war sehr eng mit der Jüdischen Gemeinde verknüpft, vor allem, weil ihr Vater dort arbeitete. Er war Leiter des

Jugendzentrums und auch Betreuer bei einem Machane im Schwarzwald. In diesem jüdischen Feriencamp lernte er dann seine spätere Frau, Tanias Mutter, kennen. Der gesamte Freundeskreis ihrer Familie und auch Tanias eigener waren allesamt Juden.

Es war Tania nicht unbedingt in die Wiege gelegt, jene »jüdische Joan Baez« zu werden, als welche Marcia sie mittlerweile ankündigt. Obgleich ihr Vater Gitarrenlehrer war und seiner Tochter schon früh die ersten Akkorde beibrachte. Außerdem wurde bei Tania zu Hause ständig gesungen, Musik war ein wichtiger Bestandteil ihrer Kindheit. Ihre allerersten Auftritte hatte sie allerdings als Mitglied der Tanzgruppe Bath Or in der Jüdischen Gemeinde Berlins. Nach der Schule wollte Tania Kindergärtnerin werden und wählte als Praktikumsplatz auch wieder einen jüdischen Kindergarten. »Also, das Wort Ghetto wäre sicher unangebracht«, sagt sie, »aber ein bisschen habe ich für meine Kindheit und Jugend ein solches Gefühl.« Natürlich sagt sie das mit einem Augenzwinkern, denn damals war ihr das nicht bewusst. Erst als sie im Alter von 18 Jahren der Liebe wegen nach Hannover zog und dort in ein größeres nichtjüdisches Umfeld geriet, verstand sie, wie ihre Kindheit verlaufen war – eine jüdische Kindheit im Westen Berlins. Bei Marcia war das einige Jahre zuvor ganz anders. Ihr Vater war zwar kein linientreuer Kommunist mehr, aber ein strenggläubiger Jude ist aus ihm auch keiner mehr geworden. So wuchs Marcia ohne Religion auf. Erst die Arbeit am Roman »Mischpoke!«, die Beschäftigung mit der eigenen Familiengeschichte, brachte sie ihren jüdischen Wurzeln näher.

Natürlich hat Tania in Hannover keinen Goj geheiratet. Der Mann, dem sie zwei Söhne gebar, war Kulturdezernent der

Jüdischen Gemeinde und sie hatte die Aufgabe übernommen, sich um den musikalischen Bereich zu kümmern. Es gab Anfragen etwa der Christlich-Jüdischen Gesellschaft oder man suchte für die Vernissage einer Chagall-Ausstellung jemanden, der für den musikalischen Rahmen sorgte. In der Gemeinde hatte sie zu diversen Anlässen bereits jüdische und jiddische Lieder vorgetragen, nun kamen auch Engagements außerhalb hinzu. So richtig los ging es mit den Konzerten aber erst durch einen Zufall. Eines Tages kam Shlomo Carlebach, ein sehr bekannter deutsch-amerikanischer singender und komponierender Rabbiner, für ein Konzert nach Hannover. An diesem Abend fiel plötzlich der Gitarrist aus. Tania und ihr Mann sprangen ein und haben nach einer kurzen Probe den berühmten Rebbe begleitet. Schon während dieser Probe bemerkte Shlomo Carlebach, wie viel Freude Tania das Singen macht, und während des Konzertes forderte er sie plötzlich auf mitzusingen. Natürlich sei sie schlagartig total aufgeregt gewesen, erinnert sich Tania, aber ihr Gesang sei beim Publikum sehr gut angekommen. So war die Idee geboren, mehr daraus zu machen.

Marcia Zuckermann hat sich oft die Frage gestellt, wie ein Mensch die jahrelange Haft unter den Bedingungen eines Konzentrationslagers aushalten konnte. Es war ihr Job als Autorin, sich in die Psyche von KZ-Insassen hineinzudenken. Als Jugendliche hatte sie mit ihrem Vater manchmal darüber gesprochen. »Der Glaube hilft!«, hatte er ihr gesagt. Aber welcher Glaube denn? Ihr Vater war zwar einerseits Jude, andererseits aber Kommunist. Er war schließlich nicht in Buchenwald gelandet, weil er gebetet hatte, sondern weil er zu Beginn der Nazi-Herrschaft die rote Fahne auf einen Schornstein gepflanzt hatte und aufgeflogen war.

Mit dem lieben Gott jedenfalls hatte er nicht viel am Hut. Woher sollte er den Glauben nehmen, wenn angesichts von Auschwitz selbst religiöse Juden von diesem abfielen? Doch dann verstand Marcia, dass auch der Kommunismus religiöse Züge trägt. In Buchenwald glaubte der Vater noch an ein neues, freies und demokratisches Deutschland, das auf die Nazi-Barbarei folgen wird. Dann würde ihre Zeit kommen. In all den Jahren in den Lagern hatten die Kommunisten nichts von den Vorgängen in der Sowjetunion erfahren oder als Nazi-Propaganda abgetan. Als die Nazis besiegt waren und Marcias Vater sich mit seinen Genossen im Osten Berlins an den Aufbau einer neuen Gesellschafts-ordnung machte, setzte bald die Ernüchterung ein. Das, was da nach sowjetischem Vorbild entstand, war jedenfalls nicht das neue, freie und demokratische Deutschland, von dem sie in Buchenwald geträumt und an das sie geglaubt hatten. Merkwürdigerweise sahen das nicht alle seine Ge-nossen so. Eines Tages bereitete der, der wegen der roten Fahne auf dem Schornstein ins KZ gekommen war, die Flucht seiner Familie aus jenem Staat vor, der die rote Fah-ne auf dem Brandenburger Tor gehisst hatte. Noch hatte man davor keine Mauer gebaut.

In den 1990er Jahren gründete Tania mit einigen Kollegen ein Klezmer-Orchester, das auch so hieß. Es war die Zeit, als die Klezmer-Szene in Deutschland boomte – angeregt von Gruppen, die aus den USA kamen, und natürlich von Gio-ra Feidman. Tania hatte den weltberühmten argentinisch-jüdischen Klezmer-Klarinettisten auf einem Workshop in Berlin kennengelernt. In ihrem Orchester spielten Musiker nicht nur aus Deutschland, sondern auch aus der Schweiz und aus Frankreich. Außer ihr gab es noch einen weiteren jüdischen Musiker, der aus Frankreich stammte. Der Rest des Orchesters bestand aus talentierten Nichtjuden. Es war das erste Klezmer-Orchester nach dem Krieg in Deutschland, und zumindest am Mikrofon stand eine jüdische Sängerin. Mit diesem Ensemble tourte Tania einige Jahre durchs Land und auch über Deutschlands Grenzen hinaus. Immer mit dem ganzen Orchester zu spielen, war schwierig und auch teuer für die Veranstalter, daher suchte sie gezielt nach Möglichkeiten, in kleinerer Besetzung aufzutreten.

Wenn Tania über ihre künstlerischen Ambitionen spricht, wie etwa auf der langen Zugfahrt mit Marcia zwischen Köln und München, dann sagt sie so bescheidene Sätze wie: »Gefühle zu vermitteln, ist mir immer wichtiger, als zu beweisen, dass ich schön singen kann – es geht mir um die Gefühle, die der Text ausdrückt oder die die Zeit reflektieren, aus der das Lied kommt. Auf Jiddisch kann man Gefühle, für die man im Deutschen einen ganzen Satz bräuchte, durch einzelne Worte ausdrücken.« Für die bildreiche Erzählung über die »Mischpoke!« von Marcia Zuckermann hat sich Tanias Kunst als ideale Ergänzung erwiesen.

Mobbing

Moskau Ende der 1950er Jahre: Die Verantwortlichen in der sowjetischen Bürokratie wollten nicht, dass die jüdische Studiumsanwärterin Zahnärztin wird. Sie aber bewarb sich von Semester zu Semester immer wieder. Nach der fünften Bewerbung gaben die Bürokraten nach. Am Ende absolvierte sie das Studium als Jahrgangsbeste. »Sie ist ein Typ, der sich nicht unterkriegen lässt«, sagt *Leo Khasin* über seine Mutter, und ihm ist anzumerken, dass sie für ihn in dieser Hinsicht ein Vorbild ist.

Viele Jahre später legt Leo in Deutschland ein eher durchschnittliches Abitur ab und muss für das Studium der Zahnmedizin mit einigen Wartesemestern rechnen. Das war ihm gar nicht so unrecht, denn er schwankte zwischen der Familientradition und der Kunst. Am Gymnasium hatte er schon kleine Filme gedreht und konnte sich vorstellen, das auch beruflich zu machen. Die Wartezeit wollte er nun nutzen, um entsprechende Kontakte zu knüpfen. Doch es kam anders, denn aus unerklärlichen Gründen bekam er sofort einen Studienplatz. Die Kunst aber ließ ihn nicht los. Während Leo Khasin tagsüber mit Themen wie Karies und Parodontose beschäftigt war, spielte er abends auf einer Berliner Hinterhofbühne Theater und sammelte auch sonst jede Menge Erfahrungen, wie das an Off-Theatern unvermeidlich ist. Dabei stellte er fest, dass ihn die Arbeiten hinter der Bühne noch mehr interessieren, als auf derselben zu stehen: Requisite, Ausstattung, Kostüme, aber vor allem das Schreiben, das er in dieser Zeit für sich entdeckte.

Der Vater von *Billy Rückert-Mierzwiak* bekam, als er ein kleiner Junge war, von den Nazis keinen Judenstern. Er war zwar der Sohn einer jüdischen Mutter, aber auch der eines afrikanischen Vaters, und das konnte man sehen. Der zuständige NS-Beamte entschied kategorisch: »Neger kriegen keine Judensterne!« Als die Deportationen bereits in vollem Gange waren, machte sich seine Mutter mit ihm auf ins Brandenburger Land, wo sie Leute kannte, die ihr halfen. Als die Nazis den Krieg verloren hatten, ging es zunächst in ein DP-Camp in Berlin und dann mit dem Schiff nach Israel, wo Billys Papa erwachsen wurde. Und als er das war, ist in Tel Aviv seine Tochter zur Welt gekommen. Billy war noch keine zwei Jahre alt, da entschloss sich ihr Vater, mit der kleinen Familie in seine Geburtsstadt Berlin zurückzugehen. Dort, im freien Westteil, so hatte er gehört, könne man besser verdienen als im noch jungen jüdischen Staat und als Jude lebe man dort inzwischen in Sicherheit. Kurz darauf wurde Billy in jenem Jüdischen Kindergarten angemeldet, in dem Sigrid Wolf, die heute das Seniorenheim managt, als Erzieherin arbeitete.

Leos Familie hatte die Sowjetunion im Jahr 1981 verlassen, als er acht Jahre alt war. Danach lebten die Khasins erst in Bremen, dann in der Nähe von Dortmund und ab 1984 in Berlin. Seither hat seine Mutter hier eine eigene Praxis. Unter ihren Patienten gab es einen russischen Juden, der sehr religiös war. Seine Frau stammte aus einer streng orthodoxen Familie in Zürich und hatte ein Ferienhaus in St. Moritz. Als der Patient erfuhr, dass seine Zahnärztin während der gesamten Ferien ihres Sohnes arbeiten musste, lud er Leo ein, die schulfreie Zeit im Sommer in St. Moritz zu verbringen. In jenem Nobelort im Engadin kam der Junge zum ersten Mal mit dem religiösen Judentum in Berührung und war total fasziniert. Zunächst einmal von den Menschen, die er da kennenlernte und denen ein soziales Engagement sehr wichtig war. Allein die Tatsache, dass sie ihm, einem fremden Jungen, die Ferien finanzierten, schien für sie ganz selbstverständlich zu sein. Es waren orthodoxe Juden, die es mit der Nächstenliebe ebenso ernst nahmen wie mit den Speisegesetzen und anderen biblischen Geboten. Diese tiefgläubigen Menschen brachten Leo viele der traditionellen jüdischen Regeln und Riten bei, haben ihn aber zu nichts gedrängt. Vor allem lernte er ständig neue Leute kennen, denn alle orthodoxen Juden, die in St. Moritz Urlaub machten, haben das Haus seiner Gastgeber als Synagoge genutzt. Hier erlebte Leo auch zum ersten Mal Tisha beAv, jenen Trauertag, an dem der Zerstörung des

Jerusalemer Tempels gedacht wird. Eine ganze Nacht lang verbrachte er mit fastenden und betenden Männern. Für Leo war all das neu: die Kleidung, das Beten, die jiddische Sprache. Nach Berlin zurückgekehrt, trug er noch eine ganze Weile die Kippa und auch Zizit, wie jene Schaufäden genannt werden, die orthodoxe Juden über der Hose tragen. An Schabbat besuchte er nun regelmäßig die orthodoxe Synagoge der Berliner Gemeinde unweit des Kurfürstendamms. Im selben Gebäudekomplex befindet sich auch heute noch das jüdische Jugendzentrum, das Leo bald aufsuchte, um andere jüdische Teenager zu treffen. Und in einer der nächsten Ferien fuhr er mit ihnen zusammen auf Machane, ins jüdische Sommercamp. Leo hatte seine Identität gefunden.

Wenn *Billy* sich an ihre jüdische Kindheit im Westberlin der 1970er Jahre erinnert, so sind dies überwiegend keine schönen Erinnerungen. Und als Mädchen mit einer etwas dunkleren Haut erst recht nicht. Da gab es den Bademeister im Hallenbad, der auf sie zeigend brüllte: »Du bist noch dreckig. Los, geh noch mal schrubben!« Oder die Grundschullehrerin, die es üblicherweise hinnahm, wenn jemand aus ihrer Klasse mal ein paar Minuten zu spät erschien, weil mal wieder der Bus nicht gekommen war. Als Billy das passierte, zog sie das Mädchen heftig am Ohr und rief: »Ihr Juden kommt immer zu spät!« Deshalb fühlte es sich für Billy wie eine Befreiung an, im Alter von zehn Jahren mit ihrer Mutter nach Israel zurückzukehren. Hier musste sie nirgends ihr Jüdischsein verstecken oder sich auf eine antisemitische Demütigung gefasst machen.

Nach Studium und Approbation fing *Leo* als Zahnarzt in der Praxis seiner Mutter an. Das hatte den Vorteil, dass er sich parallel in der Filmbranche umsehen konnte, denn noch hatte er den künstlerischen Berufswunsch nicht zu den Akten gelegt. Bei seiner Mutter konnte er auf ein Verständnis hoffen, das ihm ein anderer Chef nicht unbedingt in gleicher Weise entgegengebracht hätte. Bald war er bei einem Projekt in der Aufnahmeleitung tätig und beim nächsten Film als Regieassistent. Schließlich nahm sich Leo sogar ein ganzes Jahr Auszeit und absolvierte eine Ausbildung an der privaten Kaskeline-Filmakademie in Berlin. Dort wurde er von den anderen belächelt: ein Zahnarzt!

Leos Abschlussfilm heißt »Liebe Mutter«. Er handelt von einem jungen Mann, der sich in einem Brief an seine Mutter als erfolgreicher Typ beschreibt. Aber am Ende kommt heraus, dass er den Brief in einem Gefängnis verfasst hat und eigentlich Geld braucht. Leo hat bei diesem Projekt alles selbst gemacht: das Drehbuch geschrieben, Regie geführt, die Musik ausgewählt und den Film geschnitten. Danach lief das Werk auf vielen Kurzfilm-Festivals, gewann zahlreiche Preise und wurde so zum Aushängeschild der Schule. Das motivierte Leo, weitere Kurzfilme zu drehen. Einer war für den deutschen Kurzfilm-Preis nominiert, ein anderer lief im Kurzfilm-Programm auf der Berlinale. Schließlich erfuhr er von einem Ausbildungsprogramm an einer Filmautorenschule. Dort schrieb er ein Drehbuch mit dem Titel »Kaddisch für einen Freund«.

Nach dem Bagrut, wie das israelische Abitur heißt, hatte *Billy* eine gute Zeit. Selbst während der zwei Jahre bei der israelischen Armee gab es, wenn sie davon erzählt, »immer nur Spaß«. Danach jobbte sie mal als Verkäuferin bei der Apothekenkette Super-Pharm, mal als Kindergartenhelferin, sie kellnerte am Strand von Tel Aviv, arbeitete hinterm Tresen und verkaufte eine Kosmetiklinie. Sie habe das Leben genossen, wie es sich bot, erzählt Billy sehr lebhaft, wenn sie über jene Jahre in Israel spricht. Und sie hat gemalt. Das hatte sie auch als Kind schon getan. Nun wollte Billy das professionalisieren und bewarb sich an der »Hochschule der Künste« in Berlin. Im April 1996 präsentierte sie dort ihre Arbeitsmappe und konnte sich offenbar überhaupt nicht vorstellen, dass das passieren würde, was dann passierte: Sie wurde abgelehnt. Dabei hatte sie in Berlin schon eine Wohnung angemietet und verliebt hatte sie sich auch. Trotz der Ablehnung an der Hochschule der Künste sprach im Moment also nichts dafür, nach Israel zurückzukehren. Sie bekam die beiden Söhne Sean und Liam und zog sie zweisprachig und nach einer Weile ohne deren Vater groß. Niemand konnte ahnen, dass Liam einmal in die Schlagzeilen geriet. Das aber hatte er sich nicht ausgesucht.

In der Filmautorenschule war eine Drehbuchagentur auf *Leo* aufmerksam geworden und brachte ihn mit einem Produzenten zusammen. Dieser produziert Leos ersten langen Spielfilm, nämlich »Kaddish für einen Freund«. Der Film erzählt die Geschichte eines palästinensischen Jungen, der in Berlin-Kreuzberg bei einem russischen Juden einbricht. Quasi als Mutprobe, weil er eben wusste, dass der Mann Jude ist. Der palästinensische Junge wird erwischt und muss als Entschädigung dessen Wohnung renovieren. In dieser Zeit erfährt der jugendliche Täter die bewegende Lebensgeschichte des Mannes und freundet sich mit ihm an. Diese Geschichte berührte nicht nur das Publikum, sondern auch die Juroren des Deutschen Filmpreises. Danach hat der Filmpreisträger Leo Khasin lange Zeit manches ausprobiert, vieles geschrieben, einiges entwickelt. Vieles hat nicht geklappt. Tja, und nach einer Weile hatten ihn die Produzenten einfach nicht mehr auf dem Schirm. Inzwischen hatte er sich auch von seiner Agentur getrennt. Nicht weil sie schlecht war, wie Leo betont, sondern weil er gemerkt hatte, dass er so gar nicht ins Bild der deutschen Fernsehlandschaft passt. Er kann nun mal keinen Tatort schreiben und eigentlich ist er daran auch gar nicht interessiert. Leo Khasin geht viele Themen einfach anders an und damit konnten die Produzenten wenig anfangen. Er hatte schon mit dem Gedanken gespielt, dem Film endgültig den Rücken zu kehren, als ihn überraschend eine Produzentin anrief. Sie kannten einander von einem gemeinsamen Projekt, das jedoch nie realisiert worden war. Nun fragte sie ihn, ob er sich vorstellen könne, einen Film zum Thema »Antisemitismus an Schulen« zu drehen.

Billys jüngster Sohn Liam hatte ein Problem, dessen ganzes Ausmaß seine Mutter erst spät erfasste. Es war eine schwierige Zeit, die eigentlich schon am ersten Tag an der neuen Schule begonnen hatte. Nach den in Berlin üblichen sechs Grundschuljahren, die Liam an der jüdischen Heinz-Galinski-Schule verbracht hatte, folgte der Wechsel zur Jüdischen Oberschule. Das Probejahr hatte Liam nicht bestanden und eine Wiederholung der siebten Klasse wurde ihm nicht gewährt. Eine neue Schule musste gefunden werden. Er kam schließlich in eine Gesamtschule, in der es viele Schüler mit arabischem und türkischem Familienhintergrund gab. Das muss ja nicht zwingend ein Problem darstellen, sagte sich Billy, wurde aber von Liam schon am ersten Abend eines anderen belehrt. Ein Aushilfslehrer hatte den Israel-Palästina-Konflikt behandelt. Ein Junge, der sich selbst als Palästinenser bezeichnete, erklärte laut: »Ich hasse alle Juden! Wenn ich einen treffe, bringe ich ihn um!« Der Lehrer hatte versucht, diese Bemerkung zu ignorieren. Wahrscheinlich wollte er seine Vertretungsstunde einfach konfliktfrei hinter sich bringen. Der zuständige Klassenlehrer, so sagte sich Billy damals, hätte sicherlich anders reagiert. Vor allem hätte er gewusst, dass der neue Schüler einen jüdisch-israelischen Hintergrund hat. Als der Vertretungslehrer im Lehrstoff fortfahren wollte, fragte ihn der palästinensische Schüler ganz direkt: »Haben wir hier Juden in der Schule, Herr Lehrer?« Die Frage führte in der Klasse zu tumultartig zustimmendem Applaus und antisemitischen Äußerungen auch anderer Schüler. Was war zu erwarten, wenn diese Mitschüler erfahren würden, dass ein Jude in ihrer Klasse saß? Am Abend erzählte Liam der Mutter und seinem vier Jahre älteren Bruder von diesem Vorfall. Der 14-Jährige wirkte bedrückt und Billy versuchte ihn aufzumuntern: Niemand sehe ihm an, dass er jüdisch sei. Bald würden seine neuen Mitschüler feststellen, was für ein toller Typ er ist. Wenn sie ihn erst mal kennenlernten, würden bestimmt schöne Freundschaften entstehen.

In den Wochen danach verhielt sich Liam gegenüber seiner Mutter wie immer, dabei hätte man die Zeichen durchaus erkennen können. Etwa wenn er nach Hause kam und sich mit seiner Kleidung auf sein Bett legte und die Decke über den Kopf zog. Außerdem wurde Liam dick. Heute weiß Billy, dass ihr Sohn eine handfeste Depression hatte, sie aber war damals außerstande, die Warnhinweise zu erkennen. Dann wurde Billy Rückert-Mierzwiak zum Klassenlehrer bestellt. Liam würde immer öfter dem Unterricht fernbleiben, erfuhr sie. Sie wolle das nicht entschuldigen, sagte die überraschte Mutter und versprach, die Sache mit ihrem Sohn zu besprechen. Das Schwänzen habe ja sicher eine Ursache, gab sie zu bedenken. Ob es vielleicht mit diesen antijüdischen Drohungen einiger Mitschüler zu tun haben könnte!? Jedenfalls schließe sie nicht aus, dass Liam schlichtweg Angst habe. Die naheliegende Konsequenz für den Lehrer aber, nämlich sich die entsprechenden Schüler vorzunehmen, so wird es Billy später den Journalisten erzählen, sei nicht erfolgt.

In den nächsten Tagen brachte Billy ihren Sohn mit dem Wagen zur Schule und wartete, bis er das Schulgebäude betreten hatte. Sie ahnte nicht, dass er es kurz darauf auf der anderen Seite wieder verließ. Dieses Verhalten hatte schließlich eine »Schulhilfekonferenz« zur Folge, auf der sich neben Liam und seiner Mutter zwei Klassenlehrer, eine Familienhelferin, eine Schulsozialarbeiterin und eine Frau der Bezirksinitiative »Jugend stärken im Quartier« eingefunden hatten. Protokollarisch wurde festgehalten, dass sich Liams »Fehlzeiten vermehrt« hätten und er sich »nur schwer konzentrieren« könne. Und im Protokoll zur Konferenz steht auch: »Liam bekommt oft auf dem Weg zur Schule Bauch- oder Kopfschmerzen und fährt dann wieder nach Hause.« Das alles konnte natürlich verschiedene Ursachen haben. Welche es in seinem Falle waren, erzählte Liam nun selbst: die Angst vor den Mitschülern und ihren antisemitischen Hassattacken. Die versammelten Experten berieten Maßnahmen. Es wurde vorgeschlagen, Liam solle in einem Zirkusprojekt mitarbeiten, wo er sich »kreativ und bautechnisch weiterentwickeln« könne. Liams simplem Wunsch, in eine andere Klasse zu wechseln, wurde nicht entsprochen, stattdessen findet sich folgender Satz im Protokoll: »Als erster Schritt wird versucht, die Situation in seiner aktuellen Klasse so zu gestalten, dass Liam sich dort wohlfühlen kann.« Aber wie? Es solle ein Projekt zum Thema »religiöse Hindernisse angedacht« werden, um »evtl. Vorurteile aufzuheben«. »Angedacht« und »eventuell«? Niemand stellte die Frage, ob sich Liam an einem solchen Projekt beteiligen könne, ohne sich dabei als jüdisches Kind zu outen. Es wurde vorgeschlagen, Liam solle sich an jedem Dienstag um 8 Uhr mit der Frau von der Bezirksinitiative vor der Schule treffen, »um ihm einen leichten Einstieg zu ermöglichen«. Liam und seine Mitschüler waren in einem Alter, in dem es Jugendlichen ja schon peinlich war, wenn die eigene Mutter sie zur Schule brachte. Bei ihm aber würde das eine fremde Frau sein!? Außerdem stünde ihm die Sozialarbeiterin als »Seniorpartner in School« für Gespräche zur Verfügung. Aber Liam war kein Fall für einen Sozialarbeiter. Er fühlte sich bedroht und diese Angst war real. Was sprach dagegen, dass die Schule Maßnahmen gegen jene beriet, die gern einen Juden töten wollen!? Auch in den Medien wurde zu dieser Zeit viel über das Thema des muslimischen Antisemitismus an Schulen berichtet. So auch von Oskar, einem jüdischen Schüler im gutbürgerlichen Friedenau, dem Ähnliches widerfahren war. Billy kannte den Jungen und seine Familie aus Grundschulzeiten. Als sie ihnen von Liams Problemen erzählte, empfahlen Oskars Eltern dringend, sich ebenfalls an die Medien zu wenden. Noch aber waren Billy und Liam dazu nicht bereit.

»Antisemitismus an Schulen«!? Anfangs gab es in *Leos* Umfeld nur dieses Thema, aber niemand hatte eine klare Geschichte vor Augen, und auch nicht, welches filmische Genre dafür infrage käme. Auf arte hatte er eine Reportage über Oskar gesehen, die ihn für das Thema sensibilisierte. Andererseits aber dachte Leo, diese Geschichte muss ja nicht noch einmal erzählt werden. Viel lieber wollte er etwas erzählen, was bisher noch nicht gezeigt worden war: die Befindlichkeiten aller am Konflikt Beteiligten. Jedenfalls waren ihm Juden als eindimensionale Opfer nicht genug. Leo wollte ein differenzierteres Bild zeichnen. Bald ging Liams Geschichte durch die Medien und auch die einer jüdischen Zweitklässlerin, die ebenfalls von Mitschülern gemobbt wurde. Leo und seine israelische Frau hatten selbst Sprösslinge in diesem Alter. Er konnte also durchaus nachvollziehen, wie ein Kind sich fühlt, wenn ihm so etwas passiert, und eben auch, was das für die Eltern bedeutet.

Unfreiwillig hatte Berlins Regierender Bürgermeister Michael Müller dafür gesorgt, dass sich *Billy* und Liam entschlossen, ihre Geschichte öffentlich zu machen. Denn er nannte die Geschichte der gemobbten jüdischen Grundschülerin einen Einzelfall. Hinzu kam, dass Liams Jüdischkeit inzwischen an der Schule bekannt geworden war und die Situation für ihn äußerst bedrohlich wurde. Bis heute wissen Billy und ihr Sohn nicht, wie das geschehen konnte. Deshalb nahmen sie das Gesprächsangebot eines Redakteurs der Welt am Sonntag an. Am 2. April 2018 erschien dort ein großer Beitrag unter der Überschrift: »Wenn die Schule nur noch Angst macht«.

Inzwischen war Liam behördlicherseits in ein Praktikum gesteckt worden, erzählt Billy Rückert-Mierzwiak, in dem solch sinnlose Tätigkeiten wie das Buddeln und wieder Zuschippen von Löchern angeordnet wurden. Beschäftigungstherapien, die eigentlich für Jugendliche mit einer nachgewiesenen unterdurchschnittlichen Intelligenz gedacht waren. So sah es auch der Leiter des Praktikums, der zu Billy sagte, ihr Sohn habe das Zeug zum Studieren und sei hier definitiv am falschen Platz. Nur noch einmal in der Woche, immer freitags, sollte Liam die Schule besuchen. Demotiviert ging er auch dann nicht hin.

»Aus Angst vor dem Judenhass schwänzt er oft die Schule« lautete die Bildunterschrift zu besagtem Artikel. Nun wurden auch andere überregionale Medien auf Liams Fall aufmerksam. Schließlich waren Billy und ihr Sohn Gäste in der Talkshow von Maybrit Illner. Nach der Sendung kam eine junge Praktikantin aus dem Sender auf Liam zu, nur ein paar Jahre älter als er, und sagte: »Hey Liam, du bist so mutig zu sagen, was passiert ist! Du bist ein krasses Vorbild für uns alle!« Eine solche Begeisterung tat Liam gut, wollte sich aber bei den Verantwortlichen in der Schulbehörde des Bezirks so gar nicht einstellen. Man lud zu einem Gespräch unter Vorsitz der resoluten Leiterin der Schulaufsicht. Billy hatte das Gefühl, so berichtet sie später, als sitze ihr Sohn auf der Anklagebank. Das Protokoll vermerkt zwar, dass es mittlerweile Gespräche mit jenen Schülern gegeben habe, die sich antisemitisch geäußert hatten. Mit welchen Konsequenzen die Betreffenden nun zu rechnen hatten, ist dem Protokoll aber nicht zu entnehmen. Der Klassenlehrer erzählte, dass man sowohl den Besuch in einem ehemaligen KZ als auch Gespräche mit Zeitzeugen der Shoah organisiert habe. Liam sei das wohl entgangen, da er ja im Praktikum gewesen sei. Das Interesse an den toten Juden fände sie lobenswert, stellte Billy Rückert-Mierzwiak, die Tochter eines Shoah-Überlebenden, fest. Hier aber gehe es um die berechtigte Angst eines jungen jüdischen Menschen hier und heute. Die arabischen Mitschüler, so wurde ihr entgegengehalten, hätten Liam angeboten, er solle doch mal bei ihnen vorbeikommen, »man wolle mit ihm etwas klären«. Unter »etwas klären«, so entgegnete Billy diesem von ihr als weltfremd empfundenen Vorschlag, bedeute in deren Kreisen kein Angebot zu einem friedlichen Gespräch. Am Ende des Protokolls ist nachzulesen, worum es der Schulaufsichtsbehörde wirklich ging. Sowohl Liam als auch seine Mutter verpflichteten sich, künftig nicht mehr mit den Medien über den Fall zu sprechen. Darauf ließen sie sich ein, hatten sie doch für Liams Problem längst eine ganz andere Lösung ins Auge gefasst.

Leo Khasins Film »Das Unwort« folgt keinem klassischen Muster und das gefiel nicht jedem. Aus der einst unfertigen Idee war schließlich das Drehbuch zu einer Tragikomödie geworden, deren zentrale Handlung eine Gesprächsrunde unter Anwesenheit der Leiterin der Schulaufsicht ist. Autor und Regisseur Leo Khasin lässt darin die jeweils subjektiven Perspektiven aller Beteiligten, einschließlich des Hausmeisters, aufeinanderprallen. Dem Zuschauer bietet sich eine groteske, sich zuspitzende Situation. Und dann lässt er am Schluss auch noch die Väter des jüdischen und des arabischen Jungen einander freundschaftlich umarmen. Verwundert musste Leo Khasin zur Kenntnis nehmen, dass zahlreiche Kritiker solchen Optimismus mit der vorgeblich wohlwollenden Bemerkung kommentierten, dass der Nahost-Konflikt »nun mal nicht so einfach sei«. Kopfschüttelnd stellte sich der Filmemacher die Frage, ob diese Leute sein Werk überhaupt gesehen hätten. Schließlich geht es dabei nur am Rande um den Nahost-Konflikt, vielmehr um den Antisemitismus an Schulen in diesem Land. Irgendwann ging er dazu über, diese Kritiken einfach zu ignorieren, und wandte sich einem neuen Filmprojekt zu. Eine Weile hatte er ernsthaft vor, der Versuchung zu widerstehen, abermals ein jüdisches Thema anzufassen. Doch schon bald arbeitete er an einer satirischen Komödie mit einem simplen Plot: »Wie sehen Juden ihr Leben in Deutschland und wie sehen Deutsche die Juden?« Das birgt genug (nicht nur) satirisches Potenzial für einen Erfolg. Das weiß Leo Khasin und die Produzenten wissen das auch, und wahrscheinlich weiß Leo Khasin, dass man nach »Das Unwort« von ihm ohnehin irgendetwas in dieser Richtung erwartet.

Billy Rückert-Mierzwiak wollte den arabischen Antisemitismus nicht einfach hinnehmen, wollte ihm konstruktiv entgegentreten, sollte das überhaupt möglich sein. Sie ging nach Neukölln, in jenen Teil Berlins, der ins Gerede gekommen war – durch Hassprediger in Moscheen und durch kriminelle Clans. Hier hatte das Jugendamt das Projekt »The Corner« gegründet und der evangelischen Kirchengemeinde die operative Arbeit übertragen. Es ist ein Ort, an dem die Jungs Kicker oder Tischtennis spielen oder einfach nur abhängen und die Mädchen einen eigenen Raum nach ihren Vorstellungen gestalten können. Hierhin kam nun Billy Rückert-Mierzwiak, und weil sie um ihre Person gar nicht erst ein Geheimnis machen wollte, trug sie offen den Davidstern.

»Wir haben eine Menge gemeinsam«, sagte sie zu den überraschten Jugendlichen und meinte damit nicht nur die dunklere Haut und die schwarzen Locken. Billy lud sie ein, mit ihr gemeinsam ein Abendessen zu gestalten. Zum Einkauf führte sie die Jugendlichen erst in einen arabischen Laden und danach in einen israelischen. Es gab ein großes Hallo, als die Teenager feststellten, dass das Sortiment der beiden Läden tatsächlich eine Menge gemeinsam hat. »Hey, das macht ja meine Mama auch!«, rief ein junger Libanese, als er im israelischen Laden den Auberginensalat sah. In »The Corner« wurde dann das Essen zubereitet. Zusammen mit der israelischen Frau haben die arabischen Jugendlichen das Lammhack für das Kebab gewürzt, die Kichererbsen für den Hummus gequetscht und die Salate angemacht. Durch dieses gemeinsame Erlebnis gelang es Billy schließlich, Vertrauen zu schaffen. »Du bist die coolste Israelin, die ich kenne!«, sagte ein palästinensischer Jugendlicher und musste unter allgemeinem Gelächter zugeben, dass sie auch die einzige Israelin sei, die er persönlich kannte. Zu einer Paddel-Tour im Sommer brachten die jungen Leute ihre Kumpel und Freundinnen mit und Billy ihren Sohn Liam. Bald nannten die arabischen Jungen den jüdischen Jungen einen »tollen Kerl«. Man stellte fest, dass manche arabischen Begriffe so ähnlich wie die hebräischen klingen. Schalom oder Salam, so sehr verschieden klingt das Wort für Frieden in der jeweiligen Sprache nicht. Und dann erzählte Billy Liams Geschichte. Von der Morddrohung, den Beleidigungen, dass er die Schule geschwänzt habe und wenn er hinging, dann mit einem Messer in der Tasche. »Das musst du verstehen, Billy, er hat Angst!«, riefen sie seiner Mutter zu, als sie deren sorgenvollen Blick bemerkten. Liam hatte plötzlich das Gefühl, von diesen arabischen Jugendlichen mehr Verständnis zu erfahren als von den wohlmeinenden Pädagogen, Schulpsychologen und der Leiterin der Schulaufsicht. Das aber spielte schon fast keine Rolle mehr. Er hatte beschlossen, keine Angst mehr zu haben. Und Liam wusste, wo das sein könnte – dort, wo seine Großmutter lebte und sein Bruder Sean gerade seinen Wehrdienst leistete. Darüber aber sprach er an diesem Tag in Neukölln nicht.

Acht Monate nachdem Liam Rückert zum ersten Mal in der Welt am Sonntag für eine Schlagzeile gesorgt hatte, widmet ihm das Blatt abermals einen Beitrag – diesmal unter der Überschrift »Die Flucht nach Israel war Liams Rettung«. Nachdem der Fall auch in den israelischen Medien für Aufsehen gesorgt hatte, war es die Organisation Naale der Jewish Agency, die sich an Billy wandte. Jene Organisation, die jüdischen Teenagern die Möglichkeit gab, das Abitur an der renommierten israelischen Highschool »Mosenson« zu machen. Liam, der zweisprachig aufgewachsen war, bekam diese Chance, obgleich seine schulischen Leistungen den Anforderungen eigentlich nicht entsprachen.

Bei Naale war man optimistisch genug, dass dieser Liam Rückert aus Berlin in einem jüdisch geprägten Umfeld zu ganz anderen Leistungen fähig sein würde. Liam glaubte das auch und, wie sich inzwischen gezeigt hat, zu Recht.

Abseits der medialen Aufmerksamkeit aber bleibt die Situation für jüdische Kinder an deutschen Schulen prekär. Die Soziologin Julia Bernstein hat 227 von ihnen, deren Eltern und Lehrer befragt und erfuhr, was in jüdischen Kreisen seit Langem bekannt ist: Beschimpfungen wie »Scheißjude« kommen an allen Schulformen von der Hauptschule bis zum Gymnasium vor. Die Wissenschaftlerin stellte eine zunehmende Enttabuisierung des Judenhasses an deutschen Lehranstalten fest. Das veranlasste die damalige Bundesfamilienministerin Franziska Giffey dazu, die Schulen dazu aufzurufen, »jeden Fall von Antisemitismus, Radikalisierung, Rassismus und offenem Hass den Schulbehörden zu melden«. Zumindest hat sie das in einem Interview gegenüber der Neuen Passauer Presse so gesagt.

¿¡Angekommen!?

Die Vernissage begann mit einer Entschuldigung. Viel früher schon hätten die ausstellenden jüdischen Künstler und Künstlerinnen die Aufmerksamkeit der Jüdischen Gemeinde zu Berlin verdient, bekannte deren Vorsitzender Gideon Joffe. Es war ein Abend im Herbst 2019, als ein interessiertes Publikum sich unter der goldenen Kuppel des Centrum Judaicum in der Oranienburger Straße versammelte, um 70 Exponate von 20 sehr unterschiedlichen Künstlern beiderlei Geschlechts in Augenschein zu nehmen. Hätte die Ausstellung unter einem künstlerischen Motto gestanden, wäre sicher keine solch wilde Mischung aus nahezu alle Gattungen zusammengetragen worden: Gemälde, Zeichnungen, Fotografien, Skulpturen und Installationen. Aber das Thema war ein anderes. So unterschiedlich die Werke, so verschieden waren auch die Lebenswege der Künstler aus der Ukraine, Russland, Kasachstan und Georgien. Sie alle – und *das* war das Thema dieser Werkschau – waren ab dem Sommer 1991 aus ehemaligen Sowjetrepubliken nach Deutschland emigriert. So erklärten sich auch die doppelten Satzzeichen im Titel der Ausstellung: ¿¡Angekommen!?

Einige Zeit zuvor hatte man sich zu der Künstlergruppe »Arche Neu« zusammengefunden, wobei allein der Name schon zur Vielfalt verpflichtet. Schließlich hatte auch der biblische Noah auf seiner Arche der Legende nach solch unterschiedliche Lebewesen wie Spitzmaus und Giraffe auf engstem Raum zusammengetrieben. Den Kurator einer Kunstausstellung stellt so etwas naturgemäß vor einige Herausforderungen. Diese hatte der russische Künstler Michael Bensman angenommen, der selbst mit zwei Installationen vertreten war. Das größte Problem, so bekannte er, sei die Zusammenstellung der verschiedenen Techniken gewesen. Deshalb habe er die Schau in zwei Bereiche aufgeteilt. Auf der einen Seite die traditionelle und auf der anderen die modernere Kunst. Auch würden religiöse oder explizit jüdische neben säkularen Themen präsentiert.

Die aus der Ukraine stammende Kateryna Yerokhina etwa hatte biblische Frauengestalten als Sujet für sich entdeckt. Mit Bleistift zeichnete sie auf großformatige Hartfaserplatten Batseba als engelsgleiche Schönheit, Ruth als naturverbundene Sinnlichkeit und Debora als eine mit Schriftrollen und Speer bewaffnete strenge Richterin. Gleich daneben hing ein geöffneter Koffer an der Wand, aus dem Michael Bensman in Zeitungspapier eingewickelte

Gipsköpfe rollen ließ, die mit verschiedenen Accessoires zu charakteristischen Persönlichkeiten wie »den Reisenden«, »den Hörenden«, »den Radfahrenden« werden – eine verspielte Installation, die optisch an die innovative Kunst der frühen Sowjetunion vor der Stalin-Ära erinnerte.

Der aus Kasachstan stammende Dmitrij Schurbin erschuf in großformatigen Ölgemälden fantasievolle Bilderwelten, in denen es ihm gelang, den Stil des 18. Jahrhunderts mit dem der Moderne zu kombinieren. Auf Gemälden aus seinem Zyklus »Die Zehn Gebote« setzt er sich mit den Versuchungen der Gegenwart auseinander.

Der georgische Maler Thengis Rioni hatte sich längst über die Grenzen seiner Wahlheimat Berlin hinaus einen Namen als Porträtist von Frauen und Mädchen gemacht. Hier war er nun mit dem Gemälde »Maria« vertreten, das ein Kind mit langen schwarzen Haaren und sentimentalem Blick darstellt. Durch eine leblos wirkende Puppe im Arm entstand vor dem Auge des Betrachters eine verspielte Pietà.

Elena Vitzon, einst Schülerin des Moskauer Undergroundkünstlers Vladimir Weisberg, kam dem Titel der Ausstellung mit dem Bild »Am Zoo« inhaltlich am nächsten. In Acryl auf Leinwand entstand das Elefantentor, einer der beiden Eingänge des Berliner Zoologischen Gartens, in farbenfroher Pop-Art. Eingerahmt wurde es von historisch wirkenden Skulpturen biblischer Gestalten, deren individuelle Charakteristik sich damit erklärt, dass deren Schöpferin Ella Adamova zeitweilig ihren Meister in Sergej Obraszow, dem Starregisseur des sowjetischen Puppentheaters, gefunden hatte. So werden die Protagonisten der Purim-Geschichte aus dem biblischen Buch Esther durch den Judenhasser Haman als dümmlicher Affe, die persisch-jüdische Königin Esther als jugendliche Grazie und deren königlicher Gatte Ahasveros als selbstbewusster, aber auch sensibler Machtmensch dargestellt.

Angekommen in der westlichen Kunstwelt war die aus Georgien stammende Liana Nakashidze schon längst. In den vergangenen Jahren hatte sie ihre surrealistisch anmutenden Traumszenen in Öl auf Leinwand in zahlreichen Ausstellungen zwischen Oslo und Zürich gezeigt. Ihre Gemälde benötigen große Räume, da sie ihre räumliche Tiefe erst bei der Betrachtung aus einiger Entfernung entfalten. So ist es auch bei den Bildern »Die Zeit vergeht mit unserer Kindheit« und »Ronja«, auf denen im Hintergrund die unübersehbare Zuneigung der Künstlerin zum klassischen Ballett zu erkennen ist.

In einer Vitrine waren mit einem Pinsel gefertigte Tuschzeichnungen ausgestellt, in denen der international bekannte Grafiker, Illustrator und Videokünstler Alexander Pavlenko mit wenigen Strichen die untergegangene Welt des Schtetls zum Leben erweckt. Thematisch dazu passend waren gleich daneben die Arbeiten des aus der Ukraine stammenden Künstlers Anatoliy Sherstyuk ausgestellt. In filigranen Silberskulpturen auf grünem Marmorsockel werden jüdische Handwerker und Fischer in typischen Posen bei der Arbeit gezeigt.

Irina Ryskovas Zeichnungen war anzusehen, dass sie viele Jahre als Kostümbildnerin am Theater und beim Film gearbeitet hat. Die Aquarelle mit Titeln wie »Rendezvous« oder »Koketterie« sowie einzelne Charaktere wie »Dandy« oder »Rabbi« sind allesamt klassische Figurine, wie sie üblicherweise den Gewandmeistereien von Theatern als Kostümvorlagen dienen. Darüber hinaus aber sind diese grafischen Blätter auch kleine dekorative Kunstwerke.

Ludmila Tchlakichvili ist eigentlich diplomierte Kunstkeramikerin. In dieser Ausstellung aber war sie mit dem in einer Mischform von Tuschzeichnung und Aquarell entstandenen Grafikzyklus »Menschen im Wind« vertreten. Die Arbeiten entstanden, kurz nachdem sie nach Berlin gekommen war, und sie transportieren das Gefühl der Verlorenheit und Unsicherheit, die sie nach ihrer Ankunft empfand.

Die Vielfalt der ausgestellten Exponate dieser umfassenden Werkschau zeigt, welch einen ungeheuer kreativen Schatz an jüdischen Künstlern und Künstlerinnen sich Deutschland ohne eigenes Zutun in seine Hauptstadt geholt hat.

Dein Gott ist auch mein Gott ...

Der Gott, den die biblische Rut als Kind anbetete, war in ihrer Heimat Moab der Nationalgott Kemosch. Sicher gab es darüber hinaus weitere Gottheiten im Pantheon jenes Königreiches, das östlich des Toten Meeres im heutigen Jordanien lag. Im benachbarten Israel hatten die Moabiterinnen keinen guten Ruf, zumindest lässt die hebräische Bibel darauf schließen. Im 4. Buch Mose, Kapitel 25, wird von Unzüchtigkeiten berichtet, welche die israelitischen Männer Generationen vor Rut, zur Zeit der Wüstenwanderung, mit den »Töchtern Moabs« getrieben haben. Damit nicht genug, hatten diese ihre jüdischen Liebhaber auch noch »zu den Opfern ihrer Götter« eingeladen, womit der Beweis des Polytheismus in Moab erbracht wäre. Die Strafe des Gottes Jahwe ließ nicht lange auf sich warten, am Ende waren 25 000 von einer Plage dahingeraffte Tote zu beklagen.

Vor diesem Hintergrund waren es schon sehr außergewöhnliche Verbindungen, welche die beiden Söhne der Witwe Naomi eingingen, nachdem ihre Familie vor einer Hungersnot in Judäa nach Moab geflohen war. Dort hatten sich die jungen israelitischen Männer mit den Moabiterinnen Rut und Orpa vermählt. Die Bibel lässt offen, ob der baldige Tod von Naomis Söhnen als göttliche Strafe einer solchen unorthodoxen Eheschließung zu verstehen ist. Die Geschichte aber erzählt viel mehr als das. Von jener historischen Rolle nämlich, die auf die junge Witwe Rut zukam. Als Naomi, Ruts Schwiegermutter, in ihre Heimat zurückkehren wollte, bestand Rut darauf, sie zu begleiten. Und obgleich sie als Moabiterin in Israel mit Anfeindungen rechnen musste, erklärte Rut kategorisch: »Wohin du gehst, dahin gehe auch ich, und wo du bleibst, da bleibe auch ich. Dein Volk ist mein Volk und dein Gott ist mein Gott …« Dieses Bekenntnis der Rut wird im Judentum, in dem diese biblische Geschichte alljährlich am zweiten Tag des Shawuot-Festes in den Synagogen verlesen wird, als Konversion verstanden. Nur so konnte der angesehene jüdische Grundbesitzer Boas die junge Rut ungestraft zu seiner Frau nehmen und mit ihr den Sohn Oped zeugen, dessen Enkel später König David sein wird.

Obgleich das Judentum in seiner Geschichte fast nie missionierte, also keine Leute anderen Glaubens oder gar Ungläubige zu bekehren versuchte, gab es zu allen Zeiten Menschen, die von sich aus dem Wunsch heraus entwickelten, Juden zu werden. Im modernen Hebräisch werden diese Konvertiten Ger genannt. Im wesentlich älteren Talmud wird dieser Begriff in zwei verschiedenen Bedeutungen gebraucht. Der »rechtmäßige Konvertit« wird als Ger tzedek bezeichnet. Ger toshav hingegen ist ein nichtjüdischer Bewohner des Landes, der die Sieben Gebote des Noah beachtet und den Götzendienst aufgegeben hat. Solche seien nach Auffassung der Rabbiner in großer Zahl bereits beim Auszug aus Ägypten an der Seite der Hebräer dabei gewesen.

Im Laufe der Jahrhunderte ist aus so manchem Ger toshav ein Ger tzedek geworden. Darunter auch solche, die danach als Rabbiner für historischen Nachruhm sorgten. Von Akiba ben Josef zum Beispiel weiß man das, der als Rabbi Akiba in die Geschichtsbücher einging, wenngleich es über diesen Mann nur wenig gesicherte Fakten gibt. Angeblich sei er 120 Jahre alt geworden und soll erst im Alter von 40 Jahren mit dem Studium der Tora begonnen haben. Als unbestritten hingegen gilt, dass Akiba ben Josef erst in der Folge dieses späten Tora-Studiums vom Ger toshav zum Ger tzedek wurde. Das trifft angeblich auch auf einen seiner Schüler zu: Rabbi Meir, der als einer der Verfasser der Mischna, also der Niederschrift der am Berg Sinai von Mo-

ses mündlich empfangenen Tora, zu erheblicher Bedeutung ge-langte.

Auch in unseren Tagen ist es nicht einfach, Jude zu werden, wenngleich es hierfür in der Bevölkerung eine zunehmende Be-reitschaft gibt, was keiner so richtig erklären kann. Es sei denn, man ist als junge Frau mit einem jüdischen Mann verlobt. In Anbetracht des zu erwartenden Nachwuchses, der ja nur als Nachkomme einer jüdischen Mutter selbst auch Jude wäre, er-gibt die Konvertierung einen praktischen Sinn. In diesem Fall sind die Rabbiner dann in der Regel konzilianter, allerdings nur im Hinblick auf die Aufnahme in einen Konvertierungskurs. Ler-nen muss auch dieser Personenkreis fleißig. Am Ende müssen die Konvertiten in spe eine Menge wissen, wobei der Kurs in einer or-thodoxen Gemeinde meist länger dauert und die Prüfung umfas-sender ist als in einer liberalen. Insgesamt sind in der Orthodoxie nicht weniger als 400 Unterrichtsstunden vorgesehen, was sich schon mal bis zu drei Jahren hinziehen kann. Dann sollten den Kandidaten die wichtigsten biblischen Verbote und Gebote ge-läufig sein, der synagogale Ritus sowieso, aber auch der private religiöse Lebensstil sollte ein jüdischer sein. Dazu gehören neben der Einhaltung des Schabbat die Befolgung der Speisegesetze und auch die wesentlichen Gebete. Das liberale Verfahren ist dagegen etwas toleranter und setzt mehr auf die Eigenverantwortlichkeit des Einzelnen. Beliebigkeit aber ist auch den liberalen Rabbi-nern fremd. Der Konvertit muss eine Prüfung bestehen, die so mancher Sohn einer jüdischen Mutter womöglich nicht bestehen würde. Pro Jahr treten rund 100 Menschen in Deutschland zum liberalen Judentum über, rund 25 sind es in den orthodoxen Ge-meinden. Allerdings würden gern noch sehr viel mehr Menschen »Neujuden« werden. Daran aber sind die jüdischen Institutionen nicht interessiert. Man möchte vermeiden, dass am Ende Konver-titen die Mehrheit der Juden bilden.

Einsame Wege zur Synagoge

Itai Axel Böing ist ein freundlicher Mensch, auch ein nachdenklicher, eine angenehme Mischung aus Fröhlichkeit und Intellektualität. Entfernt sieht er ein wenig aus wie Bert Brecht. Aufgewachsen ist er als Axel Böing im sauerländischen Hohenlimburg, von wo aus einst Wilhelm Böing, ein Verwandter der Familie, in die USA auswanderte. Dessen Sohn William Edward Boeing machte dort eine bemerkenswerte Karriere als Flugzeugbauer. Darauf ist Itai Axel nicht stolz, aber erwähnenswert findet er es schon.

Wie aber kam er zu dem Namen Itai? Jüdische Kinder tragen, selbst wenn sie laut Rufnamen Manfred, Gerhard oder Marion heißen, in der Regel zusätzlich einen hebräischen Namen. Bei der Bar oder Bat Mitzwa werden sie in der Synagoge mit ihrem hebräischen Namen angesprochen und fortan auch beim Aufruf zur Tora-Lesung am Schabbatmorgen. Nun sind nicht alle Juden religiöse Leute, aber bei der Hochzeit legen sie oft Wert auf den rabbinischen Segen. Schließlich sind auch säkulare Jüdinnen meist romantisch veranlagt. So werden sie unter dem Traubaldachin mit dem hebräischen Namen angesprochen und dieser wird auch vor dem Kaddisch, dem Trauergebet, genannt, wenn sie dereinst zur ewigen Ruhe gebettet werden. Einer traditionellen Auffassung nach gelten die Namen, auf die sich die Eltern bereits vor der Geburt des Kindes festlegen, als eine Nevu'a Katana – eine kleine Prophezeiung. In dieser komme angeblich das Wesen des neuen Menschen zum Ausdruck. Axel Böing aber war kein jüdisches Kind. Er hat sich erst im vorgerückten Erwachsenenalter dazu entschlossen, Jude zu werden. Als dann die Namensfrage anstand, erinnerte er sich an eine Bibelstelle im Buch Samuel, in der von einem General des Königs David die Rede ist, der Itai hieß. Der ist kein Sohn Israels gewesen, sondern ein Mann aus Gath, einer Stadt auf dem Gebiet der Philister zwischen den Orten Gaza und Aschdod. Trotzdem stand er Israel und seinem König loyal zur Seite. Diesen biografischen Hintergrund fand Axel Böing offenbar für sich passend, als er sich entschloss, Jude zu werden. Und augenscheinlich empfindet er den Namen des davidischen Generals auch als eine Verpflichtung. Jahr für Jahr nämlich reist Itai Axel Böing auch jenseits des 70. Lebensjahres noch nach Israel, um an einem sechswöchigen Freiwilligendienst in der Armee teilzunehmen. Seinem Alter entsprechend wird er vorwiegend in der Kleiderkammer eingesetzt oder zum Sortieren von Ersatzteilen.

In *Anita Wolfs* Familie spielte Religion kaum eine Rolle, die jüdische schon gar nicht. Man war, wie die meisten Familien in der Schwarzwaldregion, seit Generationen evangelisch. Bei den Wolfs wurde Weihnachten gefeiert, man ging am Heiligen Abend in die Kirche und manchmal auch zu Ostern, ansonsten genügte es ihnen, anständige Menschen zu sein. Als kleines Mädchen hatte Anita, nach heutigem Bekunden, »ein kindlich-naives Verhältnis zu Gott«. Da wurde der himmlische Vater schon mal dafür verantwortlich gemacht, wenn sie trotz intensiven Suchens etwas nicht fand.

Nach dem Realschulabschluss gelang es ihr, in Villingen-Schwenningen einen Ausbildungsplatz zur Zahntechnikerin zu bekommen. Einige Zeit später konnte sich Anita auch ein Leben als Schriftstellerin vorstellen und versuchte einen Roman zu schreiben. Bei diesem Versuch ist es geblieben, aber er war folgenreich für ihr Leben. Heute kann Anita nicht mehr sagen, wie sie auf die Idee kam, einen Protagonisten mit jüdischen Wurzeln zu erfinden. Vielleicht, um die Story mit einer exotischen Figur aufzupeppen?! Anita Wolf weiß es einfach nicht mehr. Allerdings erinnert sie sich sehr gut an die Bücher über das Judentum, die sie in der Stadtbibliothek ausgeliehen hatte, sowohl zur Geschichte als auch zur Religion. Und als sie darin las, erschien ihr das Judentum »etwas ganz Besonderes« zu sein. Vor allem war das in einer Zeit, in der sie gelegentlich sonntags die Kirche besuchte und Schwierigkeiten mit der Figur des Jesus bekam. Seine Anrufung als »Herr« fiel ihr schwer, und auch der Anspruch, zu Gott nur durch ihn zu gelangen, leuchtete dem sinnsuchenden Teenager nicht recht ein. In dieser Situation also beschäftigte sich Anita mit dem Judentum. Das Konzept dieser ihr damals noch fremden Religion erschien ihr daher absolut logisch und ermöglichte ihr einen leichteren Zugang als die christliche Lehre. Ausgerechnet eine protestantische Pastorin, der sie sich anvertraut hatte, gab ihr das Buch »Wie Juden leben« von Israel Meir Lau, dem damaligen aschkenasischen Oberrabbiner Israels.

Axel Böing war 14 Jahre alt, als ihm ein Buch über die Verbrechen des Nationalsozialismus in die Hände fiel. Der Gymnasiast war schockiert. Wie konnten Menschen anderen so etwas antun, einen solch gigantischen Völkermord an den Juden begehen!? Zum Abitur wählte er dann bei seinem Geschichtslehrer den Antisemitismus als Prüfungsthema. Um von den Eltern unabhängig zu werden, verpflichtete er sich für zwei Jahre zur Bundeswehr. Besuchsweise kehrte er nach Hohenlimburg zurück. Bei einem dieser Aufenthalte im Ort seiner Kindheit und Jugend zeigte ihm ein Bekannter eine Kürschnerwerkstatt und erzählte, dass das Gebäude früher eine Synagoge gewesen sei. Zwanzig Jahre hatte er hier gelebt und nie davon erfahren. Später entdeckte Axel, dass es auch in seiner Familie einen blinden Fleck gab, über den nicht gesprochen wurde. Bei der Durchsicht des Nachlasses seines Vaters fand er dessen NSDAP-Parteiausweis. Eine Frau im Umfeld seiner Familie, mit der er darüber sprach, entlastete Axels Vater ein wenig. Das ehemalige Lehrmädchen in der elterlichen Drogerie bestand darauf, dass ihr damaliger Chef kein fanatischer Nazi gewesen sei. Sie erzählte auch, dass Axels Großmutter am 9. November 1938, als die SA das Haus des Schächters nebenan demolierte, hinübergelaufen sei und den Männern mit erhobenem Finger zurief: »So etwas tut man nicht!« Das empfand Axel als tröstlich.

Nach Wochen der intensiven autodidaktischen Beschäftigung mit dem Judentum entschloss sich *Anita Wolf,* aus der Kirche auszutreten und den jüdischen Glauben anzunehmen. Nur für sich, ohne das Gespräch mit einem Rabbiner, ohne jüdischen Religionsunterricht, vor allem ohne offizielle Bestätigung der Jüdischkeit durch ein Rabbinatsgericht. In ihrem Ort gab es all das nicht. Das Buch von Israel Meir Lau war für sie lange Zeit der einzige Leitfaden, nach dem sie sich richten konnte. Zum Neujahrsfest Rosh Hashana erwarb sie über den örtlichen Buchhandel einen jüdischen Kalender. Sie wollte im nun beginnenden jüdischen Jahr sämtliche Feiertage kennenlernen. Anita Wolf begann in einem nichtjüdischen Umfeld nach orthodoxen religiösen Regeln zu leben. Die junge Frau verstand sich als praktizierende Jüdin, ohne jemals wissentlich einem Juden begegnet zu sein. Das zumindest wollte sie ändern. Sie buchte eine touristische Gruppenreise nach Israel. Dann aber wurde die Fahrt wegen des Libanon-Krieges abgesagt. Zwei Jahre später setzte die Selfmade-Jüdin alles daran, endlich das Heilige Land zu besuchen. Und als sie schließlich dort war, empfand sie es als »Offenbarung«. Allerdings auf eine andere Weise, als viele Juden ihren ersten Israel-Trip beschreiben. Der Besuch der Westmauer des historischen Tempels etwa, welche die Welt als »Klagemauer« kennt, rief bei Anita keine nennenswerte emotionale Reaktion hervor. Das führt sie darauf zurück, dass sie zwar ein religiöser, keineswegs aber ein spiritueller Mensch ist. Die Präsenz Gottes verspürt sie, wenn sie eine Blume sieht oder Dankbarkeit für das Leben empfindet. In Israel war sie während des Besuchs in einem Kibbuz zum ersten Mal in einer Synagoge. Auch hier spürte sie das Religiöse, erlebte aber keine spirituelle Erleuchtung. Die hatte sie gar nicht erst gesucht. Dennoch war Anita von Israel so sehr beeindruckt, dass sie entschlossen war, sobald als möglich Alija zu machen. So nennen die Juden die Rückkehr in die historische Heimat – man könnte auch weniger pathetisch sagen: die Auswanderung nach Israel. In ihrem Fall war hierfür die offizielle Konversion notwendig.

Nach der Bundeswehrzeit hatte *Axel Böing* sich bei »Aktion Sühnezeichen« für ein Freiwilligenjahr in Israel gemeldet. Im Herbst 1966 ging die Reise los und führte ihn zunächst für ein halbes Jahr in einen Kibbuz. Der junge Mann aus Deutschland stürzte sich begeistert in die landwirtschaftliche Arbeit. Konnte man hier doch am Abend konkret sehen, was man geleistet hatte. Er fand es aufregend, dabei mit einem Berliner Einwanderer, der zwei Doktortitel besaß, auf einem Traktor zu sitzen. Es ist nicht bekannt, ob jener promovierte Akademiker die tägliche Fahrt auf dem Traktor ebenso aufregend fand. Danach ging es für Axel nach Jerusalem in ein Heim für körperbehinderte Kinder. Von Anfang an war er motiviert, Hebräisch zu lernen. Schon im Kibbuz fand jeden Morgen eine Stunde lang Unterricht statt und auch von den Kindern im Heim konnte er eine Menge lernen. In Jerusalem besuchte er den Ulpan, eine professionelle Sprachschule, die üblicherweise von Einwanderern besucht wird. Als dann im Juni 1967 der Sechstagekrieg begann, wurde den ausländischen Freiwilligen angeboten, sich ausfliegen zu lassen. Axel entschied zu bleiben, wie er sich mehr als ein halbes Jahrhundert später noch erinnert: »Für mich war es undenkbar, jene Menschen, die in Israel eine rettende Heimat gefunden hatten, im Stich zu lassen. Die kriegerische Bedrohung hat mich emotional noch mehr an dieses Land gebunden.«

Durch den Aufenthalt im jüdischen Staat und die Begegnung mit Überlebenden trat das Thema Shoah endgültig in Axels Leben. In Berlin begann er Psychologie zu studieren. Die Verbindung zur »Aktion Sühnezeichen« bestand fort, und so erfuhr er von der Möglichkeit, in der Gedenkstätte Theresienstadt zu arbeiten. Zunächst erledigte er dort Hilfsarbeiten, dann war er Reiseführer für Deutsch und Englisch sprechende Touristengruppen. Im Anschluss daran ging er für einige Monate nach Auschwitz, wo er als Bindeglied fungierte zwischen Freiwilligen, die jeweils für zwei Wochen kamen, und der Leitung des dortigen Museums. Nach dieser Zeit war er ein Jahr in den USA, um an einem Antirassismus-Projekt in Detroit mitzuarbeiten. Die Idee dieses Projekts war, Weiße für institutionalisierten Rassismus zu sensibilisieren, wie er sich in vielen Bereichen der US-Gesellschaft zeigte. Er wohnte in einem »Schwarzen-Ghetto«. Dort, in Detroit, führte Axel Böing zum ersten Mal ein Gespräch mit einem Rabbiner.

Auf der Suche nach Möglichkeiten einer Konvertierung war *Anita Wolf* im Internet fündig geworden. Und das, was sie da fand, war mehr verwirrend als hilfreich. Zum ersten Mal las sie von verschiedenen Richtungen des Judentums, von der orthodoxen, der reformorientierten bis hin zur liberalen. Jude war also nicht gleich Jude. Letztlich entschied sie sich für eine liberale Richtung. Wenn sie heute nach dem Warum gefragt wird, erklärt sie mit einem verschmitzten Lächeln: »Wenn ich ehrlich bin, vor allem deshalb, weil eine liberale Konversion schneller zu gehen versprach. Ich lebte ja schon seit längerer Zeit nach den jüdischen Geboten, nun wollte ich so schnell wie möglich nach Israel auswandern.«

Der einzige Rabbiner, dessen Name ihr irgendetwas sagte, hieß Walter Rothschild. Nicht dass sie von diesem Mann jemals etwas gehört hätte, aber dass Rothschild ein typisch jüdischer Name ist, wissen nicht nur Antisemiten. Per E-Mail nahm Anita mit dem Rabbiner in Berlin Kontakt auf und erhielt prompt eine Absage. Sie wusste damals nicht, dass dies fast immer der Fall ist. Natürlich ist das nicht zwingend so, wenn es um den Konvertierungswunsch der Verlobten eines jüdischen Bräutigams geht. Schließlich soll ja der zu erwartende Nachwuchs in der jüdischen Tradition aufwachsen. Eine Einzelperson aber, die ein paar Bücher aus der Stadtbibliothek gelesen hat, bekommt eine solche Chance nicht. Jedenfalls nicht im ersten Anlauf. Es braucht schon eine gewisse Hartnäckigkeit, und mancher Rabbiner schickt die Aspiranten zunächst zu einem Psychiater mit der Auflage, diesen für ihn von der ärztlichen Schweigepflicht zu entbinden. Auf gar keinen Fall möchte man in Deutschland Leute zu Juden machen, die den Konvertierungswunsch als eine Art Wiedergutmachung für den Holocaust verstehen. Diese Gefahr bestand bei Anita Wolf nicht. Das erkannte auch Rabbi Rothschild. Da sie Hartnäckigkeit bewies, war er schließlich bereit, sie als Kandidatin anzunehmen. Anita packte auf den Kanaren, wo sie zwischenzeitlich einen Job gefunden hatte, die Koffer und zog nach Berlin. Dort hielt Rabbiner Rothschild zu der Zeit noch einen Konversionskurs ab, obgleich er inzwischen schon in Schleswig-Holstein amtierte. Nach einer Weile stellte sich aber heraus, dass sie bei Rabbiner Rothschild nicht würde konvertieren können. Das war nur bei den von der Berliner Gemeinde autorisierten Rabbinern möglich. Irritiert besuchte Anita weiterhin die Synagoge am Kreuzberger Fraenkelufer, wo junge Juden aus verschiedenen Ländern gerade dabei waren, mit allerlei Aktivitäten das Gemeindeleben aufzumischen. Hier fühlte sie sich wohl, obgleich klar war, dass man sie als Freundin, nicht aber als Jüdin willkommen hieß, unabhängig davon, wie sie ihr privates Leben gestaltete.

Axel Böing wurde schließlich Lehrer, und das aus Überzeugung. Ihm sei klar geworden, erklärt er heute diesen Entschluss, dass man die ältere Generation, die von den Nazis geprägt war, nicht würde ändern können. Was er aber tun könne, so seine damalige Überlegung, sei es, als Lehrer auf die junge Generation einzuwirken, dass sie nicht rassistisch und antisemitisch wird. Eine gigantische Aufgabe, die zu erreichen bisher noch kaum einem Lehrer gelungen sei. Aber auch kleine Schritte stellten schließlich einen Fortschritt dar. Axel Böing hörte von einem Gesamtschulprojekt zur Förderung türkischer Schüler. Er wusste sofort, dass das seinen Intentionen entsprach. Sein Plan, mit einer 10. Klasse nach Auschwitz zu reisen, scheiterte zunächst noch am Widerstand einiger Eltern. Vier Jahre später aber, als er wieder Lehrer für diese Jahrgangsstufe wurde, gehörte die Fahrt zum festen Programm.

Nach einigen Jahren verspürte der engagierte Lehrer die Sehnsucht, wieder im Ausland zu arbeiten. Über den

Deutschen Entwicklungsdienst ging er für vier Jahre an eine Schule in Benin. Später unterrichtete er noch zwei Jahre an einem Gymnasium im georgischen Tblissi. Parallel beschäftigte sich Axel schon seit einiger Zeit vertiefend mit religiösen Fragen. Nach seiner Rückkehr bat er einen Pfarrer, ihm eine gut verständliche Übersetzung des Tanach, der jüdischen Bibel, zu geben sowie eine vom Neuen Testament. Beide Ausgaben las er von der ersten bis zur letzten Seite. Der Tanach, so sein Gefühl, habe zu ihm gesprochen, während die christliche Bibel für ihn voller Hass war. Natürlich wusste Axel, dass ihm jeder gläubige Christ widersprechen würde, dennoch beharrt er darauf, in diesen Schriften den Hass auf Juden zu spüren. Das habe ihn schließlich veranlasst, einen Rabbiner aufzusuchen.

Von einem Gabbai, also einem Mitglied des Synagogenvorstandes, erfuhr *Anita Wolf* am Kreuzberger Fraenkelufer, dass der Rabbiner Tovia Ben-Chorin einen neuen Konversionskurs anbot. Dieser Rabbiner war in den späten 1930er Jahren in Jerusalem geboren, wohin sein Vater, der Religionswissenschaftler Shalom Ben-Chorin, mit seiner Frau aus München geflohen war. Ihr Sohn wurde später der erste liberale Rabbiner in Israel und lebte danach in verschiedenen Ländern der Welt. Nun war Tovia Ben-Chorin Gemeinderabbiner in der Berliner Synagoge Pestalozzistraße. An ihn also wandte sich Anita Wolf. Der jüdische Geistliche unterhielt sich sehr intensiv mit ihr. Überraschend nahm er sie schon nach diesem ersten Gespräch in seinen Kurs auf, wenngleich unter Vorbehalt. Zu dieser Zeit nämlich war Anita noch relativ konservativ eingestellt, was dem erfahrenen liberalen Rabbiner nicht entgangen war. Wäre sie nicht bei seinem orthodoxen Kollegen besser aufgehoben? Diese Frage stand zumindest eine Weile im Raum, in dem Anita regelmäßig mit anderen saß, die ebenfalls den Wunsch hatten, Juden zu werden. Sie, die jahrelang orthodox gelebt hatte, erkannte schnell, dass das liberale Judentum einen anderen oder, wie sie heute sagt, »dynamischeren« Umgang mit der Tora pflegt als die Orthodoxie. Das rein theologische Wissen hatte sie sich schon vorher angeeignet, in diesem Kurs wurden ihr Möglichkeiten aufgezeigt, was man damit im jüdischen Alltag anfangen kann. Noch heute schwärmt Anita von diesem Erkenntnisgewinn: »Plötzlich war das kein trockener Stoff mehr, sondern eine lebendige Masse, die sich in diese oder eine andere Richtung bewegen ließ – lebendiges Judentum sozusagen.« Allerdings stellte sie damals, wie sie inzwischen selbstkritisch eingesteht, in ihrem Elan »manchmal zu viele Fragen auf Kosten des Rests der Gruppe«. Das kam auch beim Beth Din, dem Rabbinatsgericht, zur Sprache. Man stellte ihr kaum Fragen, gab ihr aber den Rat, künftig nicht dadurch aufzufallen, alles besser zu wissen. Immer wieder gibt es in den jüdischen Gemeinden Beschwerden von alteingesessenen Mitgliedern, die sich verwehren, von Konvertiten belehrt zu werden.

Im Laufe von *Axel Böings* Bemühungen, die Jüdischkeit zu erlangen, kam es zu nicht weniger als drei verschiedenen Konvertierungen. Ein Vorgang, den es theoretisch gar nicht gibt, aber wie sein Fall zeigt, in der Praxis eben doch vorkommt.

Zunächst war Axel Böing von einem Reformrabbiner auf die Konvertierung vorbereitet und diese von einem Beth Din in Dresden anerkannt worden. Wunschgemäß erhielt er den biblischen Namen Itai. Damit, so glaubte er, sei er Jude. Er wusste damals jedoch nicht, dass eine liberale Konvertierung nicht von allen Rabbinern aner-

kannt wird. Orthodoxe Geistliche lehnen sie sogar kategorisch ab. Kurz nach seinem ersten Übertritt nahm er, was
einem verbeamteten Lehrer möglich ist, ein unbezahltes
Sabbatjahr und reiste nach Jerusalem, um noch mehr über
das Judentum zu lernen. Das nämlich gilt als lebenslange
Aufgabe, auch wenn nicht alle jüdischen Menschen dieser
aus eigenem Willen nachkommen. Bei Itai Axel Böing war
das anders, weshalb er sich in Jerusalemer Talmudschulen
umsah, die Jeshiwa genannt werden. Da er Hebräisch verstand, hörte er hier und da ein wenig zu und fand bald
eine Jeshiwa, in der es ihm gefiel. Dort lernte er einen
Rabbiner kennen, der das Masorti-Judentum vertrat. Dahinter verbirgt sich eine bereits seit dem 19. Jahrhundert
bestehende Bewegung, die sich als eine Art Cross-over zwischen orthodoxem und Reformjudentum versteht. Dieser
Masorti-Rabbiner erklärte ihm, dass bei seinem Übertritt
etwas mit dem Ritual in der Mikwe, dem rituellen Tauch-
bad, nicht regelkonform gewesen sei. Daher schlage er dem
Konvertiten aus Deutschland vor, noch einmal einen kom-
pletten Übertrittskurs zu machen. Der verunsicherte Itai
vermochte nicht einzuschätzen, ob dies wirklich nötig war,
andererseits wollte er auch nicht die Ursache eines Streits
unter Rabbinern werden. Da er erst am Beginn seines Sab-
batjahres war und noch viele Monate Zeit hatte, willigte
er ein. Jahre später, Itai Axel Böing war inzwischen pen-
sioniert, ging er für ein Jahr nach Stockholm ans Paideia,
jenem Institut für jüdische Studien, wo Martin Schubert
seine spätere Frau Alisa kennengelernt hatte. Ganz in der
Nähe des Instituts fand Itai eine kleine Synagoge und nahm
jeden Morgen vor dem Unterricht in dieser Gemeinschaft
am Morgengebet Schacharit teil. Um die wichtigen Gebete
wie das Kaddisch sprechen zu können, müssen bekanntlich in allen Synagogen der Welt mindestens zehn mün-

dige Juden anwesend sei. Dieses vorgeschriebene Quorum wird Minjan genannt. Da es sich bei dieser Stockholmer Synagoge um eine orthodoxe Gemeinschaft handelte, und nur solche bieten allmorgendlich das Schacharit an, werden zum Minjan ausschließlich männliche Juden gezählt. Itai wurde freundlich aufgenommen, aber er bekam bald mit, dass er nicht mitgezählt wurde. Offenbar wurde hier, im Gegensatz zum benachbarten Paideia, seine Jüdischkeit angezweifelt. Eines Morgens kam der orthodoxe Rabbiner auf ihn zu. Er habe gehört, dass die Leute vom Paideia demnächst zu einem Studienaufenthalt nach Jerusalem reisen würden, und bot Itai an, dass er dort dessen Schwiegervater aufsuchen könne, der Vorsitzende eines orthodoxen Beth Din sei. Dort wäre es sicher möglich, »den Giur zu komplettieren«. Abermals willigte Itai Axel Böing ein und saß schon bald in Jerusalem drei auch im Erscheinungsbild orthodoxen Rabbinern gegenüber, die ihn dies und jenes fragten. Das alles geschah, wie er sich gern erinnert, »in großer Würde«. Mit dem Bad in der Mikwe, das zugleich den Beweis seiner Beschneidung lieferte, war er nun auch ins orthodoxe Judentum aufgenommen.

Anita Wolfs Eltern reagierten unterschiedlich auf den Wunsch ihrer Tochter, die bislang privat gelebte Jüdischkeit nun auch offiziell bestätigen zu lassen. Die Mutter hatte schon öfter aus echtem Interesse mit ihr über den jüdischen Glauben gesprochen. Der Vater hingegen war ein bekennender Atheist und konnte mit Anitas Konversion wenig anfangen. Ihre Religiosität war ihm geradezu suspekt. Das war auch schon so, als sie das Judentum in Villingen-Schwenningen noch privat praktizierte. Ohne die inhaltliche Auseinandersetzung mit der Religion in einem jüdischen Umfeld war sie damals allerdings sehr viel orthodoxer als nach dem Giur bei Rabbiner Ben-Cho-rin. So fand Anitas Vater die Konversion dann irgendwie in Ordnung. Erleichtert waren die Eltern auch, als Anita von ihren neuen sozialen Kontakten in Berlin erzählte. Der Gedanke, nach Israel auszuwandern, schien offenbar nicht mehr sehr präsent zu sein. Umso mehr, als sie auch einen Chef gefunden hatte, der seiner Zahntechnikerin an den jüdischen Feiertagen freigab. Dafür geht sie nach wie vor, wenn der Arbeitsdruck groß ist, auch mal sonntags ins La-bor oder zum Beispiel an den Ostertagen.

Auch Anitas Eintritt ins Judentum erfolgte durch das Untertauchen in der Mikwe. Sie verstand das als formale Bestätigung, als einen rein religiösen Vorgang also. Schon kurz darauf aber wurde sie von ihren Emotionen über-rascht. In der egalitären Synagoge Oranienburger Straße, in der Frauen und Männer gleichberechtigt sind und die Gottesdienste von einer Rabbinerin und einer Kantorin ge-leitet werden, bekam sie in einer kleinen Zeremonie ihren hebräischen Namen Jiska Simrah. Auf der Bima, dem Platz vor dem Altar, lasen an diesem Tag außer ihr noch drei weitere Konvertiten nach dem traditionellen Gebet Schma Jisrael nacheinander aus dem Buch Rut. Schon als der Erste anfing, musste Anita schlucken. Als sie an die Reihe kam, brachen die Gefühle wie eine Lawine über sie herein. Un-ter Tränen und nur mit Mühe konnte sie den Text zu Ende lesen. Das Ziel eines langen Weges war erreicht.

Endlich zu Hause

Die alte Dame mit dem grauen Kurzhaarschnitt sitzt leicht gebeugt, mit den Armen auf den Rollator gestützt, im Flur des Jüdischen Gemeindehauses in Berlin und blickt nachdenklich vor sich hin. Das Treiben zwischen den Büros nur wenige Stunden vor Beginn des Schabbat scheint *Lissi Kuhn* gar nicht wahrzunehmen. Um ihr Gedächtnis zu trainieren, errechnet sie, dass sie an diesem Tag 91 Jahre, sechs Monate und 17 Tage alt ist. Plötzlich laufen Szenen dieses langen Lebens wie ein Film vor ihrem geistigen Auge ab. Da hat ihre stets elegant gekleidete Mutter ihren Auftritt auf einem der Feste, die sie mit ihrem Gatten – einem Sägewerksbesitzer – im weitläufigen Familiendomizil gab. In Lissi Kuhns Elternhaus verkehrte jener Teil des Bürgertums aus Neustadt an der Weinstraße, das nicht nationalsozialistisch gesinnt war. Die kleine Lissi liebte ihren Vater und bewunderte die Mutter, die in ihren jungen Jahren die persönliche Sekretärin von Carl Benz gewesen war. Der Erfinder des Automobils hatte testamentarisch verfügt, dass seine einstige Mitarbeiterin zeitlebens von jedem neuen Mercedes-Benz-Modell eines bekommen soll. So kam es, dass man der Tochter zu ihrem 18. Geburtstag eine fabrikneue Limousine der Stuttgarter Nobelmarke vor das Haus stellte. Das war im letzten Jahr des Krieges, aus dem der eine Bruder mit nur noch einem Arm und der andere gar nicht mehr nach Hause kommen sollte. Nach dem Notabitur hatte sie beschlossen, Psychologie zu studieren, was damals nicht gerade eines der bevorzugten Studienfächer für junge Frauen war. Lissi aber interessierte sich nach den schrecklichen Erfahrungen des Nationalsozialismus für die Vielfalt und die Abgründe der menschlichen Psyche. Noch waren die Universitäten nicht wieder geöffnet, aber einige Professoren hatten sich in die Pfalz zurückgezogen, weil die französische Besatzungsmacht angeblich liberaler war als die anderen Alliierten. Vorlesungen und Seminare fanden zunächst in den Hinterzimmern von Gaststätten statt, ehe die junge Lissi eine ordentliche Studentin am Psychologischen Institut der Mainzer Uni werden konnte. Bald stapelten sich auf dem heimischen Schreibtisch Bücher, die kurz zuvor noch verboten waren. So zum Beispiel die Schriften von Sigmund Freud. Später, als sie sich auch mit anderen psychologischen Theorien beschäftigte, hatte sie an Freud nicht mehr dasselbe Interesse. Nun wurde beispielsweise Viktor Frankl, der Begründer der Existenzanalyse, für die Studentin aus »gutem Hause« sehr viel wichtiger. Frankl hatte vier Konzentrationslager, darunter Auschwitz, überlebt, und sein Buch ... *trotzdem Ja zum Leben sagen. Ein Psychologe erlebt das Konzentrationslager* war in interessierten Kreisen damals sehr populär. Er stellte die allgemeine Sinnfrage des Lebens in einen zentralen Zusammenhang etwa zur Suizidprävention. Dass sich ein Psychologe unmittelbar nach der selbst überlebten Shoah positiv mit dieser Frage beschäftigte, empfand Lissi damals wie auch in diesen Minuten des Wartens noch immer als sehr bemerkenswert. Für sie war es die erste Begegnung mit jüdischem intellektuellem Denken.

Völlig versagt hatten ihre psychologischen Kenntnisse bei der Auswahl des Gatten. Schon kurz nach der Eheschließung, Lissi hatte gerade das Studium beendet, verbot ihr der Mann, irgendeine Arbeit anzunehmen. Die damaligen deutschen Gesetze gaben ihm diese Möglichkeit. Nun wohnten sie inzwischen in Weil am Rhein, einem Ort nur sieben Kilometer entfernt vom schweizerischen Basel. Lissi Kuhn war sich nicht sicher, ob die Gesetze dort eher zugunsten der Frauen waren. Ihr Mann aber hatte kaum

Möglichkeiten, in der Schweiz gerichtlich gegen die beruflichen Ambitionen seiner Frau vorzugehen. Sie arbeitete mittlerweile für eine kirchliche Hilfsorganisation in Basel, für die sie Angstpatienten aufsuchte und psychisch kranke Menschen in ihrem Wagen zu Ausflügen ins Grüne chauffierte. In jene Zeit fielen die ersten Zweifel der jungen Intellektuellen an der christlichen Botschaft, mit der sie aufgewachsen war. Sie beschloss, die jüdische Bibel, die sie als Grundlage des Christentums verstand, im Original zu lesen. Um das biblische Hebräisch zu lernen, wandte sie sich an die Israelitische Gemeinde in Basel. Sie wurde schließlich von Isidor Werzberger unterrichtet, eine über Basel hinaus bekannte jüdische Autorität, der 1934 vor dem Antisemitismus der Nazis in die Schweiz geflohen war. Später wird Lissi Kuhn sagen, er sei der beste Lehrer gewesen, den sie sich hätte wünschen können. Werzberger war ein geduldiger Sprachlehrer, aber eben auch jemand, mit dem man über religiöse Fragen diskutieren konnte. Lissi vertiefte sich in den Talmud, also jenes Werk rabbinischer Interpretationen, welches ihr die gesamte Vielfalt jüdischen Denkens offenbarte. Darüber hinaus besuchte sie an jedem Donnerstagabend die Shiurim, jüdische Lehrstunden, in denen der Baseler Rabbiner Adler seine Gedanken zu den wöchentlichen Tora-Abschnitten zur Diskussion stellte. Hier erlebte Lissi Kuhn ein intellektuelles Niveau, das sie im ehelichen Haushalt vermisste. Ohne den gemeinsamen Sohn hätte sie schon sehr viel eher die Scheidung verlangt. In Basel lebte sie in einer parallelen Welt, in der es bald schon keine Rolle mehr spielte, dass sie gar keine Jüdin war. An jedem Schabbat war sie nach dem Gottesdienst irgendwo zum Essen eingeladen. Das Bild vom ersten Seder ihres Lebens, jenem ritualisierten Pessach-Mahl, in einem großbürgerlichen jüdischen Haushalt fällt ihr ein. Danach hat sie gegenüber dem Rabbiner erstmalig den Wunsch geäußert, zum Judentum konvertieren zu wollen. Das barg aber einige Schwierigkeiten. Da war zunächst der Ehemann, der diesen Schritt ganz sicher nicht mitgehen würde, auch der inzwischen fast erwachsene Sohn könne sich als Hindernis erweisen. Nachdem sie Rabbiner Adler ihre eheliche Situation geschildert hatte, empfahl er, die Lehrstunden bei Herrn Werzberger und auch die Shiurim am Donnerstagabend zunächst weiter zu besuchen. Er stellte ihr in Aussicht, dies irgendwann als Giur, als Religionskurs für Konvertiten, anzuerkennen. Lissi Kuhn hatte verstanden. Nachdem der Sohn das Abitur abgelegt und nach Wien zum Studium gegangen war, reichte sie das Scheidungsgesuch ein. Kurz nach der Scheidung aber war in Basel Herr Werzberger gestorben, was ihren Plan, eine Jüdin zu werden, ins Schwanken brachte. Auch das Alleinsein hatte sie nie gelernt und machte ihr zu schaffen. In diesem etwas desolaten psychischen Zustand nahm sie die Einladung einer Freundin nach Israel an, die in Haifa ein Haus besaß. Der Besuch im Heiligen Land sollte das Leben der inzwischen fast 50-Jährigen komplett verändern. Der weitläufige Blick vom Karmel-Berg über den Hafen von Haifa auf das azurblaue Mittelmeer ist ihr auch jetzt, mehr als vier Jahrzehnte später, noch lebendig vor Augen. Dort kam es zu der schicksalhaften Begegnung mit Siegfried Hirsch. Der bekannte Wissenschaftler hatte bereits zehn Jahre zuvor im nahegelegenen Kfar Tikva, dem »Dorf der Hoffnung«, eine Wohnstätte mit vielfältigen Arbeitsmöglichkeiten für körperlich und geistig behinderte Menschen geschaffen. Als Lissi Kuhn am nächsten Tag dieses Dorf betrat, in dem die Bewohner Brot backten, Gemüse anbauten und in verschiedenen Werkstätten mit Holz, Filz und Metall arbeiteten, wusste sie, dass sie bleiben würde. Nichts zog sie nach

Deutschland zurück, auch wenn die Behausungen hier in keinem guten Zustand waren. Jedenfalls nicht vergleichbar mit dem, wie sich dieses israelische Vorzeigeprojekt heute präsentiert. In viele der einfachen Hütten regnete es hinein, so dass sie eher an die Laubhütten zum Sukkot-Fest als an therapeutische Einrichtungen erinnerten. Zu dieser Zeit erreichte das Dorf ein Geldsegen – ein Glücksfall mit tragischem Hintergrund. Einer der Bewohner war ein geistig behinderter Junge namens David, der aus den Vereinigten Staaten nach Israel gekommen war. Lissi Kuhn mochte diesen liebenswerten Jungen von ihrer ersten Begegnung an. Auch Davids Mutter hing sehr an ihrem Sohn. Alle zwei bis drei Wochen kam sie eingeflogen und verbrachte ein Wochenende mit ihm in einem Hotel in Haifa. Davids Vater war ein schwerreicher Mann, in dessen Vorstellung von einer Musterfamilie aber kein behinderter Sohn passte. So war David nach Kfar Tikva abgeschoben worden. Die positive Seite der Medaille war, dass Davids Vater dem Dorf das Geld überwies, mit dem neue Gebäude errichtet werden konnten. Siegfried Hirsch forderte hierfür alle Mitglieder des kleinen Teams auf, in einem Crashkurs die Grundlagen eines Bauhandwerks zu erlernen. Lissi ging für drei Monate nach Deutschland und lernte bei einem befreundeten Bauunternehmer die Grundlagen des Mauerns. Dann kehrte sie nach Israel zurück und errichtete mit ihren Kollegen eigenhändig neue Unterkünfte.

In den insgesamt fast zwanzig Jahren, in denen Lissi Kuhn ausschließlich ehrenamtlich in Israel tätig war, bewegte sie sich sowohl in Kfar Tikva als auch im privaten Freundeskreis nur unter Juden. Vor allem verstanden sie sich als Israelis, also als Bewohner des jüdischen Staates. Wahrscheinlich wäre sie für immer in Israel geblieben und hätte nie mehr über eine offizielle Konvertierung nachgedacht, wäre nicht ihr Sohn lebensgefährlich erkrankt. Seinetwegen brach sie die Zelte ab und kehrte nach Deutschland zurück, um ihn zu pflegen. Nachdem er im Alter von nur 37 Jahren gestorben war, blieb sie und setzte das fort, was sie in Kfar Tikva begonnen hatte, nämlich die Pflege und psychologische Betreuung behinderter Menschen. In dieser Zeit besuchte sie den Unterricht von Rabbiner Josef Scheuer. Leider verließ dieser Rabbi bald darauf Basel, da seine Frau Heimweh nach Jerusalem bekam. Auch nach seiner Abreise nahm sie weiter am jüdischen Gemeindeleben teil, obwohl sie formal noch immer nicht konvertiert war.

Als Lissi Kuhn Mitte 80 war, überredete sie ein ehemaliger Freiwilliger aus Kfar Tikva, der mit seinem Lebensgefährten in Berlin lebte, in ihre Nähe zu ziehen. Sie ahnte nicht, dass man sie in einem Alten- und Pflegeheim am südlichen Stadtrand unterbringen würde, weit weg von den Kulturstätten der deutschen Hauptstadt. Die Pflegeleitung des Heimes erkannte das Erfahrungspotenzial der neuen Bewohnerin und animierte sie, sich als Vorsitzende in den Beirat wählen zu lassen. Fortan ging sie auf die teils schwer dementen Menschen ein und versuchte ihre Lebensumstände zu verbessern. Im Judentum gibt es hierfür das Wort Mitzwa. Was Lissi Kuhn aber fehlte, war das Leben in einer jüdischen Gemeinde. Die einzige Verbindung, die sie zum jüdischen Leben noch hatte, war die Lektüre der Jüdischen Allgemeinen. Seit Jahren hatte sie die Zeitung abonniert, und eines Tages fiel ihr die Anzeige auf, mit der die Gottesdienste einer Berliner Synagoge annonciert waren. Der Name des Rabbiners Tovia Ben-Chorin stach ihr ins Auge. Eine Erinnerung aus lang vergangener Zeit tauchte auf, wie sie in Israel immer am Vorabend des Schabbat den wortgewaltigen Reden jenes Rabbis im Rundfunk gelauscht hatte. Nun also war er in Berlin?! Wie konnte sie in diese Synagoge gelangen? Sie besprach es mit ihren beiden Freunden, die sie »meine Buben« nannte. Da sie selbst nahezu mittellos war, gab man ihr an jedem Freitag das Geld für ein Taxi, um ins ferne Charlottenburg zu kommen. Anschließend holte man sie mit dem eigenen Wagen wieder ab. In der weltberühmten Synagoge Pestalozzistraße traf sie nicht nur den Rabbiner Tovia Ben-Chorin, sondern auch viele jüngere und nicht mehr ganz so junge Juden, die sie zu Schabbat-Stammtischen einluden. Gelegentlich wurde sie von einem von ihnen auch unter der Woche abgeholt, um an einem Sommertag Haus und Garten des jüdischen Malers Max Liebermann am Wannsee zu besuchen – nur wenige Meter entfernt von jener Villa, in welcher am 20. Januar 1942 über die Logistik der »Endlösung der Judenfrage« beraten worden war.

In der Synagoge Pestalozzistraße wussten fast alle, dass sie keine Jüdin war, aber nur wenigen hatte sie ausführlich aus ihrem Leben erzählt. Seitdem ihre »Buben« aus beruflichen Gründen nach Frankfurt gezogen waren, organisiert die jüdische Gemeinschaft, dass sie von einem Sozialdienst zur Synagoge gebracht und nach dem Gottesdienst wieder nach Hause gefahren wird. Dann folgte eine überraschende Wendung in ihrem Leben, mit der sie nicht mehr gerechnet hatte. Jonah Sievers, jener junge Rabbiner, der Tovia Ben-Chorin im Amte nachgefolgt war, bat sie zu einem Gespräch. Einer ihrer jüdischen Freunde hatte ihm Lissi Kuhns Lebensgeschichte erzählt. Der Geistliche bat darum, dass sie die Unterlagen ihres Religionsunterrichts und die der Shiurim aus Basel mitbringe. Lissi wusste, dass diese jahrzehntealten Unterlagen nach jüdischem Ritus mit ihr begraben werden müssen, weshalb sie all diese Aufzeichnungen aufbewahrt hatte. Nach einer kurzen Sichtung war dem Rabbiner klar, dass das für die Anerkennung des Giur

.

ausreichen würde. Er lud sie ein, ihren Wunsch nach Konvertierung einem Rabbinatsgremium vorzutragen.

Lissi Kuhn war zeitlebens immer eher früher zu einer Verabredung erschienen, als dass sie zu spät kam. So ist es auch diesmal. Sie sitzt schon vor der Zeit auf dem Flur des Jüdischen Gemeindehauses. In wenigen Minuten wird sie drei Rabbinern der Allgemeinen Rabbinerkonferenz gegenübersitzen und noch einmal das erzählen, was sie schon in der Pestalozzistraße erzählt hat. Der dortige Rabbiner wird auch heute anwesend sein. Er ließ keinen Zweifel daran, dass die beiden anderen Kollegen seine Einschätzung teilen und ihrer Aufnahme ins Judentum zustimmen werden. In diesem Moment gestattet sich Lissi Kuhn einen Gedanken, der im Alter von 91 Jahren, sechs Monaten und 17 Tagen nicht abwegig ist: Ihr wird heute das Recht zugesprochen werden, gemeinsam mit ihren Giur-Unterlagen auf einem jüdischen Friedhof bestattet zu werden. Mit der Aufnahme ins Judentum wird sich in wenigen Minuten der Kreis ihres Lebens schließen.

Zurück zu den Anfängen ...

Es gab mehr als einen Grund, weshalb der Rabbiner Tovia Ben-Chorin unbedingt Ägypten besuchen wollte. Dorthin war seine Mutter einst von Jerusalem aus gereist, um ein Jahr im Dienste der britischen Krone zu arbeiten. Das war vor dem Afrikafeldzug der deutschen Wehrmacht vom September 1940. Von Jerusalem nach Kairo fuhr man damals noch mit der Eisenbahn. Außerdem hatte Tovia Ben-Chorin seit Gründung des Staates Israel in drei Kriegen als Panzerkommandeur gegen den arabischen Nachbarstaat gekämpft. Oft erzählt er die Geschichte, wie er sich während des Jom-Kippur-Krieges mit einem ägyptischen Kriegsgefangenen unterhalten hatte. Die beiden Soldaten versicherten einander die Hoffnung, dass ihre Nationen nie wieder Krieg gegeneinander führen werden. Eine Hoffnung, die durch den Friedensvertrag von Camp David erreicht schien, aber Präsident Sadat das Leben kostete. Seither gab es zwischen Ägypten und Israel zwar keinen Waffengang mehr, eine belastbare Freundschaft aber war auch nicht entstanden. Die Verständigung fand auf diplomatischer Ebene statt. Außerdem wollte Rabbi Ben-Chorin gern dem einstigen Kairoer Judenviertel einen Besuch abstatten, in dem vor mehr als acht Jahrhunderten der jüdische Arzt und Religionsphilosoph Moses Maimonides nach seiner Flucht aus Spanien Zuflucht gefunden hatte. Und waren beim Bau der Pyramiden nicht vielleicht hebräische Sklaven im Einsatz gewesen!? Tovia Ben-Chorin und seine Frau Adina hatten das 80. Lebensjahr bereits hinter sich, weshalb man nicht mehr allzu lange mit dieser Reise warten wollte. Der Rabbiner wusste, dass ich längere Zeit für deutsche Medien aus Kairo berichtet und drei Bücher dort geschrieben hatte. Er wusste auch, dass ich aus privaten Gründen noch immer regelmäßig in die Nil-Metropole reiste. Ben-Chorin fragte also, ob ich ihm eine individuelle Reise organisieren könne. Das sprach sich in der Jüdischen Gemeinde in Berlin schnell herum, war Tovia Ben-Chorin doch viele Jahre dort ein äußerst beliebter Rabbiner gewesen. Wir einigten uns darauf, eine Gruppe von maximal zehn Reisenden zusammenzustellen. Mehr sollten es nicht sein, um vor Ort auf individuelle Bedürfnisse eingehen zu können.

Es ist Mitte September 2019. In zwei Wochen werden für die Juden weltweit mit dem Neujahrsfest Rosh Hashana die hohen Feiertage beginnen. Noch also ist genug Zeit, um eine Woche lang auf jüdischen Spuren in jenem Land zu wandeln, in dem einst die Geschichte des Volkes Israel nach biblischer Darlegung begann.

Im Transitraum des Wiener Flughafens Schwechat wartet die aus Berlin angereiste Gruppe auf den aus Zürich kommenden Rabbiner Ben-Chorin und seine Frau. Marion ist dabei, die Enkelin der Hutmacherin vom Kurfürstendamm, gemeinsam mit der Kinderärztin Marguerite und deren nichtjüdischer Freundin und Psychoanalytikerin, Rut, eine Malerin, mit ihrer Tochter Rachel – eine Künstlerin auch sie. Billy, die Mutter von Liam, der 400 Kilometer vom Reiseziel Kairo entfernt in Israel die Schule besucht, gehört zur Gruppe, auch Miriam, die an der Jüdischen Volkshochschule in Berlin Hebräisch unterrichtet, und eine ihrer Schülerinnen, die sich gerade in einem Konvertierungskurs befindet, sowie ein junger Mann, der sich wegen seines Großvaters väterlicherseits dem Judentum zugehörig fühlt. Der Weiterflug nach Kairo ist schon zum zweiten Mal ausgerufen worden, die Schlange am Ausgang zum Gate wird immer kleiner. Buchstäblich in letzter Minute kommt gut gelaunt der kleine quirlige Rabbiner mit seiner Frau um die Ecke. Die Reise kann beginnen. Am Kairoer Flughafen werden sie mich treffen. Gemeinsam mit Rabab, meiner deutsch-ägyptischen Mitarbeiterin aus der Zeit meiner journalistischen Tätigkeit in Kairo, wird es dann hineingehen ins Gewühl der 20-Millionen-Metropole.

Unser Kleinbus kommt gut voran auf der vierspurigen Autobahn zwischen dem Flughafen Kairo inmitten der Wüste und der größten Stadt Afrikas. In den engen Straßen von Wust El-Balad aber, der historischen Stadtmitte Kairos, steckt der Wagen schließlich im Stau – ausgerechnet vor einem prächtigen Gebäude im Stil eines antiken ägyptischen Tempels. Das Gebäude zieht umgehend die Aufmerksamkeit der Reisenden auf sich. An der Fassade des von schwer bewaffneten Soldaten bewachten Baus sind nämlich unübersehbar goldene Davidsterne zu erkennen. »Das war die Kairoer Zentralsynagoge«, erklärt Rabab, unsere deutsch-ägyptische Reiseleiterin, dem Rabbiner Tovia Ben-Chorin und seinen Mitreisenden. Später werden die Gäste erfahren, dass es sich um die Synagoge Scha'ar Hashamajim handelt. Übersetzt heißt das »Tor zum Himmel«, die Ägypter nennen das Gebäude aber auch Ismailia-Tempel oder nach dem Namen der Straße, an der sie liegt, schlicht Adly-Synagoge.

Das kleine Hotel, in dem die Berliner Gruppe in den nächsten Tagen wohnen wird, ist etwa 300 Meter vom Tahrir-Platz entfernt, auf dem acht Jahre zuvor Kairos Jugend den Aufstand probte. Über viele Jahre war es mir oft monatelang eine vertraute Heimstatt. Auch während des Arabischen Frühlings, als ich hier mit Fernsehleuten aus der ganzen Welt wohnte. Von den Balkonen aus konnten die Kollegen ihre Bilder vom Talaat-Harb-Platz machen und an ihre Redaktionen mailen, in denen man das für den Tahrir-Platz hielt. Während der gesamten Revolutionstage mussten sie das sichere Hotel nie verlassen. Lediglich die Schwaden des aufsteigenden Tränengases vermittelten ihnen das physische Gefühl, dabei zu sein. Die einfache, aber eben traditionsreiche Herberge wird vom Sohn des einstigen Hotelgründers betrieben, welcher nach dem Camp-David-Friedensabkommen der erste Botschafter seines Landes in Israel war.

Gleich um die Ecke liegt das legendäre Café Riche. Dort ist für den Abend ein Treffen mit Magda Haroun verabredet, der Vorsitzenden der ägyptischen Jüdischen Gemeinde. Das Café Riche hat seine glorreichen Zeiten lange hinter sich, jene Ära, als hier der Literaturnobelpreisträger Nagib Mahfuz und die arabische Kultsängerin Umm Kulthum noch zu den Stammgästen zählten. Auch Magda Harouns Vater, ein Kommunist und Parteigänger des ägyptischen Präsidenten Gamal Abdel Nasser, verkehrte hier. Dies mag erklären, warum seine Familie vom staatlich verordneten Exodus der ägyptischen Juden ab den 50er Jahren verschont geblieben war.

Im Jahr 1956 lebten 80 000 Juden in Kairo und Alexandria. Als im Jahr 2013 die Patentanwältin Magda Haroun zur Gemeindevorsitzenden gewählt wurde, waren es noch 13 Mitglieder. Aktuell, so erklärt sie während des abendlichen Treffens, seien es fünf. Ihnen obliegt es, sich um die zwölf Synagogen und den jüdischen Friedhof in Kairo zu kümmern. Hierfür konnte die Nichtregierungsorganisation »Drop of Milk Association« gewonnen werden, deren Leiter Samy Ibrahim – väterlicherseits jüdisch – auch ins Café Riche gekommen ist. Seit einiger Zeit erfahren sie auch Unterstützung von ungewöhnlicher Seite: Staatspräsident Abd al-Fattah as-Sisi, der seine Kindheit in Gamaleja, einem ehemals jüdisch geprägten Viertel im historischen Teil von Kairo, verbrachte, hat die Pflege des jüdischen Friedhofs und die Restaurierung der Samuel-Menashe-Synagoge in Alexandria zur Chefsache erklärt.

Nach dem obligatorischen Besuch der Pyramiden am Morgen streift unsere Reisegruppe durch die engen Gassen von Haret el Yahud, jenes Viertels, in dem über Jahrhunderte jüdische Handwerker und Händler an sechs Tagen der Woche ihrer Alltagsarbeit nachgehen. Hier, in der Nähe des weltberühmten Basars Khan el-Khalili, befindet sich ein Ort, der nicht nur für das orientalische Judentum ein ganz besonderer ist. In unmittelbarer Nachbarschaft von arabischen Metzgern und Metallhandwerkern steht unscheinbar jenes Gebäude, in dem vor 800 Jahren Moses Maimonides – auch bekannt unter dem Namen Rambam – als Arme-Leute-Arzt gewirkt hat. Er war auch der Leibarzt des Sultans Saladin, doch in die Geschichtsbücher des Judentums ging er vor allem als bedeutender Philosoph und Rechtsgelehrter ein. Unmittelbar nach Maimonides' Tod im Dezember 1204 wurde hier eine kleine Synagoge eingerichtet. Spontan referiert Rabbiner Ben-Chorin von der Bima aus über die Systematisierung des jüdischen Rechts, die durch Maimonides im 12. Jahrhundert exakt an diesem Ort erfolgt sei. Der erfahrene Rabbiner beendet seine kurze Ansprache mit dem Bekenntnis, sich in seinem Leben viel zu wenig mit dem sephardischen Judentum und dessen reicher Kultur beschäftigt zu haben. Die Sepharden waren eben nicht, wie zuvor die Aschkenasen, mit den Römern nach Zentraleuropa gezogen, sondern Jahrhunderte später mit den Muslimen nach Spanien. Zur Zeit der Inquisition zogen sie sich dann mehrheitlich gemeinsam mit ihren muslimischen Brüdern und Schwestern von der Iberischen Halbinsel wieder nach Nordafrika zurück. So auch der in Cordoba geborene Maimonides.

Manch einer in der Reisegruppe mag sich bei Ben-Chorins Ausführungen an jene Aussagen erinnern, die die Sephardin Magda Haroun am Vorabend über den Zionismus gemacht hatte. Die zionistische Idee, geboren während der Pogrome in Osteuropa im 19. Jahrhundert, und die israelische Staatsgründung als »logische Konsequenz aus der Shoah« seien folglich »europäische Erfindungen«. Die ägyptischen Juden hätten derartige Probleme nicht gehabt. Abgesehen von antisemitischen Äußerungen radikaler Muslimbrüder habe man seit Jahrhunderten friedlich mit den muslimischen Nachbarn Tür an Tür zusammengelebt. Die Probleme hätten »erst mit der Gründung Israels begonnen«. Und als die Vertreibung der ägyptischen Juden einsetzte, sei nur weniger als ein Drittel in den jüdischen Nachbarstaat emigriert. Diese antizionistische Haltung einer der letzten Jüdinnen Ägyptens erinnert manchen in der Gruppe an die des assimilierten deutschen Judentums im 19. und frühen 20. Jahrhunderts. In jenen Kreisen war die Idee vom Judenstaat auch nicht sehr populär gewesen.

In der Maimonides-Synagoge wird der Aron Hakodesch, der Tora-Schrein, ziemlich unfeierlich für die Besucher geöffnet. Beim Blick der Gruppe auf eine einsame Tora-Rolle erschallt spontan ein vielstimmiges Schma Jisrael. Dieses Bekenntnis zum alleinigen Gott Israels und der Welt, das Bestandteil eines jeden Gottesdienstes ist, wird oft nicht ganz korrekt als jüdisches Glaubensbekenntnis bezeichnet. Beim Verlassen dieses besonderen Ortes spricht Marion Schubert aus, was sicher jeder in der Gruppe in diesem Moment empfindet: »Hier in dieser Synagoge im Hause des Maimonides zu sein ist für mich ein wenig unwirklich, und es berührt mich sehr.« Und Billy Rückert beschreibt ihre Empfindungen so: »Es ist überwältigend, an dem Ort zu sein, an dem der Rambam gelehrt und gearbeitet hat und wo er gestorben ist.«

Hinter der weltberühmten »Hängenden Kirche« im koptischen Viertel, am Ende einer langen, von Souvenirläden gesäumten Gasse, liegt die Ben-Ezra-Synagoge, die ein kleines Museum beherbergt. Hier werden zahlreiche Legenden verbreitet, die manchen Touristen beeindrucken und andere amüsieren. Zum Beispiel die, dass auf dem schmucklosen Hof hinter dem Gebäude an einem heute versandeten Nebenarm des Nil einst der kleine Moses ins Körbchen gelegt und seinem Schicksal überlassen worden sei. Später sei er hierher zurückgekehrt, um die Israeliten auf den Exodus vorzubereiten. Und Alexander der Große sei hier dem Propheten Jeremia, »einem großen älteren Mann mit langem weißem Bart«, begegnet. So steht es in einer Broschüre, die hier verkauft wird. Nur dass jener »ältere Herr« zum Zeitpunkt von Alexanders Ägyptenfeldzug bereits über 300 Jahre alt gewesen wäre. Die kleine jüdische Reisegruppe hält sich da lieber an das, was sichtbar ist. Die Hebräischlehrerin Miriam Rosengarten erreicht, dass eine Absperrung für sie geöffnet wird und sie die Inschrift auf dem marmornen Tora-Tisch lesen kann. »Meine Hilfe kommt von Gott, der Himmel und Erde geschaffen hat«, übersetzt sie das Zitat aus dem 121. Psalm. Vergleichbare emotionale Reaktionen wie am Tag zuvor in der Maimonides-Synagoge aber sind

bei den jüdischen Reisenden aus Berlin diesmal nicht zu
erkennen.

Zum Schabbat fahren wir ins 200 Kilometer entfernte Alexandria. Zu Beginn der Busreise stellt sich ein Zweimeter-
hüne vor, der eine Neunmillimetermaschinenpistole unter
dem Jackett trägt. Freundlich erklärt er der Gruppe, das
Innenministerium habe ihn zu ihrem Schutz abgestellt.
Gegen wen werden denn die Juden aus Deutschland und
der Schweiz von der ägyptischen Regierung beschützt? Die
Frage beantwortet der Zweimetermann mit einem gleichermaßen viel- wie nichtssagenden Lächeln. Gemeinsam
macht man sich auf den Weg zum Mittelmeer.

Das Luxusresort im einstigen königlichen Montaza-
Garten stellt sich als muslimische Herberge heraus. Zum
Kiddusch müssen die jüdischen Reisenden also mit Trau-
bensaft vorliebnehmen. Nachdem man dem Rezeptionis-
ten klarmachen konnte, dass man »ein kurzes Meeting
mit Gebeten« plane, wird in einer Nische in der Nähe des
Swimmingpools eine kleine Tafel hergerichtet. Der Schab-
bat-Abendgottesdienst kann beginnen. Anstelle der Challa,
des üblichen Hefezopfes, hat jemand Mazze mitgebracht,
was zu diesem Ort auch dann passt, wenn nicht Pessach
ist. Schließlich ist man in Ägypten, wo die Sache mit dem
ungesäuerten Brot während des raschen Aufbruchs damals
begonnen hatte. Dafür stehen symbolhaft die weitgehend
geschmacklosen Mazzescheiben.

Üblicherweise dreht sich die jüdische Beterschaft an
einer bestimmten Stelle des Gottesdienstes in Richtung
Tür und verneigt sich voller Ehrfurcht vor jener virtuellen
Braut, als welche gleichnishaft der Schabbat erscheint. Zur
gleichen Zeit findet auf der Terrasse zwei Etagen über der
improvisierten Gebetsstätte eine muslimische Hochzeit

statt. Als die jüdische Gruppe sich auch hier in Richtung Tür dreht, steht – einer Fata Morgana gleich – eine leibhaftige Braut dort oben und blickt auf die Fremden herunter. Was mag sie wohl denken, als sich die Gruppe singend vor ihr verneigt?

Rabab, die muslimische Reiseleiterin, die als Gast an diesem ihr fremden Gottesdienst teilnimmt, zeigt sich am Ende sehr berührt von dem religiösen Ritual. Bevor sich die Gruppe aber in Richtung Speisesaal aufmacht, bittet sie die männlichen Beter, die Kippa abzunehmen.

Am letzten Tag der Reise macht Samy von der »Drop of Milk Association« möglich, was selbst Ägyptern nicht ohne Weiteres vergönnt ist. Die schwer bewaffneten Soldaten vor der Scha'ar-Hashamajim-Synagoge in Kairos alter Stadtmitte treten zur Seite und lassen die Reisegruppe passieren. Im Hof hinter dem Gotteshaus ist dann auch Magda Haroun wieder da und präsentiert den Schlüssel zur Synagoge in Form einer Palme, die noch immer das Symbol der Juden von Kairo ist. Hinter der bescheiden wirkenden Tür entdeckt die Reisegruppe einen imposanten Tempel mit sephardischer Bestuhlung, was bedeutet, dass man in gegenüberliegenden Reihen im 90-Grad-Winkel zur Bima sitzt. Mitte der 1960er Jahre war diese Synagoge zum letzten Mal gefüllt. Seither kommen hier nur gelegentlich an Feiertagen die wenigen Kairoer Juden mit jüdischem Botschaftspersonal aus verschiedenen diplomatischen Vertretungen zusammen. Dann lädt Samy einen Rabbiner aus Israel hinzu. Den Rest der Zeit aber schlummern die 13 Tora-Rollen in ihren aufwendig und kunstvoll gestalteten Kästen im Tora-Schrank. Zum Abschied singt die Gruppe das »Osse Schalom«, jenes inzwischen weltberühmte Lied, das einst Ruth Rosenfelds Mutter komponierte und nun in den Gewölben der Synagoge widerhallt. Dann erzählt Magda Haroun im kleinen Kreis eine Geschichte aus ihrem Elternhaus, die stellvertretend für die Zerrissenheit der verbliebenen ägyptischen Juden stehen könnte. An jenem Tag, als Präsident Sadat in Jerusalem vor der Knesset sprach, habe ihr Vater im Gefängnis gesessen, weil er ein erklärter Gegner dieser Annäherung an Israel war. Ihre Mutter aber habe vor Freude geweint. Die Beziehung zwischen Ägypten und dem Volk Israel ist eben voller Widersprüche, und das seit 3300 Jahren. In diesem Land nämlich hatte die Geschichte der Juden begonnen – sagt die Tora!

Körber Stiftung

Gesellschaft
besser machen

Mehr erfahren: www.koerber-stiftung.de
Mehr erleben: www.koerberforum.de
Mehr lesen: www.edition-koerber.de

Mehr Bäume.
Weniger CO$_2$.

www.cpibooks.de/klimaneutral

MIX

Papier aus verantwor-
tungsvollen Quellen

FSC® C083411